개정판

장애인차별금지법 해설서

나남
nanam

나남신서 2095

개정판

장애인차별금지법
해설서

2017년 12월 1일 초판 발행
2017년 12월 1일 초판 1쇄
2021년 10월 5일 개정판 발행
2021년 10월 5일 개정판 1쇄

지은이   장애인법연구회
발행자   趙相浩
발행처   (주) 나남
주소   10881 경기도 파주시 회동길 193
전화   (031) 955-4601 (代)
FAX   (031) 955-4555
등록   제 1-71호 (1979.5.12)
홈페이지   http://www.nanam.net
전자우편   post@nanam.net

ISBN 978-89-300-4095-2
ISBN 978-89-300-8001-9(세트)

나남신서 2095

개정판

장애인차별금지법 해설서

장애인법연구회 지음

나남
nanam

이 책이 처음 출간된 지 4년이 지났다. 그 사이에 〈장애인차별금지
법〉이 몇 차례 개정되었다. 이번 개정판에서는 그 내용을 반영하고 관
련 해설을 추가하였다.

다양한 몸을 가진 사람의 평등한 삶을 지향하는 〈장애인차별금지
법〉은 광범위한 규정과 그 구체적 시행으로 역사를 만들어 가고 있다.
한국에서는 다양한 영역의 차별을 금지하는 포괄적 차별금지법 또는 평
등법 제정이 논의되고 있다. 〈장애인차별금지법〉 시행의 경험과 내용
은 장애인을 넘어 노인, 어린이, 이주민 등 소수자의 차별 문제를 해결
하는 선례로 확장되고 있다. 앞으로도 이 책이 차별과 평등에 관한 우리
사회의 진보에 기여하고, 독자들에게도 널리 도움이 되기를 희망한다.

2021년 9월
장애인법연구회 회장　임 성 택

초판 머리말

강남구 일원동에는 '밀알학교'라는 특수학교가 있다. 건축상을 받을 정
도로 아름다운 이 학교엔 카페와 콘서트홀도 있어서 지역주민들도 아주
좋아하는 공간이 되었다. 그러나 처음 이 학교를 세우던 당시에는 주민
들이 격렬히 반대하고 나섰다. 장애인 특수학교를 혐오시설로 여겼기
때문이다. 주민들은 인허가권자인 서울시를 상대로 100억 원 상당의
손해배상청구 소송을 제기했는데, 장애인 학교가 생기면 생활환경이
위험해지고 집값도 떨어진다는 이유에서였다. 학교설립 및 건축허가를
취소해 달라는 소송도 제기하였다. 나아가 실력으로 공사를 방해하고
현장사무소를 점거하기까지 하였다. 어린 초등학생들마저 등교를 포기
한 채 시위에 동원되었다.

　　그러나 법원은 그 모든 과정에서 단 한 번도 주민들의 손을 들어 주지
않았다. 오히려 서울지방법원은 학교 측의 공사방해 금지신청을 받아
들이면서 "주민들이 받는 불편함이란 장애아가 적절한 교육을 받지 못

하고 겪는 불편함과는 비교도 할 수 없다. 그럼에도 주민들이 뚜렷하고 명백한 권리도 없이, 자신들의 목적만을 달성하기 위해 특수학교 설립을 방해하는 것은 어떠한 이유로도 정당화될 수 없고 또한 도덕적으로 비난받아 마땅한 처사"라고 판시하였다(서울지방법원 1996. 2. 21. 선고 96카합158 결정).

당시 특수학교 설립을 저지할 법적 권리가 없을 뿐만 아니라 도덕적으로 비난받아 마땅하다는 법원의 결정문을 읽으며 놀라워했던 기억이 있다. '법'과 '정의'는 '사람의 이기심'과 '자기중심주의' 앞에서 어떤 태도를 취하여야 하는가? 문제는 20년이 지난 지금에도 같은 일이 여전히 되풀이된다는 것이다. 최근 우리는 강서구의 특수학교 설립을 온몸으로 반대하는 주민들 앞에 장애인 부모들이 무릎을 꿇는 장면을 슬픈 마음으로 목도해야 했다.

미국 남동부에 있는 섬, 마서스비니어드(Martha's Vineyard). 대통령들의 휴양지로도 유명한 이 섬은 수어(手語)를 공동의 언어로 사용한다. 모두가 수화를 사용하는 이 마을에서는 들리지 않는 것이 더 이상 '장애'가 아니다. 청각장애인도 다른 이들과 소통하는 데 불편함이 없다. 만일 우리가 사는 이 땅의 모든 건물에 경사로가 있다면, 저상버스가 어디에나 다닌다면, 시각장애인이 점자책이나 오디오북을 쉽게 구할 수 있다면, 장애인이라는 이유로 격리되어 사회복지시설에 갇혀 살지 않고 지역사회에서 함께 살아갈 수 있다면, 장애인과 비장애인이 함께 학교를 다닌다면, 발달장애인을 위해 그림이나 쉬운 설명을 붙인 그림카드로 절차를 안내하는 관공서가 있다면, 영화관에서 시·청각장애인들을 위해 자막이나 화면해설을 제공한다면, 이런 세상에서 '장애'는 더 이상 '장애물'이 아니다.

    장애는 병도 아니고 결함도 아니다. 과거에는 '손상'의 개념에서만 이해되던 장애가 이제는 '사회적 문제'로서 재조명 받는다. 사회가 장애를 차별하지 않는다면 장애는 더 이상 장애가 되지 않는다. 장애인은 위험한 사람도, 불쌍한 사람도, 특별한 사람도, 영감을 주는 존재도 아니다. **'다양한 몸, 평등한 삶'**이라는 슬로건이 있듯이, 비록 들리지 않아도, 보지 못해도, 걸을 수 없어도, 지능이 조금 부족해도 똑같은 사람이자 평등한 존재이다. 장애인도 인간으로서 존엄하고 가치 있는 인생을 살아가야 할 우리 사회의 구성원이다. 장애인에게도 행복을 추구할 권리가 있으며, 누구도 장애를 이유로 다른 누군가를 차별해서는 안 된다. 장애인 차별은 바로 대한민국 헌법마저 위반하는 행위이다.

    그러나 우리 사회의 현실은 아직도 답답하다. 여전히 우리는 장애인의 이동할 권리, 지역사회에서 살 권리, 영화를 볼 권리, 1층의 카페에 들어갈 권리, 학교에 다닐 권리, 일할 권리, 투표할 권리를 이야기한다. 다른 이들에게는 너무도 당연히 누리는 일상이기에 권리라고 부르는 것조차 어색하지만, 장애인에게는 아직도 요원한 '권리'이다. 〈교통약자의 이동편의 증진법〉이 제정되어 "모든 교통수단에 교통약자의 이동권을 보장하여야 한다"는 규정이 도입된 지 10년이 지났다. 하지만 한국의 시외버스, 고속버스에는 아직도 저상버스나 리프트 버스가 '단 한 대'도 없다. 가난하고 중한 장애를 가진 사람들은 여전히 격리된 시설에서 산다. '탈시설'과 '지역사회에서 살 권리'가 논의된 지 오래되었지만 시설에 거주하는 장애인의 숫자는 전혀 줄지 않았다. 〈도가니〉를 비롯해 청각장애인을 주인공으로 만든 영화들마저도, 수화를 하는 장면에서는 한글자막이 꼭 올라오지만 막상 청각장애인을 위한 전체자막은 제공하지 않는다. 하물며 시각장애인을 위한 화면해설은 배리어프리 영화를 상영하는 이벤트에서나 만날 수 있다. 카페, 미용실, 약국 등 1층에 위치한 가게 대부분의 입구에는 턱이 있어서 휠체어를 탄 장애인은 들어갈 수가 없다. 관련법이 규모와 건축시기를 기준으로 많은 예외를 인정하기 때문이다. 휠체어를 탄 동료와 맥주 한 잔을 마시려고 동네를 돌아다녀 보면 턱이 없는 가게를 찾기는 정말 어렵다. 장애인에게 '1층이 있는 삶'이 과연 언제 올 수 있을까? 장애인 특수학교의 설립을 반대하는 목소리는 여전하다. 그 이전에 장애인과 비장애인의 통합교육은 더욱 요원하다. 장애인의 일할 권리는 한층 더 암담하다. 더러 고용된 장애인마저도 보호고용이라는 이름하에 최저임금조차 받지 못하는 경우가 많다. 매 투표일마다 장애인의 접근성은 논란거리로 떠오른다. 시설에, 집 안에 갇혀 지내며 실제적으로는 투표할 권리를 박탈당한 장애인이 과연 법과 행정의 주인이 될 수 있을까?

통칭 〈장애인차별금지법〉은 2007년에 제정되었다. 〈장애인 차별금지 및 권리구제 등에 관한 법률〉이라는 긴 이름을 가진 이 법률이 세워진 것은 역사적인 사건이었다. 무엇보다 이 법은 장애인 당사자들의 노력과 투쟁으로 탄생하였다. 2003년 4월, 장애계를 중심으로 한 58개의 단체가 "장애인차별금지법 제정 추진연대"를 출범시켰다. 추진연대는 2003년 6월 25일에 열린 첫 공청회를 시작으로 법률안을 만들 4개 분과(총칙팀, 차별연구팀, 장애여성팀, 권리구제팀)를 꾸렸다. 수많은 공개토론과 워크숍 등을 통해 의견 수렴도 거쳤다. 이러한 과정에 힘입어

2007년 3월 6일 국회 본회의에서는 출석 의원 197명 중 찬성 196명, 기권 1명으로 〈장애인차별금지법〉이 통과되었다. 장애인과 사회적 약자의 인권사에 매우 의미 있는 걸음이었다.

〈장애인차별금지법〉은 차별의 의미와 유형을 정의하는 것부터, 차별의 영역을 구분하고 언제 어떤 경우를 차별로 판단하는지 명시하는 등, 매우 촘촘하게 구성되어 있다. 차별구제를 위한 기관과 법적 절차도 어떠한 차별금지법보다 체계적이며 선진적이다. 장애와 인간에 대한 깊은 사유와 성찰, 사회적 토론에 기초한 종합적 법률이기도 하다. 물론 이 법률에도 부족한 점이 많다. 현실에 맞지 않는 것, 혹은 예산의 제약이라는 이유로 물러서거나 유보한 것도 있다. 때로는 문언이 모호하거나 명확하지 않아서 적용하기 곤란한 부분도 있고, 상징적이거나 선언적으로만 규정되어서 현실에서는 작동하지 않는 내용도 있다.

〈장애인차별금지법〉이 제정된 지 10년이 지났지만, 해설서 한 권 없는 현실이 안타까운 나머지 장애인법연구회가 작업을 시작하였다. 이 책은 그 결과물이다. 장애인법연구회는 장애와 인권, 법을 고민하고 실천하는 법률가와 활동가의 단체이다. 변호사, 판사, 검사, 교수, 활동가, 학생 등 장애인법에 관심을 가진 100여 명의 회원들이 참여하여 장애인 권리옹호를 위한 공부와 연구, 공익소송과 제도 개선활동을 해왔다. 시외이동수단에 저상버스 등을 도입하기 위한 시외이동권 소송, 시청각 장애인의 영화 관람을 위한 공익소송 등을 제기하기도 했다. 대한민국이 유엔 장애인권리협약을 비준한 이후 처음으로 열렸던 유엔장애인권리위원회 한국 심의 때에는 장애인단체와 함께 참여하기도 했다. 미국과 일본, 독일의 장애인법 전문가들과 교류하면서 한국의 제도와 현실을 성찰하기도 하였다. 장애인법연구회의 월례세미나는 유별나다. 장애인과 비장애인이 함께 장애에 관한 다양한 주제를 놓고 토론을 벌인다. 이렇게 다양한 장애를 가진 사람이 함께하는 과정에서 우리는 많은 것을 배우고 반성하였다.

이 해설서는 〈장애인차별금지법〉을 체계적으로 해설한 최초의 책이다. 이 책은 〈장애인차별금지법〉의 순서를 따라서 총칙, 영역별 차별금지(고용, 교육, 재화와 용역, 사법행정, 가족과 건강권 등), 장애여성과 아동, 장애인차별기구와 구제절차 등의 순으로 구성된다. 해당 규정의 의미와 맥락을 자세히 설명하고 관련 사례를 제시하되, 법원의 소송사례뿐 아니라 국가인권위원회의 진정사례도 포함시켰다. 나아가 〈장애인차별금지법〉 내용 중 개정 또는 보완되어야 할 점도 짚어 보았다.

우리는 이 책이 장애인 당사자뿐 아니라 관련 사회복지기관, 행정기관, 사법기관 등에 널리 보급되기를 희망한다. 그리하여 평등한 삶, 차별받지 않는 세상이 한걸음 더 가까워질 수 있기를 소망한다. **사람은 누구나 장애인으로 태어나서 장애인으로 죽는다**는 말이 있다. 사람은 태어난 뒤 한동안은 보지 못하고, 듣지 못하고, 말하지 못하며, 걷지 못한다. 나이가 들면 잘 안 들리고, 잘 보이지 않으며, 잘 걷지 못하게 된다. 장애인의 권리를 보장하는 것은 어린이와 노인을 비롯한 모든 사회적 약자를 위한 일이자, 나아가 모든 국민에게 이익이 되는 발걸음이다. 저상버스는 휠체어 장애인을 위해 도입되었지만 어린이나 노인 모두에게 유용하다. 장애인의 이동권 투쟁으로 설치된 지하철 역사의 엘리베이터는 누구에게나 편리한 수단이다. 여행용 캐리어를 끌고 지하철 엘리베이터를 타 본 사람은 그 감사함을 알 것이다. 장애인을 위해 만들어진 경사로에는 유모차가 오가고, 자전거도 지나간다. 시각장애인을 위해 개발을 시작한 무인자동차는 미래를 달리는 자율주행자동차가 되었다. 이처럼 장애인의 권리를 옹호하는 일은 우리 모두의 권리를 옹호하는 것으로 연결된다.

이 책을 출판하면서 오랫동안 작업을 함께한 장애인법연구회 회원들, 무엇보다 집필에 참여한 회원들, 월례세미나 등을 통해서 이 작업을 응원해 준 회원들에게 다시 한 번 감사의 인사를 전하고 싶다. 아울러 이 해설서를 재정적으로 후원한 법무법인 지평과 흔쾌히 출판을 맡아 준 나남출판에도 깊은 감사를 전한다.

2017년 11월 7일
장애인법연구회 회장 임 성 택

장애인차별금지법
해설서

차례

3절 재화와 용역의 제공 및 이용

_ 법무법인 태평양 공익활동위원회 장애분과위원회

4절 사법·행정절차 및 서비스와 참정권

_ 임성택, 김예원

총 칙

제 1장 총칙은 〈장애인차별금지법〉의 목적과 조문에 등장하는 각종 용어 및 개념을 정의한다. 특히 총칙은 금지되는 차별행위의 범위를 명확히 함으로써 이 법의 이념과 목표를 고스란히 담은 부분이다.

제1장(총칙)의 성격 및 내용

조항	성격	내용
제1조	총론적 규정	이 법의 목적 설명
제2조	개념 정의	장애와 장애인의 개념 제시
제3조		이 법의 주요 용어 정의
제4조	차별행위 총론적 규정	차별행위의 종류 설명
제5조		차별판단의 기준 설명
제6조		차별금지 선언
제7조	총론적 규정	장애인의 자기결정권 및 선택권
제8조		국가 및 지방자치단체의 의무
제8조의 2		장애인차별금지법 이행에 대한 실태조사
제9조		다른 법률과의 관계

제1장 총칙은 목적(제1조), 장애와 장애인에 대한 개념 정의(제2조), 각종 용어에 대한 정의(제3조), 차별행위에 대한 구체적인 개념 정의 (제4조), 차별판단의 기준(제5조), 차별금지 선언(제6조), 자기결정 권 및 선택권(제7조), 국가 및 지방자치단체의 의무(제8조), 〈국가인 권위원회법〉과의 관계(제9조)로 구성된다.

〈장애인차별금지법〉총칙의 핵심적 내용은 이 법의 판단기준과 적용 범위이다. 특히 총칙은 금지되는 차별행위의 범위를 명확히 함으로써 이 법의 이념과 목표를 고스란히 담은 부분이다. 이하에서는 총칙을 각 조문별로 살펴보고자 한다.

제1조: 법의 목적

제1조 (목적)

이 법은 모든 생활영역에서 장애를 이유로 한 차별을 금지하고 장애를 이유로 차별받은 사람의 권익을 효과적으로 구제함으로써 장애인의 완 전한 사회참여와 평등권 실현을 통하여 인간으로서의 존엄과 가치를 구현함을 목적으로 한다.

---

1. 입법취지

제1조는 이 법의 입법과정에서 부각되었던 '장애인 당사자주의'와 '연 대주의'의 정신을 바탕으로 기존의 '시혜적 복지' 중심에서 '인권' 중심

으로 정책의 패러다임이 전환되었음을 선언하였다고 할 수 있다. 〈장애인차별금지법〉은 장애인 차별행위를 정의하고, 세부 각칙으로 주요 영역별 차별을 금지하며, 금지된 차별과 관련한 권리를 구제함으로써 장애인의 완전한 사회참여와 평등권을 실현하는 것을 목적으로 한다.

2. 조문해설

이 조문은 '차별금지 및 차별받은 권익의 효과적인 구제'를 법으로 명문화함으로써 '완전한 사회참여와 평등권 실현', '인간으로서의 존엄과 가치 구현'의 관계를 순차적으로 설명한다. 즉, 이 법의 취지는 장애인에 대한 차별을 금지하는 데에만 있는 것이 아니며, 궁극적으로는 그 차별을 법적으로 구제함으로써 장애인의 인간으로서의 존엄성을 실현하는 것이 이 법이 추구하는 목적이라는 것이다.

3. 사례: 〈장애인차별금지법〉의 입법취지에 관한 결정례

국가인권위원회는 2015년 12월 서울특별시 동대문구 지역의 발달장애학생 직업능력개발센터 설립반대행위에 대한 사안에서, 지역주민들이 발달장애인의 막연한 위험성을 이유로 발달장애학생 직업능력개발센터 설립을 반대하는 행위는 헌법 제11조와 〈장애인차별금지법〉의 입법취지인 평등정신에 위배되는 것이며, 설립을 반대하는 과정에서 지역주민들이 발달장애인의 위험성을 빗대는 부적절한 표현을 한 것은 비록 그 표현이 특정인을 대상으로 비하하거나 모욕할 의도는 아닐지라도 발달장애인 전체에 대한 왜곡된 인상을 심어 주고 발달장애인과 그 가족들에게는 심리

적, 정서적 상처가 될 수 있다는 의견을 표명하였다. 아울러, 서울특별시
장과 동대문구청장이 지역사회에서 장애인을 배제·거부하는 사례가 재
발하지 않도록 장애인에 대한 이해와 인식을 개선하기 위한 노력을 지속
적으로 기울일 것을 요구하였다.

국가인권위원회 장애인시설 설립반대에 대한 의견표명 결정, 2015.12.29.

4. 입법과제

'장애를 이유로 한 차별'이라는 표현을 좁게 이해하면 장애인에 대한 '직
접적 차별'만을 금지하는 것으로 해석되거나, 장애와 장애 이외의 요소
가 함께 요인이 된 복합적 차별에는 이 법의 직접적 적용을 배제하는 듯
이 해석될 소지도 있다. 그러므로 이 문구에서 '장애를 이유로'라는 부
분을 삭제하고, '장애인에 대한 차별', '차별받은 장애인'으로 개정하여
야 한다는 의견이 있다.

제2조: 장애와 장애인의 개념

제2조 (장애와 장애인)

① 이 법에서 금지하는 차별행위의 사유가 되는 장애라 함은 신체적·
   정신적 손상 또는 기능상실이 장기간에 걸쳐 개인의 일상 또는 사회
   생활에 상당한 제약을 초래하는 상태를 말한다.

② 장애인이라 함은 제1항에 따른 장애가 있는 사람을 말한다.

---

1. 입법취지

제2조는 '장애'의 개념에 대한 이 법의 해석을 명시적으로 밝힌 규정이다. 이러한 입법결과가 도출되기까지 고려한 사항은 ① 장애의 기간(장기간, 단기간, 일시적 등), ② 장애판단의 기준(신체적·정신적 손상, 기능상실, 질병 등의 장애원인, 의료적 모델과 사회적 모델의 조화 등), ③ 장애발생의 이유(손상이나 기능상실이 아니라, 사회적 태도나 문화적, 물리적 장벽이 이유인 경우 등), ④ 장애의 궁극적인 내용(일상 또는 사회생활에 상당한 제약을 가져오는 상태, 즉 기회불균등 등 평등권을 침해하는 상태 등) 등 4가지 요소였다.

2. 조문해설

이 조문의 '신체적·정신적 손상 또는 기능상실'이라 함은 '신경계, 근골격계, 특수 감각기관, 발음기관을 포함한 호흡기계, 심혈관계, 생식기계, 소화기계, 비뇨기계, 혈액림프계, 피부, 내분비계 등 신체 계통의 하나 이상에 영향을 주는 어떤 생리적 부조화나 이상, 외관상의 상처, 해부학적 유실' 및 '지적장애, 기질적 뇌증후군, 정서적 정신적 질병, 특정 학습장애와 같은 정신적 심리적 부조화'를 말한다.

〈장애인차별금지법〉은 〈장애인복지법〉[1] 과는 달리 "신체적·정신적

---

1) 장애인복지법 제2조 (장애인의 정의 등)
① "장애인"이란 신체적·정신적 장애로 오랫동안 일상생활이나 사회생활에서 상당한 제약을 받는 자를 말한다.
② 이 법을 적용받는 장애인은 제1항에 따른 장애인 중 다음 각 호의 어느 하나에 해당하는 장애가 있는 자로서 대통령령으로 정하는 장애의 종류 및 기준에 해당하는 자를 말한다.

손상 또는 기능상실이 장기간에 걸쳐 개인의 일상 또는 사회생활에 상당한 제약을 초래하는 상태에 있는 자"를 장애인으로 규정한다. 이에 해당된다면 〈장애인복지법〉상의 장애인 등록 여부를 불문하고 〈장애인차별금지법〉의 적용을 받는 장애로 해석하여야 한다.

이는 복지적 관점과 인권적 관점 간의 충돌로 설명되기도 한다. 즉, 복지적 관점에서는 특정된 장애인에게 일정한 급부를 주는 것이 목적이므로 장애인의 범위를 객관적으로 명확하게 규정할 필요가 있으나, 인권적 관점에서는 차별을 당하는 그 순간에 그 차별이 '장애'로 인한 것인가의 여부가 중요하므로 그 범위를 제한할 필요가 없다. 따라서 〈장애인차별금지법〉은 ① 신체적·정신적 손상 또는 기능상실로, ② 장기간에 걸쳐, ③ 개인의 일상생활 또는 사회생활에 상당한 제약을 초래하고 있는 사람이라면 이 법의 적용을 받는 장애에 해당한다고 규정한다.

여기서 '장기간'이 어느 정도의 기간인지 논의가 있다. '국제장애인권리협약'(CRPD) 제1조는 장애인의 개념을 규정하며 "장기간의 신체적, 정신적, 지적 또는 감각적 손상을 가진 사람을 포함한다"고 선언한다. 이 협약에도 '장기간'이라는 표현이 있지만, 전체적 서술 내용이 이른바 '개방적 형식'(포함한다, *include*)을 취한다. 이러한 개방적 형식에 의하면 "장기간의 … 사람"은 당연히 장애인의 개념에 포함하되, 각 나라의 상황에 따라 단기간, 일시적 경우도 포함하도록 해석할 수 있다. 그만큼 "장애를 이유로 한 차별"의 범위를 넓게 해석할 수 있는 것이다.

---

1. "신체적 장애"란 주요 외부 신체기능의 장애, 내부기관의 장애 등을 말한다.
2. "정신적 장애"란 발달장애 또는 정신질환으로 발생하는 장애를 말한다.

3. 사례

1) 에이즈 환자에 대한 요양병원의 입원 거부에 대해 〈장애인차별금지법〉에 근거하여 차별 진정을 제기한 사례

2014년에 전국 유일의 HIV/AIDS 감염인 요양병원이 없어지면서 입원 중이던 에이즈 환자들이 다른 요양병원으로 전원하려다 거절당하였다. 이에 HIV/AIDS인권연대 나누리+, 한국HIV/AIDS감염인연합회 KNP+ 등 14개 시민사회단체는 이 거절행위가 장애인 차별이라며 국가인권위원회에 진정을 제기하였다. 에이즈 환자는 〈장애인복지법〉상 등록이 가능한 15개의 장애유형에 해당되지는 않으나, 에이즈 질환으로 인하여 일상생활에 현저한 지장을 받는 사람들이다. 이들의 서비스 이용 신청을 정당한 이유 없이 거절하는 것은 직접적인 장애인 차별에 해당된다는 것이었다. 이 진정은 〈장애인차별금지법〉의 적용범위에 대한 해석의 여지를 넓혀주는 계기를 만들고자 진행되었다.

〈연합뉴스〉, "'요양병원 에이즈감염인 입원거부는 차별' 인권위 진정" (2014.07.17.)

2) 〈장애인복지법〉 시행령에 기재되지 않은 장애유형 인정 판례

2016년 8월 서울고등법원은 중증 '틱 장애'[특별한 이유 없이 얼굴이나 목 등 신체 일부분을 아주 빠르게 반복적으로 움직이거나(운동 틱), 이상한 소리를 내는(음성 틱) 증상]가 있는 원고가 양평군수를 상대로 "장애인 등록 거부 처분을 취소하라"며 낸 소송 항소심에서 '상위법에 따른 행정입법에 불과한 시행령이 장애인의 범위를 제한적, 한정적으로 정해 놓아, 중증장애가 있는데도 국가 보호를 받지 못하게 한 것은 헌법의 평등원칙에 위반된다'는 취지로 1심의 판결을 뒤집고 원고승소 판결하였다. 이 판결은 '틱 장애'가 〈장애인복지법〉 시행령에 규정된 장애유형이 아니란 이유로 지방자치단체가 장애인 등록을 거부한 것은 위법하다는 것으로서 법문상 규정되어 있는 장애유형에 한정하여 장애를 이해하지 않고 실질적인 일상생활의 지장을 고려한 판결이라고 평가받는다.

서울고등법원, 2016.8.19. 선고 2015누70883 판결.

4. 입법과제

현재 〈장애인차별금지법〉상의 '장애' 정의는 장애를 손상 중심적이고 의료적인 모델로 다룸으로써 장애인의 사회생활 제약을 개인의 문제로 인식하도록 만드는 문제가 있다는 비판이 제기된다. 〈장애인차별금지법〉은 '손상중심적', '의료적 모델', '기능적 제한' 접근법에서 '인권적', '사회적 모델', '사회정치적' 접근법으로 한 걸음 전진하여 장애를 정의해야 한다는 문제제기가 계속되는 것이다.

장애인권리협약이 장애의 개념을 "진화하는 개념"(*evolving concept*)으로 이해하면서 장애인과 사회적 환경 혹은 비장애인들의 태도가 상호작용을 하는 가운데 장애가 발생한다고 보는 것을 고려하여, 장애인권리협약의 정의에 부합하고 〈장애인차별금지법〉의 목적에 부합할 수 있도록 장애의 개념을 인권적·사회적 모델로 변화시킬 필요가 있다. 장애를 의학적 측면에서 기능의 손상이라고 이해한다면 정의를 내리기는 상대적으로 용이할 것이다. 그러나 현대 장애학이나 장애인법의 바탕이 되는 사회적 모델에 의하면 장애와 장애인의 개념은 유동적으로 해석될 수 있다. 이를 고려할 때 입법과정에서의 사회적 합의가 중요하다 할 것이다.

제 3조: 용어의 정의

제 3조 (정의)

이 법에서 사용하는 용어의 정의는 다음과 같다.

1. "광고"라 함은 〈표시·광고의 공정화에 관한 법률〉 제 2조 제 1호 및 제 2호에 따른 표시 및 광고를 말한다.

2. "보조견"이라 함은 〈장애인복지법〉 제 40조에 따른 장애인 보조견을 말한다.

3. "장애인보조기구 등"이란 〈장애인복지법〉 제 65조에 따른 장애인보조기구, 그 밖에 장애인의 활동을 돕기 위한 자동차 기타 기구를 말한다. 그 밖에 장애인의 활동을 돕기 위한 자동차 기타 기구의 구체적인 범위는 대통령령으로 정하되, 〈장애인고용촉진 및 직업재활법〉 제 21조 제 1항 제 2호에 따른 작업보조공학기기 및 〈정보격차해소에 관한 법률〉 제 9조에 따른 정보통신기기, 그 밖에 관계 법령에서 정하는 내용과의 관계 및 이 법에서 정하는 관련 조항과의 관계 등을 고려하여 정한다.

4. "공공기관"이라 함은 국가 및 지방자치단체, 그 밖에 대통령령으로

정하는 공공단체를 말한다.

5. "사용자"라 함은 〈근로기준법〉 제2조 제1항 제2호에 따른 사업주 또는 사업경영 담당자, 그 밖의 근로자에 관한 사항에 대하여 사업주를 위하여 행위하는 자를 말한다.

6. "교육기관"이란 〈영유아보육법〉에 따른 어린이집, 〈유아교육법〉·〈초·중등교육법〉 및 〈고등교육법〉에 따른 각급 학교, 〈평생교육법〉에 따른 평생교육시설, 〈학점인정 등에 관한 법률〉에서 정한 교육부장관의 평가인정을 받은 교육훈련기관, 〈직업교육훈련 촉진법〉에 따른 직업교육훈련기관, 그 밖에 대통령령으로 정하는 기관을 말한다.

7. "교육책임자"라 함은 교육기관의 장 또는 운영책임자를 말한다.

8. "정보"라 함은 다음 각 목의 사항으로 구분한다.

　가. "전자정보"라 함은 〈지능정보화 기본법〉 제2조 제1호에 따른 정보를 말한다. 이 경우 "자연인 및 법인"에는 이 법의 규정에 따른 공공기관도 포함되는 것으로 본다.

　나. "비전자정보"라 함은 〈지능정보화 기본법〉 제2조 제1호에 따른 정보를 제외한 정보로서 음성, 문자, 한국수어, 점자, 몸짓, 기호 등 언어 및 비언어적 방법을 통하여 처리된 모든 종류의 자료와 지식을 말하며, 그 생산·획득·가공·보유주체가 자연인·법인 또는 공공기관 여부를 불문한다.

　다. "개인정보"라 함은 〈개인정보 보호법〉 제2조 제1호에 따른 개인정보를 말한다.

9. "정보통신"이라 함은 〈지능정보화 기본법〉 제2조 제3호에 따른 정보통신을 말하며, 그 주체가 자연인·법인 또는 공공기관 여부를 불문한다.

10. "문화·예술활동"이라 함은 〈문화예술진흥법〉 제2조 제1항 제1호의 문학, 미술(응용미술을 포함한다), 음악, 무용, 연극, 영화, 연예, 국악, 사진, 건축, 어문 및 출판에 관한 활동을 말한다.

11. "문화·예술사업자"라 함은 문화·예술의 요소를 담고 있는 분야에서 기획·개발·제작·생산·전시·유통·판매를 포함하는 일체의 행위를 하는 자를 말한다.

12. "관광활동"이란 〈관광진흥법〉 제2조 제1호에 따른 관광사업의 용역 등을 제공받거나 관광에 딸린 시설을 이용하는 활동을 말한다.

13. "체육"이라 함은 〈국민체육진흥법〉 제2조의 체육 및 학교체육, 놀이, 게임, 스포츠, 레저, 레크리에이션 등 체육으로 간주되는 모든 신체활동을 말한다.

14. "가정 및 가족"이라 함은 〈건강가정기본법〉 제3조 제1호 및 제2호의 가정 및 가족을 말한다.

15. "복지시설 등"이라 함은 장애인이 장·단기간 생활하고 있는 시설로서, 〈사회복지사업법〉 제34조에 의한 사회복지시설, 〈장애인복지법〉 제58조에 따른 장애인복지시설 및 신고를 하지 아니하고 장애인 1인 이상을 보호하고 있는 시설을 말한다.

16. "시설물"이라 함은 〈건축법〉 제2조 제1항 제2호·제6호 및 제7호에 따른 건축물, 거실 및 주요구조부를 말한다.

17. "이동 및 교통수단 등"이라 함은 사람이 일상적으로 이용하는 도로 및 보도와 〈교통약자의 이동편의 증진법〉 제2조 제2호 및 제3호에 따른 교통수단 및 여객시설을 말한다.

18. "건강권"이라 함은 보건교육, 장애로 인한 후유장애와 질병 예방 및 치료, 영양개선 및 건강생활의 실천 등에 관한 제반 여건의 조성을 통하여 건강한 생활을 할 권리를 말하며, 의료 받을 권리를 포함한다.

19. "의료인 등"이라 함은 〈의료법〉 제2조 제1항 따른 의료인과 국가 및 관련 협회 등에서 정한 자격·면허 등을 취득한 물리치료사, 작업치료사, 언어치료사, 심리치료사, 의지·보조기 기사 등 장애인의 건강에 개입되는 사람을 말한다.

20. "의료기관 등"이라 함은 〈의료법〉 제3조의 의료기관 및 의료인이 장애인의 건강을 위하여 서비스를 행하는 보건기관, 치료기관, 약국, 그 밖에 관계 법령에 정하고 있는 기관을 말한다.

21. "괴롭힘 등"이라 함은 집단따돌림, 방치, 유기, 괴롭힘, 희롱, 학대, 금전적 착취, 성적 자기결정권 침해 등의 방법으로 장애인에게 가해지는 신체적·정신적·정서적·언어적 행위를 말한다.

시행령 제 2조 (자동차 기타 기구의 범위)

〈장애인차별금지 및 권리구제 등에 관한 법률〉(이하 "법"이라 한다) 제3조 제
3호 후단에서 "그 밖에 장애인의 활동을 돕기 위한 자동차 기타 기구"란 다음
각 호의 것을 말한다.

1. 장애인이 승·하차하거나 스스로 운전할 때 도움을 주는 보조기구를 장착
   한 자동차
2. 〈장애인고용촉진 및 직업재활법〉 제21조 제1항 제2호에 따른 장애인의
   직업생활에 필요한 작업 보조 공학기기 또는 장비
3. 〈지능정보화 기본법〉 제46조 제6항에 따라 과학기술정보통신부장관이
   정하여 고시한 지능정보제품

시행령 제 3조 (공공단체의 범위)

법 제3조 제4호에서 "그 밖에 대통령령으로 정하는 공공단체"란 다음 각 호의
어느 하나에 해당하는 기관을 말한다.

1. 특별법에 따라 설립된 특수법인
2. 〈초·중등교육법〉, 〈고등교육법〉, 그 밖에 다른 법률에 따라 설치된 각급
   학교
3. 〈공공기관의 운영에 관한 법률〉 제4조 제1항에 따라 공기업 또는 준정부
   기관으로 지정된 기관
4. 〈지방공기업법〉에 따른 지방공사 및 지방공단

시행령 제 4조 (교육기관의 범위)

법 제3조 제6호에서 "그 밖에 대통령령으로 정하는 기관"이란 다음 각 호의
기관을 말한다.

1. 〈영재교육진흥법〉 제2조에 따른 영재학교와 영재교육원
2. 〈재외국민의 교육지원 등에 관한 법률〉 제2조 제3호에 따른 한국 학교
3. 〈교원 등의 연수에 관한 규정〉 제2조 제1항에 따른 연수기관

4. 〈공무원 인재개발법〉제3조 제1항에 따른 국가공무원인재개발원 및 같은 법 제4조 제1항에 따른 전문교육훈련기관

1. 입법취지

제3조는 광고, 보조견, 장애인보조기구 등, 공공기관, 사용자, 교육기관, 교육책임자, 정보(전자정보, 비전자정보, 개인정보), 정보통신, 문화 예술활동, 문화 예술사업자, 체육, 가정 및 가족, 복지시설 등, 시설물, 이동 및 교통수단 등, 건강권, 의료인 등, 의료기관 등, 괴롭힘 등 이 법에서 사용하는 20개의 용어를 정의한다.

2. 조문해설

1) 장애인 차별 표시 및 광고의 금지

이 법은 장애인 차별을 표시, 광고하는 것을 금지한다. 여기서 '표시'는 사업자 또는 사업자단체가 상품 또는 용역에 관한 사항[2]을 소비자에게 알리기 위하여 상품의 용기·포장(첨부물과 내용물을 포함), 사업장 등의 게시물 또는 상품권·회원권·분양권 등 상품 등에 관한 권리를 나타내는 증서에 쓰거나 붙인 문자·도형과 상품의 특성을 나타내는 용기·포장을 말한다. '광고'는 사업자 등이 상품 등에 관한 위 사항을 〈신문 등의 진흥에 관한 법률〉제2조 제1호 및 제2호에 따른 신문·인터

---

2) 자기 또는 다른 사업자 등에 관한 사항, 자기 또는 다른 사업자 등의 상품 등의 내용, 거래 조건, 그 밖에 그 거래에 관한 사항을 말한다.

넷신문, 〈잡지 등 정기간행물의 진흥에 관한 법률〉 제2조 제1호에 따른 정기간행물, 〈방송법〉 제2조 제1호에 따른 방송 및 〈전기통신기본법〉 제2조 제1호에 따른 전기통신, 그 밖에 대통령령으로 정하는 방법으로 소비자에게 널리 알리거나 제시하는 것을 말한다.

2) 장애인 보조견의 구분

장애인 보조견은 시각장애인 안내견(*guide dog*), 청각장애인 보조견(*hearing dog*), 지체장애인 보조견(*service dog*)으로 나뉜다.

3) 장애인보조기구의 의미

장애인보조기구는 장애인이 장애의 예방·보완과 기능향상을 위하여 사용하는 의지(義肢)·보조기 및 그 밖에 보건복지부장관이 정하는 보장구와 일상생활의 편의증진을 위하여 사용하는 생활용품 및 그 밖에 장애인의 활동을 돕기 위한 자동차 기타 기구까지 포함하는 용어이다.

4) 공공기관의 범위

이 법은 '공공기관'을 규정할 때에 타 법률[3]과 달리 그 범위를 "국가, 지방자치단체, 특별법에 따라 설립된 특수법인(국가정책상 공공의 이익을 위하여 특별법에 기초하여 설립된 법인 중 출연주체 임면감독권의 주체 등을 고려하여 판단), 〈초·중등교육법〉, 〈고등교육법〉, 그 밖에 다른 법률에 따라 설치된 각급 학교, 〈공공기관의 운영에 관한 법률〉 제4조 제

---

3) 가령 〈공공기관의 정보공개에 관한 법률〉 혹은 〈공공기관의 운영에 관한 법률〉 등.

1항에 따라 공기업 또는 준정부기관으로 지정된 기관, 〈지방공기업법〉에 따른 지방공사 및 지방공단"으로 명시한다.

5) 정보의 의미와 범위, 정보통신의 의미

이 법에서의 '정보'는 전자정보와 비전자정보, 개인정보로 구별된다. '전자정보'란 특정 목적을 위하여 광(光) 또는 전자적 방식으로 처리되어 부호, 문자, 음성, 음향 및 영상 등으로 표현된 모든 종류의 자료 또는 지식을 의미한다. 이 법은 전자정보와 비전자정보의 주체와 관련된 해석범위에 관하여 비교적 자세한 설명을 하는바, 이는 생성주체와 관리주체가 다를 수 있는 '정보'의 고유 특성을 고려하여 장애인 차별행위의 책임을 서로 전가하지 않도록 하려 함이다. '개인정보'란 살아 있는 개인에 관한 정보로서 성명, 주민등록번호 및 영상 등을 통하여 개인을 알아볼 수 있는 정보(해당 정보만으로는 특정 개인을 알아볼 수 없더라도 다른 정보와 쉽게 결합하여 알아볼 수 있는 것을 포함한다)를 말한다.

　"정보통신"이란 정보의 수집·가공·저장·검색·송신·수신 및 그 활용, 이에 관련되는 기기(器機)·기술·서비스 및 그 밖에 정보화를 촉진하기 위한 일련의 활동과 수단으로서 그 주체를 넓게 해석한다.

6) 문화예술과 체육의 의미

이 법에서의 "문화예술"이란 문학, 미술(응용미술을 포함한다), 음악, 무용, 연극, 영화, 연예(演藝), 국악, 사진, 건축, 어문(語文), 출판 및 만화4)를 말한다.

　"체육"은 〈국민체육진흥법〉상 체육(운동경기·야외 운동 등 신체활동을 통하여 건전한 신체와 정신을 기르고 여가를 선용하는 것)의 범위보다 넓게 규정된다.

7) 가족 및 가정의 의미

이 법에서의 "가족" 및 "가정"이란, 혼인·혈연·입양으로 이루어진 사회의 기본단위 및 가족구성원이 생계 또는 주거를 함께 하는 생활공동체로서 구성원의 일상적인 부양·양육·보호·교육 등이 이루어지는 생활단위를 말한다. 이는 〈민법〉상 혈연중심적인 가족의 해석에서 더 나아가 정상가족 중심의 가족 개념을 실질적 가족 개념으로 확장하였다는 의미가 있다.

8) 복지시설의 의미

이 법에서의 "복지시설 등"에는 〈사회복지사업법〉상 사회복지시설 및 〈장애인복지법〉상 장애인 복지시설 이외에 "신고를 하지 아니하고 장애인 1인 이상을 보호하고 있는 시설"이 포함된다. 이는 미신고시설에서 발생하는 장애인 차별사안에도 〈장애인차별금지법〉을 적용하고자 하는 입법자의 의지가 투영된 부분이다.

9) 시설물의 의미

이 법의 "시설물"은 '건축물', '거실', '주요구조부'로 나뉜다. 먼저 '건축

---

4) 〈문화예술진흥법〉은 개정되며 '만화'가 포함되었으나, 〈장애인차별금지법〉에는 이 개정 내용이 아직 반영되지 않고 있다. 다른 정의 규정과의 체계정합적 해석상 만화활동도 〈장애인차별금지법〉상 문화예술활동에 포함된다고 볼 수 있다.

물'이란 토지에 정착(定着)하는 공작물 중 지붕과 기둥 또는 벽이 있는 것과 이에 딸린 시설물, 지하나 고가(高架)의 공작물에 설치하는 사무소·공연장·점포·차고·창고, 그 밖에 대통령령으로 정하는 것을 말하고, '거실'이란 건축물 안에서 거주, 집무, 작업, 집회, 오락, 그 밖에 이와 유사한 목적을 위하여 사용되는 방을 말한다. '주요구조부'란 내력벽(耐力壁), 기둥, 바닥, 보, 지붕틀 및 주계단(主階段)을 말한다. 다만, 사이 기둥, 최하층 바닥, 작은 보, 차양, 옥외 계단, 그 밖에 이와 유사한 것으로 건축물의 구조상 중요하지 아니한 부분은 주요구조부에서 제외한다.

10) 이동 및 교통수단의 의미

이 법에서 "이동 및 교통수단"은 ① 사람이 일상적으로 이용하는 도로, ② 보도, ③ 교통수단, 5) ④ 여객시설6)을 의미한다.

---

5) 사람을 운송하는데 이용되는
   가. 〈여객자동차 운수사업법〉 제3조 제1항 제1호에 따른 노선 여객자동차운송사업에 사용되는 승합자동차
   나. 〈도시철도법〉 제2조 제2호에 따른 도시철도의 운행에 사용되는 차량
   다. 〈철도산업발전기본법〉 제3조 제4호에 따른 철도차량 중 여객을 운송하기 위한 철도차량
   라. 〈항공안전법〉 제2조 제1호에 따른 항공기 중 민간항공에 사용되는 비행기
   마. 〈해운법〉 제2조 제2호에 따른 해상여객운송사업에 사용되는 선박
   바. 그 밖에 대통령령으로 정하는 운송수단.
6) 가. 〈여객자동차 운수사업법〉 제2조 제5호에 따른 여객자동차터미널 및 같은 법 제3조 제1항 제1호에 따른 노선 여객자동차운송사업에 사용되는 정류장
   나. 〈도시철도법〉 제2조 제2호에 따른 도시철도 중 차량을 제외한 철도시설
   다. 〈철도산업발전기본법〉 제3조 제2호에 따른 철도시설

11) 의료인 및 의료기관의 의미

이 법의 "의료인 등"은 보건복지부장관의 면허를 받은 의사·치과의사·한의사·조산사 및 간호사, 국가 및 관련 협회 등에서 정한 자격·면허 등을 취득한 물리치료사, 작업치료사, 언어치료사, 심리치료사, 의지·보조기 기사 등을 포함하며 장애인의 건강에 개입되는 사람으로 넓게 해석된다. "의료기관"은 비단 〈의료법〉상 의료기관7)에 한정되는 것이 아니며, 의료인이 장애인의 건강을 위하여 서비스를 행하는 각종 기관을 모두 포함하고 있기에 더 넓게 해석된다.

12) 괴롭힘의 의미

이 법은 "괴롭힘"을 명확히 정의하는 규정을 둠으로써 장애인의 존엄성을 해하고 장애인에게 위협적이거나 적대적인 환경, 장애인에게 모멸감을 주는 상황 또한 장애인에 대한 괴롭힘임을 천명하고 있다. 여기서의 괴롭힘 행위가 장애인 당사자에게 직접적인 영향을 주었는지 여부는 중요치 않다. 행위자가 의도적으로 괴롭힘 행위를 하였다면 장애인 당사자에게 얼마큼의 영향을 주었는지에 관계없이 장애인에 대한 차별이라고 해석된다.

라. 〈도시교통정비 촉진법〉 제2조 제3호에 따른 환승시설
마. 〈공항시설법〉 제2조 제3호 및 제7호에 따른 공항 및 공항시설
바. 〈항만법〉 제2조 제2호에 따른 무역항에 설치되어 있는 항만시설
사. 그 밖에 대통령령으로 정하는 시설 또는 인공구조물
이상 중 하나에 해당하는 시설로서 여객의 교통수단 이용을 위하여 제공되는 시설 또는 인공구조물.
7) 크게 의원급 의료기관, 조산원, 병원급 의료기관으로 나뉜다.

3. 사례: 장애인 보호작업장 내에서 발생한 괴롭힘을 인정한 결정례

국가인권위원회는 2011년 1월 6일, 장애인 보호작업장에서 지속적으로 발생했던 장애인 괴롭힘(장애인에게 욕설을 하고 쇠갈고리를 들어 위협, 짧은 휴식시간과 긴 근로시간, 적은 임금)을 조사하여 이러한 행위를 괴롭힘으로 인정하고, 해당 시설을 관리 감독하는 지방자치단체의 장에게 해당 시설장을 엄중 경고조치 할 것을 권고하였다.

10진정0568000.

4. 입법과제

1) 제1호의 개선과제

〈장애인차별금지법〉은 장애인 차별이 금지되는 광고를 〈표시·광고의 공정화에 관한 법률〉상의 표시 및 광고로만 제한한다. 〈장애인차별금지법〉 제정 당시에는 제4조(차별행위) 제1항 제4호에 '광고'뿐만 아니라 "장애인에 대한 차별을 표시 또는 암시하거나, 타인에게 차별행위를 부추기는 문서, 도화, 영상, 음반, 전기전자 매체를 통한 표현물, 기타 물건을 배포, 판매, 임대하거나, 공연히 전시, 상영하는 경우"를 모두 포함하고 있었다. 그러나 입법과정에서 이러한 포괄적인 정의가 표현의 자유, 예술의 자유 등과 충돌할 것이 우려되어 최종적으로는 '광고'로만 제한하게 된 것이다. 이러한 입법과정을 고려할 때 〈장애인차별금지법〉상의 광고는 최소한 "상업적 목적의 상품 및 용역 광고"를 포괄하는 것으로 개정되어야 한다는 의견이 있다.

2) 제 3호의 개선과제

〈장애인차별금지법〉은 장애인보조기구를 정의하면서 '자동차 기타 기구'라는 문구를 사용했는데, '기타 기구'라는 표현이 자동차의 기타 기구로 좁게 읽힐 소지가 있다. 또한 '기구'라는 용어도 좁은 의미로 해석될 수 있다는 지적도 제기된다. 따라서 이를 '자동차, 기타 기기'로 수정하는 것이 적절할 것이다. 〈정보격차해소에 관한 법률〉은 폐지되었기 때문에 이에 관한 부분을 삭제할 필요도 있다.

3) 제 5호의 개선과제

〈장애인차별금지법〉상 규정된 사용자의 범위에 〈근로기준법〉의 적용을 받지 않는 사업주(예컨대, 4호의 '공공기관') 등을 포함할 필요성이 제기된다. 물론 '공무원'의 근로자성은 법적으로 인정된다. [8] 그러나 공공기관처럼 공적 역할을 함에도 그 근로자가 〈공무원법〉상의 공무원이라 신분을 해석하기 어려운 경우도 있으므로 사용자의 범위를 확대하여 확실히 명문화하는 것이 바람직하다는 것이다.

4) 제 6호의 개선과제

〈장애인차별금지법〉에서는 장애인의 사설학원 이용과 관련된 불편 및 차별 문제를 해결할 수 없다는 비판이 있었다. 가령 ① 교재를 마련하거나 시각화된 콘텐츠로 설명을 이해하기가 어려워 시각장애인들이 학

---

8) 〈근로기준법〉상 근로자의 개념은 직업의 종류를 불문하고 사업 또는 사업장에서 임금을 목적으로 근로를 제공하는 자를 말한다.

원을 이용하기 힘든 경우, ② 엘리베이터나 경사로가 설치되지 않아 지체장애인이 접근하기 어려운 곳에 학원이 위치한 경우, ③ 수어통역이 이루어지지 않아 청각장애인들이 학원의 수업 내용을 이해하는 데에 어려움을 겪는 경우 등이 그것이다. 사설학원을 이용하는 대신 온라인강의를 수강하거나 교육방송을 시청하는 장애인들도 많지만, 웹 접근성 문제, 교재제공의 지연, 교육콘텐츠의 자막 미제공 등으로 교육권이 침해당하기도 한다.

따라서 제3조 제6항의 '교육기관' 정의에 〈학원의 설립·운영 및 과외교습에 관한 법률〉에 따른 '학원'에 관련된 내용을 추가하는 방향으로 개선이 필요하다는 의견이 있다. 다만 이렇게 개정될 경우 영세한 보습학원 운영자가 정당한 편의제공 의무(제4조 제3항)를 즉시 이행하기 어려울 수 있음을 감안하여, 시행령에서 단계적으로 의무를 확대하거나 초기 시행과정에서 정부지원을 적극적으로 고려함이 바람직할 것이다.

5) 제14호의 개선과제

제14호 '복지시설 등'의 정의에는 〈정신건강증진 및 정신질환자 복지서비스 지원에 관한 법률〉(2017. 5. 30. 시행) 제3조 제4호의 정신건강증진시설(정신의료기관, 정신요양시설, 정신재활시설)에 대한 내용이 없다. 정신장애인에 대한 사회적 차별을 고려할 때, 해당 법의 시행과 발맞추어 〈장애인차별금지법〉을 개정하여 해당 시설도 복지시설에 포함시켜야 한다는 의견이 있다.

6) 제 20호의 개선과제

〈장애인차별금지법〉상의 차별행위 해석과 관련하여 제 20호의 '괴롭힘'이 차별행위에 포함되는 것인지에 대한 해석상 다툼이 있다. 이 논의는 〈장애인차별금지법〉 제 3조 제 20호만의 문제가 아니라 제 4조 제 1항, 제 32조가 모두 연관된 중요한 문제이다.

〈장애인차별금지법〉 제 4조(차별행위) 제 1항은 "이 법에서 금지하는 차별이라 함은 다음 각 호의 어느 하나에 해당하는 경우를 말한다"고 하면서 제 1호에서 직접차별, 제 2호에서 간접차별, 제 3호에서 정당한 편의제공 거부, 제 4호에서 광고를 통한 차별, 제 5호에서 장애인 관련자에 대한 차별, 제 6호에서 보조견 및 장애인보조기구 등에 대한 차별을 규정하고 있을 뿐 '괴롭힘 등'은 규정하지 않는다. 따라서 괴롭힘 등은 "이 법에서 금지하는 차별"이 아니라는 논란이 제기되는 것이다.

실무상 장애인에 대한 혐오적 언동 등으로 발생하는 괴롭힘 사건이 차별행위 중 상당히 높은 비율을 차지하고 있는 것[9]을 고려할 때, 괴롭힘을 장애인 차별행위로 해석할 수 있도록 명문화할 필요가 있다.

7) '재화와 용역의 제공'에 대한 정의 규정 신설 논의

〈장애인차별금지법〉은 제 3절에서 '재화와 용역의 제공'의 차별금지를 규정한다. 이 절에서 명시적으로 다루고 있는 범위는 제 16조의 '토지

---

9) 국가인권위원회 장애차별 진정사건 접수 현황 및 분석에서, 차별영역별 장애차별 진정사건 접수 현황(2008. 4. 11. ~ 2016. 12. 31.) 중 괴롭힘 등 사건은 전체 10, 320건 중 1, 175건으로서 전체의 11. 4%를 차지하여 재화용역의 이용 및 제공 관련 차별에 이어 두 번째로 높은 비율을 차지하는 것으로 집계되었다(2017, 국가인권위원회 장애인차별금지법기념토론회 발제문).

및 건물의 매매·임대', 제17조의 '금융상품 및 서비스', 제19조의 '이동 및 교통수단', 제24조의 '문화·예술활동', 제25조의 '체육활동'뿐이다. 통상적인 서비스업의 범주들, 예를 들면 숙박업, 요식업, 판매업, 오락시설, 사회복지시설, 공회당 등은 여기에 포함되지 않았다. 수많은 종류의 재화와 용역 중 일부만 명시되어서 자칫 재화와 용역의 범위가 열거적으로 이해될 소지가 있다.

이를 감안하여 "재화와 용역 등의 제공"이라는 정의 규정을 신설하는 것이 필요하다는 의견이 제기된다. 가능한 정의 규정의 예시로서는 다음과 같은 내용을 들 수 있을 것이다. "공중에게 유상 또는 무상으로 물자나 장소 또는 서비스를 제공하는 것을 말하며, 이에는 토지 및 건물의 매매·임대, 금융상품 및 서비스의 제공, 이동 및 교통수단의 제공, 문화·예술활동 관련 서비스의 제공, 체육활동 관련 서비스의 제공, 상품의 도소매, 숙박·오락·요식서비스의 제공 등이 포함된다. 단, 제4호에 따른 공공기관 및 제6호에 따른 교육기관이 서비스를 제공하는 것은 이에 해당하지 아니한다."

제4조: 차별행위의 개념

제4조 (차별행위)

① 이 법에서 금지하는 차별이라 함은 다음 각 호의 어느 하나에 해당하는 경우를 말한다.

1. 장애인을 장애를 사유로 정당한 사유 없이 제한·배제·분리·거부 등에 의하여 불리하게 대하는 경우

2. 장애인에 대하여 형식상으로는 제한·배제·분리·거부 등에 의하여 불리하게 대하지 아니하지만 정당한 사유 없이 장애를 고려하지 아니하는 기준을 적용함으로써 장애인에게 불리한 결과를 초래하는 경우

3. 정당한 사유 없이 장애인에 대해 정당한 편의제공을 거부하는 경우

4. 정당한 사유 없이 장애인에 대한 제한·배제·분리·거부 등 불리한 대우를 표시·조장하는 광고를 직접 행하거나 그러한 광고를 허용·조장하는 경우. 이 경우 광고는 통상적으로 불리한 대우를 조장하는 광고효과가 있는 것으로 인정되는 행위를 포함한다.

5. 장애인을 돕기 위한 목적에서 장애인을 대리·동행하는 자(장애아동의 보호자 또는 후견인 그 밖에 장애인을 돕기 위한 자임이 통상적으로 인정되는 자를 포함한다. 이하 "장애인 관련자"라 한다)에 대하여 제1호부터 제4호까지의 행위를 하는 경우. 이 경우 장애인 관련자의 장애인에 대한 행위 또한 이 법에서 금지하는 차별행위 여부

의 판단대상이 된다.

6. 보조견 또는 장애인보조기구 등의 정당한 사용을 방해하거나 보조견 및 장애인보조기구 등을 대상으로 제4호에 따라 금지된 행위를 하는 경우

② 제1항 제3호의 "정당한 편의"라 함은 장애인이 장애가 없는 사람과 동등하게 같은 활동에 참여할 수 있도록 장애인의 성별, 장애의 유형 및 정도, 특성 등을 고려한 편의시설·설비·도구·서비스 등 인적·물적 제반 수단과 조치를 말한다.

③ 제1항에도 불구하고 다음 각 호의 어느 하나에 해당하는 정당한 사유가 있는 경우에는 이를 차별로 보지 아니한다.

1. 제1항에 따라 금지된 차별행위를 하지 않음에 있어서 과도한 부담이나 현저히 곤란한 사정 등이 있는 경우

2. 제1항에 따라 금지된 차별행위가 특정 직무나 사업 수행의 성질상 불가피한 경우. 이 경우 특정 직무나 사업 수행의 성질은 교육 등의 서비스에도 적용되는 것으로 본다.

④ 장애인의 실질적 평등권을 실현하고 장애인에 대한 차별을 시정하기 위하여 이 법 또는 다른 법령 등에서 취하는 적극적 조치는 이 법에 따른 차별로 보지 아니한다.

1. 입법취지

〈장애인차별금지법〉상 금지되는 차별의 유형을 세분화한 이 조문은 이 법의 가장 핵심적인 조문이다.

제4조는 이전에는 외국에서만 규정되었거나 이론적으로만 거론되었던 차별의 개념을 구체적으로 법에 명문화하여 해당 차별행위를 명확히 금지하려는 취지로 입법되었다.

2. 조문해설

제4조는 '차별행위'를 정의한다. 제1항은 금지대상이 되는 차별행위를 직접차별, 간접차별, 정당한 편의제공 거부, 광고를 통한 차별로 규정하고, 장애아동의 보호자 또는 후견인, 기타 장애인을 돕기 위해 장애인을 대리·동행하는 자와 장애인이 사용하는 보조견 및 장애인보조기구 등에 대한 부당한 처우도 차별에 해당한다고 규정한다. 그 밖에도 '정당한 편의'의 개념(제2항) 및 정당한 사유와 적극적 조치(제3항, 제4항)의 의미도 명시한다.

1) 직접차별과 간접차별

직접차별은 장애인이 가진 개인적인 능력 또는 해당 장애인의 장애 특성을 고려하지 않고, 장애를 가졌다는 이유만으로 혹은 장애인 일반에 대한 선입견으로 왜곡된 가정을 함으로써 주로 발생한다.

간접차별은 비장애인 대다수가 따를 수 있으나 장애인에게는 상황상 불리한 조건을 장애를 가진 사람에게 제시하는 것을 의미한다. 장애가 있든 없든 동일한 규칙과 조건 및 요구 사항을 적용하지만 그로 인해 발생한 차별효과가 부당하게 장애인을 소외시키거나 불이익을 주는 경우를 의미한다는 점에서, 간접차별은 규칙과 조건의 변동이 가능한 '정당한 편의 미제공'과는 구별된다.

2) 정당한 편의제공의 의미

"정당한 편의"란 장애인이 장애가 없는 사람과 동등하게 같은 활동에 참여할 수 있도록 장애인의 성별, 장애의 유형 및 정도, 특성 등을 고려한 편의시설·설비·도구·서비스 등 인적·물적 제반 수단과 조치를 의미한다. '정당한 편의제공'이라는 용어는 외국의 입법례나 국내 번역 사례 및 입법안 등에서 주로 사용되는 '합리적인 배려'라는 표현에 비해 장애인 당사자의 주체성과 인권적 관점을 좀더 잘 반영한 것이라고 평가된다.

3) 정당한 사유와 적극적 시정조치

법안은 '과도한 부담이나 현저히 곤란한 사정 등' 및 '특정 직무나 사업 수행의 성질상 불가피한 경우 등' 정당한 사유가 있는 경우(제 3항)와 장애인의 실질적 평등권을 실현하고 차별을 시정하기 위한 적극적 조치(제 4항)는 차별로 간주하지 않도록 규정한다.

　여기서의 정당한 사유란 정당한 편의를 제공하지 않아도 되는, 또는 제공할 수 없는 상식적, 객관적, 합리적인 이유를 의미한다. 국가인권위원회는 "정당한 사유" 중 "과도한 부담"과 관련하여 사용자 등 편의제공자가 해당 편의를 제공함으로써 경제적으로 심각한 타격을 입는 경우만을 의미하고, 단순히 편의제공으로 비용 부담이 발생하는 것만으로는 정당한 사유에 해당하지 않는다고 설명하였다. 또한 편의를 위한 시설물 등을 설치 또는 제공하려면 보존가치가 있는 시설이나 건물의 본래 목적을 훼손하거나 상실할 경우에도 정당한 사유가 있는 것으로 본다고 하나, 이는 엄격하게 제한되어야 한다고 설명하였다.

또한 제4조 제4항에서는 장애인의 실질적 평등권 보장과 차별시정을 위한 적극적 조치를 장애인 차별로 보지 않는다. 장애인에게 동등한 기회를 보장하려는 의도 또는 장애나 특정한 장애를 가진 사람의 특별한 필요를 위하여 재화를 제공하거나 서비스 및 기회에 접근할 수 있도록 하려는 의도를 가진 행위를 차별로 보지 않으려는 것이다.

4) 장애인 관련자에 대한 차별금지

〈장애인차별금지법〉은 특히 '장애인 관련자'에 대한 차별을 금지한다. 장애인 관련자 차별금지 규정은, 장애가 있든 없든, 유자격자가 장애를 가진 어떤 개인과 관련이 있어서, 혹은 관련이 있다고 알려짐으로써 차별받는 상황으로부터 그 사람을 보호할 목적으로 도입되었다.

3. 사례

1) 면접 응시 장애인에게 제공되어야 할 정당한 편의의 내용
관련 판례

법원은 서울시로부터 위탁받아 직업기술교육원을 관리·운영하는 복지재단을 상대로 청각장애 2급인 장애인 당사자가 낸 장애인 차별행위 중지이행청구 소송에서 위자료 청구를 인용하였다.

해당 재판부는 피고가 운영하는 직업기술교육원의 교육훈련생 선발과정에서 원고의 탈락이 청각장애를 이유로 한 것이었는지 판단하면서 '피고는 이 사건 선발과정에 장애인이 지원할 수 있음을 충분히 예상할 수 있었고, 원고가 전화문의 등을 통해 장애인으로서 이 사건 선발과정에 지원한다는 사실을 충분히 전달하여 원고가 장애인인 사실을 인지하였거나 인지할 수 있었음에도, 원고에게 문자통역 등 원고가 장애가 없는 사람과 동등하게 면접에 참여할 수 있도록 하기 위한 인적·물적 제반 수단이나 시험시간 연장 등의 조치를 전혀 취하지 않았으며, 단순히 원고의 면접순서를 조정하여 주고 배우자의 동석을 허용한 것도 원고에게 정당한 편의를 제공하지 않아 원고가 부득이하게 요청하게 된 것이기에 〈장애인차별금지법〉에서 정한 정당한 편의를 제공한 것으로 볼 수 없다'고 판시함으로서 정당한 편의를 제공하였다는 피고의 항변을 배척하였다.

서울중앙지방법원 2017.2.9.2015가합519728 판결 장애인 차별행위 중지이행청구.

2) 정당한 사유 항변을 받아들인 판결

한편, 법원은 〈장애인차별금지법〉상 '정당한 사유'에 대한 해석을 지나치게 넓게 인정하여 오히려 장애인 차별행위를 묵인하는 근거를 제공하였다는 비판을 받은 바 있다.

전맹의 시각장애여성인 원고는 남성 활동보조인의 도움을 받아 목욕탕의 매표소까지 왔는데, 목욕탕을 운영하는 피고는 도와줄 동성과 함께 오지 않으면 어떻게 하느냐고 원고에게 말하였다. 이 일로 원고와 피고 사이에 언쟁이 발생하였고 피고는 원고의 목욕탕 입장을 거부하였다. 원고는 이 사건 이전에 3~4회 가량 동성 동반자 없이 해당 목욕탕에 입장한 적이 있었는데 그때마다 목욕관리사의 도움을 받아 이동, 탈의, 입욕 등을 마친 적이 있었다. 원고는 시각장애인인 자신이 동성 동반자 없이 왔다는 이유로 피고가 목욕탕 입장을 거부한 것은 장애를 이유로 한 차별이며 〈장애인차별금지법〉 위반에 해당한다고 하여 피고에게 100만 원의 손해배상을 구하는 소송을 제기하였다.

　법원은 먼저 피고의 목욕탕 입장 거부는 장애를 사유로 피고를 불리하게 대한 경우에 해당한다고 판단하였다. 그러나 동성 동반자 없이 원고가 혼자 목욕탕에 입장하도록 허용하는 것은 피고에게 과도한 부담이 되거나 현저히 곤란한 사정이 있는 것으로 볼 수 있어 〈장애인차별금지법〉에 따른 '정당한 사유'가 되므로 사건의 입장 거부는 차별행위에 해당하지 않는다고 판시하고 원고의 청구를 기각하였다.

대전지방법원 2012.2.15. 선고 2011가소122610 판결 손해배상(기).

4. 입법과제

1) 제 4호 개선과제

제4호 '광고에 의한 차별' 규정과 관련하여 "장애인 등에 대한 차별행위를 부추기는 문서, 도화, 영상, 공연, 음반, 전기·전자 매체 등을 통한 표현물, 기타 물건을 배포·판매·임대하거나, 공연히 전시·상영하는 경우"를 포함하여야 한다는 의견이 있다. 특히 최근 빈번하게 발생하는 장애인 혐오표현에 법적 대응책이 사실상 전무함을 고려할 때

이 조항의 적용범위를 확장시키는 방향으로 개선이 필요할 것이다.

2) 제 2항 개선과제

〈장애인차별금지법〉상의 정당한 편의 개념은 "인적·물적 제반 수단과 조치", 즉 물리적 수단만을 가리킨다는 지적이 있다. 이에 대하여 '정책'과 같은 비물리적인 편의를 병기하여 정당한 편의의 개념을 확장하여야 한다는 비판이 제기된다.

제 5조: 장애인 차별판단의 기준

제 5조 (차별판단)

① 차별의 원인이 2가지 이상이고, 그 주된 원인이 장애라고 인정되는 경우 그 행위는 이 법에 따른 차별로 본다.

② 이 법을 적용함에 있어서 차별 여부를 판단할 때에는 장애인 당사자의 성별, 장애의 유형 및 정도, 특성 등을 충분히 고려하여야 한다.

---

1. 입법취지

차별사유 중 장애가 주된 것이 아닌 경우에도 〈장애인차별금지법〉에 의하여 규율받아야 한다면 부당하다고 해석될 수 있다. 그래서 이 조문을 두어 장애를 포함해 2가지 이상의 차별사유가 존재할 때 그중 주된 원인이 장애라고 인정되는 때에만 이 법의 규율대상으로 삼고자 한 것이다.

2. 조문해설

이 법에서 규정한 차별행위인지의 여부를 판단할 때, 차별의 원인이 2가지 이상이고 그 주된 원인이 장애라고 인정되는 경우에는 그 행위를 이 법에 따른 차별로 본다. 또한 차별 여부를 판단할 때에는 장애인 당사자의 성별, 장애의 유형 및 정도, 특성 등을 충분히 고려하여야 한다. 관련하여 장애인권리협약 제6조는 '장애여성과 장애소녀가 다중적 차별의 대상이 되고 있음을 인정하고 이러한 측면에서 장애소녀와 여성이 모든 인권과 기본적인 자유를 완전하고 동등하게 향유하도록 보장하기 위한 조치를 취한다'라고 규정한다.

3. 사례

어떤 회사가 여성과 장애인을 고용하지 않는 비공식적 인사지침을 가지고 있다고 가정하면, 장애인 여성 구직자는 두 가지 원인으로 고용상 차별을 당한다. 구직자가 장애인이라면 반드시 고용심사에서 탈락하고, 여성이라는 조건은 심사과정에서 고려될 수도, 고려되지 않을 수도 있다면, 장애가 차별의 주된 원인이라고 인정될 것이다. 이러한 회사를 상대로 장애인 여성 구직자는 이 법에 의한 보호를 받을 수 있다.

제 6조: 장애인 차별금지 일반 규정

제 6조 (차별금지)

누구든지 장애 또는 과거의 장애경력 또는 장애가 있다고 추측됨을 이유로 차별을 하여서는 아니 된다.

---

1. 입법취지

제 6조는 장애인 차별에 대한 보편적인 금지를 담고 있다. 이는 앞서 살펴본 제 2조 '장애의 개념'과도 연결되는 내용이라 할 수 있다. 이 조문은 이전에 개인의 일상 또는 사회생활을 상당히 제약했던 신체적 · 정신적 손상 또는 기능상실로부터 회복된 개인을 보호하고, 손상 또는 기능상실의 기록을 가진 사람을 그 기록에서 발생하는 불이익으로부터 보호하기 위한 것이다.

2. 조문해설

이 조문에서 "장애가 있다고 추측됨"이라는 것은 제 2조의 "신체적 정신적 손상 또는 기능상실"에서 정의된 손상이나 기능상실 중 현재 아무것에도 해당되는 사항이 없음에도 그러한 손상이나 기능상실을 가진 것으로 추측되거나, 개인의 일상 또는 사회생활을 상당히 제약하지는 않지만 그러한 제약이 있는 것으로 추측되는 신체적 · 정신적 손상이나 기능상실을 가지는 것을 의미한다.

3. 사례: 장애를 이유로 한 보험계약 체결 거부는 차별행위라는 결정

국가인권위원회는 손가락의 외과적 제거가 아닌 선천성 결손으로 지체장애 3급 판정을 받은 자에 대한 자의적인 실손의료비 보험계약 체결거절은 장애를 이유로 한 차별에 해당된다고 판단한 바 있다.

14진정001300 결정.

제 7조: 장애인의 자기결정권 및 선택권 규정

제 7조 (자기결정권 및 선택권)

① 장애인은 자신의 생활 전반에 관하여 자신의 의사에 따라 스스로 선택하고 결정할 권리를 가진다.

② 장애인은 장애인 아닌 사람과 동등한 선택권을 보장받기 위하여 필요한 서비스와 정보를 제공받을 권리를 가진다.

---

1. 입법취지

이 규정은 최근 장애인 운동의 패러다임에 발맞추어 장애인의 권리주체성을 강조한다는 의미가 있다. 이를 위하여 장애인 당사자의 자기결정권과 선택권, 그리고 그 권리를 보장받기 위한 서비스와 정보를 제공받을 권리를 명시한 것이다.

2. 조문해설

제 7조는 장애인 당사자의 자기결정권과 선택권, 그리고 그 권리를 보장받기 위한 서비스와 정보를 제공받을 권리를 보장한다. 자기결정권은 외부의 강제 없이 자신의 행동을 자유롭게 선택할 권리를 말하며, 이 조항은 장애유형, 성별, 특징, 연력에 관계없이 장애인의 자기결정권을 보장한다. 장애아동이나 정신적 장애인의 경우라도 이 조항을 적용하는 데에 예외가 될 수 없다.

3. 사례: 장애인의 자기결정권 침해를 인정한 결정례

국가인권위원회는 장애인자립생활센터에서 센터사업의 일환으로 체험홈 입주자를 모집하여 주거를 제공한 후, 해당 주거에 거주하는 장애인들의 의사를 배제하거나 사회활동 참여나 이동을 제한한 행위를 해당 장애인에 대한 자기결정권 침해로 판단하였다.   15진정0610400 결정.

제 8조: 장애인에 대한 국가 및 지방자치단체의 의무 규정

제 8조 (국가 및 지방자치단체의 의무)

① 국가 및 지방자치단체는 장애인 및 장애인 관련자에 대한 모든 차별을 방지하고 차별받은 장애인 등의 권리를 구제할 책임이 있으며, 장애인 차별을 실질적으로 해소하기 위하여 이 법에서 규정한 차별

시정에 대하여 적극적인 조치를 하여야 한다.

② 국가 및 지방자치단체는 장애인 등에게 정당한 편의가 제공될 수 있

도록 필요한 기술적·행정적·재정적 지원을 하여야 한다.

1. 입법취지
이 규정의 취지는 장애인 차별을 실질적으로 해소하기 위한 적극적인 조치 및 정당한 편의제공에 관한 각종 지원을 할 의무를 국가 및 지방자치단체에 부여하는 것이다. 국가 및 지방자치단체가 자신의 임무를 방기하고 개인이나 민간 조직에 책임을 떠넘기지 않도록, 차별금지 및 권리구제, 정당한 편의제공을 위한 지원 등의 의무를 부여하였다.

2. 조문해설
이 조항에 따라 국가와 지방자치단체는 〈장애인차별금지법〉상 권리 또는 의무를 가지는 개인이나 기관에게 적절한 기술적 지원 및 행정적 지원과 안내를 제공하고 그것이 이용 가능하도록 보장해야만 한다. 나아가 이용 가능한 예산에 따라 〈장애인차별금지법〉상의 권리 또는 의무를 가지는 개인, 기관, 단체 등에게 재정적인 지원을 제공하여야 한다.

3. 입법과제
제8조는 국가나 지방자치단체가 장애인 차별을 방지할 책임이 있다고 선언한다. 그러나 규정이 현실에서 잘 이행되는지 모니터링이 필요함

에도 이에 대한 근거 규정이 전무하다는 문제가 있다. 현재 보건복지부와 국가인권위원회가 〈장애인차별금지법〉 이행에 대해 실태조사 또는 모니터링을 실시하고 있다. 그러나 그 법적 근거가 없어 대상기관의 조사 협조를 받기 어렵고, 두 주체의 해당 사업이 중복된다는 지적도 지속되었다. 이를 해소하기 위해 실태조사를 위한 법적 근거를 마련하고, 양 기관의 모니터링 범위나 시기 등을 정리해야 한다. 실태조사 대상기관으로부터 원활하게 조사 협조를 얻거나 객관적인 조사를 실시하기 위해 조사 주관기관이 조사 대상기관에게 실태조사에 필요한 관련 자료를 제출하도록 요구할 수 있는 권한을 부여하는 것도 필요할 것이다.

제 8조의 2: 〈장애인차별금지법〉 이행에 대한 실태조사

제 8조의 2 (실태조사)

① 보건복지부장관은 장애인 차별 해소 정책의 수립·시행에 필요한 기초자료를 확보하기 위하여 3년마다 이 법의 이행에 대한 실태조사를 실시하고 그 결과를 공표하여야 한다.

② 보건복지부장관은 제 1항에 따른 실태조사를 위하여 필요한 경우 공공기관 및 관련 기관·시설·법인 등에 자료의 제출 또는 의견의 진술을 요청할 수 있다. 이 경우 자료의 제출이나 의견의 진술을 요청받은 공공기관의 장 등은 정당한 사유가 없으면 그 요청에 따라야 한다.

---

③ 제1항에 따른 실태조사의 내용, 방법 및 공표 등에 필요한 사항은 대통령령으로 정한다.

시행령 제4조의 2(실태조사의 내용 및 방법 등)
① 법 제8조의 2 제1항에 따라 보건복지부장관이 실시하는 실태조사(이하 "실태조사"라 한다)의 내용은 다음 각 호와 같다.
   1. 고용에서의 장애인에 대한 차별 실태
   2. 교육에서의 장애인에 대한 차별 실태
   3. 재화와 용역 등의 제공 및 이용에서의 장애인에 대한 차별 실태
   4. 공공기관 등의 사법·행정 절차 및 서비스 제공과 참정권 행사에서의 장애인에 대한 차별 실태
   5. 모·부성권 및 성(性)에서의 장애인에 대한 차별 실태
   6. 가족·가정·복지시설 및 건강권에서의 장애인에 대한 차별 실태
   7. 장애여성 및 장애아동에 대한 차별 실태
   8. 그 밖에 법의 이행에 관한 사항으로서 보건복지부장관이 장애인에 대한 차별을 해소하기 위해 필요하다고 인정하는 사항
② 실태조사는 표본조사의 방법으로 실시하되, 조사 항목의 특성상 필요한 경우에는 전수조사의 방법으로 실시할 수 있다.
③ 보건복지부장관은 실태조사를 장애인에 관한 전문성과 인력 및 장비를 갖춘 기관·법인 또는 단체에 의뢰하여 실시할 수 있다.
④ 보건복지부장관은 실태조사 결과를 보건복지부의 인터넷 홈페이지에 공표해야 한다.

1. 입법취지

이 규정의 취지는 이 법의 목적이 잘 실현되고 있는지를 정기적으로 국가가 실태조사하여 그 결과를 공표하는 데 있다. 정기적인 실태조사를 통하여 장애인 차별 실태조사를 내실화하고 차별 실태와 관련한 기초자료를 확보함으로써 장애인 차별 해소를 위한 정책 수립 및 시행에 활용할 수 있도록 한 것이다.

2. 조문해설

이 조항에 따라 보건복지부 장관은 〈장애인차별금지법〉에서 차별을 금지하고 있는 7개 영역에 대한 실태조사를 실시하고 그 결과를 공표하여야 한다. 차별금지 7개 영역은 이하 차례로 서술할 고용, 교육, 재화와 용역의 제공 및 이용, 사법·행정 절차 및 서비스와 참정권, 모성·부성권 및 성, 가족·가정·복지시설 건강권, 장애여성 및 장애아동 등이다. 이 실태조사를 위하여 보건복지부 장관은 필요한 경우 조사에 필요한 자료의 제출 또는 의견진술 요청 권한을 가진다. 이러한 요청을 받은 자는 정당한 사유가 없으면 이에 따라야 하는 의무규정도 명시하였다.

3. 입법과제

기존 제8조(국가나 지방자치단체가 장애인 차별을 방지할 책임)가 현실에서 잘 이행되는지 모니터링이 필요하므로 〈장애인차별금지법〉 이행에 대해 실태조사가 법제도화되어야 한다는 지적을 입법에 반영한 결과로 신설된 조문이다. 대부분의 실무 관련 내용이 시행령에 규정되어 있는

만큼, 제도가 정착되는 과정을 지켜보면서 필요할 경우 법과 시행령을
보완하여야 할 것이다.

제9조: 〈국가인권위원회법〉과의 관계

제9조 (다른 법률과의 관계)

장애를 사유로 한 차별의 금지 및 권리구제에 관하여 이 법에서 규정한
것 외에는 〈국가인권위원회법〉으로 정하는 바에 따른다.

---

1. 입법취지

이 규정의 취지는 〈장애인차별금지법〉으로 인하여 차별시정기구가 국
가인권위원회로 일원화됨에 따라 이 법에 규정한 것 외에 미비한 점이
있다면 〈국가인권위원회법〉에 따르도록 하려 한 것이다.

　이 조문을 통하여 ① 국가인권위원회에 장애인 차별행위 진정을 하면
조사관들이 사실관계 등을 조사하게 되므로 그 조사 결과를 나중에라도
법원에 유리한 증거로 제출할 수 있고, ② 국가인권위원회는 조사과정
에서 화해·조정을 유도할 수 있다. 이러한 국가인권위원회의 권한들
은 법적 강제력은 없지만 그만큼 현실적이고 합리적인 문제해결 방법을
제시할 수 있고, 구체적인 상황에 따라서는 법률상 기준보다 장애인에
게 유리하게 문제해결을 유도할 수도 있는 것이다.

2. 조문해설

이 조문에 대하여는 크게 두 가지 해석이 있다. 하나는, 〈장애인차별금지법〉을 적용할 때 이 법에 규정되지 않은 구체적 내용에 대하여 〈국가인권위원회법〉을 준용할 수 있다는 해석이다.

다른 하나는 장애를 이유로 한 차별의 금지 및 권리구제에 관한 특정 사안에 적용할 수 있는 규정이 이 법에 없는 경우에 〈국가인권위원회법〉을 적용함으로써 권리를 구제받을 수 있다고 해석하는 것이다. 이에 따르면 〈장애인차별금지법〉에 규정되지 않은 차별사항은 〈국가인권위원회법〉상 권리구제 일반절차에 의하여 구제될 수 있다.

3. 입법과제

이 규정에 대하여 〈장애인차별금지법〉의 적용범위를 협소하게 해석하는 입장에서는 '장애를 사유로 한 차별의 금지 및 권리구제' 부분에 관하여 〈장애인차별금지법〉에 규정이 되어 있으면 〈장애인차별금지법〉만 적용되므로 〈국가인권위원회법〉 및 다른 법령을 적용할 수 없게 된다고 주장하기도 한다.

따라서 이 규정의 본 취지를 분명하게 하기 위하여 〈장애인차별금지법〉의 위반이자 〈국가인권위원회법〉 등의 위반이 되는 차별행위가 존재할 경우, 장애인 차별과 관련해 이 법들이 모두 적용될 수 있는 것으로 명확히 해석되도록 문구를 개정하여야 한다는 의견이 있다.

영역별 차별금지

고용, 교육, 재화나 시설ㆍ서비스 및 용역의 이용은 물론 가정생활에 이르기까지, 잠재적으로 장애인 차별이 일어날 수 있는 영역은 매우 광범위하다. 제 2장은 장애인 차별을 영역별로 구분하여 금지함으로써 법의 세부적이고 실제적인 적용을 실현하고 있다.

제 1절(고용)의 성격 및 내용

조항	성격	내용
제 10조	총론적 규정	사용자, 노동조합에 대한 일반적인 차별금지 의무
제 11조	세부 규정	사용자의 정당한 편의제공 의무와 편의의 내용 등
제 12조		채용 전 의학적 검사의 금지 및 채용 후 의학적 검사 비용의 사용자 부담 등

제 2절(교육)의 성격 및 내용

조항	성격	내용
제 13조	총론적 규정	교육책임자의 입학·학교생활에서의 차별금지 의무
제 14조	세부 규정	교육책임자의 정당한 편의제공의무와 편의의 내용 등

제 3절(재화와 용역의 제공 및 이용)의 성격 및 내용

조항	성격	내용
제 15조	총론적 규정	재화·용역 등 제공자에 대한 일반적인 차별금지 의무
제 16조	각 세부 분야별 차별금지의무 및 그 방식	토지 및 건물의 매매·임대 등에 있어서의 차별금지 의무
제 17조		금융상품 및 서비스 제공에 있어서의 차별금지 의무
제 18조		시설물 접근·이용의 차별금지 및 정당한 편의제공 의무
제 19조		이동 및 교통수단 등에서의 차별금지 및 정당한 편의제공 의무
제 20조		정보접근에서의 차별금지
제 21조		정보통신·의사소통 등에서의 정당한 편의제공 의무
제 22조		장애인의 개인정보보호 의무
제 23조		정보접근·의사소통에서의 국가 및 지방자치단체의 의무
제 24조		문화·예술활동의 차별금지 및 정당한 편의제공 의무
제 24조의 2		관광활동의 차별금지 및 정당한 편의제공 의무
제 25조		체육활동의 차별금지 및 정당한 편의제공 의무

제 4절(사법·행정절차 및 서비스와 참정권)의 성격 및 내용

조항	성격	내용
제 26조	총론적 규정	사법·행정절차 및 서비스 제공에서의 차별금지
제 27조		평등한 참정권의 보장

제 5절(모·부성권, 성 등)의 성격 및 내용

조항	성격	내용
제 28조	총론적 규정	모, 부성권의 차별금지
제 29조		성에서의 차별금지

제 6절(가족·가정·복지시설, 건강권 등)의 성격 및 내용

조항	성격	내용
제 30조		가족·가정·복지시설 등에서의 차별금지
제 31조	총론적 규정	건강권에서의 차별금지
제 32조		괴롭힘 등의 금지

제 1 절

고 용

노동은 과업에 따른 보람과 성취감을 주는 자기실현의 과정이다. 이는 장애인에게도 마찬가지다. 고용영역에서 장애차별을 금지하는 것은 장애인이 자존감을 갖는 데에 필수적이다. 또한 고용영역에서 장애인에게 평등한 기회가 주어지고 그에 따라 장애인의 노동성과가 사회적으로 공유되는 일은 장애인에 대한 사회적 편견을 해소하는 가장 효과적인 방법이다. 사회통합의 관점에서 장애인의 인권을 사고하는 '사회적 관점'에서도 고용영역의 차별금지는 특별한 중요성이 있다. 〈장애인차별금지법〉은 제 2장 제 1절에 고용에 관한 절을 별도로 두어 장애인의 인격완성과 사회통합적 장애인권 향상이라는 목적을 달성하고자 한다.

이 절에서는 고용에서의 차별금지(제 10조), 정당한 편의제공 의무(제 11조), 의학적 검사의 금지(제 12조)를 규정한다. 장애인 고용이 이루어지기 위하여서는 국가와 지방자치단체의 정책적 지원이 필요하다는 측면에서 이 절의 내용이 부족해 보일 수도 있다. 그러나 장애인 차별금지 관련 고용정책에 대한 국가와 지방자치단체의 의무는 이 절이 아닌 〈장애인차별금지법〉 제 8조에서 도출할 수 있을 것이다.

장애인 고용 및 직업재활과 관련하여 〈장애인고용촉진 및 직업재활법〉(이하 "장애인고용법")이 시행되고 있다. 고용정책에서는 〈장애인고용법〉이, 고용에서의 차별금지를 대상으로는 〈장애인차별금지법〉이 주로 작동한다고 할 수 있다. 두 법은 서로 보완하며 장애인 고용에 영향을 준다. 예를 들어, 〈장애인고용법〉 제 21조는 장애인을 고용하거나 고용하려는 사업주가 정당한 편의를 제공하는 데 드는 비용을 지원하는 내용을 일부 포함하고 있다. 위 조항은 사용자의 부담을 부분적으로 완화하는 것이다. 사용자의 정당한 편의제공 의무를 판단할 때에 사용자에게 과도한 부담이 있는지 쟁점이 될 수 있으나 그 사용자가 〈장애인고용법〉의 지원을 받을 수 있다면 장애인에게 정당한 편의제공을 거부할 정당한 사유를 주장하기 어려워질 것이다. 또한 〈장애인고용법〉의 근로지원인은 〈장애인차별금지법〉의 장애인 관련자로서 법의 보호를 받는다.

개별적 노동관계를 규율하는 기본법은 〈근로기준법〉이다 〈근로기준법〉은 장애에 대한 특칙을 따로 두지 않는다. 그래서 〈장애인차별금지법〉의 고용영역은 장애인 노동관계의 특별법으로서 〈근로기준법〉을 보완한다. 〈근로기준법〉 제 93조는 취업규칙을 규정하는데, 취업규칙의 내용에는 근로자의 신체적 조건 등의 특성에 따른 사업장 환경의 개선에 관한 사항이 포함된다. 여기서 '신체적 조건'을 장애로 해석한다면 취업규칙을 통하여 〈장애인차별금지법〉에 따른 편의를 사업장에 마련할 수도 있다.

장애인 고용은 장애인의 소득을 보장하고 자립생활을 가능하게 하는 매개이다. 장애인이 기회를 얻고 인간다운 삶을 살 수 있도록 이 절의 조항이 역할을 해야 할 것이다. 이하에서 고용에 대한 3개 조항을 하나하나 살펴보고자 한다.

제 10조: 고용 및 노동영역에서의 차별금지 규정

제 10조 (차별금지)

① 사용자는 모집·채용, 임금 및 복리후생, 교육·배치·승진·전보, 정년·퇴직·해고에 있어 장애인을 차별해서는 아니 된다.

② 〈노동조합 및 노동관계조정법〉 제 2조 제 4호에 따른 노동조합은 장애인 근로자의 조합 가입을 거부하거나 조합원의 권리 및 활동에 차별을 두어서는 아니 된다.

---

1. 입법취지

1) 제 10조 제 1항

고용부문의 차별금지를 선언하는 총론적 규정이다. 본 조문은 모집·채용단계에서부터 인사, 직무배치, 임금, 복지혜택, 능력개발, 그리고 퇴직 및 해고에 이르기까지, 장애인이 노동시장에 진입한 이후의 모든 단계에서 차별을 금지한다. 본 조문의 독자성은 관련된 다른 법과 비교함으로써 분명하게 확인된다. 가령 〈근로기준법〉 제 6조[1] 는 '사회적 신분'을 포함한 4가지 차별금지 사유를 규정한다. 여기서 '사회적 신분'에 장애인이 포함된다고 해석하거나 4가지 차별금지 사유를 예시

---

[1] 제 6조 (균등한 처우)

　사용자는 근로자에 대하여 남녀의 성(性)을 이유로 차별적 대우를 하지 못하고, 국적·신앙 또는 사회적 신분을 이유로 근로조건에 대한 차별적 처우를 하지 못한다.

적인 것으로 보아 장애차별도 금지한다고 해석할 수 있다. 〈장애인차별금지법〉제 10조 제 1항은 명시적으로 모집·채용단계부터 법을 적용할 수 있도록 했다는 점에서 그 적용범위가 더 넓다. 또한 〈장애인고용법〉제 5조 제 2항[2]에서는 고용과정에서의 차별대우를 금지하는데, 그 해석상 직접차별을 금지하는 것으로 이해된다. 반면에 본 조문에서 금지되는 차별행위는 직접차별뿐만 아니라 간접차별도 포함한다. 나아가 정당한 편의제공 거부 및 광고에 의한 차별까지 금지하므로 〈장애인차별금지법〉이 좀더 포괄적이다.

2) 제 10조 제 2항

장애인의무고용 제도의 확대 등으로 장애인 근로자의 수는 증가하고 있다. 그러나 노동조합으로 조직되는 장애인 근로자는 극히 일부이고, 해고의 위협 때문에 적극적으로 조합활동을 하지 못하며, 노동조합에서 장애인 근로자의 요구를 부담스럽게 생각하는 경향이 있는 것도 사실이다. 그러나 고용영역에서의 차별을 철폐하고 저임금 장시간 노동구조를 개선하기 위해서는 장애인 근로자 또한 다른 근로자와 마찬가지로 단결하여야 하고 노동조합에서도 장애인 근로자의 요구를 조합의 요구로서 받아들일 수 있어야 한다. 이러한 점에서 본 조항은 직접적으로는 장애인의 노동조합활동을 보장하지만 궁극적으로는 장애인 근로자

---

[2] 제 5조 (사업주의 책임)
① 생략.
② 사업주는 근로자가 장애인이라는 이유로 채용·승진·전보 및 교육훈련 등 인사관리상의 차별대우를 하여서는 아니 된다.

의 노동3권 실현을 목표로 한다.

〈장애인차별금지법〉 제1절 고용편의 다른 조항은 차별금지의 의무의 수범자로 사용자를 상정하는 것에 비하여 〈장애인차별금지법〉 제10조 제2항은 노동조합을 수범자로 한다. 이는 고용현실에서 차별적 상황은 사용자뿐만 아니라 노동조합에 의하여도 발생할 수 있다는 점과 장애인 근로자의 노동3권의 보장을 위하여 노동조합의 참여가 법적으로 보장되어야 함을 고려한 것이다.

2. 조문해설

1) 제10조 제1항

(1) 사용자

〈장애인차별금지법〉 제3조 제5호는 '사용자'의 정의에 관해 〈근로기준법〉 제2조 제1항 제2호에 따른다고 규정하므로, 사업주 또는 사업경영담당자, 그 밖에 근로3)에 관한 사항에 대하여 사업주를 위해 행위하는 자가 〈장애인차별금지법〉상 사용자가 된다. 4) 아래에서 각각에

---

3) 임금노동자인 피고용인을 지칭하는 법률상 용어가 '근로자'인 점에 관하여는 정치경제학적 가치판단이 개입된 것이라는 비판이 있다. 유의미한 비판이나 이를 논의하는 것은 본 글의 목적이 아니므로 이하에서는 노동자에 대한 법률상 용어로서 '근로자'를 사용한다.

4) 사용자의 문리적 해석에 관해 문제가 될 수 있는 것은 〈근로기준법〉상 사용자 개념에 포괄될 수 없는 영역들이 존재한다는 점이다. 〈근로기준법〉의 적용대상에서 벗어나는 가사사용자나 특수고용과 파견근로 문제가 정리될 필요가 있다.

관해 분설한다.

① 사업주: 사업 또는 사업장의 경영주체를 말한다.[5] 개인사업체가 아닌 회사 기타 법인은 법인 자체가 경영주체가 되므로, 주식회사의 주주는 사업주에 해당하지 않는다. 사기업뿐 아니라 국가, 지방자치단체, 국영기업도 사업주가 될 수 있고, 비영리사업도 불문하므로 사회사업이나 종교사업의 사업주도 포함된다. 아파트자치회가 경비원 등 근로자를 직접 고용하여 지휘명령하고 있다면 사업주에 해당한다. 형식에 관계없이 사업장의 실질적 경영주체를 말하므로 모자회사 관계에서 자회사의 법인격이 부인되는 경우에는 모회사가 사업주가 된다.

② 사업의 경영담당자: 주식회사의 대표이사, 합명회사나 합자회사의 업무집행사원, 유한회사의 이사, 회생채무자의 관리인, 〈상법〉상 지배인, 〈민법〉상 미성년자나 피성년후견인이 사업주인 경우 그 법정대리인 또는 후견인이 이에 해당한다. 주식회사의 이사나 감사는 직무집행을 감시하는 권한을 위임받고 있으나 단지 이러한 사실만으로 사용자가 되는 것은 아니다. 사업주로부터 사업경영의 일부 또는 전부에 대하여 포괄적 위임을 받고 대외적으로 사업을 대표하거나 대리하면서 실질적으로 회사를 경영하였을 때 사업경영담당자가 되는 것이다(대법원 1990. 10. 12. 선고 90도1794 판결). 이사나 감사가 사업주나 사업경영담당자인 대표이사로부터 근로자에 관한 사항에 대하여 책임과 권한을 부여받았다면 '사업주를 위하여 행위하는 자'로서 사용자의 범주에 속할

---

5) 이하, 민변 노동위원회, 1998, 《변호사가 풀어주는 노동법》, 77~83면; 조용만·김홍영, 2013, 《로스쿨노동법 해설》, 461, 538면 참조.

것이다.

③ 근로자에 관한 사항에 대하여 사업주를 위해 행동하는 자: 사업주나 사업경영담당자로부터 권한을 위임받아 자신의 책임 아래 근로자를 채용하거나 해고 등 인사처분을 할 수 있고, 직무상 근로자의 업무를 지휘·감독하며 근로시간이나 임금 등 근로조건에 관한 사항을 결정하고 집행할 수 있는 자를 말한다(대법원 1989. 11. 14. 선고 88누6924 판결; 대법원 1998. 5. 22. 선고 97누8076 판결 등 참조). 형식상 직함의 고저에 관계없이 그 독자적 책임 아래 근로자를 고용하여 사용종속관계에 두고 근로를 제공하게 하면서 근로자에 대하여 근로조건의 일부 또는 전부에 관한 사항을 결정할 수 있는 권한을 부여받은 자라면 그 권한과 책임의 한도 내에서 사용자로 본다(예를 들어 공장장, 현장소장 등).

(2) 모집 및 채용6)

모집과 채용이란 사용자가 불특정인을 상대로 신문, 방송 등을 통한 광고모집, 직접 또는 위탁모집, 공공직업 안내소 또는 직업소개사업을 하는 자를 통한 구인신청 등을 포함하여 근로계약 체결에 이르기 위한 근로계약 개시 이전의 모든 고용과정을 의미한다. 가령 채용공고를 하는 것은 '모집', 면접이나 시험 등의 절차는 '채용'에 해당한다. 한편 미국 고용기회평등위원회(Equal Employment Opportunity Commission, 이하 EEOC)의 표준 가이드라인(Uniform Guidelines on Employee Selection

---

6) 한국장애인고용촉진공단 고용개발원, 2008, 《장애인 고용차별 예방가이드》, 36~64면 참조.

Procedure)에서는 '채용'에 좀더 구체적인 해설을 하고 있어 주목할 필요가 있다. 〈장애인차별금지법〉은 채용절차 시 정당한 편의제공 의무(제11조)와 의학적 검사 금지 의무(제12조)를 지켜야 한다고 규정한다.

(3) 임금

〈근로기준법〉제2조 제1항 제5호에서는 임금을 "사용자가 근로의 대가로 근로자에게 임금, 봉급, 그 밖에 어떠한 명칭으로든지 지급하는 일체의 금품을 말한다"고 규정한다.[7] 임금의 요건을 분설하면 다음과 같다.[8]

① "사용자"가 지급하는 것. 즉 사용자와의 근로관계가 없다면 임금이 아니다(대법원 1999. 1. 26. 선고 98다46198 판결, 대법원 1977. 10. 11. 선고 77도2507 판결, 대법원 1976. 3. 9. 선고 75다872 판결 등 참조).

② "근로의 대상"으로 지급하는 것. 현실적 근로에 대해 교환관계로 지급되는 금품만을 의미하는 것은 아니며 실제 근로와 관계없이 근로자와 그 가족의 생활보장을 위해 지급되는 가족수당, 주택수당, 휴업수당 등도 근로제공과 관련이 있는 이상 임금에 포함된다. 반면 사용자가 결혼축의금, 조의금 등 근로제공과 무관하게 의례적·호의적으로 지급하는 것, 또는 출장비, 판공비, 활동비, 접대비와 같이 실비 변상적 성격으로 주는 금품은 임금의 범위에서 제외된다.

③ "명칭을 불문"한 일체의 "금품". 판례도 계속적·정기적으로 지급

---

7) 조용만·김홍영, 앞의 책, 129면 이하 참조.
8) 민변 노동위원회, 앞의 책, 95면 이하 참조.

되고 그 지급에 관하여 단체협약, 취업규칙 등에 의해 사용자에게 지급 의무가 지워져 있다면 명칭을 불문하고 임금이라 본다(대법원 1991. 2. 12. 선고 90다15952, 15976 판결 등 참조).

(4) 복리후생

일반적으로 임금 외 보험비용이나 중식비 등의 제공, 출퇴근 편의제공, 또는 기숙사 등 주거 관련 편의제공 등을 지칭하는 것으로서 폭넓게 해석되는 개념이다.

(5) 교육 (훈련)

신입사원 교육, 관리감독자 훈련, 국내외 연수 등의 명칭에 관계없이 근로자의 직무수행능력의 배양 또는 향상을 위하여 사용자가 소속 근로자를 대상으로 실시하는 모든 교육 및 직업훈련을 포함하는 개념이다.

(6) 배치

사용자가 근로자에게 직무의 내용과 장소 등을 정하여 특정 업무에 종사하도록 하는 것을 말한다. 신규채용자 배치, 기존 근로자 배치전환, 파견조치, 대기발령 등을 포함한다.

(7) 해고

구체적 명칭에 관계없이 근로자의 의사와 무관하게 사용자의 일방적인 의사표시에 의하여 근로관계를 장래에 향하여 소멸시키는 것은 모두 해고에 해당한다. 예컨대 통상해고, 징계해고, 정리해고, 직권면직, 당연퇴직, 파면, 해직, 해임 등은 그 명칭 여하를 불문하고 모두 〈근로기준법〉 제23조 제1항에서 정하는 "해고"이다. [9]

(8) 금지되는 차별의 예외: 정당한 사유

〈장애인차별금지법〉 제10조 제1항의 조문은 정당한 사유를 규정하지 않는다. 그러나 〈장애인차별금지법〉 제4조 제1항에서 차별의 개념을 정의하며 정당한 사유가 없을 것을 전제하므로, 제10조 제1항에서도 행위에 정당한 사유가 있다면 제10조 제1항이 금지하는 차별행위에 해당하지 않는다고 해석된다. 〈장애인차별금지법〉 제4조 제3항은 금지된 차별행위를 하지 않기에는 부담이 과도하거나 현저히 곤란한 사정 등이 있는 경우(제1호), 차별행위가 특정 직무나 사업수행의 성질상 불가피한 경우(제2호)를 정당한 사유로 규정한다. 〈장애인차별금지법〉의 취지 및 통상적인 범위보다 좁게 규정한 문언에 비추어 보면 '과도한 부담이나 현저히 곤란한 사정'은 가능한 제한적으로 해석되어야한다. 과도한 부담이나 현저히 곤란한 사정의 예로서 막대한 비용을 요하는 경우, 사업성격이나 운영을 근본적으로 변화시키는 경우, 당사자나 제3자에게 위험을 초래하는 경우 등을 들 수 있을 것이다. 고객의 장애에 대한 편견이나 두려움은 과도한 부담에 해당한다고 볼 수 없다. 특정 직무나 사업수행의 성질상 불가피한 경우에 해당하려면 특정 장애를 가진 사람이 특정 직무를 수행할 수 없을 것이라는 점이 객관적이고 합리적인 근거를 통해 인정되어야 하고, 사용자의 정당한 편의제공이

---

[9] 민변 노동위원회, 앞의 책, 168면 참조.

있더라도 직무수행이 불가능하거나 현저히 곤란하여야 한다. 또한 장애인 근로자에게 부족한 기능이 직무를 구성하는 부수적 기능이 아니라 필수적 기능에 해당하여야 하고, 필수적 기능을 판단함에 있어서는 근로자가 수행하여야 할 직무를 기술하고 있는 직무세부기술서, 어떤 기능을 수행하는 시간의 총량, 어떤 기능을 수행하지 않으면 발생되는 결과 등을 종합적으로 고려하여야 할 것이다. 이러한 판단에 있어 장애인 근로자가 특정 직무를 자신이 수행할 수 있는지 스스로 판단할 수 있도록 직무세부기술서가 제공될 필요가 있다. 이와 같은 정당한 사유의 존재는 이를 주장하는 사용자가 증명하여야 한다(〈장애인차별금지법〉 제47조 제2항).

2) 제10조 제2항

(1) 노동조합

제2항의 수범자는 〈노동조합 및 노동관계조정법〉(이하 "노동조합법") 제2조 제4호에 따른 노동조합이다. 〈노동조합법〉 제2조 제4호는 노동조합을 "근로자가 주체가 되어 자주적으로 단결하여 근로조건의 유지·개선 기타 근로자의 경제적·사회적 지위의 향상을 도모함을 목적으로 조직하는 단체 또는 그 연합단체"로 정의한다(적극적 요건). 다만 사용자의 이익을 대표하거나 경비 등의 주된 부분을 사용자로부터 원조받는 경우, 복리사업만을 목적으로 하는 경우, 또는 근로자가 아닌 자의 가입을 허용하거나 정치운동을 목적으로 하는 단체에는 해당 법의 적용을 배제하고 있다(소극적 요건).

(2) 금지되는 차별행위의 유형

본 조항은 금지되는 차별행위를 ① 조합 가입의 거부, ② 조합원의 권리 및 활동의 차별 2가지로 유형화한다.

① 조합 가입의 거부: 노동조합의 가입범위와 절차는 노조규약이라는 자율규범에 근거한다(〈노동조합법〉 제11조 제4호). 10) 따라서 장애인 근로자의 노동조합 가입을 거부하는 행위가 노조규약에 의하여 명시적인 방식으로 이루어질 수 있다. 노조규약에 해당사유를 규정하거나, 해당 장애인의 장애유형으로는 충족시킬 수 없는 방식으로 가입절차를 규정하는 것이다. 먼저, 장애차별 문제가 아니더라도, 특정 집단에 한정하여 가입범위를 제한하는 노동조합규약의 위법성은 문제가 되어 왔다. 예컨대 노동조합 가입의 범위를 '여성'으로 한정하거나 '일용근로자'와 '수습근로자'의 노조 가입을 제한하는 규약은 위법성으로 문제가 될 수 있다. 이 경우 인적 범위의 축소, 제한이 차별에 해당되는지 여부는 해당 노동조합의 설립 목적과 인적 범위의 관계를 종합적으로 평가하여 판단하여야 한다. 예컨대 이주노조나 여성노조와 같은 일반노조는 설립 목적이 해당 인적 특성을 가진 조합원의 근로조건 향상이고, 근로자는 일반노조 외에도 다른 노동조합 가입이 가능하다. 그러므로 위 노동조합이 인적 범위를 특정한 속성으로 한정하더라도 그 자체로 차별에

---

10) 노동조합에 가입할 수 있는 자의 자격 및 범위는 사용자 또는 그 이익대표자에 해당되지 않는 범위 내에서 해당 노동조합의 규약으로 정할 수 있다(1999. 5. 24., 노조 01254-383). 노조의 가입·탈퇴는 관계 법령에 저촉되지 않는 범위 내에서 규약에 명시해야 할 사항이지 단체협약에 규정해야 할 사항이 아니다(1983. 4. 14., 노조 01254-383).

해당한다고 보기 어렵다. 그러나 그러한 사정이 없다면 노동조합의 조합원은 어떠한 경우에도 인종·종교·성별·신체적 조건·고용형태·정당 또는 신분에 의하여 차별대우를 받아서는 아니 된다(〈노동조합법〉제9조). 이러한 규정의 취지에 비추어 볼 때 노동조합의 목적과 무관하게 조합원 자격을 제한하는 규약은 허용되지 않는다. 11) 한편, 노조 가입의 범위를 제한하는 방식 외에, 실질적으로 가입을 제한하는 규정을 두어 조합 가입을 거부하는 것도 허용되지 않는다. 예컨대, 노동조합에 가입하려면 조합원의 사전 동의를 받아야 하는 등의 제약을 둔 경우는 기존 조합원의 권리남용 또는 신의칙 위반에 해당하여 위법, 부당하다고 할 것이다. 12) 이와 같이 조합의 자율규범인 노조규약이 상위법에 저촉되면 해당 규약은 무효이다. 13) 14)

장애인 근로자의 조합 가입을 거부하는 행위는 묵시적 방식으로도 발생할 수 있다. 예컨대, 노조대표자가 가입원서를 배부하지 않거나, 가입원서를 수령하고도 이를 부당한 사유로 거부하거나 수리하지 않을 수 있다. 이와 같이 규약상 조직범위에 해당함에도 대표자가 부당하게 특정인의 노조가입을 거부하는 경우에는 장애인의 가입원서가 접수된 때에 노조에 가입된 것으로 소급한다. 15)

② 조합원의 권리 및 활동에서의 차별: 근로자는 다음과 같은 권리를

---

11) 사법연수원, 2014, 〈노동조합 및 노동관계조정법〉, 96면 참조.
12) 대법원 1996. 10. 29. 선고 96다28899 판결.
13) 대법원 2002. 2. 22. 선고 2000다65086판결.
14) 노조가입범위 등 단체협약 내용이 〈노동조합법〉에 위배될 때에는 효력이 인정되지 아니한다(1992. 7. 23., 노조01254-674).
15) 1992. 2. 14., 노조01254-129.

가진다. 즉, 자유로운 결정에 의하여 노동조합 등의 근로자단체를 운영하고 단체의 존립과 유지를 위한 활동을 할 권리, 노동조합 등 근로자단체를 통하여 근로조건의 유지·개선과 근로자의 경제적·사회적 지위의 향상을 위하여 사용자와 단체교섭을 하고 단체협약을 체결할 권리, 근로조건의 향상을 위한 주장을 관철하기 위한 수단으로서 노동조합 등 근로자단체를 통하여 집단적 쟁의행위나 그 밖의 활동을 사용자에 대하여 할 수 있는 권리를 보유한다.[16] 근로자가 조합원으로서 보유하는 권리의 내용은 조합의 운영·유지를 위한 활동(조합 내부적 권리)과 자신의 노동3권을 실현하기 위하여 노동조합의 일원으로 행하는 활동(외부적 권리)으로 구분할 수 있다.

노동조합이 조합의 활동과 관련하여 명시적이고 직접적으로 장애인 근로자를 비장애인 근로자에 대해 차별할 가능성은 적다. 문제가 되는 것은 장애인 근로자의 정당한 편의제공 요구를 노동조합이 수용하지 않음으로써 발생하는 차별, 그리고 단체교섭과정에서 장애인 근로자의 근로조건과 관련한 요구를 조합의 요구안에 반영하지 못함으로서 생기는 차별이다. 전자의 경우, 위 조항에서 정당한 편의제공 의무 위반을 명시적으로 차별이라고 규율하지 않지만 〈장애인차별금지법〉 제4조의 일반적 차별행위 조항을 근거로 노동조합도 정당한 편의제공 의무의 수범자로 인정할 수 있을 것이다. 한편 장애인 근로자의 의견을 단체교섭에 반영하도록 법적으로 강제하는 것은 사적 자치에 반할 수 있다. 교섭사항은 자발적 결사인 노동조합의 민주적 의사결정절차에 의하여

---

16) 사법연수원, 앞의 책, 113면.

정해지기 때문이다. 따라서 이를 법적으로 강제하는 것보다는 법 이외의 수단을 통해 노조의 교섭내용에 장애인의 요구가 반영되도록 유도할 필요가 있다.

3. 사례

1) 대학교 교직원 승진에서의 차별 사례

원고는 학교법인이 운영하는 모 대학의 사무직 행정주사로 2001년 8월에 입사한 4급 교직원이다. 그는 학교에서 근무하던 중 불의의 교통사고로 지체장애 1급의 장애를 가지게 되었다. 2013년 6월, 학교법인의 학사지원처장이 공석이 되어 정관에 따라 3급 또는 4급의 교직원이 임명되어야 했는데, 이에 해당하는 자격요건을 갖춘 직원은 원고가 유일하였다. 그런데 총장은 '학사지원처장을 교수로 제청하는 사유'라는 제목으로 '원고는 교통사고로 인하여 지체장애 1급 판정을 받은바, 학사지원처장 업무를 원활히 수행할 수 없어 교수로 학사지원처장을 제청한다'는 내용의 공문을 이사회에 보냈다. 다른 이사가 이에 이견을 제시하였음에도 불구하고 총장은 다른 이유를 제시하지 않은 채 오직 장애만을 이유로 학사지원처장 임명에서 원고를 배제하였다. 그 결과 원고가 아닌 교수가 학사지원처장에 임명되었으며, 원고는 학교법인을 상대로 차별구제청구 소송을 제기하였다.

법원은 보직임명과정에서 겪은 장애인 차별로 인해 원고가 입은 재산상 손해 및 정신적 피해에 대한 배상청구와 아울러 피고 학교법인에 정관에 규정된 4급 이상의 자격을 요구하는 직책의 후임자 심사대상에 원고를 포함하라는 차별시정조치 판결을 내렸다. 17)

전주지방법원 군산지원 2013가합2599 판결.

2) 색각이상자의 공무원 채용 제한 사례

경찰공무원, 해양경찰공무원 및 소방공무원의 임용에서 현행의 채용기준은 색각이상의 정도와 관계없이 모든 색각이상자를 배제한다. 한편 교정직·소년보호직 공무원 임용에서 규정된 채용기준 이상으로 과도하게 색각이상을 측정하는 검사방법을 사용하는 것은 색각이상자의 임용을 지나치게 제한할 소지가 있다며 국가인권위원회에 진정이 제기되었다.

국가인권위원회는 〈경찰공무원임용령시행규칙〉(행정자치부령) 별표 5의 "색맹(색약을 포함한다)이 아니어야 한다"는 규정 등은 직무수행상 요구되는 색각능력을 구분하지 않고 색각이상이 있다는 이유만으로 일률적으로 해당 공무원 채용을 제한하는 것으로서 신체조건을 이유로 한 합리적 이유 없는 평등권 침해이며 차별행위라고 판단하였다. 또한 교정직·소년보호직 공무원 채용 시 색각이상의 정도를 규정된 채용기준 이상으로 과도하게 측정할 수 있는 가성동색표검사를 실시하는 것 또한 신체조건을 이유로 한 합리적 이유 없는 평등권 침해의 차별행위라고 판단하였다. 이

---

17) 판결 주문
  1. 피고는 원고에게 19,900,000원 및 이에 대한 2014. 1. 11. 부터 2014. 7. 3. 까지 연 5%의, 다음날부터 갚는 날까지 연 20%의 돈을 지급하라.
  2. 피고는 원고를 법인정관에 규정된 4급 이상의 자격을 요하는 직책의 후임자 심사 대상에 포함하라.

에 국가인권위원회는 경찰청장·해양경찰청장·소방방재청장에 대하여서 해당 규정의 각 기준을 직무수행상 필요한 수준의 색각능력에 맞춰 개정하고, 개정된 색각능력기준에 따라 정확한 색각능력을 측정하기 위한 단계별 검사를 실시하거나 좀더 정밀한 검사방법을 사용할 것을 권고하였다. 그리고 법무부장관에 대해서는 교정직과 소년보호직 지원자의 정확한 색각능력을 측정하기 위한 단계별 검사를 실시하거나 좀더 정밀한 검사방법을 사용할 것을 권고하였다.

국가인권위원회 04진차207 등 (병합)결정.

3) 채용 시 청각장애인에 대한 간접차별 사례

진정인은 청각장애 2급 장애인으로, ○○회사가 신입사원 채용 시 지원자격으로서 토익점수 600점 이상을 명시하여 차별을 당했다며 위원회에 진정을 제기하였다. 청각장애인의 경우, 청해시험에 전적으로 불리하기 때문에 독해시험에서 만점(495점)을 받더라도, 600점 이상을 받기가 불가능하다는 것이다.

이에 대해 피진정기관은 직무특성상 외국인을 상대해야 하는 경우가 발생하기 때문에 영어점수 자격요건이 필수라고 주장하였다. 그러나 국가인권위원회 조사 결과, 피진정기관이 채용하고자 하는 신입사원의 핵심 직무는 IT사업 등의 기획 및 서비스 발굴, 신기술 개발 및 네트워크 및 시스템의 운영으로, 영어 소통은 이를 원활하게 하는 부가적 기능에 불과했다. 더 나아가 피진정기관과 유사업종인 ○○전자 주식회사의 경우, 건청인과는 별도로 청각장애인용 TEPS 시험점수(380점)만을 요구하고 있고,

행정안전부의 경우, 5급 공채(행정직, 기술직, 외무직) 모집 시 청각장애인을 대상으로 별도의 점수를 요구하는 등 청각장애인을 위한 조치를 취하고 있어, 지원 자격을 비장애인과 동일하게 하여야 한다는 피진정기관의 주장은 이유 없는 것으로 판단되었다.

이에 국가인권위원회는 신입사원 채용 시 토익점수 600점 이상의 지원 자격을 명시한 것은 피진정기관이 정당한 사유 없이 장애를 고려하지 아니하는 기준을 적용함으로써 결과적으로 장애인을 차별한 행위에 해당된다고 판단하고, 피진정기관에, 신입사원 지원 자격에 영어능력시험 점수 기준을 정함에 있어 청각장애인 응시자에게는 장애의 특성을 반영한 별도의 기준을 적용할 것과, 인사 관련 부서 담당직원들을 대상으로 장애인 차별 예방교육을 실시할 것을 권고하였다.

국가인권위원회 2011.9.27.자 10진정0480200 결정.

4) 장애 정도를 기준으로 한 고용차별 사례

진정인은 퇴행성 근육병을 가진 지체 2급 장애인으로 2013년 11월 피진정인이 공고한 "사회형평적 채용, 보험심사(장애인) 금융행정직"에 지원하였다. 피진정인은 "자격요건 충족 시 전원 면접 응시"라는 채용공고와 달리 진정인의 장애를 이유로 서류심사에서 탈락시키고 면접의 기회를 부여하지 않았다.

국가인권위원회는 직무적합성 여부를 판단하는 데 있어서 지원자의 직무에 관한 지식 및 경력 등으로 판단하지 않고 중증 또는 경증장애로만 지원자의 직무적합성 여부를 판단한 것은 장애를 이유로 한 고용상의 차별이고, 이는 〈장애인차별금지법〉 제10조 제1항에 위반되는 행위라고 판단하였다.

이에 국가인권위원회는 피진정인에게, 향후 직원 채용과정에서 공고된 조건과 달리 중증장애가 있다는 사유로 서류심사에서 일괄적으로 탈락시켜 채용을 거부하는 유사한 사례가 재발되지 않도록 채용업무를 담당하는 관련 직원에게 〈장애인차별금지법〉 규정 준수 및 장애인 차별금지와 관련된 인권교육을 실시할 것과 향후 직원 채용공고 시 공고문에 채용 예정 분야에 관한 직무세부기술서를 첨부함으로써 장애가 있는 지원자가 해당 직무수행 가능 여부를 스스로 판단할 수 있도록 할 것을 권고하였다.

국가인권위원회 2014.10.21.자 13-진정-0889400 결정.

5) 장애를 이유로 한 직권면직 사례

진정인은 ○○○시설관리공단에 근무하던 중, 2004년 발병한 대뇌출혈로 인하여 좌반신불수 상태에 있는 지체장애 2급 장애인으로 2007년 8월 1일 휴직한 후, 2008년 8월 1일 복직하였다. 복직 당시 진정인은 일반 사무행정업무를 수행할 수 있다는 주치의 소견서를 피진정인에게 제출하였음에도 불구하고, 피진정인은 2008년 8월 25일, 진정인이 장애 때문에 업무를 감당할 수 없다는 주장 이외에 다른 정당한 근거 없이 진정인을 직권면직하였다.

국가인권위원회는 장애로 인하여 업무를 수행할 수 없는 정당한 사유 즉, 사업수행의 성질상 불가피한 경우에는 차별의 예외로 인정되며, 이러한 정당한 사유는 단순한 추정이나 주관에 의한 것이 아니라 사실에 근거한 구체적 판단에 의해 이루어져야 한다고 기준을 제시하는 한편, 피진정인은 진정인의 복귀 후, 진정인의 잔존노동능력으로 수행할 수 있는 적정한 업무를 부여하지 않았으며, 진정인의 장애와 업무수행 간의 관계에 대한 구체적인 판단 없이, 단순히 타직원으로부터 기대할 수 있는 수준에 미치지 못한다는 이유로 직무를 감당할 수 없다고 판단하여 직권면직한바, 이는 정당한 사유를 갖추지 못한 것으로 〈장애인차별금지법〉 제10조 제1항에 의한 차별에 해당한다고 판단하였다.

이에 국가인권위원회는 피진정인에게 진정인을 복귀시키고, 재발방지 대책 마련 및 장애인 차별 관련 인권교육을 받을 것을 권고하였다.

국가인권위원회 2009.8.28.자 08진차945 결정.

6) 장애 유무를 이유로 한 고용차별 사례

진정인은 손가락이 결손된 지체장애 6급으로 홍보대행사 ○○○○에 최종 합격하여, 수습기간(3개월) 첫 근무를 하였다. 그러나 위 회사 대표는 진정인의 왼손에 장애가 있는 사실을 알게 되자, 회사 이미지에 나쁜 영향을 줄 수 있다면서 당일에 전화로 해고를 통지하였다.

국가인권위원회는 특정 직무나 사업수행의 성질상 차별행위가 불가피한 경우에는 정당한 사유로 인정되는데, 이를 위해서는 특정한 장애를 가진 사람이 특정 직무를 수행할 수 없음이 인정되어야 하고, 사용자는 이에 대한 객관적이고 합리적인 근거를 제시해야 함을 지적하였다. 그러나 피진정인은 진정인의 장애와 업무수행능력 간의 인과관계에 대해 객관적인 근거를 제시하지 못하고, 단지 고객 중심인 서비스업 특성상 왼손에 장애가 있는 진정인이 위 업무를 수행하기 곤란하다고만 주장하였다. 이에 대해 인권위원회는 진정인의 주장이 단순히 고객의 선호나 신체적 능력에 대한 차별적 고정관념에 해당할 뿐 특정 직무를 수행할 수 없는 정당한 사유로 인정될 수 없다고 판단하였다.

이에 위원회는 진정인에 대한 복직 조치가 필요하나, 진정인이 복직을 원하지 않으므로 진정인의 해고가 없었다면 진정인이 최소한 근무하였을 것으로 추정되는 기간(3개월)의 임금 상당의 손해배상금을 지급할 것을 권고하였다. 국가인권위원회 2009.11.6.자 08진차1213 결정.

4. 입법과제: 노동조합 적용대상의 확대

〈장애인차별금지법〉 제10조 제2항에서는 〈노동조합 및 노동관계조정법〉 제2조 제4호에 따른 노동조합이 장애인 근로자의 조합 가입을 거부하거나 조합원의 권리 및 활동에 차별을 두어서는 아니 된다고 규정하고 있다. 우리나라에는 이른바 '법외 노조'가 존재한다. 법외 노조는 위 규정의 적용을 받지 않는다고 볼 수도 있다. 그러므로 〈장애인차별금지법〉이 적용되는 노동조합의 범위를 확대할 필요가 있다.

제 11조: 사용자의 정당한 편의제공 의무 규정

제 11조 (정당한 편의제공 의무)

① 사용자는 장애인이 해당 직무를 수행함에 있어서 장애인 아닌 사람과 동등한 근로조건에서 일할 수 있도록 다음 각 호의 정당한 편의를 제공하여야 한다.

1. 시설·장비의 설치 또는 개조

2. 재활, 기능평가, 치료 등을 위한 근무시간의 변경 또는 조정

3. 훈련제공 또는 훈련에 있어 편의제공

4. 지도 매뉴얼 또는 참고자료의 변경

5. 시험 또는 평가과정의 개선

6. 화면낭독·확대 프로그램, 무지점자단말기, 확대 독서기, 인쇄물음성변환출력기 등 장애인보조기구의 설치·운영과 낭독자, 한국수어통역자 등의 보조인 배치

② 사용자는 정당한 사유 없이 장애를 이유로 장애인의 의사에 반하여 다른 직무에 배치하여서는 아니 된다.

③ 사용자가 제1항에 따라 제공하여야 할 정당한 편의의 구체적 내용 및 적용대상 사업장의 단계적 범위 등에 관하여는 대통령령으로 정한다.

시행령 제 5조 (사용자 제공 정당한 편의의 내용)

법 제 11조 제 3항에 따라 사용자가 제공하여야 할 정당한 편의의 구체적 내용은 다음 각 호와 같다.

1. 직무수행 장소까지 출입가능한 출입구 및 경사로
2. 작업수행을 위한 높낮이 조절용 작업대 등 시설 및 장비의 설치 또는 개조
3. 재활, 기능평가, 치료 등을 위한 작업일정 변경, 출·퇴근시간의 조정 등 근로시간의 변경 또는 조정
4. 훈련 보조인력 배치, 높낮이 조절용 책상, 점자자료 등 장애인의 훈련 참여를 보조하기 위한 인력 및 시설 마련
5. 장애인용 작업지시서 또는 작업지침서 구비
6. 시험시간 연장, 확대 답안지 제공 등 장애인의 능력 평가를 위한 보조수단 마련

시행령 제 6조 (사업장의 단계적 범위)

법 제 11조 제 3항에 따라 장애인 근로자에게 정당한 편의를 제공하여야 하는 사업장의 단계적 범위는 별표 1과 같다.

장애인차별금지법 시행령 별표 1 (사업장의 단계적 범위)

1. 상시 300명 이상의 근로자를 사용하는 사업장과 국가 및 지방자치단체: 2009년 4월 11일부터 적용
2. 상시 100명 이상 300명 미만의 근로자를 사용하는 사업장: 2011년 4월 11일부터 적용
3. 상시 30명 이상 100명 미만의 근로자를 사용하는 사업장: 2013년 4월 11일부터 적용

1. 입법취지

〈장애인차별금지법〉제 4조 제 1항 제 2호는 "정당한 사유 없이 장애인에 대하여 정당한 편의제공을 거부하는 경우"를 차별유형의 하나로 정의하고, 제 2항은 "정당한 편의"를 "장애인이 장애가 없는 사람과 동등하게 같은 활동에 참여할 수 있도록 장애인의 성별, 장애의 유형 및 정도, 특성 등을 고려한 편의시설·설비·도구·서비스 등 인적·물적 제반 수단과 조치"로 규정한다.

제 11조는 고용영역에서 사용자의 정당한 편의제공 의무를 규정한다. 사용자가 제공해야 하는 정당한 편의의 내용을 구체적으로 명시하고, 장애를 이유로 한 장애인의 의사에 반한 직무 배치를 금지한다. 적용대상 사업장의 단계적 범위는 시행령 제 6조에서 규정한다.

정당한 편의제공 의무는 〈장애인차별금지법〉에만 존재하는 독특한 차별금지 유형이다. 이는 개인이 장애로 인해 경험하는 현실생활에서의 문제를 사회적 현실과 선택이라는 맥락에서 파악하고, 사회가 이에 책임질 것을 요구한다. 즉, 장애인들이 실업이나 불완전 고용에 놓이는 원인을 사회적으로 설치돼 온 장벽에서 찾고, 장애인들에게 평등한 고용기회를 보장하기 위해 사용자로 하여금 특별한 조치를 통해 이러한 장벽을 제거하도록 요구하는 것이다. [18] 따라서 정당한 편의제공 의무는 장애인의 사회참여와 통합에 실효적으로 기여하기 위한 핵심적 제도이다. 〈장애인차별금지법〉이 미국 법에서와 같은 '합리적 (*reasonable*)

[18) 조임영, 2010, "장애인 고용차별금지 법제의 운용사례에 관한 국제비교", 〈노동법학〉제 35호, 295면.

편의' 대신 '정당한 편의'라는 용어를 사용한 이유는 편의제공이 결코 복지 차원에서 이루어지는 시혜가 아니라 권리 차원에서 마땅히 이루어져야 하는 의무임을 강조하려는 입법의도 때문이다.[19]

2. 조문해설

1) 제11조 제1항 및 시행령 제5조의 적용례

〈장애인차별금지법〉제11조 제1항 각 호의 내용은 〈장애인차별금지법〉시행령 제5조 각 호의 규정과 다음의 표와 같이 대응된다.

제11조 제1항과 시행령 제5조의 관계

제11조 제1항	시행령 제5조
1. 시설·장비의 설치 또는 개조	1. 직무수행 장소까지 출입가능한 출입구 및 경사로
	2. 작업수행을 위한 높낮이 조절용 작업대 등 시설 및 장비의 설치 또는 개조
2. 재활, 기능평가, 치료 등을 위한 근무시간의 변경 또는 조정	3. 재활, 기능평가, 치료 등을 위한 작업일정 변경, 출·퇴근시간의 조정 등 근로시간의 변경 또는 조정
3. 훈련 제공 또는 훈련에 있어 편의 제공	4. 훈련 보조인력 배치, 높낮이 조절용 책상, 점자자료 등 장애인의 훈련 참여를 보조하기 위한 인력 및 시설 마련
4. 지도 매뉴얼 또는 참고자료의 변경	5. 장애인용 작업지시서 또는 작업지침서 구비
5. 시험 또는 평가과정의 개선	6. 시험시간 연장, 확대 답안지 제공 등 장애인의 능력 평가를 위한 보조수단 마련
6. 화면낭독·확대 프로그램, 무지점자단말기, 확대 독서기, 인쇄물음성변환출력기 등 장애인보조기구의 설치·운영과 낭독자, 한국수어통역자 등의 보조인 배치	대응되는 조항 없음[20]

---

19) 최승철, 2011, 《차별금지법의 이해》, 161면.

〈장애인차별금지법〉제 11조 제 1항 제 1호의 예로는 장애인 화장실의 설치, 장애인 주차구역 지정, 리프트 또는 엘리베이터의 설치, 점자블럭의 설치 등을 들 수 있다.

제 2호의 예로는 혈액투석을 위한 신장장애인의 근무시간 조정 등을 들 수 있다.

제 3호는 직무를 수행하는 시간뿐만 아니라, 직무를 위한 훈련에 있어서도 편의제공이 이루어져야 한다는 내용이다. 직원연수에 참여하는 청각장애인을 위하여 수어통역을 제공하는 것 등이 이에 해당한다.

제 4호에는 발달장애인을 위한 이해하기 쉬운 형태로의 자료 변경, 점자 매뉴얼 제작 등이 포함된다.

제 5호에서는 관련 직무와 필수적으로 연관되어 있지 않은 경우에 청각장애인을 대상으로는 영어듣기평가 성적을 요구하지 않는 것 등을 들 수 있다.

제 6호에는 추가적으로 보조공학기기와 근로지원인 등이 포함될 수 있다.[21][22]

---

20) 이처럼 모법 제 11조 제 1항 제 6호에 해당하는 호가 실행령에서 빠진 것은 입법적 오류라는 의견으로 최승철 외, 2012, 〈장애인차별금지법 개정 연구〉, 보건복지부·한국장애인개발원, 24면 참조.

21) **장애인고용법 제 19조의 2 (근로지원인 서비스의 제공)**
    ① 고용노동부장관은 중증장애인의 직업생활을 지원하는 사람(이하 이 조에서 "근로지원인"이라 한다)을 보내 중증장애인이 안정적·지속적으로 직업생활을 할 수 있도록 하는 등 필요한 서비스를 제공할 수 있다.
    ② 제 1항에 따른 근로지원인 서비스 제공대상자의 선정 및 취소, 서비스의 제공방법 등 필요한 사항은 대통령령으로 정한다.

22) 고용노동부장관은 〈장애인고용법〉 제 19조의 2에 따라 중증장애인의 직업생활을 보

보건복지부 《장애인차별금지 및 권리구제 등에 관한 법률 해설서》는 사용자의 정당한 편의제공 의무의 예시로 손이 없는 직원을 위하여 페이지를 넘겨 주는 활동보조인 제공, 출장 중에 시각장애인 직원을 돕는 안내역으로 여행안내원 제공, 필기능력에 장애가 있는 직원이 관례상 손으로 기록되었던 자료들을 디지털화하도록 허용, (고용주가 직원을 위하여 안내견을 제공해야 할 의무는 없지만) 시각장애인이 직장에서 안내견을 이용하도록 허용하는 것 등을 들고 있다. 23)

2) 제 11조 제 1항의 해석

(1) 정당한 편의가 제공되어야 하는 영역: 모집 · 채용단계 포함

〈장애인차별금지법〉 제 11조 제 1항에 따라 사용자는 장애인 근로자가 '해당 직무를 수행함에 있어서' 비장애인과 '동등한 근로조건'에서 일할 수 있게 정당한 편의를 제공하여야 한다. 이는 장애인 근로자와 근로계약이 체결된 상태를 의미하므로 사용자는 '모집 및 채용단계'에서는 정당한 편의제공 의무를 부담하지 않는다고 해석될 여지가 있다.

그러나 제 10조 제 1항, 제 4조와의 체계적 해석상, 제 1항은 모집 · 채용단계에도 적용된다. 〈장애인차별금지법〉 제 10조 제 1항에 따라

조하는 근로지원인을 지원할 수 있다. 지원시간은 주 40시간, 1일 최대 8시간 이내이다(공단 평가를 통하여 결정). 근로지원인 제도의 자세한 내용은 한국장애인고용공단 홈페이지에서 확인할 수 있다(https://www.kead.or.kr/view/service/service03_08.jsp?sub2=6).

23) 보건복지부, 2008, 《장애인차별금지 및 권리구제 등에 관한 법률 해설서》, 28면.

사용자는 "모집·채용"에 있어 장애인을 차별하여서는 아니 되고, 제4조 제1항 제3호에 따르면 정당한 사유 없이 장애인에 대하여 정당한 편의제공을 거부하는 것도 장애인 차별에 포함되기 때문이다. 따라서 사용자가 "모집·채용" 단계에서 장애인 지원자의 정당한 편의제공 요청을 거부하는 것은 장애인 차별이다.

한편, 〈장애인차별금지법〉 제4조의 각 조항들은 그 정당한 편의제공의 내용을 구체적으로 규정하지는 않는다. 따라서 사용자가 모집·채용단계에서 제공하여야 할 편의의 구체적인 내용은 〈장애인차별금지법〉 제11조 제1항을 따른다. 사용자가 모집·채용단계에서 장애인 지원자에게 제공한 편의가 정당하였는지의 여부는, 장애인 지원자가 장애가 없는 지원자와 동등하게 모집·채용절차에 참여할 수 있도록 해당 지원자의 성별, 장애의 유형 및 정도, 특성 등을 고려한 편의가 제공되었는지를 기준으로 판단하여야 한다(같은 법 제4조 제2항).

참고로, 〈장애인복지법〉은 제46조의2에서[24] 국가, 지방자치단체, 공공기관, 각급 학교 및 기타 해당 법의 시행령 제28조[25]가 정하는 기

---

24) 장애인복지법 제46조의2 (장애인 응시자에 대한 편의제공)
① 국가, 지방자치단체 및 대통령령으로 정하는 기관·단체의 장은 해당 기관·단체가 실시하는 자격시험 및 채용시험 등에 있어서 장애인 응시자가 비장애인 응시자와 동등한 조건에서 시험을 치를 수 있도록 편의를 제공하여야 한다.
② 제1항에 따른 편의제공 대상 시험의 범위는 대통령령으로 정하고, 편의제공의 내용·기준·방법 등에 필요한 사항은 보건복지부령으로 정한다.
25) 장애인복지법 시행령 제28조 (장애인 응시자에 대한 편의제공)
법 제46조의2에 따라 장애인 응시자에 대하여 편의를 제공하여야 하는 기관·단체 및 대상 시험은 다음 각 호와 같다.
1. 국가 및 지방자치단체가 실시하는 채용시험

관·단체의 장은 해당 기관·단체가 실시하는 자격시험 및 채용시험 등
에 있어서 편의를 제공하도록 규정하고 있다. 편의의 내용은 장애인보
조기구 지참 허용, 시험시간 연장, 확대문제지 및 확대답안지 제공, 시
험실 별도 배정 등이다. 26)

(2) 정당한 편의 목록의 성격: 예시 규정

〈장애인차별금지법〉 제11조 제1항은 '다음 각 호의 정당한 편의를

---

2. 〈공공기관의 운영에 관한 법률〉에 따른 공공기관이 실시하는 채용시험
3. 특별법에 따라 설립된 특수법인이 실시하는 채용시험
4. 〈유아교육법〉, 〈초·중등교육법〉 또는 〈고등교육법〉에 따른 각급 학교가 실시
   하는 채용시험
5. 국가가 실시하는 〈자격기본법〉 제2조 제4호에 따른 국가자격 취득을 위한 시험
6. 〈자격기본법〉 제20조 제3항에 따른 공인자격관리자가 실시하는 같은 법 제2조
   제5호의 3에 따른 공인자격 취득을 위한 시험

26) **장애인복지법 시행규칙 제37조의 2 (장애인 응시자에 대한 편의제공)**
   ① 법 제46조의 2에 따른 편의제공의 내용 및 방법은 다음 각 호와 같다. 다만, 시험
   의 특성, 장애인 응시자의 장애의 종류 및 장애등급에 따라 편의제공의 내용 및 방
   법을 달리할 수 있다.
   1. 장애인보조기구 지참 허용
   2. 시험시간 연장
   3. 확대문제지 및 확대답안지 제공
   4. 시험실 별도 배정
   5. 그 밖에 보건복지부장관이 정하여 고시하는 사항
   ② 영 제28조 각 호에 따른 시험을 실시하려는 국가, 지방자치단체 및 기관·단체의
   장은 편의제공의 기준을 마련하여 시험 공고와 함께 게시하여야 한다.
   ③ 제1항 및 제2항에서 규정한 사항 외에 장애인 응시자에 대한 편의제공에 필요한
   사항은 보건복지부장관이 정하여 고시한다.
   〔본조 신설 2016. 6. 30.〕

제공하여야 한다'고 규정하였는데, 각 호(제1~6호)를 편의제공의 예시 규정으로 볼 것인지 열거 규정으로 볼 것인지 문제가 된다. 문언 자체만으로는 위 조항을 열거 규정으로 볼 여지도 있다.

그러나 제4조 제2항과의 체계적 해석상, 제1항은 예시 규정으로 보아야 한다. 〈장애인차별금지법〉 총칙의 제4조 제2항은 '정당한 편의'를 "장애인이 장애가 없는 사람과 동등하게 같은 활동에 참여할 수 있도록 장애인의 성별, 장애의 유형 및 정도, 특성 등을 고려한 편의시설·설비·도구·서비스 등 인적·물적 제반 수단과 조치"라고 정의한다. 즉, 정당한 편의는 해당 장애인의 각양각색의 특성에 맞추어, 그가 장애가 없는 사람과 동등하게 같은 활동에 참여할 수 있게 하는 "제반" 수단 및 조치이다. 이렇게 다양한 개별적 특성을 고려하여야 하므로, 당연히 편의의 목록은 한정될 수 없다. 또한 '제반'은 '모든'을 의미하는 용어임을 고려할 때, 제4조 제2항은 정당한 편의의 목록을 열어 놓고 있는 것으로 보아야 한다.

다른 나라의 입법례에서도 합리적 편의의 종류를 열거하는 방식은 드물다. 〈미국장애인법〉(Americans with Disabilities Act, 이하 ADA)은 "합리적 편의는 (A) 근로자 사용 시설에의 용이한 접근과 이용, (B) 직무 재구조화, 파트타임이나 조정된 작업 일정, 공석으로의 재배치, 설비나 기구의 구비 또는 변경, 시험과 훈련자료 및 정책의 적절한 조정 또는 변경, 유자격 낭독자 및 통역사의 제공, 그리고 장애인을 위한 다른 유사한 편의를 포함한다"고 하여 합리적 편의의 내용을 예시하고 있다. 나아가 호주의 〈장애차별법〉은 합리적 조정의 내용을 예시조차 하고 있지 않다. 그 이유는, 호주 국가인권위원회에 의하면, 각각의 사례

는 고유의 환경에서 그리고 개별 사정에 따라 고려될 필요가 있기 때문이라고 한다. 27)

〈장애인차별금지법〉의 취지, 제 4조 제 2항과의 체계적 해석, 다른 나라의 입법례 등을 고려할 때 이 법의 제 11조 제 1항 "정당한 편의"의 각 호 규정은 열거가 아니라 예시 규정으로 해석하여야 한다. 나아가 시행령 제 5조 역시 정당한 편의제공의 세부적인 내용을 예시한 것으로 해석하여야 할 것이다. 즉, 사용자는 제 4조 제 3항의 정당한 사유가 없는 한 각 호에서 명시되지 않은 편의도 제공하여야 한다.

이처럼 해석하더라도 사용자에게 특별히 불리하다고 할 수 없다. 제 4조 제 3항에 따라, 과도한 부담이나 현저히 곤란한 사정 등이 있거나 특정 직무나 사업수행의 성질상 불가피하여 편의제공을 하지 않았다면 이 법이 금지하는 차별로 보지 않기 때문이다. 28) 29)

---

27) 최승철 외, 앞의 책, 21~22면 참조.
28) 앞서 언급했듯이, 〈장애인고용법〉 제 21조에 따라, 국가는 장애인을 고용하거나 고용하려는 사업주가 정당한 편의를 제공할 때 필요한 비용이나 기기 등을 융자하거나 지원할 수 있다. 이는 사용자의 부담을 부분적으로 완화하여 〈장애인차별금지법〉의 실효성을 높이는 역할을 할 수 있다.
29) 장애인고용법 제 21조 (장애인 고용 사업주에 대한 지원)
   ① 고용노동부장관은 장애인을 고용하거나 고용하려는 사업주에게 장애인 고용에 드는 다음 각 호의 비용 또는 기기 등을 융자하거나 지원할 수 있다. 이 경우 중증장애인 및 여성 장애인을 고용하거나 고용하려는 사업주를 우대하여야 한다.
   1. 장애인을 고용하는 데 필요한 시설과 장비의 구입 · 설치 · 수리 등에 드는 비용
   2. 장애인의 직업생활에 필요한 작업 보조 공학기기 또는 장비 등
   3. 장애인의 적정한 고용관리를 위하여 장애인 직업생활 상담원, 작업 지도원, 한국수어 통역사 또는 낭독자 등을 배치하는 데에 필요한 비용
   4. 그 밖에 제1호부터 제3호까지의 규정에 준하는 것으로서 장애인의 고용에 필요

3) 제 11조 제 2항의 해석

〈장애인차별금지법〉제 11조는 정당한 편의에 관한 조문인데, 제 2항은 "사용자는 정당한 사유 없이 장애를 이유로 장애인의 의사에 반하여 다른 직무에 배치하여서는 아니 된다"라고 규정하여 이 조항의 무엇이 정당한 편의인지가 불분명하다. 한편 〈장애인차별금지법〉제 4조 제 2항은 정당한 편의를 제공할 때 "장애인의 성별, 장애의 유형 및 정도, 특성 등을 고려"할 것을 규정할 뿐, 여기에 더하여 '장애인의 의사'까지 고려하도록 규정하지는 아니한다. 제 11조 제 2항은 위 제 4조 제 2항과 달리 직무 재배치가 장애인의 의사에 반하면 안 된다는 점을 강조하고 있기 때문에 그 해석이 문제가 된다.

본 조항을 정당한 편의와 관계없이, 법문 그대로 "정당한 사유 없이 장애를 이유로 장애인의 의사에 반하여 다른 직무에 배치하여서는 아니" 되는 사용자의 의무를 규정한 것으로 해석할 수 있다. 국가인권위원회가 본 조항을 이러한 의미로 적용한 사례도 있다(아래 사례 3) 참조). 이렇게 해석한다면 본 조항은 사용자의 정당한 편의제공 의무를 규정한 제 11조가 아니라 별도의 조문으로 규정하는 것이 더 적절하다.

본 조항을 정당한 편의와 관련하여 해석할 수도 있다. 〈장애인차별금지법〉제 11조 제 1항은 "재활, 기능평가, 치료 등을 위한 근무시간

한 비용 또는 기기

② 고용노동부장관은 장애인인 사업주가 장애인을 고용하거나 고용하려는 경우에는 해당 사업주 자신의 직업생활에 필요한 작업 보조 공학기기 또는 장비 등을 지원할 수 있다.

③ 제 1항 및 제 2항에 따른 융자 또는 지원의 대상 및 기준 등에 필요한 사항은 대통령령으로 정한다.

의 변경 또는 조정"을 정당한 편의의 내용으로 들고 있으나, 장애를 고려한 일반적인 직무의 재배치까지 명시하고 있지는 않다. 그러나 근로자의 장애를 고려하여 적절하게 직무를 재배치하는 것도 정당한 편의제공에 포함된다고 할 수 있다. 앞서 보았듯이 제11조 제1항과 시행령 제5조는 편의의 내용을 열거한 것이 아니라 예시한 것으로 해석하여야 하기 때문이다. 미국 EEOC 고용 관련 업무편람도 직무 재배치를 합리적 편의의 예로 들고 있다. 즉, 건물청소업무를 담당하는 장애인 근로자가 의족을 사용하여 걷는 데는 문제가 없지만 계단을 오르내리기는 어려워 계단을 청소하지 못한다면, 고용주는 위 장애인 근로자가 직원 휴게실을 청소하도록 하고 다른 근로자가 계단을 청소하는 것으로 업무를 조정할 수 있다고 한다. 이렇듯 근로자의 장애를 고려하여 직무를 재배치하는 것은 정당한 편의의 내용이 될 수 있다.

이런 맥락에서 제11조 제2항은, 편의를 제공하는 방안 즉, ① 장애인 근로자가 계속 같은 직무를 수행할 수 있도록 필요한 시설이나 설비를 제공하는 방안, ② 해당 장애인 근로자를 다른 직무로 배치하는 방안 중 무엇을 선택하여야 하는지 판단할 때 적용된다고 해석할 수 있다. 근로자가 ①을 원하고 ②는 원하지 않을 때, 〈장애인차별금지법〉 제11조 제2항에 따라 사용자는 정당한 사유가 없다면 장애인 근로자의 의사에 반하여 ②를 택할 수 없으므로, 위와 같은 경우 사용자는 해당 근로자에게 ①을 제공하여야 한다고 해석하는 것이다. 정당한 사유가 있는 경우라면 사용자는 근로자의 의사에 반하더라도 ① 대신 ②를 선택할 수 있으므로, 이와 같이 해석하더라도 사용자에게 특별히 더 불리할 것은 없을 것으로 보인다.

다만 위와 같이 해석할 경우, 직무 재배치가 "정당한 사유 없이" 이루어졌다는 것은 결과적으로 '해당 직무 재배치가 해당 장애인 근로자로 하여금 직무수행에 동등하게 참여하게 하는 역할을 하지 못하는, 그래서 정당한 편의에 해당하지 않는 경우'라 할 수 있다. 즉, 제11조 제2항은 '해당 직무 재배치가 정당한 편의에 해당하지 않아 이에 대해 장애인 근로자가 반대 의사를 표명하는 경우, 사용자는 그 직무 재배치를 시행해서는 아니 된다'는 규정이 된다. 그런데 이는 짧게 정리하면 '정당하지 않은 편의는 제공하면 안 된다'라고 해석되므로, 이 경우에 본 조항은 큰 의미가 없다. 30)

3. 사례

1) 교사 임용 면접시험에서 정당한 편의제공 거부로 인한 차별 사례

원고는 뇌병변장애 1급의 장애인으로 공립중등학교 특수교사 임용시험 장애인 구분모집에 응시하여 제1차 필기시험에 합격하였으나, 제2차 시험 중 심층면접에서 부적격 판정을 받았다. 그 이유는 원고가 '학생과의 언어적 소통이 매우 어렵고, 비언어적(표정, 몸짓, 시선 등) 표현도 매우 부적절하여 교직의 특수성(수업, 생활교육, 상담 등)을 고려할 때 부적격하다'는 것이었다.

피고 교육감은 장애인 응시자에게 제1차 필기시험에 한하여만 시험시

---

30) 최승철 외, 앞의 책, 28면.

간 연장 등의 편의를 제공하는 것으로 한정하였고, 원고는 심층면접에서 원고가 준비해 간 스케치북의 사용만을 허락받았을 뿐, 면접시간 연장이나 의사소통 보조기구 사용 허용 등의 편의를 제공받지 못하였다.

　　법원은 피고 교육감이 원고에게 언어장애가 있음을 알았음에도 의사소통을 위한 보조기구를 제공하거나 사용을 허락하지 않았고, 보조기구 사용을 감안해 면접시간을 연장하지 않았으며, 원고가 사용을 허락받은 스케치북만으로는 언어장애가 있는 원고가 자신의 교사로서의 적성, 교직관, 인격 및 소양 등을 표현함에 있어 장애가 없는 사람과 동등한 기회를 부여받았다고 할 수 없다고 보고, 불합격 처분을 취소하였다.

광주고등법원 2016누4361 판결.

2) 필기시험에서 계산과정 대필지원 거부에 의한 차별 사례

진정인은 뇌병변장애 1급의 장애가 있어서 손으로 필기하기 어렵다. 이에 피진정인에게 7급 세무직 공무원 공개경쟁채용 시험과목 중에서 회계학 과목의 계산과정 대필을 요청하였으나 피진정인이 이를 거부하여 국가인권위원회에 진정을 제기하였다.

　　국가인권위원회는 7급 세무직 공무원을 선발하기 위한 필기시험의 목적이 응시자의 전문지식과 활용(계산) 능력을 평가하는 것이고 응시자의 암산능력이나 필기능력을 평가하고자 하는 것이 아니므로, 필기장애가 있는 진정인은 필기장애가 없는 다른 응시자들에 비하여 시험목적과 직접 관련이 없는 불리한 조건에서 경쟁을 해야 한다고 보았다. 또한, 진정인이 요구하는 메모 대필은 진정이 불러 주는 숫자나 기호를 단순히 받아 적는 것에 불과하고, 메모를 대필하는 사람의 지적 능력을 빌리는 것이 아니므로 대리응시로 보기 어렵고, 스스로 메모를 하면서 풀이하는 통상의 방법에 비추어 훨씬 느리고 비효율적이므로 다른 응시자들보다 유리한 조건에서 시험을 치르게 되는 것도 아니라고 보았다. 메모 대필자가 진정인의 문제풀이에 개입할 우려가 있다면, 피진정인이 시험감독관 중에서 메모 대필자를 직접 선정하고 메모 대필의 내용과 방법을 교육함으로써 대필자가 진정인의 문제풀이에 개입하는 것을 차단할 수 있다. 따라서 피진정인이 회계학 시험에서 메모 대필을 허용하지 아니하기로 결정한 데에는 정당한 사유가 인정되기 어렵다고 판단하였다.

이에 국가인권위원회는 피진정인에게, 7급 세무직 공무원 공개경쟁채용 필기시험에서 피해자를 비롯한 손을 자유롭게 쓰지 못하는 응시자에게 메모 대필을 허용하는 등의 정당한 편의를 제공할 것과 향후 공무원 공개경쟁채용 필기시험에 있어서 시험과목의 특성과 장애 정도에 따른 편의제공 내용을 개선할 것을 권고하였다.

국가인권위원회 15-진정-0627300 결정.

3) 군청의 부당인사에 의한 장애인 차별 사례

진정인의 부친인 피해자는 1987년 ○○군청 공무원에 임용되어 근무하던 중 2004년 4월경에 신장장애 2급 판정을 받았다. 피해자는 정기적으로 혈액투석을 받아야 하여 불가피하게 주 2회 정도 병가를 낼 수밖에 없었다. 그런데 2008년 8월경 ○○군청 행정지원과 계장은 피해자와 피해자의 배우자에게 명예퇴직을 종용하였고, 피진정인은 2009년 2월 피해자를 업무부적격자로 선정, 대기발령 조치하였으며, 업무부적격자로 선정된 다른 사람들과는 달리 피해자에게만 아무런 업무를 부여하지 않은 채 창고에서 혼자 근무하도록 하였다. 정신적 스트레스에 시달리던 피해자는 같은 해 10월 대뇌내출혈로 사망하였다.

국가인권위원회는, 신장장애가 있는 피해자의 병가 사용이 잦아 다른 직원들의 업무처리에 애로를 유발하고, 피해자의 몸에서 냄새가 나 동료 직원들의 고충이 있다는 등의 이유로 피진정인이 피해자를 업무부적격자로 선정, 대기발령 조치한 것은 〈장애인차별금지법〉 제11조 제2항의 정당한 사유 없이 장애를 이유로 장애인의 의사에 반하여 다른 직무에 배치한 것이어서 장애인 차별에 해당한다고 판단하였다. 또한 대기발령 조치 이후 창고로 쓰던 공간에서 정수기 등도 제대로 제공하지 않은 채 피해자 혼자 근무하게 한 것은 장애인의 특성을 고려한 정당한 편의를 제공하지 않은 것으로 장애를 이유로 한 차별에 해당한다고 보았다.

국가인권위원회는 ○○군수에게 재발방지대책을 수립하여 시행할 것과 피해자에게 명예퇴직을 종용한 공무원에 대하여 경고조치할 것을, 해당 도지사에게는 지자체에 대한 지도 감독을 철저히 할 것을 권고하였다.

국가인권위원회 10진정1733 결정.

4) 교원 성과 평가 시 장애인 차별 사례

진정인은 지체(하지 기능) 2급 장애인으로 특수학급 교사로 근무하고 있다. 진정인은 다리관절염 등의 치료를 위하여 병가를 사용할 수밖에 없는데, 피진정인은 〈2014년도 교원 성과평가기준〉의 학교 공헌도 항목에서 지각, 조퇴, 병가, 연가의 합산일이 5일 이하인 자에게는 3점, 5일을 초과하는 자에게는 0점을 부여하였다. 진정인은 병가 5일, 연가 1일, 병조퇴 7시간, 조퇴 50분을 사용하여 위 항목에서 0점을 받았고, 다른 평가대상자 8명은 5일 이하로 합산되어 3점을 받았다.

국가인권위원회는, 〈국가공무원복무규정〉과 〈교원휴가업무처리요령〉에 의하면 "병가"란 질병 또는 부상으로 직무를 수행할 수 없는 경우 또는 감염병에 걸려 다른 공무원의 건강에 영향을 미칠 우려가 있을 때 부여받는 휴가로서, 〈장애인차별금지법〉 제11조 제1항 제2호에 의하여 사용자는 장애인에 대하여 재활, 기능평가, 치료 등을 위한 근무시간의 변경 또는 조정의 편의를 제공해야 하므로, 만약 사용자가 장애인 근로자의 재활이나 치료를 위한 병가 사용에 불이익을 주면 장애인 차별에 해당한다고 전제한 뒤, 피진정인의 평가기준은 치료를 위하여 병가를 사용해야 하는 장애인을 불리하게 대우하는 것일 뿐만 아니라 출산이나 보건휴가를 사용해야 하는 여성에게도 불리하다고 보았다. 다만 피진정인인 교장이 퇴직을 하였고, 〈2015년도 교사 성과평가기준표〉에서는 해당 항목이 삭제되었으므로 피진정인에게는 별도의 권고를 하지 않고, 감독기관인 교육부장관에게 재발방지를 위하여 필요한 조치를 권고하였다.

국가인권위 14진정0632700 결정.

5) 법무사시험 시 전맹 시각장애인에 대한 편의 미제공 사례

진정인은 전맹으로 1급 시각장애인이고, 2013년 현재 법과대학 1학년에 재학 중이며 법무사시험을 준비하고 있다. 그러나 대법원에서 주관하는 법무사 자격시험은 약시인 시각장애인에게는 확대기 등 특수기계를 지참하여 시험을 치를 수 있게 하지만, 전맹 시각장애인에게는 어떠한 편의도 제공하지 않아 정상적으로 시험을 치를 수 없어서 진정을 제기하였다.

국가인권위원회는 진정인이 아직 법무사시험에 응시한 적이 없어 피진정기관으로부터의 직접적인 인권침해나 차별행위가 발생하지 않았다고 볼 수는 있으나, 약시와 달리 전맹인 사람에 대해서는 아무런 편의가 제공되고 있지 않은 현실에서 전맹 시각장애인이 법무사시험을 무작정 준비하거나 응시하는 것은 사실상 불가능하며, 법무부가 주관하는 변호사시험 및 안전행정부가 주관하는 공무원시험의 경우 전맹 시각장애인 등에 대하여 시험에 필요한 편의를 제공하고 있는 것으로 볼 때 대법원이 유사한 서비스를 제공하지 못할 과도한 부담이나 현저히 곤란한 사정이 있다고 보기 어렵다고 판단하였다. 따라서 법무사시험을 주관하면서 전맹 시각장애인에게 아무런 편의를 제공하지 않는 것은 헌법상 평등권 및 직업선택의 자유를 침해한 것이다. 이에 국가인권위원회는 피진정인 대법원 법원행정처장에게, 법무사 자격시험에서 전맹 시각장애인에게 편의를 제공할 것을 권고하였다.   국가인권위원회 13-진정-0073700 결정.

6) 정당한 편의제공을 전제한 직무수행 능력을 검토하지 아니한 해고 사례

진정인은 ○○공사에 근무하던 중 2004년 10월, 업무상 과로에 따른 뇌출혈로 인해 사지 일부가 마비되어 산재판정을 받은 장애인으로, 2년간의 공상휴가 후 복직하여 근무하다가 2009년 4월 30일, "신체정신상의 장애로 직무수행 불가능"과 "산재 2급으로서 노동력 100% 상실"이라는 이유로 피진정인으로부터 직권면직을 당하였다.

국가인권위원회는, 피진정인이 진정인을 직권면직하면서 진정인의 일반적인 장애 상태만을 언급하고 있을 뿐, 진정인의 장애와 업무수행의 관련성에 대한 구체적 판단을 하고 있지 않으므로 〈장애인차별금지법〉 제4조 제3항 제2호의 차별 예외요건("특정 직무나 사업 수행의 성질상 불가피한 경우")을 충족시키지 못하여 부적절하며, '노동력 100% 상실'은 직권면직의 시점보다 약 2년 3개월 전에 발급된 장해진단서에 근거한 것이므로 이를 근거로 삼는 것은 부당하다고 판단하였다. 또한, 피진정인은 〈장애인차별금지법〉 제11조 제1항에 따라 정당한 편의제공 의무가 있으므로, 진정인의 재활 등을 위해 근무시간의 변경 또는 조정과 같은 편의제공이 가능한지, 진정인이 정당한 편의를 제공받은 경우에도 여전히 직무감당 능력이 없는지 등을 검토하는 과정을 밟았어야 함에도 이러한 과정을 모두 생략한 것은 〈장애인차별금지법〉의 정당한 편의제공 의무를 위반한 것이라고 판단하였으며, 이에 따라 진정인의 복직을 권고하였다.

국가인권위원회 09진차490 결정.

4. 입법 과제

1) 제11조 제1항 각 호가 예시임을 명시

미국의 ADA나 DDA(Disability Discrimination Act, 장애인차별금지법)에서는 장애인에 대한 편의의 개별적, 구체적 성질을 고려하여 편의의 유형만을 예시한다.[31] 이에 비해 〈장애인차별금지법〉 제11조 제1항은 예시 규정임에도 불구하고 '다음 각 호의 정당한 편의를 제공하여야 한다'는 표현을 사용하여 열거 규정으로 잘못 해석될 여지가 있다. 따라서 '다음 각 호의'라는 문언을 '다음 각 호를 포함하여'로 대체하여 예시임을 명확히 해야 한다. 32)

2) 비물리적 편의 규정

제 11조 제 1항 각 호는 예시 규정이고, "정당한 편의"란 장애인이 장애가 없는 사람과 동등하게 같은 활동에 참여할 수 있도록 하는 "인적·물적 제반 수단과 조치"이므로(제 4조 제 2항), 그 해석상 사용자가 근로자에게 제공하여야 할 정당한 편의에는 '공석인 지위로의 재배치, 직무 재편성, 일반적인 근로시간의 변경이나 근무장소의 변경' 등 비물리적 편의도 포함된다. 다만 제 11조에 위와 같은 비물리적 편의를 편의의 구체적 예들에서 명시하지 않고 있으므로 다툼의 여지가 있다. 따라서 적극적으로 이를 명문화하여야 한다. 33)

3) 직장보육에 대한 편의제공 포함

현재 직장보육 편의제공은 〈장애인차별금지법〉 제 33조의 장애여성 조항에서 규정한다. 그러나 직장보육은 장애여성만의 문제가 아니다. 따라서 제 33조 제 3항은 고용 절에 규정되어야 한다.

---

31) 조임영, 앞의 글, 333면 참조.
32) 최승철 외, 앞의 책, 22면 참조.
33) 조임영, 앞의 글, 333~334면 참조.

4) 사용자에게 정당한 편의제공 신청 고지 및 안내 의무 부과 조항 신설

사용자가 근로자 또는 장애인 지원자에게 정당한 편의제공을 신청할 수 있음을 고지하고 안내하여야 할 의무는, 〈장애인차별금지법〉의 취지와 관련 조항들을 고려할 때 별도의 규정이 없더라도 당연히 사용자의 정당한 편의제공 의무에 포함되는 것이나, 이를 명문으로 규정할 필요가 있다. 사용자의 편의제공 의무는 장애인 근로자 또는 채용 지원자가 사용자에게 편의제공을 요청할 것을 전제로 하고 있다. 그런데 사용자가 편의제공이 가능함과 이를 신청할 것을 고지하지 않을 경우, 장애인 근로자가 먼저 정당한 편의제공을 요청하기 어려울 수 있다. 〈장애인차별금지법〉을 모르거나, 법을 안다고 하더라도 정당한 편의제공을 요청하였다가 받게 될 불이익을 우려할 수 있기 때문이다. 특히 채용 지원자는 사용자와 소통하는 것이 상대적으로 어려울 뿐만 아니라 채용시험의 방식이나 시험장소 등 채용과정의 여건이 낯설 수밖에 없으므로, 사용자의 고지 의무는 모집·채용과정에서 더욱 절실하다.[34] 채용 지원자가 시험유형과 자신의 장애유형 및 정도에 맞추어 적절한 편의를 신청할 수 있도록 시험절차를 사용자가 사전에 안내할 의무를 규정할 필요가 있다. 사용자의 고지 및 안내는 장애인의 장애유형과 정도를 고려하여 적절한 방식으로 이루어져야 할 것이다.

5) 적용대상의 확대

현재 〈장애인차별금지법〉 제11조의 편의제공 의무는 상시 근로자 30

---

34) 최승철, 2011, 《차별금지법의 이해》, 188면.

인 이상의 사업장의 사용자에만 적용된다. 차별 여부는 정당한 사유의 존부에 따라 개별적으로 판단할 수 있으므로 적용대상을 상시 근로자 30인 이상의 사업장으로 할 필요는 없다. 단계적 적용을 규정한 내용을 삭제할 필요가 있다.

제12조: 채용과정에서 사용자의 의학적 검사 금지 규정

제12조 (의학적 검사의 금지)

① 사용자는 채용 이전에 장애인 여부를 조사하기 위한 의학적 검사를 실시하여서는 아니 된다. 다만, 채용 이후에 직무의 본질상 요구되거나 직무배치 등을 위하여 필요한 경우에는 그러하지 아니하다.

② 제1항 단서에 따라 의학적 검사를 실시할 경우 그 비용은 원칙적으로 사용자가 부담한다. 사용자의 비용부담 방식 및 그 지원 등에 필요한 사항은 대통령령으로 정한다.

③ 사용자는 제1항 단서에 따라 취득한 장애인의 건강상태나 장애 또는 과거 장애경력 등에 관한 개인정보를 누설하여서는 아니 된다.

시행령 제7조 (의학적 검사의 비용부담 방식 등)

① 사용자가 법 제12조 제1항 단서에 따라 의학적 검사를 실시할 때에 사용자가 지정하는 의료기관이 아닌 다른 의료기관에서 근로자가 의학적 검사를 받은 후 그 검사에 드는 비용의 명세를 사용자에게 제출하는 경우에는

사용자는 그가 지정하는 의료기관에서 검사를 받을 경우 통상적으로 소요되는 금액을 근로자에게 지급하여야 한다.
② 사용자는 법 제12조 제1항 단서에 따라 근로자에게 의학적 검사를 받도록 하는 경우 근로자가 의학적 검사를 받는 데 걸리는 시간을 근로시간으로 인정하거나 작업일정 변경 등을 통하여 의학적 검사를 받는 데에 불이익이 없도록 지원하여야 한다.

1. 입법취지

채용은 신체조건이 아닌 업무수행능력에 따라 결정되어야 한다. 그런데 그동안 채용 전 신체검사는 장애에 근거해 채용 여부를 결정하는 수단으로 사용되었다. 특히 채용 전 신체검사는 당뇨, 심장병, 암, 정신질환 같은 비가시적인 장애를 가려내는 데에 유용하였다. 이를 고려하여 〈장애인차별금지법〉 제12조는 채용 전 신체검사를 원칙적으로 금지하였다.

사용자는 생산성과 작업장의 안전을 높이고자 한다. 그래서 근로자의 신체조건이 앞으로 맡게 될 업무에 적합한지, 그 업무로 인하여 건강이 악화될 가능성은 없는지 등을 파악하고자 한다. 〈장애인차별금지법〉 제12조는 사용자의 의사를 고려하여 채용이 결정된 후에는 직무 배치 전 검사를 예외적으로 허용하였다. 또한 사용자가 신체검사 비용을 근로자에게 전가하는 것을 막기 위하여 사용자 비용부담원칙을 규정하고, 근로자 보호를 위하여 개인정보 누설금지를 규정하였다.

2. 조문해설

〈장애인차별금지법〉제 12조는 모집·채용에서의 차별금지를 구체적으로 규정하고 있다. 제 12조는 제 11조와 달리 모든 사용자에게 적용된다.

1) 제 12조 제 1항

〈장애인차별금지법〉제 12조 제 1항 본문은 채용 이전 의학적 검사를 금지하며, 같은 조 단서는 채용 이후에 직무의 본질상 요구되거나 직무배치 등을 위하여 필요한 경우에는 의학적 검사를 허용한다. '의학적 검사'는 의료기관에서 하는 모든 검사를 의미하며, 의료인이 하는 문진도 포함된다. '직무의 본질상 요구되거나 직무배치 등을 위하여 필요한 경우'는 건강검진을 위한 경우, 적극적 우대조치를 시행하기 위하여 '장애' 여부를 판단하려는 경우, 근로자가 자발적으로 하는 경우 등이라고 할 수 있다.

2) 제 12조 제 2항

채용 이후에 의학적 검사를 실시할 경우 그 비용은 원칙적으로 사용자가 부담한다. 사용자의 비용부담 방식 및 그 지원 등에 필요한 사항은 대통령령으로 정한다. 사용자가 채용 이후에 의학적 검사를 실시할 때에 사용자가 지정하는 의료기관이 아닌 다른 의료기관에서 근로자가 의학적 검사를 받은 후 그 검사에 드는 비용의 명세를 사용자에게 제출하는 경우, 사용자는 그가 지정하는 의료기관에서 검사를 받을 경우 통상적으로 소요되는 금액을 근로자에게 지급하여야 한다. 그리고 근로자에게 의학적 검사를 받도록 하는 경우, 사용자는 근로자가 의학적 검사를 받는 데 걸리는 시간을 근로시간으로 인정하거나 작업일정 변경 등을 통하여 의학적 검사를 받는 데에 불이익이 없도록 지원하여야 한다 (〈장애인차별금지법〉 시행령 제7조).

3) 제12조 제3항

사용자는 채용 이후 의학적 검사로 취득한 장애인의 건강상태나 장애 또는 과거 장애경력 등에 관한 개인정보를 누설하여서는 아니 된다.

3. 사례

1) 병력을 이유로 한 ROTC 신체검사 불합격 판정 사례

진정인은 ROTC에 지원한 여학생으로 2011년 5월 2일 ○○병원에서 신체검사를 받는 과정에서 작년에 시술받은 담낭염 수술 진단서를 제출하라는 지시로 병원에서 정밀검사를 받은 후 완치 진단서를 제출하였다. 진정인은 같은 해 6월 10일 2차 결과발표에서 불합격하였다.

국가인권위원회 조사 결과, 담낭절제후증후군의 발생 가능성이 약 5%로 매우 낮을 뿐만 아니라 담낭의 유무가 소화에 반드시 장애를 일으키는 것은 아니며 육체적 활동이 많은 직무수행과도 상관관계가 없음이 전문의 소견으로 확인되었다. 국가인권위원회는 담낭절제증후군이 발생할 가능성이 적게나마 있어 향후 임무를 수행하는 데 신체적 문제를 일으킬 가능성이 있다며 담낭절제술 병력을 이유로 진정인을 불합격시킨 것은 〈국가인권위원회법〉 제 2조 제 3호의 차별행위에 해당한다고 판단하였다.

국가인권위원회는 육군참모총장에게 ROTC 선발 시 지원자의 현재 건강상태나 예후 등을 고려하지 않고 단지 수술병력만을 이유로 불합격 처리하지 않도록 〈육군규정 161 건강관리규정〉을 개정할 것을 권고하였다.

국가인권위원회 2012.3.21.자 11-진정-0304500 결정.

2) 제약회사의 B형간염 바이러스 보유자 채용 거부 사례

진정인은 2012년 1월 피진정인의 경력직 비서 모집에 응시하여 면접시험에 합격한 후 신체검사를 받았으나 양성인 B형간염 바이러스 보유자라는 이유로 임용에 탈락하였다. 피진정인은 진정인의 출퇴근 거리, 근무경력, 전 직장에서의 급여수준 등 여러 가지 사정을 참고하여 진정인을 불합격시켰다고 주장하였다.

국가인권위원회는 이러한 사유들은 서류전형 및 면접전형에서 평가가 가능했음에도 2차 면접전형까지 합격한 진정인이 신체검사 후 불합격 통보된 데에는 B형간염 바이러스 보유자라는 사실이 결정적 영향을 미쳤다고 보았다. 국가인권위원회는 〈전염병예방법령〉상 업종 종사 제한대상에서 B형간염이 제외되었고, 〈공무원 채용 신체검사 규정〉도 간염 예방접종 필요 여부 표시를 삭제한 점, B형간염은 혈액 등을 통하지 않고 일상생활에서 감염되기는 매우 어렵다는 것이 전문학회의 의견인 점, 진정인의 신체검사 결과에 대한 전문의 의견도 근무가능으로 명시된 점 등을 종합할 때, B형간염 바이러스 보유자라는 이유로 진정인을 불합격시킨 것은 합리적 이유 없는 차별행위라고 판단하였다.

국가인권위원회는 피진정인에게, 진정인이 입은 피해에 대하여 손해배
상금 300만 원을 지급하고, 동일·유사한 차별행위가 재발되지 않도록 할
것을 권고하였다.

국가인권위원회 2013.3.28.자 12-진정-0107900 결정.

4. 입법과제: 장애 여부를 묻는 질문 금지 규정

〈장애인차별금지법〉 제 12조는 미국 ADA의 해당 내용과 거의 같은
데, 미국 ADA에서는 채용 전 의학적 검사에 더하여 '장애를 묻는 질문'
(*disability-related inquiries*)이 금지되었다. 장애를 묻는 질문 역시 고용
차별을 야기할 수 있는 수단이 되므로, 의학적 검사뿐만 아니라, '장애
여부를 묻는 질문'이 규정될 필요가 있다. 아울러 사용자에게 허용되고
허용되지 않는 행위에 대해 세부 지침이 필요하다.

제 2 절
교육

한국 사회는 교육열이 매우 강하지만, 장애인은 장애를 가졌다는 이유만으로 정규 교육기관 입학이 거부되는 경우가 많았다. 또한 장애인 학생은 특수학교에 격리되는 관행도 오래 지속되었다. 통합교육이 당연한 원칙으로 받아들여진 후에도, 체육 교과나 현장체험 등 적지 않은 교육과정에서 장애인 학생이 배제되는 것이 당연시되어 왔다. 이러한 잘못된 관행을 없애기 위해 〈장애인차별금지법〉은 제 2절에 교육에 관하여 규정한다. 제 2절은 교육책임자의 차별금지에 관한 제 13조와 교육책임자의 정당한 편의제공 의무에 관한 제 14조, 두 개의 조문으로 구성된다. 위 규정들은 〈장애인차별금지법〉 제정 시부터 현재까지 내용상 큰 변동 없이 이어져 온다. [1]

한편, 〈장애인차별금지법〉의 교육부분 조항은 〈특수교육법〉과 연

---

1) 〈특수교육진흥법〉이 폐지되고 〈장애인 등에 대한 특수교육법〉(이하 "특수교육법")이 제정되어 변경된 법령명을 반영하여 제 13조 제 2항과 제 8항의 개정되었고, 〈영유아보육법〉에서 "보육시설"을 "어린이집"으로 용어를 변경함에 따라 이를 반영하여 제 13조 제 1항이 개정되었다. 또한 제 14조 정당한 편의제공의 경우 제 4호에서 〈한국수화언어법〉이 제정됨에 따라 "수화"를 "한국수어"로 개정하였고, 점자·음성변환용 코드가 삽입된 자료가 추가되었다.

관하여 이해해야 한다. 장애인 교육은 일반적으로 특수교육을 중심으로 이루어지기 때문에 〈장애인차별금지법〉이 〈특수교육법〉의 관련 규정을 보완하고 일반화하는 방식으로 규정되고 있기 때문이다.

〈특수교육법〉상 "특수교육"이란 특수교육대상자의 교육적 요구를 충족시키기 위하여 특성에 적합한 교육과정 및 특수교육 관련 서비스 제공을 통하여 이루어지는 교육 일체(제2조)를 의미하는 것으로, 일정한 장애[2]를 가진 자로서 특수교육을 필요로 하는 사람으로 진단·평가된 사람 중 교육장 또는 교육감에 의해 선정된 특수교육대상자(제15조)를 그 대상으로 한다. 이에 비해 〈장애인차별금지법〉의 대상은 〈장애인복지법〉상의 등록 장애인 또는 〈특수교육법〉상 일정한 절차에 의해 선정된 특수교육대상자일 필요가 없기 때문에 〈특수교육법〉보다 적용대상이 더 넓다. 〈장애인차별금지법〉과 〈특수교육법〉은 상·하위법의 관계보다는 상호 보완적 관계로 이해하여야 하며, 그 적용에서도 일방이 타방을 배척하는 관계가 아니라 양자 모두가 구체적으로 타당한 권리 실현에 복무하는 관계로 이해해야 한다. 따라서 구체적 사실관계에서 〈장애인차별금지법〉과 개별 법률인 〈특수교육법〉이 동시에 적용될 수 있는 경우 차별받은 장애인은 〈장애인차별금지법〉과 〈특수교육법〉 양자 각각의 개별 조항에 근거한 구제를 받을 수 있다.

마지막으로 〈특수교육법〉은 제38조 벌칙 규정에서 이 법을 위반한 경우 관련자를 300만 원 이하의 벌금에 처하는 것에 그침으로써 구체적

---

2) 시각장애, 청각장애, 지적장애, 지체장애, 정서·행동장애, 자폐성장애(이와 관련된 장애를 포함), 의사소통장애, 학습장애, 건강장애, 발달지체 기타 장애.

실효성을 담보하는 데 한계가 있지만, 〈장애인차별금지법〉상 피해 장애인은 국가인권위원회에의 진정뿐만 아니라 손해배상 청구나 차별구제 청구를 통해 좀더 실효성이 있는 권리구제를 받을 수 있다.

제13조: 교육영역에서의 차별금지 규정

제13조 (차별금지)

① 교육책임자는 장애인의 입학 지원 및 입학을 거부할 수 없고, 전학을 강요할 수 없으며, 〈영유아보육법〉에 따른 어린이집, 〈유아교육법〉 및 〈초·중등교육법〉에 따른 각급 학교는 장애인이 당해 교육기관으로 전학하는 것을 거절하여서는 아니 된다.

② 제1항에 따른 교육기관의 장은 〈장애인 등에 대한 특수교육법〉 제17조를 준수하여야 한다.

③ 교육책임자는 당해 교육기관에 재학 중인 장애인 및 그 보호자가 제14조 제1항 각 호의 편의제공을 요청할 때 정당한 사유 없이 이를 거절하여서는 아니 된다.

④ 교육책임자는 특정 수업이나 실험·실습, 현장견학, 수학여행 등 학습을 포함한 모든 교내외 활동에서 장애를 이유로 장애인의 참여를 제한, 배제, 거부하여서는 아니 된다.

⑤ 교육책임자는 취업 및 진로교육, 정보제공에 있어서 장애인의 능력과 특성에 맞는 진로교육 및 정보를 제공하여야 한다.

---

⑥ 교육책임자 및 교직원은 교육기관에 재학 중인 장애인 및 장애인 관련자, 특수교육 교원, 특수교육보조원, 장애인 관련 업무 담당자를 모욕하거나 비하하여서는 아니 된다.

⑦ 교육책임자는 장애인의 입학 지원 시 장애인 아닌 지원자와 달리 추가 서류, 별도의 양식에 의한 지원 서류 등을 요구하거나, 장애인만을 대상으로 한 별도의 면접이나 신체검사, 추가시험 등(이하 "추가서류 등"이라 한다)을 요구하여서는 아니 된다. 다만, 추가서류 등의 요구가 장애인의 특성을 고려한 교육시행을 목적으로 함이 명백한 경우에는 그러하지 아니하다.

⑧ 국가 및 지방자치단체는 장애인에게 〈장애인 등에 대한 특수교육법〉 제3조 제1항에 따른 교육을 실시하는 경우, 정당한 사유 없이 해당 교육과정에 정한 학업시수를 위반하여서는 아니 된다.

1. 입법취지

제13조의 입법취지는 통합교육이 정착될 수 있도록 각급 학교의 교육책임자들에게 장애가 있는 학생을 다른 학생들과 동등하게 대우하고 교육할 의무를 분명히 하도록 하는 것이다.

2. 조문해설

1) 서설

본 절의 수범자인 교육책임자는 교육기관의 장 또는 운영책임자를 말한다. 위 교육기관에는 〈영유아보육법〉에 따른 어린이집, 〈유아교육법〉·〈초·중등교육법〉 및 〈고등교육법〉에 따른 각급 학교, 〈평생교육법〉에 따른 평생교육시설, 〈학점인정 등에 관한 법률〉에서 정한 교육부장관의 평가인정을 받은 교육훈련기관, 〈직업교육훈련 촉진법〉에 따른 직업교육훈련기관, 〈영재교육진흥법〉 제2조에 따른 영재학교와 영재교육원, 〈재외국민의 교육지원 등에 관한 법률〉 제2조 제3호에 따른 한국학교, 〈교원 등의 연수에 관한 규정〉 제2조 제1항에 따른 연수기관, 〈공무원 인재개발법〉 제3조 제1항에 따른 국가공무원인재개발원 및 같은 법 제4조 제1항에 따른 전문교육훈련기관이 해당된다 (제3조 제6호, 제7호, 시행령 제4조).

제13조는 차별금지라는 제목으로 입학 지원 및 입학, 전학, 재학 중 발생할 수 있는 차별을 금지하면서 차별금지 외에 장애인 특수교육과 관련하여 필요한 내용을 함께 규율한다.

2) 제13조에서 금지하는 차별의 내용

(1) 입학단계에서의 차별금지
제13조의 제1항, 제2항, 제7항은 입학단계에서의 차별금지를 명시적으로 규정한다.

① 제13조 제1항: 〈장애인차별금지법〉 제13조 제1항 전단은 교육책임자가 장애인의 입학을 거부하거나 입학한 장애인이 전학하는 것을 강요하지 못하도록 규정한다. 제1항 후단에서는 어린이집과 〈유아교육법〉 및 〈초·중등교육법〉에 따른 각급 학교가 장애인의 전학을 거절

하지 못하도록 규정하고 있다. 〈영유아보육법〉에 따른 어린이집은 보호자의 위탁을 받아 6세 미만의 취학 전 아동을 보육하는 기관이다(〈영유아보호법〉 제2조 제1호 및 제3호). 〈유아교육법〉에 따른 각급 학교는 3세부터 초등학교 취학 전까지의 어린이의 교육을 위하여 설립·운영되는 학교를 말한다(〈유아교육법〉 제2조 제1호 및 제2호). 또한 〈초·중등교육법〉에 따른 각급 학교는 초등학교·공민학교, 중학교·고등공민학교, 고등학교·고등기술학교, 특수학교 및 각종 학교를 말한다. 위 규정은 장애를 사유로 입학 또는 전학과정에서 제4조 제1항 제1호에서 정한 직접차별을 금지하는 것이다.

교육책임자에는 〈장애인차별금지법〉 제13조 제1항 후단에 명시된 학교의 장이 포함된다. 따라서 제13조 제1항 전단과 후단을 비교해 보면, 전단은 교육책임자에게 장애인의 입학을 거부하지 않을 의무와 장애인의 전학을 강요하지 않을 의무를 부과하고, 후단은 〈영유아보육법〉에 따른 어린이집, 〈유아교육법〉 및 〈초·중등교육법〉에 따른 각급 학교에 대하여서는 장애인의 전입을 거절하지 않도록 특별히 규정한다. 해당 교육기관으로 전학 오는 것을 거부하는 것이 입학을 거부하는 것과 다르지 않다고 할 때 〈장애인차별금지법〉 제13조 제1항 후단의 규정은 〈특수교육법〉 제2조 제12호의 "각급 학교"에 대응하기 위한 규정으로 보아야 한다. 〈특수교육법〉은 특수교육대상자의 각급 학교 배치를 전제로 하기 때문에 전학을 거부하지 않을 의무를 규정할 필요성이 있다고 판단한 것이다.

② 제13조 제2항: 제13조 제2항은 교육기관의 장에게 〈특수교육법〉 제17조를 준수할 의무를 규정한다. 〈특수교육법〉상 특수교육은

교육장3) 또는 교육감이 특수교육대상자를 선정하고 일선 학교에 특수교육대상자를 배치함으로써 이루어진다. 〈특수교육법〉제 17조와 이를 구체화한 〈특수교육법〉시행령 제 11조, 제 12조는 특수교육대상자의 배치 및 교육에 관한 규정이며 그 내용은 다음과 같다.

교육장 또는 교육감은 특수교육대상자를 일반학교의 일반학급, 일반학교의 특수학급, 특수학교 중 하나에 배치하되 교육대상자의 사정을 종합적으로 판단하여 가장 가까운 곳에 배치하도록 하며, 학교에 배치 시 해당 학교의 장과 특수교육대상자에게 문서로 알릴 의무를 부과한다 (〈특수교육법〉제 17조 제 1항, 제 2항, 시행령 제 11조 제 1항). 교육감이 관할 구역 내에 거주하는 특수교육대상자를 다른 시·도에 소재하는 각급 학교 등에 배치하고자 할 때에는 해당 시·도 교육감(국립학교의 경우에는 해당 학교의 장을 말한다)과 협의하여야 하고(〈특수교육법〉제 17조 제 3항), 이때 특수교육대상자의 배치를 요구받은 교육감 또는 국립학교의 장은 해당 특수학교가 교육하는 특수교육대상자의 장애종류와 배치를 요구받은 특수교육대상자의 장애종류가 달라 효율적인 교육을 할 수 없는 경우가 아닌 한 이에 응하여야 한다(〈특수교육법〉제 17조 제 4항, 시행령 제 12조).

그리고 교육장 또는 교육감은 특수교육대상자를 일반학교의 일반학급에 배치한 경우 특수교육지원센터 소속 특수교육교원으로 하여금 학

---

3) 교육장은 시·도의 교육·학예에 관한 사무를 분장하기 위하여 1개 또는 2개 이상의 시·군 및 자치구를 관할구역으로 하는 하급교육행정기관으로서 설치되는 교육지원청의 장학관으로 교육감의 각종 학교의 운영·관리에 관한 지도·감독 등의 사무를 위임받은 자이다(〈지방교육자치에 관한 법률〉제 34조 제 1항, 제 3항, 제 35조).

습지원을 하도록 하여야 한다(〈특수교육법〉제 17조 제 5항, 시행령 제 11조 제 2항). 각급 학교의 장이 특수교육대상자에 대한 교육지원의 내용을 추가·변경 또는 종료하거나 특수교육대상자를 재배치할 필요가 있으면 〈특수교육법〉제 22조 제 1항에 따른 개별화교육지원팀의 검토를 거쳐 교육장 및 교육감에게 그 특수교육대상자의 진단·평가 및 재배치를 요구할 수 있다(〈특수교육법〉시행령 제 11조 제 3항).

이처럼 위 〈특수교육법〉제 17조 및 관련 시행령 규정 대부분은 교육장 및 교육감의 의무를 규정하고 있다. 〈장애인차별금지법〉제 13조 제 2항에서 정한 '교육기관의 장'의 의무에 해당하는 것은 국립학교의 장이 특수교육대상자의 배치 요구를 거부하면 안 된다는 점(제 17조 제 4항)과 각급 학교의 장이 교육장 및 교육감에게 특수교육대상자의 진단·평가 및 재배치를 요구할 경우 〈특수교육법〉제 22조 제 1항에 따른 개별화교육지원팀의 검토를 거쳐야 한다는 점(같은 법 시행령 제 11조 제 3항)이다.

③ 제 13조 제 7항: 입학단계에서 일어나는 차별 양상들 중 하나가 바로 입학 지원자인 장애인과 비장애인을 합리적이고 정당한 이유 없이 다르게 취급하는 것이다. 교육기관의 장 또는 운영책임자인 교육책임자가 입학과정에서 장애인에게 비장애인보다 가중된 부담을 지우거나 까다로운 절차를 요구하는 방식으로 차별하는 경우, 그것이 장애인의 특성을 고려한 교육의 시행을 위해 명백히 필요하다고 인정되지 않는 한 허용되지 아니한다. 이러한 차별취급은 장애인을 장애를 사유로 정당한 사유 없이 분리하여 불리하게 대하는 것이므로 제 4조 제 1항 제 1호에서 금지하고 있는 직접차별에 해당한다.

제 7항을 〈특수교육법〉상 관련 조항과의 비교하면, 〈특수교육법〉에서도 이와 유사한 내용의 차별행위를 규율하는 조항을 마련하고 있으나 (제4조 제2항 제4호), [4] 상기 조항과는 다소간 차이가 있다. 위 〈장애인차별금지법〉 조항은 교육기관의 입학 지원과정 전반에 걸쳐 통용되는 규정이고 예외적 허용사유로는 입학 이후 장애인의 개별적 특성을 고려한 교육 시행을 목적으로 한 행위일 것을 요구한다. 이와 달리 〈특수교육법〉 제4조 제2항 제4호는 그 대상을 대학의 입학전형절차로 국한하고 있고, 예외적 허용사유도 장애로 인하여 필요한 수험편의의 내용을 조사·확인하기 위한 경우로 이해하고 있다.

〈장애인차별금지법〉의 목적이 모든 생활영역에서 좀더 일반적이고 포괄적으로, 장애를 이유로 한 다양한 차별 지점들을 포착하여 규율하는 것임을 감안할 때, 상기 조항은 입학단계에서의 차별이 비단 대학입시절차에서만 나타나는 것이 아니라는 첨예한 현실인식에 기반하여 교육-생애 전반에서 장애인 교육권을 더 정교하고 치밀하게 달성하려는 취지라고 풀이된다.

---

4) 특수교육법 제4조 (차별의 금지)
① 생략
② 국가, 지방자치단체, 각급 학교의 장 또는 대학의 장은 다음 각 호의 사항에 관하여 장애인의 특성을 고려한 교육시행을 목적으로 함이 명백한 경우 외에는 특수교육대상자 및 보호자를 차별하여서는 아니 된다.
1~3. 생략.
4. 대학의 입학전형절차에서 장애로 인하여 필요한 수험편의의 내용을 조사·확인하기 위한 경우 외에 별도의 면접이나 신체검사를 요구하는 등 입학전형과정에서의 차별

(2) 학교생활에서의 차별금지

학교생활에서의 차별을 금지하는 내용은 크게 '적극적 편의제공과 정보제공 의무' 규정과 '비차별 의무 이행' 규정으로 구분할 수 있다.

① 적극적 편의제공, 정보제공 의무(제 13조 제 3항, 제 5항) : 〈장애인차별금지법〉제 13조 제 3항은 "교육책임자는 해당 교육기관에 재학 중인 장애인 및 그 보호자가 제 14조 제 1항 각 호의 편의제공을 요청할 때 정당한 사유 없이 이를 거절하여서는 아니 된다"고 명시한다. 위 규정을 위반하는 것은 차별행위 유형 중 제 4조 제 1항 제 3호에서 정한 '정당한 사유 없이 장애인에 대하여 정당한 편의제공을 거부하는 경우'에 해당한다.

한편, 제 13조 제 5항에 따라 교육책임자는 장애인의 능력과 특성에 맞는 정보를 제공하여야 한다. 장애인의 능력과 특성에 맞는 정보제공은 특히 발달장애인을 위해서는 쉬운 내용의 정보가 제공되어야 한다는 점에서 의미가 있다.

② 비차별 교육의 이행(제 13조 제 4항, 제 6항, 제 8항) : 제 13조 제 4항은 모든 교내외 활동에서 '장애인의 참여가 보장되어야 함'을 규정하고 있다. 장애를 이유로 한 어떠한 종류의 참여의 제한, 배제, 거부도 이 조항에 따라 위법행위가 될 수 있다. 특히 제 4항이 염두에 둔 것은 특별활동에서의 차별이며 현장견학, 수학여행 등 학교 밖 활동의 차별을 그 예로 든다. 또한 특정 수업이나 실험·실습 등 학교 내에서의 특별활동에 있어서도 장애인의 참여를 제한하여서는 아니 된다고 규정한다. 상기한 예시들 이외에 장애를 이유로 한 모든 교육활동 참여의 제한, 배제, 거부가 차별행위가 될 수 있음은 물론이다.

제4항에서 모든 교육활동에서의 참여의 제한, 배제, 거부가 차별행위가 될 수 있다고 규정하였지만, 실제로 차별행위인지 판단할 때에는 제4조 제3항에서 정한 정당한 사유 여부를 고려하여야 한다.

제13조 제6항은 '교육책임자 및 교직원은 교육기관에 재학 중인 장애인 및 장애인 관련자, 특수교육 교원, 특수교육보조원, 장애인 관련 업무 담당자를 모욕하거나 비하하여서는 아니 된다'고 규정한다. 여기서 '장애인 관련자'란 장애인을 대리·동행하는 자(장애아동의 보호자 또는 후견인, 그 밖에 장애인을 돕기 위한 자임이 통상적으로 인정되는 자를 포함)를 의미한다. 장애인 관련자에는 장애인의 부모 또는 보호자, 일반학급 담임교사 등이 포함될 수 있다.

'교육보조원'이란 〈특수교육법〉 제28조 제3항과 제5항에서 명시하고 있는 '보조인력'을 말한다. 학교에 배치되는 보조인력은 교사의 지시에 따라 교수학습 활동, 신변처리, 급식, 교내외 활동, 등하교 등 특수교육대상자의 교육 및 학교활동을 보조하는 역할을 담당한다(〈특수교육법〉 시행규칙 제5조).

특기할 만한 것은 제6항의 적용주체와 그 대상에 있다. 이 조항은 교육책임자 또는 교직원과 같이 일선 교육과정 전반에서 실질적 역할을 담당하는 자들이 장애인권에 대한 무관심 혹은 몰이해로 오히려 가해자가 되는 현실을 반영한 것이다. 따라서 본 조항이 모욕적 언동, 비하행위의 피해자로 예정한 대상도 단순히 장애인에 국한되지 않고 장애인 관련 업무 담당자 및 기타 장애인 관련자 전체를 포섭하고 있다는 데에 그 의미가 크다.

제13조 제8항은 〈특수교육법〉 제3조 제1항에 따른 입학 이후 실

제로 교육이 진행되는 전 과정에 걸쳐, 해당 교육과정에서 정한 학업시수를 위반함으로써 장애인에게 보장된 교육수권을 침해하는 일체의 행위를 소극적 차별행위로 이해하여, 이를 규율함을 그 목적으로 한다.

우리나라의 의무교육제도는 교육기회균등 사상에 입각하여 사회적·경제적 지위에 관계없이 모든 국민에게 필요최소한의 필수적 공통교육을 보장하기 위해 시행되며, 국민들을 대상으로 초등학교 및 중학교 의무교육을 통해 실시된다. 그러나 특수교육대상자의 경우에는 〈특수교육법〉이 시행됨으로써 유치원 과정에서 고등학교 과정까지 의무교육을 실시하고, 만 3세 미만의 장애영아교육과 고등학교 이후의 전공과 과정은 무상으로 진행된다. 5)

(3) 졸업(취업 등) 단계에서의 차별금지 (제13조 제5항)

〈장애인차별금지법〉 제13조 제5항은 장애인에 대한 교육 이후의 진로와 관련된 교육책임자의 의무를 규정하고 있다. 위 규정이 차별금지 조항의 하나로 포섭되어 있다는 것은 교육책임자가 장애인을 대상으로 적절한 취업이나 진로교육을 제공하지 않을 경우, 그 자체를 중요한 차별행위로서 간주하겠다는 입법자의 의지의 표명으로 읽을 수 있다. 이미 장애인은 취업·진로에서 현저한 차별상황에 놓여 있으므로 진로교육 제공 등을 통한 적극적인 조치가 수반되어야 할 필요가 있기 때문이다.

---

5) **특수교육법 제3조 (의무교육 등)**

① 특수교육대상자에 대하여는 〈교육기본법〉 제8조에도 불구하고 유치원·초등학교·중학교 및 고등학교 과정의 교육은 의무교육으로 하고, 제24조에 따른 전공과와 만 3세 미만의 장애영아교육은 무상으로 한다.

이와 관련하여 〈특수교육법〉 제 23조에서 규정하고 있는 진로 및 직업교육의 지원과 제 24조 전공과의 설치·운영 조항을 확인할 필요가 있다. 〈특수교육법〉 제 23조에 따르면 중학교 이상 각급 학교의 장은 진로 및 직업교육의 일환으로서 직업재활훈련 및 일상생활적응훈련·사회적응훈련 등 자립생활훈련을 실시하기 위하여 전문인력과 필요설비를 갖출 의무가 있다. 또한 제 24조에 의하면 특히 특수교육기관은 고등학교를 졸업한 특수교육대상자에게 직업교육을 제공하기 위하여 1년 이상의 전공과를 설치·운영할 수 있도록 하고 있다.

〈특수교육법〉 제 23조가 중학교 과정 이상의 각급 학교의 의무, 제 24조가 특수학교의 의무를 다루고 있는 것과 달리 〈장애인차별금지법〉 제 13조 제 5항은 각급 학교 외에도 평생교육시설, 교육훈련기관 등 교육기관 전반에 적용되므로 적용범위가 더 넓다. 하지만 진로교육 및 정보 제공의 내용은 〈특수교육법〉 제 23조, 제 24조의 내용을 기준으로 판단할 수 있다. 즉, 〈장애인차별금지법〉 제 13조 제 5항에서 말하는 진로교육 및 정보 제공의 내용은 〈특수교육법〉 제 23조의 직업재활훈련 및 일상생활적응훈련·사회적응훈련 등의 자립생활훈련 실시 여부, 〈특수교육법〉 제 24조의 특수학교의 전공과 설치·운영을 기준으로 판단할 수 있으며, 이러한 교육이 정당한 사유 없이 제한, 배제, 거부될 때에는 이를 차별행위에 해당하는 것으로 판단하여야 한다.

3. 사례

1) 교육시설 이용에서의 장애인 차별 사례

진정인은 청각장애 3급의 장애가 있으며, 직업훈련을 받고자 ○○직업전
문학교에 개설된 교육과정에 수강신청을 하였으나 ○○직업전문학교는
청각장애를 이유로 수강신청을 거부하였다. 국가인권위원회는 직업교육
훈련기관인 ○○직업전문학교는 〈장애인차별금지법〉상의 교육기관에 해
당하고, 본 사례에서의 수강신청은 곧 입학 지원에 해당하므로 ○○직업
전문학교가 수강을 거부한 것이 "교육책임자는 장애인의 입학 지원 및 입
학을 거부할 수 없다"고 규정한 〈장애인차별금지법〉 제13조 제1항 위반
에 해당한다고 판단하였다. 또한 정당한 사유의 존부와 관련하여, '○○
직업전문학교가 진정인의 교육과정 이수능력이나 의사소통능력에 대한
평가 등을 통하여 진정인에게 필요한 정당한 편의가 무엇인지 고려하지
않은 채 진정인이 청각장애로 수업을 따라가기 어렵다거나 개별지도를 해
야 한다는 등의 이유로 진정인의 수강신청을 거절한 것은 정당한 사유로
인한 것이라 볼 수 없다'고 판단하여 차별에 대한 시정을 권고하였다.

국가인권위원회 14진정0870400.

2) 장애를 이유로 한 입학 거부 사례

○○대학교 사학과 박사과정 입학전형은 서류전형과 구술시험으로 나뉘
는데, 진정인의 경우 총 10점 만점 중 서류전형의 경우 60점 만점에 54점

을 받아 비교적 우수한 성적을 얻은 반면, 구술시험은 40점 만점에 15.3점을 받아 상당히 저조한 성적을 거두었다. 구술시험 평가내용을 구체적으로 살펴보면, 진정인이 답변을 제대로 하지 못하여 진정인이 제출한 논문만을 가지고 평가하거나, 일반적인 형태의 구술문답이 불가능하여 교과목 이수내역, 성적표, 논문을 근거로 평가하고, '외국어의 이해 정도'는 측정이 불가능해서 최저등급(D)을 주는 등, 구술시험 시 장애의 특성을 고려하지 아니한 채 자의적이고 불합리하게 평가과정을 운용함으로써 진정인이 자신의 지적능력, 사고능력, 가치관 등을 표현할 수 있는 기회나 환경을 충분히 제공하지 아니하였다.

국가인권위원회는 이러한 행위가 〈장애인차별금지법〉 제13조 제1항 위반이라고 판단하였다. 입학전형기준에서 요구하는 학문수행을 위한 지적능력 내지 자격 이외에 별도의 신체적 능력을 요구하는 것으로 장애를 이유로 한 차별행위에 해당하며, 설령 신체적인 장애가 자료의 수집 및 발굴에 다소 영향을 미친다 하더라도 이는 보조인 등의 활용을 통해 극복이 가능하므로 진정인의 신체적 장애를 이유로 불합격 결정을 한 것은 결국 장애를 이유로 하여 입학을 거부한 것이라고 본 것이다.

이러한 결정에 따라 국가인권위원회는 ○○대학교 총장에게 진정인의 불합격 처분을 취소하고, 장애의 특성을 고려한 평가방식을 제공하여 진정인이 재심사를 받을 수 있도록 조치할 것을 권고하고, ○○대학교 대학원장과 동 대학원 사학과 전형위원회에게 장애와 관련한 인권교육을 받을 것을 권고하였다.

국가인권위원회 08진차648.

복합경화증이 있는 푸시킨 의사는 콜로라도대학에서 정신과 레지던트 프로그램 입학이 거부되었다. 푸시킨 의사는 연방정부의 재정지원을 받는 프로그램에서 장애를 이유로 입학을 거부한 것은 〈1973년 재활법〉(Rehabilitation Act of 1973) 제504조의 위반이라며 소송을 제기하였다.

푸시킨 의사는 레지던트 프로그램에 필요한 자격을 갖추었으나(학문적 기준 및 레지던트를 하고 있던 다른 곳의 상급자로부터의 추천서 충족), 콜로라도대학의 자료에 의하면 인터뷰 담당자들은 푸시킨의 신체적 제한이 아닌 그의 장애와 관련된 정신적 상태에 초점을 맞추었다. 이러한 증거는 대학이 푸시킨 의사의 입학을 거부한 이유가 장애 때문이며, 제시된 입학 거부 사유들 또한 잘못된 가정이나 불충분한 사실적 근거에 의한 것임을 입증한다. 이에 법원은 콜로라도대학이 푸시킨 의사의 입학을 거부한 것은 〈1973년 재활법〉 제504조를 위반한 장애차별행위라고 판단하였다.

Pushkin v. Regents of the University of Colorado, 658 F.2d 1372 (10th Cir. 1981).

3) 제13조 제4항과 제8항의 정당한 사유가 있었는지에 대한 판단기준

피해자는 청각장애인으로, 학급 동료(결정문상 명백하지는 아니하나 비장애인으로 추측됨)와의 갈등으로 쌍방 폭행사건이 있었다. 폭행사건 진상에 관하여 학생들 간의 주장이 엇갈리는 상황에서, 담임교사(피진정인)가 법령 및 학교운영규칙에 따라 학교폭력대책자치위원회를 열거나 피해자에게 의견진술기회 등을 제공하지 아니한 채 학교에 나오지 못하도록 함으로써 장애를 이유로 한 수업 참여제한 등의 차별이 문제된 사안이다.

이와 관련하여 국가인권위원회는 〈장애인차별금지법〉 제13조 제4항과 제8항의 정당한 사유가 있었는지에 대하여 "교사의 임의적 판단이 아닌 관련 법령 및 학교운영규칙이 정한 바에 따라야 한다"고 판단하였다. 수업제한을 가하는 때 그 기준이 개인의 자의적 판단에 의한 것이었다면 정당한 사유가 없다 본 것이다.

국가인권위원회 10진정0710700.

4) 장애학생이 국가지원을 받는 학교 프로그램 및 활동에서 배제된 사례

법원은 장애인이 학교로부터 〈장애인교육법〉(Individuals with Disabilities Education Act)에 의거한 적절한 무상 공교육을 제공받지 못해 연방정부의 재정지원을 받는 특수교육 관련 서비스를 포함하는 프로그램 및 활동에 참여하지 못한 경우, 관련 요건을 충족한다면 〈재활법〉과 ADA에 의거해 장애차별을 구성할 수 있다고 하였다. 〈재활법〉 제504조의 장애차별을 구성하기 위해서는 ① 장애인이 〈재활법〉에서 정의하는 "장애인" 이어야 하며, ② 장애인이 교내활동에 참여할 자격을 가지고 있고, ③ 학교 또는 교육위원회가 연방정부로부터 재정지원을 받으며, ④ 장애인이 학교에서 활동 참여에 배제되거나, 혜택을 누리지 못하거나, 차별의 대상이 되었고, ⑤ 학교 또는 교육위원회가 장애인의 장애를 알고 있거나 합리적으로 예상할 수 있었음을 증명하여야 한다. ADA에 의거한 차별을 구성하기 위해서는 제시된 요건 중 ③번 항목을 제외한 나머지를 충족하여야 한다. 법원은 본 사례가 제시된 모든 항목을 충족함으로써 〈재활법〉 및 ADA에 의거한 장애차별을 구성한다고 판결하였다.

Indiana Area School Dist. v. H.H., 428 F.Supp.2d 361 (Pennsylvania 2006).

4. 입법과제

1) 교육기관에 사설교육기관 추가

사설교육기관인 학원 이용과 관련된 장애인의 불편 및 차별 문제가 꾸준히 이슈화되고 있다. 교재를 마련하거나 시각화된 콘텐츠 설명을 이해하는 것이 어렵다는 등의 이유로 시각장애인은 학원에 다니는 데 많은 제한이 있다. 엘리베이터나 경사로가 설치되지 않은 건물에 위치한 학원이 많은데, 이런 경우에는 지체장애인이 접근하기 힘들다. 수어통역이 이루어지지 않아 청각장애인들이 수업내용을 이해하는 데에 어려움을 겪는 일도 발생한다. 학원에 다니는 대신 온라인 강의를 수강하거나 교육방송을 시청하는 장애인들도 많지만, 웹 접근성 문제, 교재 제공의 지연, 교육콘텐츠의 자막 미제공 등으로 역시 어려움을 겪는다. 따라서 〈장애인차별금지법〉 제3조 제6항 '교육기관'의 정의에 〈학원의 설립·운영 및 과외교습에 관한 법률〉(이하 "학원법")에 따른 '학원'을 추가할 필요가 있다. 6) 다만, 영세한 보습학원 운영자가 바로 편의제공 의무를 이행하기 어려울 수 있다는 점을 감안하여, 〈장애인차별금지

---

6) 학원법 제2조 (정의)

　이 법에서 사용하는 용어의 뜻은 다음과 같다.

　1. "학원"이란 사인(私人)이 대통령령으로 정하는 수 이상의 학습자 또는 불특정다수의 학습자에게 30일 이상의 교습과정(교습과정의 반복으로 교습일수가 30일 이상이 되는 경우를 포함한다. 이하 같다)에 따라 지식·기술(기능을 포함한다. 이하 같다)·예능을 교습(상급학교 진학에 필요한 컨설팅 등 지도를 하는 경우와 정보통신기술 등을 활용하여 원격으로 교습하는 경우를 포함한다. 이하 같다)하거나 30일 이상 학습장소로 제공되는 시설을 말한다. (단서 생략)

법〉시행령에서 단계적으로 의무를 확대하거나 초기 시행과정에서 정
부지원을 적극적으로 고려하는 것이 바람직할 것이다.

2) 제 13조 제 2항 삭제

〈특수교육법〉제 17조는 제 4항에서 국립학교의 장의 의무를 말한 것을
제외하고는 '교육기관의 장'의 의무를 다루는 조항이 아닌, 교육장과 교
육감의 의무를 다루는 조항이다. 교육장과 교육감의 의무를 교육기관
의 장이 준수하여야 한다고 보기는 어렵다. 〈장애인차별금지법〉제 13
조 제 2항은 교육기관의 장이 특수교육대상자의 배치를 요구받으면 거
부하지 아니할 의무를 규정한 것으로 보아야 하는데, 이러한 의무는 이
미 제 12조 제 1항의 후단을 통하여 부과된 것이다. 따라서 〈장애인차
별금지법〉제 13조 제 2항은 삭제하는 것이 타당하다.

제 14조: 교육책임자의 정당한 편의제공 의무 규정

제 14조 (정당한 편의제공 의무)

① 교육책임자는 당해 교육기관에 재학 중인 장애인의 교육활동에 불이
  익이 없도록 다음 각 호의 수단을 적극적으로 강구하고 제공하여야
  한다. `
  1. 장애인의 통학 및 교육기관 내에서의 이동 및 접근에 불이익이
    없도록 하기 위한 각종 이동용 보장구의 대여 및 수리

---

2. 장애인 및 장애인 관련자가 필요로 하는 경우에 교육보조인력의 배치

3. 장애로 인한 학습 참여의 불이익을 해소하기 위한 확대 독서기, 보청기기, 높낮이 조절용 책상, 각종 보완·대체 의사소통 도구 등의 대여 및 보조견의 배치나 휠체어의 접근을 위한 여유 공간 확보

4. 시·청각 장애인의 교육에 필요한 한국수어통역, 문자통역(속기), 점자자료 및 인쇄물 접근성바코드(음성변환용 코드 등 대통령령으로 정하는 전자적 표시를 말한다. 이하 같다)가 삽입된 자료, 자막, 큰 문자자료, 화면낭독·확대프로그램, 보청기기, 무지점자단말기, 인쇄물음성변환출력기를 포함한 각종 장애인보조기구 등 의사소통 수단

5. 교육과정을 적용함에 있어서 학습진단을 통한 적절한 교육 및 평가방법의 제공

6. 그 밖에 장애인의 교육활동에 불이익이 없도록 하는 데 필요한 사항으로서 대통령령으로 정하는 사항

② 교육책임자는 제1항 각 호의 수단을 제공하는 데 필요한 업무를 수행하기 위하여 장애학생지원부서 또는 담당자를 두어야 한다.

③ 제1항을 적용함에 있어서 그 적용대상 교육기관의 단계적 범위와 제2항에 따른 장애학생지원부서 및 담당자의 설치 및 배치, 관리·감독 등에 필요한 사항은 대통령령으로 정한다.

시행령 제 8조 (정당한 편의의 내용)

① 법 제 14조 제 1항 제 4호에서 "음성변환용 코드 등 대통령령으로 정하는 전자적 표시"란 다음 각 호의 어느 하나에 해당하는 전자적 표시를 말한다. (신설 2018. 6. 19.)

1. 음성변환용 코드
2. 청각, 촉각 등의 감각을 통하여 습득할 수 있도록 인쇄물 정보를 변환시켜주는 전자적 표시

② 법 제 14조 제 1항 제 6호에 따라 교육책임자가 제공하여야 하는 사항은 다음 각 호와 같다. (개정 2018. 6. 19.)

1. 원활한 교수 또는 학습 수행을 위한 지도자료 등
2. 통학과 관련된 교통편의
3. 교육기관 내 교실 등 학습시설 및 화장실, 식당 등 교육활동에 필요한 모든 공간에서 이동하거나 그에 접근하기 위하여 필요한 시설·설비 및 이동수단

1. 입법취지

제 14조는 장애의 유형과 정도에 따라 적절한 편의제공을 하도록 하여 실질적으로 장애인에게 양질의 교육이 제공될 수 있도록 하기 위하여 입법되었다.

2. 조문해설

1) 제 14조 제 1항

제 14조는 재학 중인 장애인에 대한 정당한 편의제공 의무를 규정한다.

제1항은 교육책임자가 해당 교육기관에 재학 중인 장애인의 교육활동에 불이익이 없도록 제공하여야 하는 정당한 편의의 내용을 규정한다. 제13조가 입학 지원, 입학, 전학 및 졸업(취업 등) 단계까지 전반적으로 차별금지를 규정하는 것과 달리 본 조항은 '재학 중'인 장애인에 대하여 적용된다. 구체적인 정당한 편의의 내용은 다음과 같다.

(1) 제14조 제1항 제1호
제1호에서는 장애인의 통학 및 교육기관 내에서의 이동 및 접근에 불이익이 없도록 하기 위한 각종 이동용 보장구의 대여 및 수리 의무를 제시한다.

보장구란 장애인이 장애의 예방·보완과 기능향상을 위하여 사용하는 의지·보조기 및 그 밖에 보건복지부장관이 정하는 보장구와 일상생활의 편의증진을 위하여 사용하는 생활용품을 말한다(〈장애인복지법〉 제65조). 이동용 보장구란 그중에서도 이동편의에 관련된 보장구를 의미하며 그 종류는 ① 의지(*prosthesis*) - 의수(義手), 의족(義足), ② 보조기(*orthosis, brace*) - 상지 보조기, 하지 보조기, 척추 보조기, ③ 휠체어- 수동휠체어, 전동휠체어, ④ 정형외과용 구두 등이 있다.

〈장애인복지법〉 제66조 제1항에서 "국가와 지방자치단체는 장애인의 신청이 있을 때에는 예산의 범위 안에서 장애인보조기구를 교부·대여 또는 수리하거나 장애인보조기구 구입 또는 수리에 필요한 비용을 지급할 수 있다"고 명시한다. 〈장애인복지법〉이 국가와 지방자치단체에 장애인보조기구 교부·대여·수리 의무를 부과하고 있는 반면 〈장애인차별금지법〉은 교육기관에게 교부 의무를 제외한 대여·수리 의무만을 부여함으로써 상대적으로 완화하여 의무를 부과한다.

제 14조 제 1항 제 1호의 이동용 보장구 대여 · 수리 의무는 열거 규정이 아닌 예시 규정이다. 따라서 교육책임자는 장애인의 통학과 관련된 각종 교통편의를 제공해야 하며 교육기관 내 교실 등 학습시설 및 화장실, 식당 등 교육활동에 필요한 모든 공간에서 이동하거나 그에 접근하기 위하여 필요한 시설 · 설비 및 이동수단을 모두 제공해야 한다(시행령 제8조 제2항 제2호, 제3호). 예를 들어 시각장애인이나 지적장애인의 체육교육을 위한 체육시설에는 부딪치거나 넘어졌을 때 다치지 않도록 벽이나 기둥에 고무 재질의 마감재 등을 사용하여 위험을 방지하여야 한다. 이러한 제공 의무에는 〈특수교육법〉 제28조 제5항에서 규정하고 있는 통학차량지원, 통학비지원, 통학보조인력지원 등의 통합지원 대책도 포함된다.

(2) 제14조 제1항 제2호
제2호에서는 장애인 및 장애인 관련자가 필요로 하는 경우 교육보조인력의 배치 등을 제시한다. 장애인 관련자란 제13조 제6항에서 언급한 것처럼 장애인을 대리 · 동행하는 자를 의미하는데, 제1항 제2호의 규정에서는 장애인의 부모 또는 보호자, 직접 지도하는 특수교사나 일반학급 담임교사 등이 포함될 수 있다.

교육보조인력 역시 제13조 제6항과 관련해 살펴본 바와 같이 〈특수교육법〉 제28조 제3항과 제5항에서 명시하고 있는 '보조인력'(특수교육보조원)을 말한다. 학교에 배치되는 보조인력은 교사의 지시에 따라 교수학습활동, 신변처리, 급식, 교내외활동, 등하교 등 특수교육대상

자의 교육 및 학교활동을 보조한다(〈특수교육법〉 시행규칙 제5조). 교
육환경을 지원할 때에, 장애인이 필요로 하는 경우에는 이동이나 일상
생활, 학습활동 등을 도울 수 있는 보조원이 지원되어야 한다. 예를 들
어 한국수어통역, 문자통역(속기), 보조기기 조작, 점역, 음성전환문
서 편집, 보조공학지원을 할 수 있는 보조인력이나 장애인의 일상생활
과 관련된 문제를 상담할 수 있는 상담교사가 배치되어야 한다.

(3) 제14조 제1항 제3호
제3호에서는 장애로 인한 학습 참여의 불이익을 해소하기 위한 확대
독서기, 보청기기, 높낮이 조절용 책상, 각종 보완·대체 의사소통 도
구 등의 대여 및 보조견의 배치나 휠체어의 접근을 위한 여유 공간 확보
의무를 명시한다.

　교육책임자는 필요에 따라 확대 독서기, 보청기기, 높낮이 조절용
책상뿐만 아니라 점자정보단말기, 전동휠체어, 스포츠용 휠체어, 스탠
드, 상반신지지대, 보청기기, 고성능 음향기기 등을 대여해 주어야 하
며 보조견의 배치 또는 휠체어의 접근을 위한 여유 공간을 확보해야 한
다. 지체장애인의 교육을 위하여 책걸상의 넓이와 높이, 그리고 휠체
어 사용 시에는 책상의 모양 등을 고려하여 제공해야 하고, 자신의 의
사를 정확히 표현하기 위해 쉬운 단어나 그림으로 표현된 문서, 음성으
로 녹음된 자료, 동영상자료 등을 필요로 하는 발달장애인에게는 의사
소통에 필요한 자료를 제공해야 한다.

(4) 제14조 제1항 제4호

제4호에서는 시·청각장애인의 교육에 필요한 한국수어통역, 문자통역(속기), 점자자료 및 인쇄물 접근성바코드가 삽입된 자료, 자막, 큰문자자료, 화면낭독·확대프로그램, 보청기기, 무지점자단말기, 인쇄물음성변환출력기를 포함한 각종 장애인보조기구 등 의사소통 수단 제공 의무를 제시한다.

　시각장애인에게는 교육에 필요한 수업자료를 점자 또는 확대자료 및 점자정보단말기나 스크린리더가 설치된 컴퓨터로 읽을 수 있는 전자파일(DOC, HWP 등)로 변환하여 타 학생들에게 일반 수업자료를 제공하는 것과 동일한 시점에 제공하여야 하며 이에 필요한 경비를 학교가 부담하여야 한다. 청각장애인 교육에서는 필요에 따라 훈련받은 한국수어통역 대필자를 제공하여야 하고, 난청인을 위해서는 소음을 막는 시설과 고성능 음향기기를 제공하여야 한다. 인쇄물 접근성바코드는 시행령 제8조 제1항에서 음성변환용 코드, 청각, 촉각 등의 감각을 통하여 습득할 수 있도록 인쇄물 정보를 변환시켜주는 전자적 표시로 구체화하고 있다.

(5) 제14조 제1항 제5호

제5호는 '교육과정을 적용함에 있어서 학습진단을 통한 적절한 교육 및 평가방법의 제공'을 명시하고 있다.

　적절한 교육 및 평가방법을 제공하기 위해서는 장애인과 교사 사이에 평가방법을 두고 사전에 논의를 하여 개별 장애인의 요구를 수렴해야 한다. 예를 들어 원활한 교수 또는 학습수행을 위하여 장애유형을 고려한 지도자료 등을 제공해야 하며, 수행평가에서도 장애유형과 정도, 특성을 고려하여 평가방안이 제시되어야 한다. 장애인 수험생의 장애유형과 정도를 고려하여 평가방법을 세분화하는 대학수학능력시험 검사조정을 예로 들 수 있다. 대학수학능력시험의 경우, 청각장애 수험생 중 지필검사 대상자의 듣기평가는 필답시험으로 대체하는 데 반해 보청기 사용 대상자는 일반 수험생과 같이 듣기평가를 실시하여 그 평가방법을 달리한다. 이처럼 평가방법을 달리하더라도 본질적이고 근본적인 부분, 즉 장애인들도 비장애인들과 동일한 교육적 기준을 적용받아야 한다는 원칙은 반드시 지켜져야 할 것이다.

2) 제14조 제2항

교육책임자는 해당 교육기관에 재학 중인 장애인의 교육활동에 불이익이 없도록 장애학생지원부서 또는 담당자를 두어야 하고, 장애학생지원부서 또는 담당자의 활동 내용 및 장애인의 이용 실태를 정기적으로 점검하여야 한다(〈장애인차별금지법〉 제14조 제2항, 제3항, 〈장애인차별금지법〉 시행령 제10조 제2항).

여기서 장애학생지원부서란 장애학생의 교육 및 생활에 관한 지원을 총괄·담당하는 부서를 일컫는 것으로, 〈특수교육법〉 제30조와의 체계정합적 해석에 의하여, 장애학생지원부서(혹은 담당자)는 장애학생을 위한 각종 지원에 관한 사항, 장애학생의 교육활동을 위한 편의제공에 관한 사항, 교직원·보조인력 등에 대한 교육에 관한 사항, 장애학생 교육복지의 실태조사에 관한 사항, 그 밖에 교육책임자가 부의하는 사항 등을 그 업무내용으로 한다.

기관별 장애학생지원부서 또는 담당자 설치 및 배치 내용

구분	내용
〈초·중등교육법〉 및 〈고등교육법〉에 따른 학교	독립된 장애학생지원부서 설치 또는 장애학생 담당자 배치
〈영유아보육법〉에 따른 보육시설, 〈유아교육법〉에 따른 유치원	장애아동을 위한 담당자 배치
〈평생교육법〉에 따른 평생교육시설, 〈학점인정 등에 관한 법률〉에 따른 교육훈련기관, 〈직업교육훈련 촉진법〉에 따른 직업훈련기관, 〈영재교육진흥법〉 제 2조에 따른 영재학교와 영재교육원, 〈재외국민의 교육지원 등에 관한 법률〉 제 2조 제 3호에 따른 한국학교, 〈교원 등의 연수에 관한 규정〉 제 2조 제 1항에 따른 연수기관, 〈공무원 인재개발법〉 제 3조 제 1항에 따른 국가공무원인재개발원 및 같은 법 제 4조 제 1항에 따른 전문교육훈련기관	장애학생을 위한 담당자 배치

3) 제 14조 제 3항

〈장애인차별금지법〉은 각 차별영역에 규정된 세부내용의 시행시기 및 적용대상을 시행령에 위임하고 있다. 따라서 〈장애인차별금지법〉이 2008년 4월 11일부터 시행되었지만 일부 규정은 즉시 시행되지 아니하고, 2009년 4월 11일부터 2015년 4월 11일까지 순차적으로 그 범위가 확대되어 왔다. 〈장애인차별금지법〉 시행령 제 9조 및 제 10조가 각각 적용대상 교육기관의 단계적 범위를 규율하는데, 2013년 4월 11일 이후 그 단계적 적용이 완료됨으로써 시행령이 예정하고 있는 각급, 각종의 교육기관 중 특히 〈장애인차별금지법〉에 의한 의무 규정의 적용을 받지 아니하는 교육기관은 더 이상 존재하지 않게 되었다.

3. 사례

1) 학교가 지체장애인에게 엘리베이터 등 편의시설을 제공하지 않은 경우

법원은 대학이 장애인의 입학을 허가한 경우에 부담하는 배려 의무와 관련하여, 대학이 장애인을 대상으로 서류 및 면접심사를 통하여 입학 허가 결정을 한 경우에 장애인인 학생은 등록금 등을 납부할 의무를, 대학은 장애인인 학생에게 양질의 교육기회를 제공할 의무를 부담하는 일종의 계약관계가 성립하므로, 대학은 장애인이 학교생활을 하면서 장애인으로서 겪을 수 있는 불편을 최소화해 주고 타 학생들과 동등하게 충분하고도 내실 있는 교육을 받을 수 있도록 배려해 주어야 할 의무를 부담함을 전제로, 대학이 장애인인 학생에게 〈장애인·노인·임산부 등의 편의증진보장에 관한 법률〉에 정한 편의시설을 제공하지 않는 등 배려 의무를 소홀히 한 경우, 위자료(300만 원)를 지급할 책임이 있다고 판시하였다.

창원지방법원 2008.4.23. 선고 2007가단27413 판결.

지체장애 1급으로 휠체어를 사용하는 학생이 대학원 학위과정을 이수하는 동안 주로 인문관에서 학습을 하였는데, 인문관 내에 엘리베이터나 리프트가 설치되지 않아서 인문관 내에 있는 도서관, 교수실, 실습실을 이용할 수 없었고, 같은 건물 지하 1층에 있는 식당도 이용할 수 없었다. 이에 대하여 법원은 대학의 인문관 엘리베이터 미설치는 〈장애인차별금지법〉 제13조, 제14조, 같은 법 시행령 제8조, 제9조를 위반한 위법행위이며, 이로 인해 학생은 신체적 불편 및 정신적 고통을 겪었을 것임이 명백하므로 대학은 학생에게 학생이 입은 정신적 손해에 대하여 금전적으로 나마 위자할 의무가 있다고 판단하였다. 그러나 학생이 편의시설 미비를 알면서 입학한 사정을 고려하여 위자료를 감액하였다.

마산지방법원 2014.9.26. 선고 2014가단3125 판결.

휠체어 사용 장애학생들이 대학에서 지하 1층, 지상 3~4층으로 된 건물을 이용할 때에 주출입구에 경사로가 설치되어 있을 뿐 건물 내에 승강기 등의 이동편의시설이 없어 외국어교육센터, 전공실험실습실, 학과학회실 등이 위치한 2층 이상으로의 이동이 불가능하다고 진정을 제기하였다. 이 사건에서 국가인권위원회는 대학총장에게 휠체어 사용 장애학생의 학습권 보장을 위해 교육시설의 재배치 또는 이동시설의 마련을 권고하였다.

국가인권위원회 10진정0175100, 10진정0180600, 10진정0181100.

중학교 교사가 교통사고로 왼쪽 다리가 약간 짧은 상태에서 26년간 교사 생활을 하면서 장애인 이동시설이 없는 계단을 오르내려 퇴행성관절염을 앓게 되었으니 부상 및 이동시설 설치 등이 필요하다고 요구하면서 국가인권위원회에 진정을 제기하였다. 이 사건에서, 국가인권위원회는 학교 내 장애인 등을 위한 편의시설 미설치를 헌법 제10조 침해로 판단, 〈장애인 등 편의법〉 제8조 제1항, 같은 법 시행령 제4조에 의한 승강기 등 편의시설을 조속히 설치하고, 관련 시설이 완비될 때까지 교사 및 학생의 신규임용전보 및 입학·전학 시에 장애인 등에게 승강기 등 편의시설이 완비된 학교를 우선적으로 선택할 수 있도록 조치할 것을 권고하였다.

국가인권위원회 03진인26.

2) 학교가 청각장애인의 편의지원 요청을 거부한 경우

미국 크레이턴대학(Creighton University) 의대에 재학 중인 아제나이는 청각장애인이며, 큐드스피치(*cued speech*, 구화와 수어를 조합한 농아인을 위한 언어 전달법)와 CART(Communication Access Real-time Transcription, 컴퓨터 스크린에 실시간으로 속기를 해 주는 서비스)를 통해 학습 활동을 한다. 아제나이는 의사의 추천을 받아 크레이턴대학에 CART와 큐드스피치통역사 제공 등의 편의지원을 요청하였는데, 대학 측은 요청된 편의지원의 일부만 제공하였다. 이에 아제나이는 편의지원이 잘 이루어 지지 않은 것은 ADA Title III와 〈1973년 재활법〉 제504조를 위반한 것이라고 주장하며 소송을 제기하였다.

배심원단은 다음 두 가지 사항에 대하여 학생의 손을 들어 주었다. 첫째, 대학은 학생에게 입학 후 2년간 필요한 보조기구와 서비스를 제공하지 않음으로써 장애를 이유로 한 차별을 하였다. 둘째, 학생이 필요로 하는 보조기구와 서비스를 제공하는 것이 대학에 과중한 부담이 되지 않았을 것이다.

Argenyi v. Creighton University, 2013 WL 12123484 (Nebraska 2013).

3) 학교가 학습장애가 있는 학생에게 편의지원을 거부한 경우

포트타운샌드스쿨에 재학 중인 엘제이는 학습장애로 인해 다른 고등학생과 같은 속도로 읽고 쓰기에 어려움이 있었다. 엘제이는 〈1973년 재활법〉 제504조에 근거한 "504계획"하에 학습자료를 스캔하면 그것을 음성으로 변환하여 읽어 주는 소프트웨어를 사용할 수 있도록 편의지원을 받고 있었다. 엘제이는 이 소프트웨어가 복잡한 수학 및 화학 학습자료를 올바르게 번역할 수 없게 되자 504계획에 따라 학교에 소프트웨어의 업그레이드를 요청하였다. 학교가 요청을 거부하자 엘제이는 학교의 요청거부는 ADA와 〈1973년 재활법〉 제504조의 위반이라고 주장하였다. 또한 엘제이는 법원에 관련 소송이 진행되는 동안 학교가 그의 학습자료 일체를 스캔하여 제공하는 임시조치(*temporary restraining order*, 소송이 진행되는 동안 현재 상태를 유지하도록 하는 법원의 명령)를 청구하였다. 법원은 엘제이를 위한 기존의 편의지원 계획이 학습자료를 음성의 형식으로 제공하도록 되어 있고, 이러한 편의지원이 이루어지지 않을 경우 엘제이에게 돌이킬 수 없는 손해가 발생할 것이라는 이유로 임시조치를 승인하였다.

L.G. v. Port Townsend School Dist. No 50, 2009 WL 4730840 (Washington 2009).

4. 입법과제

1) 정당한 편의제공 의무에 입학 지원, 입학 및 전학 관련 내용 추가

차별금지에 관한 제13조 제1항에는 장애인의 입학 및 전학에 관련된 내용이 있지만, 정당한 편의제공 의무에 관한 제14조에서는 '재학 중'인 장애인에 대해서만 규정하므로 의무범위가 일치하지 않는다. 이에 제14조 제1항에 장애인의 입학 지원, 입학 및 전학에 관련된 내용을 추가할 필요가 있다.

2) 통학과 교육기관 내에서의 이동 및 접근에 관한 규정 개선

제14조 제1항 제1호는 통학과 교육기관 내에서의 이동 및 접근을 함께 규정하고, 통학과 관련하여 편의제공의 내용으로 각종 이동용 보장구의 대여 및 수리만을 규정하므로 통학차량이나 통학비를 지원하는 등의 의무는 부과하지 않는다고 해석될 우려가 있다. 또한 교육기관 내에서의 이동 및 접근 편의를 위한 내용도 제한적이다. 예를 들어 휠체어 사용자는 이동을 위하여 이동용 보장구 외에도 경사로와 엘리베이터 등의 시설과 설비가 필요하고, 시각장애인은 이동을 위하여 점자블록, 점자안내표지판, 음성안내시스템 등의 시설과 설비가 필요하다. 그러므로 통학과 교육기관 내에서의 이동 및 접근을 나누어 규정해야 하며, 통학과 관련하여 시행령에서 규정하고 있는 '통학과 관련된 교통편의'가 예시 규정임을 명시할 필요가 있다. 또한 교육기관 내에서의 이동 및 접근과 관련한 구체적인 편의내용은 시행령에서 세분화하여 규정하여야 한다.

3) 발달장애인의 교육을 위한 정당한 편의제공 명시

발달장애인은 인지와 의사소통의 어려움으로 인해 교육과정에서 차별 위험에 크게 노출되어 있는데, 〈장애인차별금지법〉에서 발달장애인에 관하여 구체적으로 명시하지 않아 법의 적용이 어렵다는 문제 제기가 있다. 따라서 발달장애인의 특성을 고려한 교육영역에서의 정당한 편의제공이 필요하다. 구체적으로 제14조 제1항 교육책임자 등의 편의제공 의무에 발달장애인이 이해하기 쉬운 자료의 제공과 보완대체 의사소통기구의 제공, 의사소통 보조인력의 제공 등 의사소통지원 관련 의무 조항을 추가할 필요가 있다. 이는 제4호에서 시·청각장애인을 위한 정당한 편의제공을 별도로 명시한 것처럼 별개의 호로 규정하는 것을 고려해 볼 수 있다.

4) 교육에 필요한 수어통역의 확대

학교에서는 영어 및 제2외국어 교육이 활발히 이루어지고, 사회 전반적으로도 외국어 교육이 매우 중요시된다. 이러한 외국어 교육에서 청각장애인이 예외가 되는 것은 부당하므로, 제14조 제1항 제4호에서 수어통역을 "한국수어통역"에만 국한해서는 아니 될 것이다. '수어'는 '한국수어'를 포함한 더 넓은 의미를 가지고 있으므로 '한국수어통역'을 '수어통역'으로 개정하면, 교육에 있어 한국어는 물론 알파벳지화, 나아가 외국어까지 학습할 수 있는 기회를 제공할 수 있기에 개정이 필요하다.

5) 장애인이 접근 가능한 장소 및 방법을 통한 교육과정 및 시험 제공

제14조 제1항 제5호는 교육책임자의 정당한 편의제공 의무로 "교육과정을 적용함에 있어서 학습진단을 통한 적절한 교육 및 평가방법의 제공"을 제시하고 있다. 적절한 교육 및 평가방법을 제공하기 위해서는 장애학생과 교사가 평가에 대해 사전에 논의함으로써 장애학생 개개인의 요구가 수렴되어야 한다. 예를 들어 원활한 교수 또는 학습수행을 위하여 장애유형을 고려한 학습자료 등을 제공해야 하고, 수행평가에서도 장애유형과 정도, 특성을 고려한 평가방안이 제시되어야 한다.

한편, 시험(평가) 과정에서의 정당한 편의 미제공 사례는 꾸준히 이슈화된다. 수험생이 접근하기 어려운 장소에서 시험을 보거나, 손의 사용이 자유롭지 않은 뇌성마비 및 뇌병변장애인에게 시험시간을 적절히 연장해 주지 않거나, 수능시험 수학과목에서 시각장애인의 스크린리더 사용이 허용되지 않아 확대문제지를 볼 수 없고, 점자를 잘 읽지 못하는 중도 시각장애인들이 수학시험을 보지 못하거나, 각종 영어시험 및 자격증 시험에서 시각장애인에게 스크린리더 지원이 되지 않는 경우 등이 그 대표적인 예이다. 따라서 제14조 제1항 제5호 또는 시행령 제8조에 장애인이 접근 가능한 장소 및 방법을 통하여 교육과정 및 시험을 제공해야 한다는 내용을 추가함으로써 제14조 제1항 제5호를 더 구체화할 필요가 있다.

제 3 절

재화와 용역의 제공 및 이용

장애인 차별이 가장 현실적으로 드러나는 부분은 재화·용역에 관한 영역이다. 웹서핑을 할 때, 버스를 타고 이동할 때, 은행에 가서 돈을 찾을 때, 카페에 들어갈 때 장애인은 일상적 차별을 경험한다. 장애인과 비장애인이 공유하는 일상에서 차별적 상황이 명백히 가시화된다.

이러한 상황을 시정하고자, 〈장애인차별금지법〉은 '재화와 용역의 제공 및 이용'에 관한 조항을 두었다. 본 법의 제 3절은 제 15조 총론적 규정과 제 16조 이하 각론적 규정으로 나뉜다. 제 15조는 재화·용역 등 제공자에 대한 일반적인 차별금지 의무 규정이다. 이때의 '제공자'는 제 16조 이하에서 '토지 및 건물의 소유·관리자', '금융상품 및 서비스의 제공자', '시설물의 소유·관리자' 등으로 구체화, 세분화된다.

제 16조 이하는, 각 세부분야별 특성에 따라, 제공자에게 부여되는 의무의 형태를 달리 정한다. 예를 들어 제 17조는 금융상품 및 서비스 제공자의 일반적인 차별금지 의무만 규정하는데, 제 19조는 교통사업자, 교통행정기관의 차별금지 의무(제 1항), 보조견, 장애인보조기구 등의 동승, 반입 거부금지 의무(제 2항), 불리한 요금 부과금지 의무(제 3항), 교통사업자, 교통행정기관의 정당한 편의제공 의무(제 4항), 교통행정기관의 홍보, 교육 의무(제 5항), 국가 및 지방자치단체의 운전

면허시험 차별금지 의무(제6항, 제7항), 단계적 적용범위(제9항)를 규정한다. 또한, 제17조는 소극적 차별금지 의무만 규정하는 반면, 제20조는 방송사업자 등의 적극적 서비스 제공 의무를 규정한다. 사회발전과 여론형성의 단계에 따라 이러한 구체적 규정들이 신설될 것이다.

제15조: 재화·용역 등의 제공에 있어서의 차별금지 규정

제15조 (재화·용역 등의 제공에 있어서의 차별금지)

① 재화·용역 등의 제공자는 장애인에 대하여 장애를 이유로 장애인 아닌 사람에게 제공하는 것과 실질적으로 동등하지 않은 수준의 편익을 가져다주는 물건, 서비스, 이익, 편의 등을 제공하여서는 아니 된다.

② 재화·용역 등의 제공자는 장애인이 해당 재화·용역 등을 이용함으로써 이익을 얻을 기회를 박탈하여서는 아니 된다.

③ 재화·용역 등의 제공자는 무인정보단말기(터치스크린 등 전자적 방식으로 정보를 화면에 표시하여 제공하거나 서류발급, 주문·결제 등을 처리하는 기기를 말한다)를 설치·운영하는 경우 장애인이 장애인 아닌 사람과 동등하게 접근·이용할 수 있도록 하는 데 필요한 정당한 편의를 제공하여야 한다.

④ 제3항에 따른 재화·용역 등의 제공자의 단계적 범위 및 정당한 편의의 구체적인 내용 등 필요한 사항은 대통령령으로 정한다.

---

1. 입법취지

'재화와 용역의 제공 및 이용'에 대한 일반 규정으로, 재화·용역 전 영역에 포괄적으로 적용된다. 제 15조는 총칙 규정, 제 16조부터 제 25조까지는 각칙에 해당하는 규정이다. 제 15조를 추상적이고 선언적인 기능만을 하는 조항으로 보아서는 안 되며, 각칙의 조항상 의무를 이행하였다고 하여 총칙 조항상의 의무를 이행한 것으로 추정할 수는 없다.

2. 조문해설

재화는 '사람이 바라는 바를 충족시켜 주는 모든 물건'이고, 용역은 '생산과 소비에 필요한 노무를 제공하는 일'을 의미한다. 최근 키오스크 등 무인정보단말기를 통한 비대면 서비스가 가속화되는 점을 감안하여 해당 서비스를 이용하는 장애인이 비장애인과 동등하게 접근 및 이용할 수 있도록 하는 정당한 편의 제공 의무를 신설하였다.

제 16조: 부동산 거래에 있어서의 차별금지 규정

제 16조 (토지 및 건물의 매매·임대 등에 있어서의 차별금지)

토지 및 건물의 소유·관리자는 당해 토지 및 건물의 매매, 임대, 입주, 사용 등에 있어서 정당한 사유 없이 장애인을 제한·분리·배제·거부하여서는 아니 된다.

---

1. 입법취지

토지·건물의 소유자·관리자가 장애를 이유로 장애인의 임대와 입주를 거부한 사례가 매우 많기 때문에, 토지나 건물의 매매, 임대, 입주, 사용에 있어 장애인을 차별하지 않도록 본 조목이 제정되었다. 1)

2. 조문해설

1) 수범자

'소유·관리자'의 일반적인 의미와 〈장애인차별금지법〉의 입법취지를 고려할 때, 수범자인 '소유·관리자'는 차별행위의 실질적 주체가 될 수 있는 소유자 또는 관리자로 넓게 해석되어야 한다.

자신들의 아파트 주변 토지에 장애인들을 위한 시설이 건설되면 아파트 가격이 하락할 수 있다는 이유로 이러한 시설의 시공을 방해하는 행동 등을 통해 결국 위 토지의 소유·관리자가 이러한 시설의 입주를 거부하게 된 경우,2) 해당 아파트 주민은 위 토지의 소유·관리자가 아니므로 제16조의 수범자는 아니나, 〈장애인차별금지법〉 제4조, 제6조 위반에는 해당하므로 이상의 아파트 주민에 대하여도 〈장애인차별금지법〉에 따른 권고(제41조)나 시정명령(제43조), 손해배상청구(제

---

1) 보건복지부, 2008, 《장애인차별금지 및 권리구제 등에 관한 법률 해설서》, 60면.
2) 대법원 판결 사안(대법원 2006. 9. 28. 선고 2006도4987 판결)과 유사한 사례. 위 판결은 아파트 주변에 지적장애자를 위한 시설이 건설될 경우 해당 아파트의 가격이 하락할지도 모른다는 이유로 아파트 주민들이 해당 시설의 공사를 방해한 것이 업무방해죄에 해당한다고 판단하고 벌금 100만 원 형을 선고하였다.

46조), 형사처벌(제 49조)이 가능하다.

2) 금지행위

제 16조는 제 4조 제 1항 제 1호와 달리 '장애를 사유로'라는 요건을 요구하지 않기 때문에 제 4조 제 1항 제 1호의 직접차별만을 금지하는 것이 아니라고 볼 수 있다. 그리고 제 3절의 총론적 규정인 제 15조 제 1항 및 제 2항이 〈장애인차별금지법〉상 금지되는 모든 차별을 금지하는 것으로 해석될 수 있으므로, 제 16조 역시 이 법에서 금지하는 다른 유형의 차별까지 금지한다고 볼 수 있다. 3) 국가인권위원회 또한 제 16조에서 금지하는 차별행위를 장애를 사유로 한 직접차별로 제한하여 해석하지 않는 것으로 보인다. 4)

제 16조에서 다루는 차별행위 사실은 ① 토지 및 건물의 매매, 임대, 입주, 사용 등에 있어서, ② 장애인을 제한·분리·배제·거부하는 행위이다. 이하에서 살펴보듯이 제 16조에서는 정당한 사유의 존부라는 규범적, 평가적 요건을 별도로 두기 때문에 객관적 요건인 차별행위 사

---

3) 최승철 외, 2012, 〈장애인차별금지법 개정 연구〉, 보건복지부·한국장애인개발원, 40면.

4) 장애를 사유로 한 차별의 금지 및 권리구제에 관하여 이 법에서 규정한 것 외에는 〈국가인권위원회법〉으로 정하는 바에 따라야 하고(〈장애인차별금지법〉 제 9조), 〈장애인차별금지법〉에서 금지하는 차별행위로 인하여 피해를 입은 사람 또는 그 사실을 알고 있는 사람이나 단체는 국가인권위원회에 그 내용을 진정할 수 있고(같은 법 제 38조), 국가인권위원회는 제 38조에 따른 진정이 없는 경우에도 이 법에서 금지하는 차별행위가 있다고 믿을 만한 상당한 근거가 있고 그 내용이 중대하다고 인정할 때에는 이를 직권으로 조사할 수 있다(〈장애인차별금지법〉 제 39조). 이렇듯 국가인권위원회는 〈장애인차별금지법〉에 대한 유권해석 권한을 가지고 있다.

실에 대한 위 ①, ②는 문언 해석이 가능한 범위 내에서 되도록 넓게 해석하는 것이 〈장애인차별금지법〉 입법취지에 부합한다.

그러므로 '① 토지 및 건물의 매매, 임대, 입주, 사용 등'은 토지 및 건물이라는 재화의 제공 및 이용 전반을 의미한다고 할 것이고 매매, 임대, 입주, 사용은 이를 예시적으로 열거한 것으로 해석함이 타당하다. 예약, 입찰, 경매, 대여 등 매매, 임대, 입주, 사용과 실질적으로 동일하거나 그에 준하는 토지 및 건물 제공과 이용 행위들도 '토지 및 건물의 매매, 임대, 입주, 사용 등'에 포함된다고 하겠다.

그리고 '② 장애인을 제한·분리·배제·거부하는 행위'의 의미는 제한·분리·배제·거부의 각 사전적 의미를 기초로 하되 실질적인 제한·분리·배제·거부가 존재한다면 차별행위가 있는 것으로 보아야 할

제한 · 분리 · 배제 · 거부의 각 사전적 의미[5]

제한	일정한 한도를 정하거나 그 한도를 넘지 못하게 막음, 또는 그렇게 정한 한계. 예를 들어, 시설주가 장애인 입주자에게 정문이 아닌 후문만을 이용하도록 강요하는 경우.[6]
배제	받아들이지 아니하고 물리쳐 제외함. 거부와 유사함.
분리	서로 나뉘어 떨어짐, 또는 그렇게 되게 함. 제한과 유사함 .
거부	요구나 제의 따위를 받아들이지 않고 물리침. 예를 들어, 목발을 사용하는 지체장애인이 전세방을 얻으려 하는데 비장애인 친구를 통해 가계약을 하고 계약 당일 계약 당사자가 지체장애인임을 안 주인이 갑자기 방이 나갔다며 임대를 거부한 경우.[7] 예를 들어, 장애인이나 장애인 센터에 대한 임대를 거부한 경우.[8]

---

5) 보건복지부, 앞의 책, 25면 참조.
6) 보건복지부, 앞의 책, 60면의 예시.
7) 장애인차별금지실천연대, 2008, 〈장애인차별금지 및 권리구제 등에 관한 법률의 진정 가능한 조항 및 해설과 사례〉, 12면의 예시.

것이다. 9) 예를 들어, 정당한 편의시설을 제공할 의무가 있는 자가 그 의무를 불이행함으로써 장애인이 해당 토지 및 건물의 매매, 임대, 입주, 사용 등에 있어서 불리하여짐으로써 장애인이 실질적으로 해당 토지 및 건물로부터 제한·분리·배제·거부되는 경우에 이는 본조의 제한·분리·배제·거부에 해당할 수 있다.

3) 차별금지의 예외사유: 정당한 사유

정당한 사유가 있는지 여부에 대한 판단은 개별 사안에서 구체적인 사정을 종합하여 내려질 것이다. 이때, 장애를 이유로 한 차별을 금지하고 장애를 이유로 차별받은 사람의 권익을 효과적으로 구제함으로써 장애인의 완전한 사회참여와 평등권을 실현하며 인간으로서의 존엄과 가치를 구현하기 위하여(제1조) 건물이나 토지의 소유·관리자의 재산권 행사를 제한하려는 입법적 결단을 존중하여야 할 것이다. 또한 제한·분리·배제·거부하는 실질적인 이유가 장애인 경우, 그 차별행위자가 형식적인 다른 이유를 제시한다고 하여도 그것은 정당한 사유로 인정될 수 없다.

제16조의 정당한 사유는 제4조에서 제시된 것과 같다. 여기서 장애

---

8) 국가인권위원회 장애인차별시정위원회 2010. 8. 9. 결정 10진정0351700 사례.

9) 차별행위의 구체적인 양상이 장애인을 제한·분리·배제·거부하는 행위에 포섭되지 않는 경우에까지 제16조가 직접 적용된다고 보기는 어려울 것이다. 제16조가 직접 적용되지 않는 경우에는 제16조보다 일반적 조항인 제15조나 제6조 등의 적용 여부를 검토하여야 할 것이고 나아가 〈민법〉상 일반 불법행위 성립 여부를 살펴보아야 할 것이다. 제16조가 직접 적용되지 않는다고 하여 위법성이 없다거나 차별행위가 면책된다고 할 수는 없기 때문이다.

인의 실질적 평등권을 실현하고 장애인 차별을 시정하기 위하여 법령 등에서 취하는 적극적 조치는 〈장애인차별금지법〉에 따른 차별로 보지 아니한다는 제4조 제4항이 문제되는 경우는 거의 없을 것이며, 주로 제4조 제3항 제1호, 제2호 등에서 명시한 '정당한 사유'를 구성하는 요건이 문제될 수 있을 것이다. 앞서 설명된 것처럼 '과도한 부담'은 정당한 사유 여부를 판단하는 중요한 기준인데, 차별행위를 한 자의 재산 상태나 사회적 역량 등 또한 판단 요소 중 하나이다.

또한 〈장애인차별금지법〉 제47조는 입증의 책임을 명시한다. 차별행위의 존재는 차별을 당하였다고 주장하는 자가, '정당한 사유'의 존재는 그 상대방이 입증하여야 한다.

3. 사례

1) 가족 상황을 이유로 한 상업시설 공급에서의 차별 사례

가족 없이 혼자 생활하는 1급 장애인(진정인)이 공원의 매점 등 고객편익 시설의 임대를 신청하였으나, 피진정인이 친족동의제도를 시행하고 있음을 이유로 신청자격을 인정하지 아니하였다.

국가인권위원회는 피진정인이 고객편익시설 임대 시 직접운영이 불가 능한 신청자들에게 친족의 임대신청동의를 요구하는 행위가 〈국가인권위원회법〉 제2조, 〈장애인차별금지법〉 제16조에 위배될 소지가 있다고 보았다. 국가인권위원회는 〈국가인권위원회법〉 제2조, 〈장애인차별금지법〉 제16조상의 '합리적 이유' 또는 '정당한 사유'가 존재하는지 여부를 검토하면서, ① 특정 직무나 사업수행상 불가피한 경우, ② 과도한 부담이나 현저히 곤란한 사정이 있는 경우, ③ 현존하는 차별을 해소하기 위한 적극적 우대조치에 해당하는 경우가 아니라면, 피진정인의 행위에 합리적인 이유나 정당한 사유가 없다고 전제하였다. 그리고 피진정인의 행위가 운영을 도와줄 가족이 없는 독거 장애인 및 노인들을 생활안정 및 복지 서비스 수혜의 기회 면에서 명백히 불리하게 만드는 결과를 초래하고 있을 뿐이며 합리적 이유나 정당한 사유는 없는 차별행위에 해당하는 것으로 판단하였다.

국가인권위원회 08진차603 결정.

2) 사무실 임대 시 장애인 차별 사례

부산의 장애인자립생활센터 준비위원장이자 지체장애 1급인 진정인이 위 센터 사무실을 구하기 위해 입주를 문의하자, 피진정인 측은 해당 건물이 공동사무실이라서 장애인 입주가 불가능하다고 답하였다.

국가인권위원회는 헌법 제11조, 〈국가인권위원회법〉 제2조 제4호 및 〈장애인차별금지법〉 제4조 제1항 제1호, 같은 법 제15조, 제16조에 근거하여, 건물 등 소유·관리자의 과도한 부담이나 현저히 곤란한 사정(〈장애인차별금지법〉 제4조 제3항 제1호)이 있거나 특정 직무나 사업의 수행 성질상 불가피한 경우(제2호) 등의 정당한 사유를 입증하지 않고 장애인이 입주하면 수익이 줄어들 것이라는 예측만으로 임대를 거부한 것은 장애를 이유로 한 차별행위라고 판단하였다.

국가인권위원회 10진정0351700 결정.

4.입법과제

제16조에는 제4조 제1항 제1호와 달리 '장애를 사유로'라는 문언이 없으므로 제16조가 직접차별만을 금지한다고 제한적으로 해석될 수 있는지 여부는 의문이다. 실제로 국가인권위원회는 제16조가 직접차별만을 금지한다고 해석하지 않는 것으로 보인다. 그러나 만약 제16조가 직접차별만을 금지하는 것이라고 해석된다면 이는 제16조 및 〈장애인차별금지법〉 전체의 입법취지와 부합하지 않으므로 다른 유형의 차별행위까지 명시적으로 금지하도록 개정되어야 한다.

또한, 현재 제16조의 수범자는 장애인이 제한·분리·배제·거부되는 해당 토지 및 건물의 소유·관리자로 한정되어 있으므로 수범자 범위를 확대할 필요가 있다. 현실에서는 장애인시설 등이 입주하거나 들어설 때 해당 토지 및 건물 이외에, 주변의 토지 및 건물의 소유·관리자 등이 이를 반대하여 시위나 공사 방해 등의 행위를 하는 경우가 있다. 이러한 행위에 대해서는 제16조가 적용되지 않는 상황이 많을 것이다. 따라서 '다만, 토지 및 건물의 소유·관리자로 하여금 장애인을 차별하는 행위를 하도록 어떠한 방법으로든 이를 조장하는 자는 본 조에 있어 토지 및 건물의 소유·관리자로 본다' 등과 같은 내용을 제16조 단서나 제2항으로 두는 것을 생각할 수 있다.

제 17조: 금융 거래에 있어서의 차별금지 규정

제 17조 (금융상품 및 서비스 제공에 있어서의 차별금지)

금융상품 및 서비스의 제공자는 금전대출, 신용카드 발급, 보험가입 등 각종 금융상품과 서비스의 제공에 있어서 정당한 사유 없이 장애인을 제한·배제·분리·거부하여서는 아니 된다.

---

1. 입법취지

대출서비스 이용 시 신용등급과 관계없이 장애인은 낮은 등급으로 분류하거나 신용카드 발급 심사에서도 장애인을 낮은 등급 또는 비발급 대상으로 분류하고 장애인에 대하여 생명보험이나 상해보험, 여행자보험의 가입을 거부하거나 불리한 조건을 제시하는 등 금융상품이나 서비스에서 장애인을 차별하는 사례가 많이 발생하고 있다.[10] 제 17조는 장애인이 금융상품 및 서비스를 이용함에 있어 차별받지 않도록 하는 것을 목적으로 한다.

2. 조문해설

1) 수범자

제 17조의 수범자는 '금융상품 및 서비스의 제공자' 이다. 보건복지가족

---

[10] 보건복지부, 앞의 책, 61면 참조.

부가 2008년에 발간한 〈장애인차별금지 및 권리구제 등에 관한 법률 해설서〉에서는 제17조의 금융상품은 은행, 보험사, 증권사 등 금융기관이 취급하는 예금상품, 보험상품 등을 의미하고, 금융서비스는 금융기관이 제공하는 대출, 신용카드 발급, 보험 가입 등의 서비스를 의미한다고 설명한다. 11) 금융상품 및 서비스는 일반적으로 금융업을 전제로 하므로 제17조의 금융상품 및 서비스 제공자는 〈은행법〉, 〈보험업법〉, 〈자본시장과 금융투자업에 관한 법률〉, 〈여신전문금융법〉 등 금융 관련 법령의 규제를 받는 자를 의미한다고 할 것이다.

2) 금지행위

제17조는 금전대출, 신용카드 발급, 보험가입 등 각종 금융상품과 서비스의 제공에 있어서 정당한 사유 없이 장애인을 제한·배제·분리·거부하는 행위를 금지한다. 12)

제17조는 제4조 제1항 제1호와 달리 '장애를 사유로'라는 요건을 요구하지 않기에 제4조 제1항 제1호의 직접차별만을 금지하는 것이 아니며 〈장애인차별금지법〉에서 금지하는 다른 유형의 차별까지 금지한다는 견해도 가능하다. 13) 국가인권위원회가 2012년 11월 26일에 발

---

11) 보건복지부, 앞의 책, 61면 참조.
12) **보험업법 제97조**
    ① 보험계약의 체결 또는 모집에 종사하는 자는 그 체결 또는 모집에 관하여 다음 각 호의 어느 하나에 해당하는 행위를 하여서는 아니 된다.
        10. 정당한 이유 없이 〈장애인차별금지 및 권리구제 등에 관한 법률〉 제2조에 따른 장애인의 보험 가입을 거부하는 행위
13) 최승철 외, 앞의 책, 40면.

표한 가이드라인[14]에서는 차별의 유형을 직접차별, 간접차별 및 정당한 편의제공 거부 등 3가지로 분류하고 있다.[15] 국가인권위원회는 제17조에서 금지하는 차별행위를 장애를 사유로 한 직접차별로 제한하여 해석하지 않는 것으로 보인다.

3) 차별금지의 예외사유: 정당한 사유

다음은 제17조의 정당한 사유와 관련하여 자주 쟁점이 되는 사항들로서, 지적장애인의 의사능력 문제, 심신상실 및 심신박약의 판단, 보험 및 대출에서 장애의 위험평가 그리고 금융상품 및 서비스 제공 시 정당한 편의 제공과 관련한 사유 등이다.

(1) 지적장애인 등의 의사능력 존부의 문제

금융상품 및 서비스의 제공자가 금전대출, 신용카드 발급, 보험 가입 등 각종 금융상품과 서비스를 제공함에 있어서 지적장애인 등의 의사능력의 존부가 문제될 수 있다. 의사능력 존부 문제가 이후 논란이 될 수

---

14) 국가인권위원회 결정, 장애인 보험차별 개선을 위한 가이드라인 및 의학적, 통계적 연구에 대한 권고, 2012. 11. 26., 붙임 가이드라인.
15) 국가인권위원회 가이드라인 3면.
  1. 이 가이드라인에서 차별이란 다음의 하나를 말합니다.
    ① 장애인을 장애를 사유로 정당한 사유 없이 제한·배제·분리·거부 등에 의하여 불리하게 대하는 경우
    ② 장애인에 대하여 형식상으로는 제한·배제·분리·거부 등에 의하여 불리하게 대하지 아니하지만 정당한 사유 없이 장애를 고려하지 아니하는 기준을 적용함으로써 장애인에게 불리한 결과를 초래하는 경우
    ③ 정당한 사유 없이 장애인에 대하여 정당한 편의 제공을 거부하는 경우

있다며 대출을 거부한 사안에 대해 국가인권위원회가 이를 위법한 차별 행위라고 판단한 사례도 있다. 16)

의사능력을 이유로 금융상품 및 서비스를 제공하지 않은 경우, 그 대상이 의사능력이 명백히 없는 자라면 정당한 사유가 있다고 볼 수 있는 반면, 의사능력 있음이 명백한 자라면 정당한 사유를 인정할 수 없을 것이다. 그러나 의사능력의 존부는 개별적, 구체적으로 판단해야 하며17) 종국적으로는 법원이 그에 대한 판단 권한을 가지고 있다. 대법원은 의사능력의 유무를 판단할 때 지적장애등급, 지능지수와 같은 몇몇 기준만으로 단순하게 판단하지 않으며, 그 외에도 장애인이 법률행위를 하게 된 경위, 장애인이 계약서를 작성할 때 실질적으로 그 계약서 내용을 이해하고 작성하였다고 볼 수 없는 사정, 해당 법률행위 당시 상대방이나 주변인들의 인식 등을 고려하며 구체적 법률행위와 관련해 개별적으로 판단한다. 그러므로 금융상품 및 서비스의 제공자가 지적장애인 등의 의사능력 존부를 판단하는 것은 쉽지 않다.

한편 제17조는 ① 금융상품 및 서비스의 제공자는 금전대출, 신용카

---

16) 국가인권위원회 2010. 7. 19. 자 10진정46 결정.

17) 의사능력이란 자신의 행위의 의미나 결과를 정상적인 인식력과 예기력을 바탕으로 합리적으로 판단할 수 있는 정신적 능력 내지는 지능을 말하는바, 특히 어떤 법률행위가 그 일상적인 의미만을 이해하여서는 알기 어려운 특별한 법률적인 의미나 효과가 부여되어 있는 경우 의사능력이 인정되기 위해서는 그 행위의 일상적인 의미뿐만 아니라 법률적인 의미나 효과에 대하여도 이해할 수 있을 것을 요한다고 보아야 하고, 의사능력의 유무는 구체적인 법률행위와 관련하여 개별적으로 판단되어야 한다 (대법원 2002. 10. 11. 선고 2001다10113 판결, 대법원 2006. 9. 22. 선고 2006다29358 판결, 대법원 2006. 9. 22. 선고 2004다51627 판결 등).

드 발급, 보험가입 등 각종 금융상품과 서비스의 제공에 있어서 장애인을 제한·배제·분리·거부하고, ② 이에 정당한 사유가 없는 경우를 금지되는 차별행위로 규정한다. 그러므로 차별행위를 당하였다고 주장하는 자가 차별행위가 있었다는 사실(①)을 입증하였는데 상대방이 정당한 사유가 있었다는 점(②)을 입증하지 못할 경우에는 위법적 차별행위가 성립한다(제47조).

그러므로 금융상품 및 서비스의 제공자가 의사능력 유무가 문제될 수 있다는 이유로 각종 금융상품과 서비스의 제공에서 장애인을 차별한 경우, 의사능력과 관련한 정당한 사유의 입증책임은 금융상품 및 서비스 제공자에게 있다. 만약 금융상품 및 서비스의 제공자가 이를 입증하지 못한다면 그 제한·배제·분리·거부 행위는 제17조 위반행위로 판단되어야 할 것이다.

그런데 의사능력 존부의 판단은 법원에게도 어려운 판단인바, 금융상품 및 서비스 제공자가 금융상품 및 서비스를 제공함에 있어 의사능력 유무가 의심되는 지적장애인 등을 의사능력을 이유로 제한·배제·분리·거부할 경우, 그 의사능력 없음이 명백하다는 사실을 입증하지 아니하는 한 제17조를 위반한 차별행위로 판단하여야 한다면, 금융상품 및 서비스 제공자에게 너무 가혹할 수 있다.

이러한 문제는 정당한 사유를 증명하는 데에 요구되는 (의사능력이 없다고 판단될 수 있다는) 입증의 정도를 적절히 완화함으로써 해결될 수 있을 것이다. 금융상품 및 서비스 제공자가 의사능력 없음을 입증할 경우, ① 의사능력 없음이 명백함을 입증할 수 있는 경우, ② 의사능력이 없다고 판단될 가능성이 현저하게 크다고 입증할 수 있는 경우, ③ 의

사능력의 유무 가능성이 비슷한 경우, ④ 입증 노력에도 불구하고 의사
능력이 있다고 판단될 가능성이 더 크다고 보이는 경우, ⑤ 입증 노력
에도 불구하고 의사능력이 있음이 명백한 경우와 같이 그 입증 정도에
는 차이가 있을 수 있다. 의사능력 유무 판단의 어려움을 고려할 때 위
①, ② 수준의 입증에 성공하면 (설령 추후 의사능력이 있었음이 확인된다
고 하더라도) 금융상품 및 서비스 제공자가 정당한 사유를 입증하였다고
볼 수 있을 것이다.

(2) 지적장애인 등의 심신상실 · 심신박약 여부 판단
〈상법〉 제732조는 '15세 미만자, 심신상실자 또는 심신박약자의 사망
을 보험사고로 한 보험계약은 무효로 한다. 다만, 심신박약자가 보험
계약을 체결하거나 제735조의 3에 따른 단체보험의 피보험자가 될 때
에 의사능력이 있는 경우에는 그러하지 아니하다'라고 규정한다. 〈상
법〉 제739조에서 '상해보험에 관하여는 제732조를 제외하고 생명보
험에 관한 규정을 준용한다'라고 규정하고 있으므로 〈상법〉 제732조
는 생명보험에만 적용되고 상해보험에는 적용되지 않는다.
　위의 조항에서 심신상실자 또는 심신박약자는 '심신상실의 상태에 있
거나 심신이 박약하여 스스로의 판단에 따라 법률행위를 할 수 없는 자'
를 가리킨다. 18) 국가인권위원회의 가이드라인에서 심신상실이란 "심
신의 장애로 인하여 사물을 변별할 능력이 없거나 의사를 결정할 능력

---

18) 손주찬 · 정동윤, 2014, 《주석 상법》(VII), 한국사법행정학회, 741면. 구 민법상의
　한정치산이나 금치산 선고를 받았는지 여부와는 상관이 없다고 한다.

이 없는 경우"를 말하고, 심신박약이란 "심신의 장애로 인하여 사물을 변별할 능력이나 의사를 결정할 능력이 미약한 것"을 말한다. [19] 심신박약자는 계속적으로는 아니더라도 대체로는 심신박약의 상태에 있는 사람을 의미하므로, 때때로 심신박약의 상태에 있다고 해도 대개 정상적인 의사능력을 가지고 일상생활을 영위할 수 있는 이는 심신박약자가 아니라고 판단한 지방법원 판결도 있다. [20] 심신상실 또는 심신박약이 의사 무능력과 구체적으로 어떻게 다른지는 불분명하나 개정된 〈상법〉 제732조 단서 조항은 적어도 관념적으로 심실박약은 의사 무능력과 다른 개념임을 전제하고 있다. [21]

〈상법〉 제732조의 입법목적은 ① 심실상실자나 심실박약자의 생명에 대한 다른 사람의 위협으로부터 이들을 보호하려는 것과 ② 계약 체결능력이 없거나 부족한 사람이 체결한 보험계약 또는 서면동의는 무효화되기 때문에 계약의 유·무효 또는 서면동의의 유·무효 관련 분쟁을

---

19) 국가인권위원회 가이드라인 8면.

20) 대전지방법원 2002. 10. 11. 선고 2002나784 판결.

21) 이에 대하여는, 개정된 〈상법〉 제732조의 본문은 고의적 보험사고에 취약한 대상자 보호를 위한 것인데 단서는 의사능력 여부를 근거로 보험계약의 유·무효를 판단하는 기준을 제시하는 것으로서, 본문과 단서가 서로 다른 곳을 바라보고 있다는 지적이 제기된다. 또한 위의 단서 조항이 없다고 하여도 원래 의사능력 없는 자의 계약이나 동의는 무효이며, 그러한 계약을 체결하거나 보험에 동의할 수 있는 의사능력이 있는 사람은 원래부터 심신박약 자체가 아니라고 볼 수 있다. 따라서 위 단서는 마치 심신박약자 중 일부에게 보험가입이 허용되도록 법령을 개정하는 것처럼 보이지만 실제로 정신질환자나 지적장애인의 보험가입을 확대하게 된 것이라고 보기는 어렵다는 견해가 있다. 신권철, 2014, "정신질환자 보험차별의 법적 쟁점과 과제", *J Korean Neuropsychiatr Assoc*, 67면 참조.

미리 막을 수 있도록 한 것이라고 한다.[22] 즉 보험계약 체결 후 고의로 심신상실 또는 심신박약자를 사망하도록 만들어 사망보험금을 지급받으려 할 가능성이 있고 이를 막기 쉽지 않기 때문에, 심신상실자 또는 심신박약자가 피보험자가 될 필요를 희생시키더라도 이들을 대상으로 한 생명보험계약 자체를 무효로 하는 것이 낫다는 정책적 판단이 내재되어 있다는 것이다.

대법원 또한 〈상법〉 제732조는 사망보험 악용에 따른 도덕적 위험 등으로부터 15세 미만자 등을 보호하기 위하여 둔 효력 규정이라고 보았다. 통상 정신능력이 미성숙한 15세 미만자 등을 피보험자로 하는 경우에는 그들의 자유롭고 성숙한 의사에 기초한 동의를 기대할 수 없고, 법정대리인이 이들을 대리하여 생명보험 계약에 동의할 수 있게 되면 보험금의 취득을 위하여 15세 미만자가 희생될 위험이 있기 때문에 제정된 법규라는 것이다. 따라서 15세 미만자 등의 사망을 보험사고로 한 보험계약은 피보험자의 동의가 있었는지 또는 보험수익자가 누구인지와 관계없이 무효가 된다.[23]

학설 중에는 〈상법〉 제732조가 15세 미만의 미성년자와 지적장애인이 생명보험을 활용할 기회를 원천적으로 배제하고 있고 차별금지원칙에도 배치되므로 삭제되어야 한다는 견해도 제기된다.[24] 〈상법〉 제

---

22) 신권철, 2014, "정신질환자 보험차별의 법적 쟁점과 과제", *J Korean Neuropsychiatr Assoc*, 63면.

23) 대법원 2013. 4. 26, 선고 2011다9068 판결.

24) 김선광, 2006, "보험법상 장애인 차별에 관한 고찰", 〈민주법학〉 제30호, 267면. 또한 권건보, 2012, "장애인권리협약의국내적 이행 상황 검토", 〈법학논고〉 제39집, 529면 참고.

732조의 타당성과 이에 대한 입법론적 논의는 별도로 고려하더라도, 이상의 조항이 존재하는 한에는 이에 따라 장애인의 보험가입을 거절하는 것 자체를 법령에 따른 행위로서 정당한 사유가 있다고 보아야 할 것이다.

그러나 〈상법〉 제732조가 적용되지 않거나 그 적용 여부가 불분명한 사안임에도 불구하고 단순히 의사능력이 있는지 불분명하다는 이유만으로 보험회사가 〈상법〉 제732조를 적용하여 보험가입을 거절하여서는 아니 된다. 〈상법〉 제732조는 〈장애인차별금지법〉 제17조 또는 〈보험업법〉 제97조 제1항 제19호와의 관계를 고려하며 합리적인 범위 내에서 제한적으로 해석되어야 할 것이다.

특히, 단지 정신장애인 또는 지적장애인이라는 이유만으로 그 장애인을 〈상법〉 제732조의 심신상실 또는 심신박약자로 단정하여 보험가입을 거절한다면 그것은 〈장애인차별금지법〉 제17조 위반이라고 보아야 할 것이다. 〈장애인차별금지법〉의 입증책임 분배에 따라 금융상품 및 서비스의 제공자가 해당 장애인이 심신상실 또는 심신박약자임이 명백하다고 입증하거나 적어도 심신상실 또는 심신박약자로 판단될 가능성이 현저히 크다고 인정될 수 있는 경우에만 〈상법〉 제732조에 따라 보험가입을 거절할 수 있는 것이며, 그러한 입증에 성공하지 못한 상태에서는 (설령 추후 해당 장애인이 심신상실 또는 심신박약자임이 확인된다고 하더라도) 〈상법〉 제732조의 적용을 주장할 수는 없다.

한편, 대법원은 사망을 보험사고로 하는 생명보험과 상해보험 등이 모두 보험계약의 내용인 경우 피보험자가 상해를 입었다면, 비록 위 보험계약 중 생명보험 부분은 무효라고 하여도 일부 무효의 법리에 따라 상해를 보험사고로 하는 보험은 유효하다고 판단하였다. 25) 이러한 법리에 비추어 보험회사가 생명보험과 상해, 질병보험이 결합된 보험상품을 판매할 때, 생명보험 부분에 대하여는 〈상법〉 제 732조를 이유로 보험가입을 거절할 여지가 있지만 상해, 질병보험에 대하여는 그럴 수 없으며, 〈상법〉 제 732조를 이유로 위 보험상품 전체에 대하여 보험가입을 거절한다면 이에는 정당한 사유가 없다고 볼 수 있다.

국가인권위원회의 가이드라인에서는 〈상법〉 제 732조의 적용과 관련하여 다음과 같이 규정하고 있다. 26)

제 4절 〈상법〉 제 732조의 적용 문제

1. 정신장애인 또는 지적장애인을 곧바로 〈상법〉 제 732조의 심신상실 또는 심신박약자로 단정하고 보험가입을 거절하는 것은 차별에 해당할 수 있습니다.

2. 심신상실이란 "심신의 장애로 인하여 사물을 변별할 능력이 없거나 의사를 결정할 능력이 없는 경우"를 말하고, 심신박약이란 "심신의 장애로 인하여 사물을 변별할 능력이나 의사를 결정할 능력이 미약한 것"을

---

25) 대법원 판결에서는 이 사건 보험계약 중 교통재해사망보험금과 일반재해사망보험금의 지급에 관한 부분은 15세 미만자의 사망을 보험사고로 하는 보험계약으로서 〈상법〉 제 732조에 위반되어 무효라고 할 것이나, 교통재해사망보험금 및 일반재해사망보험금을 제외하고 소득상실보조금 또는 응급치료비 등의 지급에 관한 나머지 보험계약 부분은 15세 미만자의 사망을 보험사고로 하는 보험계약에 해당하지 아니하여 유효하다고 판단하고, 원고의 이 사건 교통재해소득상실보조금 청구 등을 인용하였다(대법원 2013. 4. 26. 선고 2011다9068 판결).

26) 국가인권위원회 가이드라인 8, 9면.

말합니다. 특히 심신박약자란 계속적으로 심신박약의 상태에 있어야 하는 것은 아니나 대체로 심신박약의 상태에 있을 것이 요구되므로, 때때로 심신박약의 상태에 있다고 해도 대체로 정상적인 의사능력을 가지고 일상생활을 영위할 수 있다면 심신박약자가 아닙니다(대전지방법원 2002. 10. 11. 선고 2002나784 판결).

3. 개별적으로 보험의 의미와 보험사고에 관하여 판단할 의사능력이 있는지를 살펴보지 않고 보험가입을 거절하는 것은 차별에 해당할 가능성이 높습니다. 지적장애의 등급, IQ를 기준으로 일률적으로 심신박약이라고 단정할 수 없습니다.

4. 정신장애 때문에 치료와 투약을 받고 있다는 이유만으로 심신박약자로 취급하여 보험가입을 거절한다면 차별에 해당할 수 있습니다.

5. 〈상법〉제732조는 사망을 보험사고로 하는 생명보험에 관하여 적용되는 것이므로, 사망을 담보로 하지 않는 상해보험, 생존보험, 손해보험 등에 적용하는 것은 차별입니다.

6. 사망을 담보로 하지 않는 손해보험, 생존을 보험사고로 하는 생존보험(교육보험, 연금보험)에 사망담보 조건을 추가하여 〈상법〉제732조에 따라 일률적으로 보험가입이 거절된다면 차별에 해당할 수 있습니다.

7. 장애인시설, 장애인학교 등을 대상으로 단체보험의 가입을 검토할 때 일부 피보험자가 〈상법〉제732조에 의한 심신상실, 심신박약을 가진 것으로 평가된다고 하여 이를 분리하지 않고, 전체에 대한 보험가입을 거절하는 것은 차별에 해당할 수 있습니다.

(3) 보험 및 대출에서 장애의 위험(risk) 평가

장애인의 위험률이 크다는 이유로 보험회사가 보험 가입을 거절하거나, 보험 조건을 달리 하여(보장범위를 축소하거나 보험료를 더 많이 받는 등) 가입을 승인하는 경우는 흔하게 일어나는 일이다. 은행 등은 장애인의 신용도가 낮다는 이유로 대출을 거절하거나 대출 한도를 낮게 설정하기도 한다. 실제로 위험률이 크거나 신용도가 낮다면 위와 같은 보험회사나 은행의 행위가 위법한 차별행위라고 볼 수는 없을 것이다. 그러나 만약 합리적인 근거 없이 막연히 장애만을 이유로 위험률이 크거나 신용도가 낮을 것이라고 추측하여 위와 같은 행위를 한다면 제17조 위반행위이다.

보험회사가 장애가 있다는 이유만으로 위험도 클 것이라는 편견에 기대어 보험 가입을 거절하거나 보험 가입조건을 달리하는 것은 정당한 사유에 의한 것이라고 할 수 없다. 보험회사가 해당 장애인의 위험률이 높다는 사정을 정당한 사유로 제시하려면, 그 위험률이 ① 해당 장애인에 대한 의학적 진단과 평가를 기초로 객관적인 근거를 제시한 전문의의 의학적 소견으로서 이를 탄핵할 다른 자료가 제시되지 않는 것에 근거하거나, ② 위험률에 대한 검증된 통계자료(통계적 가치와 객관성이 담보된 것으로 국내자료가 바람직하나 국내자료가 없거나 불충분하면 국외자료도 우리나라 국민에게 적용할 수 있는 경우 가능)에 의하여 뒷받침되거나 ③ 보험통계, 의학적 통계 및 소견 등 합리적 자료에 근거한 인수기준에 따라 판단된 것이어야 하는 등 그 위험률 산출에 합리적인 근거가 있어야 한다.[27] 이는 대출 시 신용도를 평가할 때도 마찬가지이다.

(4) 금융상품 및 서비스 제공 시 정당한 편의제공

금융상품 및 서비스의 제공자가 장애인에게 정당한 편의를 제공하지 않음으로 인하여 사실상 정당한 사유 없이 금융상품 및 서비스의 제공에 있어 장애인을 제한·배제·분리·거부한다면 이 역시 제17조 위반 행위에 해당한다. 가령, 시각장애인이 금융상품 및 서비스를 이용할 수 있는 방법을 제공하지 않거나 청각장애인이 신용카드를 발급받을 때 영상통화 등 다양한 방법을 활용하여 본인의 의사를 확인할 수 있음에도 불구하고 음성 또는 방문확인만 가능하도록 한 경우[28] 등을 예로 들 수 있다. 정당한 편의제공 규정은 장애인 차별을 야기하는 우리 사회의 제도적, 문화적, 물적 구조나 토대를 적극적으로 시정하기 위함임을 고려할 때, 단순히 해당 편의제공을 대체할 수 있는 다른 방법이 존재한다는 이유만으로 이를 거부할 수는 없는 것이다. 장애인의 입장에서 용이하고 동등한 방법에 한해 편의제공을 대신하도록 인정할 수 있다.

3. 사례

1) 장애를 이유로 하여 재화의 공급에서 차별이 발생한 사례

보증인과 함께 피진정인을 방문한 진정인은 학자금 대출을 받고자 하였으나 보증인이 시각장애인으로 여신서류에 자필을 할 수 없자, 피진정인이

---

27) 국가인권위원회 가이드라인 5면.
28) 국가인권위원회 2010. 8. 25. 자 10진정29103608 병합 결정 사안과 유사한 사례.

보증인의 자필 불가를 들어 여신관련 서류에 대한 공증사무소에서의 인증 후 대출을 신청하도록 요구한 사안이다. 국가인권위원회는 피진정인이 단지 시각장애를 이유로 여신서류의 공증만을 요구하며 대출을 거절한 것이 아니라, 여신서류의 진정성립을 보완하기 위한 추가조치를 요구한 것으로 보이고, 이는 향후 발생할지도 모르는 분쟁에 대비하여 의사표시를 문서로 하는 것이 사회상규상 일반적인 관행이고 특히 금융기관에서 의사표시를 문서로 하는 것은 장애인뿐만 아니라 비장애인에게도 동등하게 적용되는 것이므로 특별하게 시각장애인인 진정인과 보증인을 불리하게 대우하였다고 볼 수 없으며, 이로 말미암아 헌법 제11조에 의하여 보장된 진정인의 기본권이 침해되었다고 볼 수도 없다고 판단하여 진정인의 진정을 기각하였다. 국가인권위원회 2004.5.3.자 04진차56 결정.

2) 보험회사의 대출거부 차별 사례

피해자는 약 3년 동안 ○○주유소의 사원으로 재직하고 있었다. 피해자의 형수는 피진정인 측과 피해자에 대한 대출상담을 한 결과 피해자에게 1천 5백만 원까지 대출이 가능하다는 안내를 받고, 그 다음날 피해자와 함께 대출금 신청서류를 준비하여 지점에 접수시켰다. 그러나 피진정인의 지점은 피해자가 지적장애 3급 장애인인 사실을 알게 되자 의사능력 유무가 불투명하고 추후 분쟁의 가능성이 상존한다는 이유로 피해자의 소명절차 없이 대출을 거부하였다. 국가인권위원회는 장애인의 의사능력이나 행위능력의 존재 여부를 획일적 기준에 의해 정하는 것은 어렵기 때문에 사안에 따라 구체적·개별적으로 그 유무를 결정해야 하고, 만일 장애인의 의사능력 유무가 문제되는 경우라면 정당한 대리인을 통해 유효한 법률행위가 가능하도록 하는 방안 등을 강구하였어야 한다고 하면서, 피진정인이 주장하는 대출 거부사유는 〈장애인차별금지법〉에서 정하는 현저히 곤란한 사정, 과도한 부담 또는 사업수행의 성질상 불가피한 경우 등에 해당한다고 볼 수 없어서, 피진정인의 대출 거부행위는 〈장애인차별금지법〉 제15조 및 제17조를 위반한 차별행위에 해당된다고 판단하였다.

국가인권위원회 10진정46 결정.

3) 신용카드 발급에서의 청각장애인 차별 사례

피진정인 회사 소속 상담원은 진정인에게 전화를 걸어 피해자에 대하여 가족신용카드를 발급해 주겠다고 하였다. 이에 진정인은 피해자가 청각장애가 있으니 반드시 본인확인은 문자로 해야 한다고 강조하였고, 위 상담원은 그렇게 하겠다고 하였다. 그러나 피진정인 회사는 피해자에게 피해자의 발신전용 전화번호로 수차례 전화를 하였고, 진정인이 영상통화 등의 방법을 통해 얼마든지 본인확인을 할 수 있다고 이의를 제기하였음에도 불구하고 피진정인 회사에서는 진정인의 자택을 방문하여 본인확인을 하겠다고 하였으나, 진정인이 거부하였다. 국가인권위원회는 청각장애인이 신용카드 발급과 관련하여 본인동의절차를 진행함에 있어 영상통화 등 다양한 방법을 활용하여 본인의 의사를 확인할 수 있음에도 불구하고 음성 또는 방문확인만 가능하도록 한 것은 청각장애인의 특성을 고려하지 않은 것으로서 각종 금융상품과 서비스의 제공에 있어서 정당한 사유 없이 비장애인에 비해 장애인을 제한, 배제, 분리, 거부하는 차별행위에 해당한다고 판단하였다.

국가인권위원회 2010.8.25.자 10진정29103608 병합 결정.

4) 장애를 이유로 한 보험 가입 거부 사례

양극성 정동장애로 정신장애 3급을 판정받았으나 콘크리트 제조회사에 생산직 직원으로 근무하고 있던 진정인은, 피신청인에게 상해보험 가입 상담을 받았다. 피진정인은 진정인이 우울증으로 병원에 입원한 적이 있고 정신과 약물을 복용하고 있어 위 상해보험에 가입할 수 없다고 안내하였다. 국가인권위원회는 위 상해보험이 보험약관 제4조에서 '만 15세 미만자, 심신상실자 또는 심신박약자의 사망을 보험금 지급사유로 한 경우 계약을 무효로 한다'고 규정한 것에 대하여, 보험회사가 보험청약자가 가진 장애 또는 과거의 진단력과 보험사고의 발생 가능성의 상관관계에 대한 객관적이고 합리적인 근거가 없음에도 불구하고 단지 특정 장애가 있다는 이유 또는 과거의 진단력이 있다는 이유로 보험가입을 거절하는 것은 장애 또는 병력을 이유로 한 차별에 해당한다고 판단하였다. 또한 〈상법〉 제732조는 원래의 입법취지와는 달리 장애인 개개인의 구체적인 상황에 대한 고려 없이 획일적으로 보험에의 접근기회 자체를 박탈함으로써 그 목적의 정당성에도 불구하고 수단의 적정성이나 피해의 최소성에 비추어 볼 때 헌법 제11조 평등권을 침해할 뿐만 아니라 〈장애인차별금지법〉 제15조, 제17조와 충돌되므로 삭제될 필요가 있으며, 동 조항에 근거한 보험약관 제4조 역시 삭제되어야 한다고 판단하였다.

국가인권위원회 2008.7.23.자 08진차281 결정.

피해자들의 모친들은 피해자를 피보험자로 하여 '무배당 어린이 의료비 보장 보험 III'이라는 보험상품의 가입을 신청하였으나 피진정인은 '자폐성 기능저하'를 이유로(피해자 1) 또는 '어린이 보험이어서 할증 적용이 힘들며, 장애가 진행 중이고 현재 확정되지 않은 상태'라는 이유로(피해자 2), 또는 뚜렷한 이유를 제시하지 않은 채(피해자 3, 4), 또는 '지적기능 저하와 경기약 복용 중'이라는 이유로(피해자 5), '지적기능 저하와 뇌병변'을 이유로(피해자 6) 가입신청 승인을 거부하였다.

국가인권위원회는 피진정인의 보험인수 기준 매뉴얼에 대하여, 지적·자폐성 장애인을 지능지수만으로 등급화하여 지능지수 수치에 따라 50% 할증을 적용하거나 장애가 심한 경우 통상적 보험가입 거절대상으로 구분하여 보험가입 여부를 결정하고 있는데, 피진정인은 동 매뉴얼을 보험인수 기준으로 설정한 이유에 대하여 객관적이고 합리적인 근거를 제시하지 못하고 있어서, 위 매뉴얼은 장애인의 장애 정도와 보험사고 개연성에 대한 과학적이고 객관적인 연구·조사를 통해 얻은 구체적인 통계자료나 연구자료에 기초하여 설정한 기준으로 보기 어렵다고 보면서, 사실상 피진정인은 피해자들의 장애등급을 주된 근거로 삼아 위험성 판단을 한 것으로 볼 수 있으므로, 피진정인이 피해자들의 보험사고 위험성 판단에 있어 피해자들의 장애 정도, 환경 및 조건 등을 개별적·구체적으로 충분히 고려하였다고 보기 어렵고 그 판단과정이 합리성과 적정성을 갖추었다고 볼 수 없다고 판단하였다.

국가인권위원회 2010.9.10.자 09진차1552, 1554, 1556, 1557, 1562, 1565 병합 결정.

지체장애 1급 판정을 받은 뇌병변장애인인 원고는 피고 보험회사의 보험

모집인에게 종신보험청약서와 제1회 보험료를 지급하였으나, 피고 보험회사는 내부 계약심사 세부기준에 따른 승낙거절 대상이라면서 보험인수를 거부하였다. 피고는 승낙거절 당시 생명보험협회의 장애인보험공통계약심사기준도 참고하였다고 밝혔으나, 법원은 원고의 경우 장애를 이유로 차별을 받은 사실을 입증할 책임이 있고, 피고 보험회사는 그 차별이 합리적인 이유가 있어 자의적인 차별에 해당하지 않는다는 점을 입증해야 한다고 하면서, 이 사건 승낙거절이 원고의 장애등급과 공통심사기준이 설정한 거절사유를 근거로 한 것이고, 공통심사기준의 성격이 구속력이 없는 내부적 지침에 불과한 것으로 보이는 이상, 이 사건에서의 승낙거절이 위법한지 여부는 결국 이 승낙거절이 '차별의 합리성'을 갖는가 여부에 있고, 그 판단은 결국 구체적·개별적 사안, 즉 원고의 장애 정도와 위 종신보험의 성격을 기초로 하여 한다고 판단하였다. 피고가 이 사건 승낙거절의 근거로 든 공통심사기준의 거절사유(예컨대, 중추신경계 또는 정신에 뚜렷한 장해를 남겨서 평생 일상생활 기본동작에 제한을 받게 되었을 때)는, 이에 해당하는 경우에는 위험측정이 불가능한 점을 이유로 한 것으로 보인다. 그러나 위험측정이 불가능하다는 이유만으로 장애를 이유로 한 차별이 합리화된다고 볼 수는 없고, 더욱이 원고의 구체적 장애 상태를 전제로 할 때 보험회사에서 요구하는 위험측정이 불가능하다고 단정할 수도 없는 점 등에 비추어 볼 때 이 사건 승낙거절의 원인이 된 공통심사기준의 거절사유가 장애를 이유로 한 차별에 있어 어떠한 합리성을 갖고 있는 것이라고는 보기 어렵다는 이유로 피고의 불법행위 책임을 인정하였다.

서울중앙지방법원 2004.2.12. 선고 2003가단150990 판결.

5) 장애를 이유로 한 보험 가입 차별 사례

피진정인은 장애인과 비장애인을 구분하여 여행자보험 상품을 모집하였고, 장애인들에게는 비장애인을 대상으로 모집한 보험에 비해 보험료가 비싸고 보장한도는 떨어지는 보험상품에 가입하게 하였다.

국가인권위원회는 피해자들이 가입한 특별단체보험은 비장애인이 가입한 상품에 비해 현저하게 불리한 상품인 점, 피진정인 소속 직원이 자의적 판단에 의해 장애인에 대하여 분리모집을 결정한 점, 2007년에도 유사한 사례가 있었던 점 등을 종합하여 볼 때, 피진정인은 장애와 보험사고 발생 가능성 간의 상관관계에 대하여 합리적 근거가 없음에도 자의적으로 혹은 관행에 따라 장애인에 대하여 불리하게 보험모집을 한 것으로 보인다고 하면서, 〈장애인차별금지법〉 제15조 제1항 및 제17조 위반에 해당한다고 판단하였다. 　　　　　　　　　　국가인권위원회 2009.6.12.자 08진차844 결정.

6) 시각장애인 점자보안카드 미발급 차별 사례

진정인들은 시각장애 1급 장애인이다. 피진정인 A은행은 진정인에게 점자보안카드를 발급하지 않아서 진정인이 제대로 금융서비스를 이용하지 못하였고 특히 텔레뱅킹 이용 시 필요한 점자보안카드를 발급하지 않아 비밀번호 노출에 따른 사고의 위험을 감수하며 텔레뱅킹을 이용하고 있었다. 피진정인 B은행은 개인에게는 점자보안카드를 발급하였지만 법인 고객은 거래 한도액이 워낙 크고 해킹 등의 사고 위험이 있기 때문에 법인에

게는 오티피(OTP, One Time Password) 카드 외에는 발급하지 않았다
(09진차0001012). 국가인권위원회는, 피진정인 은행들의 경우 시각장애
인의 요구가 있으면 개인 및 법인 구분 없이 적어도 비장애인과 동등하게
텔레뱅킹서비스를 제공받을 수 있도록 점자보안카드를 발급해야 하며,
피진정인 은행들이 점자보안카드에 대한 수요가 적다는 등의 이유를 들어
시각장애인들을 위한 개인 또는 법인용 점자보안카드를 발급하지 않는 것
은 장애를 이유로 한 차별에 해당하며, 정당한 사유가 되지 않으므로 〈장
애인차별금지법〉 제17조를 위반한 차별행위이라고 판단하였다.

국가인권위원회 2010.8.9.자 09진차1012, 10진정3967 병합 결정.

7) 시각장애로 인해 현금입출금기 사용이 제한된 사례

진정인은 시각장애 1급 장애인이며 피진정인은 조합원을 위한 다양한 경
제사업과 신용사업을 전개하는 농업생산자단체로 다수의 금융점포, CD,
자동현금인출기(ATM)를 보유하고 있다. 피진정인이 보유한 CD, 자동
현금인출기 등 금융자동화기기 중 일부는 저시력인을 위한 확대화면을 제
공하고 있고, 카드 및 통장 투입구, 명세표 및 현금 출구, 현금 및 수표 투
입구 등의 주요 조작부에 점자라벨을 부착하고 이어폰 소켓을 장착하고
있다. 그러나 점자안내문과 전맹인용 안내음성, 키패드 및 전맹인용 화면
이 제공되지 않아 전맹인은 주위의 도움 없이 피진정인의 자동현금인출기
를 사용할 수 없다. 국가인권위원회는, 정당한 사유가 없는 한 피진정인
은 장애인이 자신의 금융서비스를 이용하는 데 있어서 배제되거나 거부되
지 않도록 정당한 편의를 제공할 의무가 있으며, 만약 시각장애인이 자동

현금인출기를 이용할 수 없어 일상의 경제활동 및 사회생활에서 지장을 받게 된다면, 이는 결국 시각장애인에게 비장애인과 동등한 조건에서 사회활동을 할 수 없도록 하는 차별적 결과를 초래하는 것이라고 판단하였다. 또한 현재 피진정인이 보유하고 있는 자동현금인출기에 시각장애인을 위한 편의를 제공하지 않고 있는 것에 정당한 사유가 있다고 보기 어려우며 〈장애인차별금지법〉 제17조를 위반한 차별행위에 해당한다고 판단하였다. **국가인권위원회 2008.12.3.자 08진차416, 486 병합 결정.**

8) 장해보험금 지급 거절 사례

피보험자인 신청인의 아들이 보험계약 체결 당시 뇌성마비 (의증) 진단을 받아서 이미 보험 가입 전에 뇌성마비로 인한 1급 장해상태에 있었다는 이유로 장해보험금 지급이 거절된 사안에서, 금융분쟁조정위원회는 의증만으로 뇌성마비가 확정되었다고 보기 어렵고, 뇌성마비가 있었다고 하더라도 곧바로 약관에서 보험금 지급사유로 정하고 있는 1급 장해에 해당된다고 단정하기 어렵다는 이유로 피신청인의 보험금 지급책임이 있다고 판단하였다. **금융분쟁조정위원회 2001-42호 결정.**

만성신부전으로 진단받았던 피보험자가 통풍으로 약물을 복용한 후 그 부작용으로 혈액투석을 받았는데 피신청인 보험회사가 장해보상금 지급을 거절한 사안에서, 금융분쟁조정위원회는 피보험자의 혈액투석에 있어 약물부작용의 기여도가 80%이고, 그 외 체질내적 요인 등이 어느 정도 병존하고 있더라도 재해와 장해 발생 간에 인과관계가 인정될 때에는 재해가 직접적인 원인이 되어 장해의 결과를 초래한 것으로 볼 수 있으므로 피신청인에게 재해장해보험금 지급책임이 있다고 판단하였다.

금융분쟁조정위원회 2001-48호 결정.

4. 입법과제

제17조가 법의 입법취지와 부합하지 않게 직접차별만을 금지하는 것으로 해석될 수 있으므로 문구를 '장애인에 대해 차별을 하여서는 아니 된다'로 개정하여야 한다는 견해가 있다.[29] 이는 제17조의 차별행위 금지 문언이 직접차별을 지목하여 금지하는 제4조 제1항 제1호와 닮아 있다는 점에 착안한 것으로 보인다. 그러나 이와 비슷한 제16조의 경우에도 '장애를 사유로'라는 문언이 없다는 이유로 직접차별만을 금지한다고 제한적으로 해석될 수 있다고 보기는 어렵다. 실제로 국가인권위원회는 제17조가 직접차별만을 금지한다고 해석하지 않는 것으로 보인다. 그러나 보건복지부는 제17조가 직접차별만을 금지하는 것으로 해석될 여지가 있다는 입장을 밝힌 바 있다.[30] 만약 제17조가 직접차별만 금지한다고 해석된다면, 이는 제17조와 〈장애인차별금지법〉의 입법취지와 부합하지 않으므로 다른 유형의 차별행위까지 금지하는 것이 분명히 드러나도록 개정되어야 할 것이다.

〈상법〉 제732조는 본래 입법취지와 달리 지적장애인 등을 차별하는 명분으로 사용된다는 지적이 많다. 심신상실 및 심신박약자의 생명을 보호하고 법률관계를 간명히 하려는 본 조항의 취지는 보험회사가 도덕

---

29) 최승철 외, 앞의 책, 44면.
30) 보건복지가족부 장애인권익지원과 질의 회신, 법제처 09-0215, 2009. 7. 20.

적 해이나 의사능력 존부에 대하여 좀더 면밀히 조사하는 등의 방법으로 달성할 수 있을 것이므로, 만약 〈상법〉 제732조가 차별의 명분으로 사용되고 있다면 이를 폐지하는 것이 바람직할 것이다.

제18조: 시설물 접근 · 이용의 차별금지 규정

제18조 (시설물 접근 · 이용의 차별금지)

① 시설물의 소유·관리자는 장애인이 당해 시설물을 접근·이용하거나 비상시 대피함에 있어서 장애인을 제한·배제·분리·거부하여서는 아니 된다.

② 시설물의 소유·관리자는 보조견 및 장애인보조기구 등을 시설물에 들여오거나 시설물에서 사용하는 것을 제한·배제·분리·거부하여서는 아니 된다.

③ 시설물의 소유·관리자는 장애인이 당해 시설물을 접근·이용하거나 비상시 대피함에 있어서 피난 및 대피시설의 설치 등 정당한 편의 제공을 정당한 사유 없이 거부하여서는 아니 된다.

④ 제3항을 적용함에 있어서 그 적용을 받는 시설물의 단계적 범위 및 정당한 편의의 내용 등 필요한 사항은 관계 법령 등에 규정한 내용을 고려하여 대통령령으로 정한다.

시행령 제11조 (시설물의 대상과 범위)

법 제18조 제4항에 따른 시설물의 대상과 단계적 적용범위는 〈장애인·노인·임산부 등의 편의증진보장에 관한 법률〉 제7조 각 호의 어느 하나에 해당하는 대상시설 중 2009년 4월 11일 이후 신축·증축·개축하는 시설물로한다.

시행령 제12조 (시설물 관련 정당한 편의의 내용 및 설치기준)

법 제18조 제4항에 따른 시설물의 소유·관리자가 제공하여야 하는 정당한편의의 내용 및 그 설치기준은 〈장애인·노인·임산부 등의 편의증진보장에관한 법률〉 시행령 별표 2에 따른다.

장애인·노인·임산부 등의 편의증진 보장에 관한 법률 제7조 (대상시설)

편의시설을 설치하여야 하는 대상(이하 "대상시설"이라 한다)은 다음 각 호의어느 하나에 해당하는 것으로서 대통령령으로 정하는 것을 말한다.

1. 공원
2. 공공건물 및 공중이용시설
3. 공동주택
4. 통신시설
5. 그 밖에 장애인 등의 편의를 위하여 편의시설을 설치할 필요가 있는 건물,시설 및 그 부대시설

장애인·노인·임산부 등의 편의증진보장에 관한 법률 시행령 별표 2 (대상시설별 편의시설의 종류 및 설치기준)

*181~191면에 수록.

장애인·노인·임산부 등의 편의증진보장에 관한 법률 시행령 별표 2 (대상시설별 편의시설의 종류 및 설치기준)

1. 삭제 (2006. 1. 19.)
2. 공원

편의시설의 종류	설치기준
가. 장애인 등의 출입이 가능한 출입구	공원 외부에서 내부로 이르는 출입구는 주출입구를 포함하여 적어도 하나 이상을 장애인 등이 출입이 가능하도록 유효폭·형태 및 부착물 등을 고려하여 설치하여야 한다.
나. 장애인 등의 통행이 가능한 보도	공원시설(공원이 직접 이용하는 시설에 한한다)에 접근할 수 있는 공원 안의 보도중 적어도 하나는 장애인 등이 통행할 수 있도록 유효폭·기울기와 바닥의 재질 및 마감 등을 고려하여 설치하여야 한다.
다. 장애인 등의 이용이 가능한 화장실	장애인 등이 편리하게 이용할 수 있도록 구조, 바닥의 재질 및 마감과 부착물 등을 고려하여 설치하되, 장애인용 대변기는 남자용 및 여자용 각 1개 이상을 설치하여야 하며, 영유아용 거치대 등 임산부 및 영유아가 안전하고 편리하게 이용할 수 있는 시설을 구비하여 설치하여야 한다.
라. 점자블록	공원과 도로 또는 교통시설을 연결하는 보도에는 점자블록을 설치하여야 한다.
마. 시각장애인 유도 및 안내설비	시각장애인의 공원이용 편의를 위하여 공원의 주출입구 부근에 점자안내판·촉지도식 안내판·음성안내장치 또는 기타 유도신호장치를 설치할 수 있다.
바. 장애인 등의 이용이 가능한 매표소·판매기 또는 음료대	매표소(장애인 등이 이용이 가능한 자동발매기를 설치한 경우에 시설관리자 등으로부터 별도의 상시서비스가 제공되는 경우를 제외한다)·판매기 및 음료대는 장애인 등이 편리하게 이용할 수 있도록 형태·높이 부착물 등을 고려하여 설치하여야 한다. 다만, 동일한 장소에 2곳 또는 2개 이상을 각각 설치하는 경우에는 그중 1곳 또는 1대만을 장애인 등이 이용을 고려하여 설치할 수 있다.
사. 장애인 등의 이용이 가능한 공원시설	(1) 〈자연공원법〉 제 2조 제10호에 따른 공원시설과 〈도시공원 및 녹지 등에 관한 법률〉 제 2조 제4호에 따른 공원시설에 대하여는 공원시설의 종류에 따라 제 3호 부터 제 6호에 따른 공공건물 및 공중이용시설과 공동주택시설이 정하는 설치기준을 각각 적용한다. (2) 공원의 효용증진을 위하여 설치하는 주차장에는 장애인 전용 주차구역을 장애인전용법이 정하는 설치기준에 따라 구분·설치하여야 한다.

3. 공공건물 및 공중이용시설

가. 일반사항

편의시설의 종류	설치기준
(1) 장애인 등의 통행이 가능한 접근로	(가) 대상시설 외부에서 건축물의 주출입구에 이르는 접근로는 장애인 등이 안전하고 편리하게 통행할 수 있도록 유효폭·기울기와 바닥의 재질 및 마감 등을 고려하여 설치하여야 한다. (나) 접근로를 (가)의 주출입구에 연결하여 시공하는 것이 구조적으로 곤란하거나 주출입구보다 부출입구가 장애인 등의 이용에 편리하고 안전한 경우에는 주출입구 대신 부출입구에 연결하여 접근로를 설치할 수 있다.
(2) 장애인 전용 주차구역	(가) 부설주차장에는 장애인 전용 주차구역을 주차장법령이 정하는 설치비율에 따라 장애인의 이용이 편리한 위치에 구분·설치하여야 한다. 다만, 부설주차장의 주차대수가 10대 미만인 경우를 제외하며, 신청된 장애인 전용 주차구역의 주차대수 중 소수점 이하의 끝수는 0를 1대로 본다. (나) 자동차 관련 시설 중 특별시장·광역시장·시장·군수 또는 구청장이 설치하는 노외주차장에는 장애인 전용 주차구역을 주차장법령이 정하는 설치기준에 따라 장애인의 이용이 편리한 위치에 구분·설치하여야 한다.
(3) 높이 차이가 제거된 건축물 출입구	(가) 건축물의 주출입구와 통로에 높이 차이가 있는 경우에는 턱낮추기를 하거나 휠체어리프트 또는 경사로를 설치해야 한다. (나) (가)의 주출입구의 높이 차이를 없애는 것이 구조적으로 곤란하거나 주출입구보다 부출입구가 장애인 등의 이용에 편리하고 안전한 경우에는 주출입구 대신 부출입구의 높이 차이를 없앨 수 있다.
(4) 장애인 등의 출입이 가능한 출입구 등	건축물의 주출입구와 건축물 안의 공중의 이용을 주목적으로 하는 사무실 등의 출입구(문만 장애인 등의 출입이 가능하도록 유효폭·형태 및 부착물 등을 고려하여 설치하여야 한다. 이 경우 제7조의 2 제6호에 따른 국가 또는 지방자치단체가 청사(공중이 직접 이용하는 시설만 해당한다) 중 〈건축법 시행령〉 별표 1 제3호에 따른 제1종 근린생활시설에 해당하지 않는 시설의 경우에는 장애인 등의 출입이 가능하도록 출입구를 자동문 형태로 하여야 한다.
(5) 장애인 등의 통행이 가능한 복도 등	복도는 장애인 등이 통행이 가능하도록 유효폭·바닥의 재질 및 마감과 부착물 등을 고려하여 설치하여야 한다.

(6) 장애인 등이 통행이 가능한 계단, 장애인용 승강기, 장애인용 에스컬레이터, 휠체어리프트 또는 경사로	(가) 장애인 등이 건축물의 1개 층에서 다른 층으로 편리하게 이동할 수 있도록 그 이용에 편리한 구조로 계단을 설치하거나 장애인용 승강기, 장애인용 에스컬레이터, 휠체어리프트 또는 경사로를 설치하여야 한다. 다만, 장애인 등이 이용하는 시설이 1층에만 있는 경우에는 그러하지 않다. (나) (가)의 건축물 중 6층 이상의 연면적이 2천 제곱미터 이상인 건축물(층수가 6층인 건축물로서 각 층 거실의 바닥면적 300제곱미터 이내마다 1개소 이상의 직통계단을 설치한 경우를 제외한다)의 경우에는 장애인용 승강기, 장애인용 에스컬레이터, 휠체어리프트(신축하는 경우에는 수직형 휠체어리프트를 설치하여야 한다) 또는 경사로를 1대 또는 1곳 이상 설치하여야 한다.
(7) 장애인 등이 이용이 가능한 화장실	장애인 등이 편리하게 이용할 수 있도록 구조, 바닥의 재질 및 마감과 부착물 등을 고려하여 설치하되, 장애인용 대변기는 남자용 및 여자용 각 1개 이상을 설치하여야 하며, 영유아가 있는 자도 이용하고 편리하게 이용할 수 있는 시설을 구비하여야 한다.
(8) 장애인 등이 이용이 가능한 욕실	욕실은 1개소 이상을 장애인 등이 편리하게 이용할 수 있도록 구조, 바닥의 재질 및 마감과 부착물 등을 고려하여 설치하여야 한다.
(9) 장애인 등이 이용이 가능한 샤워실 및 탈의실	샤워실 및 탈의실은 1개 이상을 장애인 등이 편리하게 이용할 수 있도록 구조, 바닥의 재질 및 마감과 부착물 등을 고려하여 설치하여야 한다.
(10) 점자블록	건축물의 주출입구와 도로 또는 교통시설을 연결하는 보도에는 점자블록을 설치하여야 한다.
(11) 시각 및 청각장애인 유도·안내설비	(가) 시각장애인이 시설이용 편의를 위하여 건축물의 주출입구 부근에 점자안내판, 촉지도식 안내판, 음성안내장치 또는 그 밖의 유도신호장치를 점자블록과 연계하여 1개 이상 설치하여야 한다. (나) 삭제 (2007.2.12.) (다) 공원·근린공공시설·장애인복지시설·교육연구시설·공공업무시설·교통시설 시각장애인 일밀집거주지역 등 시각장애인의 이용이 많거나 타당성이 있는 곳이나 설치요구가 있는 곳에는 교통신호기가 설치되어 있는 횡단보도에 시각장애인을 위한 음향신호기를 설치하여야 한다. (라) 청각장애인이 시설이용 편의를 위하여 청각장애인 등의 이용이 많은 곳에는 전자문자안내판 또는 기타 전자문자안내 설비를 설치하여야 한다.

(12) 시각 및 청각장애인 경보 · 피난설비	(가) 시각 및 청각장애인 등이 위급한 상황에 대피할 수 있도록 청각장애인용 피난구유도등 · 통로유도등 및 시각장애인용 경보설비 등을 설치하여야 한다. (나) 장애인 등이 취침할 우려가 있는 경우에는 난간 등 추락방지설비를 갖추어야 한다.
(13) 장애인 등의 이용이 가능한 객실 또는 침실	기숙사 및 숙박시설 등의 전체 침실 수 또는 객실의 1퍼센트 이상(관광숙박시설은 3퍼센트 이상)은 장애인 등이 편리하게 이용할 수 있도록 구조, 바닥의 재질 및 마감과 부착물 등을 고려하여 설치하되, 신정된 객실 또는 침실 수 중 소수점 이하의 끝수는 이를 1실로 본다.
(14) 장애인 등의 이용이 가능한 관람석, 열람석 또는 높이 차이가 있는 무대	(가) 공연장, 집회장, 관람장 및 도서관 등의 전체 관람석 또는 열람석 수의 1퍼센트 이상(전체 관람석 또는 열람석 수가 2천 석 이상인 경우에는 20석 이상)은 장애인 등이 편리하게 이용할 수 있는 구조로 설치하되, 신정된 관람석 또는 열람석 수 중 소수점 이하의 끝수는 이를 1석으로 본다. (나) 공연장, 집회장 및 강당 등에 설치된 무대에 높이 차이가 있는 경우에는 장애인 등이 안전하게 이용할 수 있도록 경사로 및 휠체어리프트 등을 설치하여야 한다. 다만, 설치가 구조적으로 어려운 경우에는 이동식으로 설치할 수 있다.
(15) 장애인 등의 이용이 가능한 접수대 또는 작업대	지역자치센터 및 장애인복지시설 등의 접수대 또는 작업대는 장애인 등이 편리하게 이용할 수 있도록 형태 · 규격 등을 고려하여 설치하여야 한다. 다만, 동일한 장소에 각각 2대 이상을 설치하는 경우에는 그중 1대만을 장애인 등의 이용을 고려하여 설치할 수 있다.
(16) 장애인 등의 이용이 가능한 매표소 · 판매기 또는 음료대	매표소(장애인 등이 이용이 가능한 자동발매기를 설치한 경우를 제외한다) · 판매기 및 음료대는 장애인 등이 편리하게 이용할 수 있도록 형태 · 규격 및 부착물 등을 고려하여 설치하여야 한다. 다만, 동일한 장소에 2곳 이상을 각각 설치하는 경우에는 그중 1곳 또는 1대만을 장애인 등의 이용을 고려하여 설치할 수 있다.
(17) 임산부 등을 위한 휴게시설 등	임산부와 영유아가 편리하고 안전하게 휴식을 취할 수 있도록 구조와 재질 등을 고려하여 휴게시설을 설치하고, 휴게시설 내에는 모유수유를 위한 별도의 장소를 마련하여야 한다. 다만, 〈문화재보호법〉 제 2조에 따른 지정문화재(보호구역을 포함한다)에 설치하는 시설물은 제외한다.

나. 대상시설별로 설치하여야 하는 편의시설의 종류 일반사항

(아래 대상시설은 모두 **제1종 근린생활시설**에 해당한다)

구분	편의시설	슈퍼마켓·일용품 등의 소매점, 이용원·미용원·목욕장	지역자치센터, 파출소, 지구대, 우체국, 보건소, 공공도서관, 국민건강보험공단·국민연금공단·한국장애인고용공단·근로복지공단의 지사, 그밖에 이와 유사한 용도의 시설	대피소	공중화장실	의원·치과의원·한의원·조산소 (산후조리원)	지역아동센터 (300제곱미터 이상만 해당한다)
매개시설	주출입구 접근로	의무	의무	의무	의무	의무	의무
	장애인용 전용주차구역	권장	의무			의무	의무
	주출입구 높이차이 제거 (면)	의무	의무	의무	의무	의무	의무
내부시설	출입구(문)	의무	의무	의무	의무	의무	의무
	복도	권장	의무			의무	권장
	계단 또는 승강기	권장	의무			의무	권장
위생시설	화장실 — 대변기	권장	의무		의무	의무	권장
	화장실 — 소변기	권장	권장		의무	권장	권장
	화장실 — 세면대	권장	권장		의무	권장	권장
	욕실						
	샤워실·탈의실						
안내시설	점자블록		의무			의무	
	유도 및 안내설비		권장		권장		권장
	경보 및 피난설비		의무				의무
그밖의 시설	객실·침실						
	관람석·열람석						
	접수대·작업대		의무				
	매표소·판매기·음료대						
	임산부 등을 위한 휴게시설						

시설	세부시설																	
제2종 근린생활시설	일반음식점·휴게음식점·제과점 등 음료·차·음식·빵·떡·과자 등을 조리하거나 제조하여 판매하는 시설로서 제1종 근린생활시설에 해당하지 않는 것(300제곱미터 이상만 해당한다)	의무	의무	의무					권장	권장	권장	권장						
문화 및 집회시설	공연장	의무	의무						권장	권장	권장	권장	권장					
	안마시술소	의무	의무	의무					권장	권장	권장	의무	권장	권장				
	공연장 및 관람장	의무	의무	의무					의무	권장	권장	권장	의무	의무	의무			
	집회장	의무	의무	의무					의무	의무	의무	권장	의무	의무				
	전시장, 동·식물원	의무	의무	의무					의무	의무	권장	권장	의무	의무		권장	의무	
종교시설	종교집회장(교회·성당·사찰·기도원 그밖에 이와 유사한 용도의 시설을 말하며, 500제곱미터 이상만 해당한다)	의무	의무	의무					권장	권장	권장	권장	권장	권장	권장			
판매시설	도매시장·소매시장·상점(1000제곱미터 이상만 해당한다)	의무	의무	의무					권장	권장	의무	권장	의무	권장	권장	권장	권장	권장
의료시설	병원·격리병원	의무	의무	의무					의무	의무	의무	의무	의무	의무	권장	권장	권장	

대상시설		1	2	3	4	5	6	7	8	9	10	11	12	13	14	15
교육연구시설	학교(특수학교를 포함하며, 유치원은 제외한다)	권장		권장	권장		의무	의무	의무			권장	의무	의무	의무	의무
	유치원	권장					의무	의무	의무			권장	의무	의무	의무	의무
	교육원·직업훈련소·학원, 그밖에 이와 유사한 용도의 시설(500제곱미터 이상만 해당한다)	권장		권장	권장		권장	권장	권장			권장	의무	의무	의무	의무
	도서관(1000제곱미터 이상만 해당한다)			권장	의무		의무	의무	의무			의무	의무	의무	의무	의무
노유자시설	아동관련시설(어린이집·아동복지시설)	권장				권장	의무	권장	의무			권장	의무	의무	의무	의무
	노인복지시설(경로당을 포함한다)	권장				의무	의무			권장		권장	의무	의무	의무	의무
	사회복지시설(장애인복지시설을 포함한다)		의무	의무	의무	의무	의무			의무	권장	의무	의무	의무	의무	의무
수련시설	생활권수련시설, 자연권수련시설, 수련시설		의무	의무	의무	의무	의무	의무	의무	권장	의무	의무	의무	권장	권장	의무
운동시설(500제곱미터 이상만 해당한다)							의무	권장		권장		권장	의무	의무	의무	의무
업무시설	국가 또는 지방자치단체의 청사	권장		의무	권장							의무	권장	의무	의무	의무
	금융업소·사무소·신문사, 오피스텔, 그밖에 이와 유사한 용도의 시설(500제곱미터 이상만 해당한다)	권장		권장			의무	의무	의무			권장	의무	의무	의무	의무

대상시설	업무시설 국민건강보험공단·국민연금공단·한국장애인고용공단·근로복지공단 및 그 지사(1000제곱미터 이상만 해당한다)	숙박시설 일반숙박시설 및 생활숙박시설	숙박시설 관광숙박시설	공장	자동차관련시설 주차장	자동차관련시설 운전학원	방송통신시설 방송국, 그 밖에 이와 유사한 용도의 시설(1000제곱미터 이상만 해당한다)	방송통신시설 전신전화국, 그 밖에 이와 유사한 용도의 시설(1000제곱미터 이상만 해당한다)	교정시설 교도소·구치소	묘지관련시설 화장시설·봉안당(종교시설에 해당하는 것은 제외한다)	관광휴게시설 야외음악당, 야외극장, 어린이회관, 그 밖에 이와 유사한 용도의 시설	휴게소	장례식장
	권장		권장	권장			권장	권장	권장		권장	의무	권장
									권장		권장	권장	권장
	의무		권장	권장		권장			권장	권장		권장	권장
											권장		
			의무	의무									
	의무		의무	권장			의무	의무		권장	권장		의무
	의무		권장	권장			권장	권장		권장	권장	권장	권장
	의무		의무	권장					권장			의무	
			의무	의무									
			권장	권장									
	의무	권장	의무	권장		권장	권장	권장	의무	권장	권장	의무	의무
	의무	권장	의무	의무		권장	권장	권장	권장	권장	권장	의무	의무
	의무	권장	의무	의무		의무	의무	의무	권장	의무	의무	의무	의무
	의무	권장	의무	권장	권장	의무	의무	권장	의무	권장	권장	의무	의무
	의무	권장	의무	권장		의무	의무	의무	권장	권장	권장	의무	의무
	의무	의무	의무	의무		의무	의무	의무	의무	의무	의무	의무	의무
	의무	의무	의무	의무	의무	의무	의무	의무	의무	의무	의무	의무	의무

4. 공동주택

가. 일반 사항

편의시설의 종류	설치기준
(1) 장애인 등이 통행이 가능한 접근로	(가) 대상시설 외부에서 건축물의 주출입구에 이르는 접근로는 장애인 등이 안전하고 편리하게 통행할 수 있도록 유효폭·기울기와 바닥의 재질 및 마감 등을 고려하여 설치하여야 한다. (나) 접근로를 (가)의 주출입구에 연결하여 시공하는 것이 구조적으로 곤란하거나 주출입구보다 부출입구가 장애인 등의 이용에 편리하고 안전한 경우에는 주출입구 대신 부출입구에 접근로를 설치할 수 있다.
(2) 장애인 전용 주차구역	(가) 부설주차장에는 장애인전용주차구역을 주차장법령이 정하는 설치비율에 따라 장애인의 이용이 편리한 위치에 구분 설치하여야 한다. 다만, 부설주차장의 주차대수가 10대 미만인 경우를 제외하며, 산정된 장애인전용주차구역의 주차대수 중 소수점 이하의 끝수는 이를 1대로 본다. (나) 장애인 전용 주차구역은 입주한 장애인 가구의 동별 거주현황 등을 고려하여 설치한다.
(3) 높이 차이가 제거된 건축물 출입구	(가) 건축물의 주출입구와 통로에 높이 차이가 있는 경우에는 턱낮추기를 하거나 휠체어리프트 또는 경사로를 설치하여야 한다. (나) (가)의 주출입구의 높이 차이를 없애는 것이 구조적으로 곤란하거나 주출입구보다 부출입구가 장애인 등의 이용에 편리하고 안전한 경우에는 주출입구 대신 부출입구의 높이 차이를 없앨 수 있다.
(4) 장애인 등이 출입이 가능한 출입구(문)	(가) 건축물의 주출입구는 장애인 등의 출입이 가능하도록 유효폭·형태 및 부착물 등을 고려하여야 한다. (나) 장애인 전용 주택의 세대 내 출입문은 장애인 등의 출입이 가능하도록 유효폭·형태 및 부착물 등을 고려하여 설치할 수 있다.
(5) 장애인 등이 통행이 가능한 복도	복도는 장애인 등이 통행이 가능하도록 유효폭, 바닥의 재질 및 마감과 부착물 등을 고려하여 설치할 수 있다.
(6) 장애인 등이 통행이 가능한 계단·장애인용 승강기, 장애인용 에스컬레이터, 휠체어리프트 또는 경사로	아파트는 장애인 등이 건축물의 1개 층에서 다른 층으로 편리하게 이동할 수 있도록 그 이용에 편리한 구조로 계단을 설치하거나 장애인용 승강기, 휠체어리프트 또는 경사로를 1대 또는 1곳 이상 설치하여야 한다.

(7) 장애인 등이 이용이 가능한 화장실 및 욕실 | 장애인 전용 주택의 화장실 및 욕실은 장애인 등이 편리하게 이용할 수 있도록 구조, 바닥의 재질 및 마감과 부착물 등을 고려하여 설치할 수 있다.

(8) 점자블록 | 시각장애인을 위한 장애인 전용주택의 주출입구 또는 도로 또는 교통시설을 연결하는 보도에는 점자블록을 설치할 수 있다.

(9) 시각 및 청각장애인 경보·피난설비 | 시각 및 청각장애인을 위한 장애인 전용 주택에는 위급한 상황에 대피할 수 있도록 청각장애인용 피난구유도등·통로유도등 및 시각장애인용 경보설비 등을 설치할 수 있다.

(10) 장애인 등이 이용이 가능한 부대시설 및 복리시설 |
(가) (주택법) 제 2조 제 12호에 따른 주택단지 안의 관리사무소 · 경로당 · 의원 · 치과의원 · 한의원 · 조산소 · 약국 · 목욕장 · 슈퍼마켓 · 일용품 등의 소매점 · 일반음식점 · 휴게음식점 · 제과점 · 학원 · 금융업소 · 사무소 또는 사회복지관이 있는 건축물에 대하여는 제 3조 가목(1) 및 (3)부터 (7)까지의 규정을 적용한다. 다만, 당해 주택단지에 건설하는 주택의 총세대수가 300세대 미만인 경우에는 그러하지 아니하다.

(나) (주택법) 제 2조 제13호 또는 제 14호에 따른 부대시설 및 복리시설 중 (가)에 따른 시설을 제외한 시설(별표 1 제 2호 및 제 4호에 따른 편의시설 설치 대상시설에 해당하는 경우로 한정한다)에 대해서는 용도 및 규모에 따라 별표 1 제 2호 및 제 4호에 따른 공공건물·공중이용시설 및 통신시설 및 설치기준을 각각 적용한다.

나. 대상시설별로 설치하여야 하는 편의시설의 종류

편의시설 \ 대상시설	매개시설			내부시설			위생시설					안내시설			그 밖의 시설				
	주출입구와 접근로	장애인 전용 주차구역	주출입구 높이 차이 제거	출입구(문)	복도	계단 또는 승강기	대변기	소변기	세면대	욕실	샤워실·탈의실	점자블록	유도 및 안내설비	경보 및 피난설비	객실·침실	관람석·열람석	접수대·작업대	매표소·판매기·음료대	임산부 등을 위한 휴게시설
아파트	의무	의무	의무	의무	의무	의무	권장	권장	권장	권장	권장	권장	의무	의무	권장				

연립주택	의무	의무	의무	의무	의무	권장	권장	권장	권장	권장	권장	의무	권장
다세대주택	의무	의무	의무	의무	권장	권장	권장	권장	권장	권장	권장	의무	권장
기숙사	의무	의무	의무	의무	권장	권장	권장	권장	의무	권장	권장	의무	의무

비고

연립주택: 세대 수가 10세대 이상만 해당.
다세대주택: 세대 수가 10세대 이상만 해당.
기숙사: 기숙사가 2종 이상의 건축물로 이루어져 있는 경우 장애인용 침실이 설치된 동에만 적용한다. 다만, 장애인용 침실수는 전체 건축물을 기준으로 산정하며, 일반 침실의 경우 출입구(문)는 권장사항임

5. 삭제 (2006. 1. 19.)

6. 통신시설

편의시설의 종류	설치기준
가. 장애인 등이 이용이 가능한 공중전화	(1) 공원, 공공건물 및 공중이용시설과 공동주택에 공중전화를 설치하거나, 장애인의 타당성 있는 설치요구가 있는 경우에는 휠체어사용자 등이 이용할 수 있는 전화기를 1대 이상 설치하여야 한다. 다만, 주변소음도가 75데시벨 이상인 경우에는 그러하지 아니하다. (2) 장애인 등이 이용이 많은 곳에는 시각 및 청각장애인을 위하여 점자표시전화기, 근문자판트전화기, 음량증폭전화기, 보청기 호환성 전화기, 골도전화기(청각장애인을 위하여 머리뼈에 진동을 주는 방법으로 통화가 가능한 전화기를 말한다) 등을 설치할 수 있다.
나. 장애인 등이 이용이 가능한 우체통	우체통은 장애인 등이 접근 및 이용이 용이하도록 위치 및 구조등을 고려하여 설치하여야 한다.

1. 입법취지

제18조는 보조기구나 정당한 편의가 없으면 시설물에 대한 접근이 제한되는 장애인이 건축 환경 또는 물리적 환경을 장애인이 아닌 사람과 동등하게 이용하며 자유롭게 접근할 수 있어야 하고 시설물의 이용과 관련하여 정당한 편의를 제공받을 권리를 명시하는 조항이다.[31]

2. 조문해설

1) 시설물

〈건축법〉제2조에 따른 건축물, 거실 및 주요 구조부를 말한다(〈장애인차별금지법〉제3조 제15호). 제18조의 시설물은 객관적이고 물리적인 상태를 의미하며, 해당 시설물이 일반 대중에 공개되어 있거나, 영업을 위한 시설물인지 여부에 대해서는 한정하지 않는다.

2) 보조견

〈장애인복지법〉제65조에 따른 보조견을 의미한다(〈장애인차별금지법〉제3조 제2호). 보조견은 일반적으로 시각장애인 안내견(*guide dog*)을 의미하는 것으로 사용되나, 제18조의 보조견은 청각장애인 보조견(*hearing dog*), 지체장애인 보조견(*service dog*) 등 〈장애인복지법〉에 따라 장애인 보조견 표지를 받은 모든 보조견을 의미한다.

---

31) 보건복지가족부, 2008, 《장애인차별금지 및 권리구제 등에 관한 법률 해설서》.

3) 장애인보조기구 등

〈장애인복지법〉제 65조에 따른 장애인보조기구와 〈장애인차별금지법〉 시행령 제 2조에 규정된 장애인의 활동을 돕기 위한 자동차 기타기구, 〈장애인고용촉진 및 직업재활법〉 제 21조 제 1항 제 2호에 따른 작업보조공학기기, 〈정보격차해소에 관한 법률〉 제 9조에 따른 정보통신기기, 그 밖에 관계 법령에서 정하는 내용과의 관계 및 이 법에서 정하는 관련 조항과의 관계 등을 고려하여 정한다(〈장애인차별금지법〉 제 3조 제 3호). 따라서 법률에 의하여 규정되어 있거나 그렇지 않더라도 장애인이 사회적 활동을 하는 데에 불편을 조금이라도 해소해 주는 역할을 하는 일체의 물건, 동물 등은 장애인보조기구 등에 해당된다.

4) 시설물 소유관리자의 의무

(1) 소극적인 금지 의무 (제 1항, 제 2항)

제 1항은 시설물의 접근이용 및 비상시에 대피하는 주체를 '장애인'으로 한정하고 있으나 제 18조 제 2항은 보조견과 보조기구를 시설물에 들여오거나 사용하려 하는 주체에 대하여 장애인으로 한정하지 않는다. 따라서 비장애인이 장애인의 이용을 위해 보조견, 보조기구 등을 시설물에 들여오는 등의 경우에도 본 규정에 의해서 시설물의 소유관리자가 이를 제한하는 등의 조치를 할 수 없다.

(2) 적극적인 작위 의무와 그 범위 (제 3항, 제 4항)

시설물의 소유관리자는 장애인의 시설물 접근이용 시에 필요한 정당한 편의를 제공하여야 하며, 장애인이 비상시 대피할 수 있도록 장애인을 위한 시설 피난 및 대피시설 등을 제공하여야 한다. 정당한 편의제공이란 앞서 다른 조항에서 살펴본 바와 같다. 다만, 정당한 사유가 있다면 시설물의 소유관리자는 정당한 편의의 제공을 거부할 수 있다.

제18조 제3항의 시설물의 범위는 제1항, 제2항의 시설물의 범위와 달리, 같은 법 시행령 제11조에서 〈장애인·노인·임산부 등의 편의증진보장에 관한 법률〉 제7조 각 호의 어느 하나에 해당하는 대상시설 중 2009년 4월 11일 이후 신축·증축·개축하는 시설물로 한정하고 있다. 또한 정당한 편의의 내용 및 그 설치기준은 시행령 제12조에서 〈장애인·노인·임산부 등의 편의증진보장에 관한 법률〉 시행령 별표 2를 따르도록 규정하고 있다.

5) 차별금지의 예외사유: 정당한 사유

제18조 제1항, 제2항은 규정 형식상 시설물의 소유관리자에게 정당한 사유 유무에 관계없이 일률적으로 차별행위를 금지하고 있다. 그러나 제4조 제3항은 '정당한 사유'가 있다면 장애인에 대하여 장애를 이유로 제한·배제·분리·거부 등을 하더라도 차별로 보고 있지 않으므로, 제18조 제1항 제2항의 경우에도 수범자에게 ① 금지된 차별행위를 하지 않음에 있어서 과도한 부담이나 현저히 곤란한 사정 등이 있는 경우, ② 금지된 차별행위가 특정 직무나 사업 수행의 성질상 불가피한 경우 등의 정당한 사유가 있다면, 본 조항에서 금지한 행위를 하더라도 차별로 판단되지 않을 것이다. 정당한 사유의 입증에 대해서는 앞서 살펴본 내용 및 제47조에서 규정하는 바와 같다.

3. 사례

1) 동성보호자의 동반 없는 장애인의 목욕탕 입장 거부

평소 목욕관리사의 도움을 받아 목욕을 하던 장애인이 목욕관리사 없이 혼자 목욕탕에 출입하려 하자, 목욕탕 운영자가 목욕관리사가 없다는 이유로 입장을 거부한 사안이다. 법원은 ① 장애인이 목욕탕의 동선을 충분히 알고 있다고 보기는 어려운 점, ② 장애인이 공중목욕탕을 이용할 때 지속적으로 도움이 제공되어야 하는 점, ③ 이러한 도움을 제공하도록 사인인 피고에게 일방적으로 부담지울 수 있는 명시적 근거를 찾기 어려운 점, ④ 목욕탕에서 근무하는 업주나 목욕관리인에게 선의의 도움을 무제한적으로 요청할 수는 없는 점, ⑤ 시각장애인들을 위한 별도의 추가 인력의 고용을 목욕탕 업주인 피고에게 강요할 수도 없는 점, ⑥ 동성(同性) 보호자를 동반하지 아니한 시각장애인을 입장시킨 후 자발적인 도움을 주도록 유도한다면 이는 공익적 성격이 있는 장애인보호에 따른 비용이나 부담을 사인에 불과한 시설물의 운영자에게 일방적으로 전가하는 것이 되어 그 타당성이나 합리성에 의문이 드는 점, ⑦ 장애인이 목욕탕 내에서 시설을 이용하던 도중 사고가 발생하게 되면, 업주인 시설물의 운영자가 그 책임에서 언제나 완전하게 자유로울 수는 없다는 점 등을 들어 목욕탕 운영자의 정당한 사유를 인정하고 장애인의 손해배상 청구를 기각하였다.

대전지방법원 2012.2.15. 선고 2011가소122610 판결.

2) 휠체어 사용 장애인의 도서관 이용 제한 사례

진정인은 휠체어를 사용하는 지체 1급 장애인으로, 시립도서관에 승강기가 설치되어 있지 않아 지하층의 시청각실 및 건물 2층 이상에 설치되어 있는 자료실, 학습실 등을 이용하지 못하게 된 사안에서, 국가인권위원회는 지방자치단체의 예산부족은 시립도서관에 승강기를 설치하지 않은 것에 대한 정당한 사유가 되지 않는다고 판단하면서, 피진정인에게 휠체어 등 장애인보조기구를 사용하는 장애인이 피진정도서관 내 자료실, 열람실 등을 자유롭게 이용할 수 있도록 ○○시립도서관과 ○○시립 ○○도서관에 승강기를 설치할 것을 권고하였다.

국가인권위원회 11진정0371500 결정.

3) 휠체어 사용 장애인의 상업시설 접근 제한 사례

진정인은 전동휠체어를 사용하는 지체장애인으로 상가 4층에 위치한 극장에 가기 위해 승객용 승강기를 이용하려 했으나 승강기 출입문 앞에 말뚝이 설치되어 있어 부득이 휠체어로 접근 및 이용이 불편한 화물용승강기를 이용하였다. 국가인권위원회는 화물운반을 금지하려는 목적은 정당한 사유에 해당하지 않는다고 판단하면서, 상가 내 각층 승객용 승강기 출입문 앞에 설치된 말뚝을 즉시 제거할 것과, 향후 승객용 승강기를 이용한 화물운반을 금지하기 위한 별도의 대책을 수립·운영할 시 유사사건이 재발되지 않도록 유의할 것을 권고하였다.

국가인권위원회 11진정0353900 결정.

4) 아파트 승강기 전기료의 차등 부과 사례

휠체어를 사용하는 진정인이 아파트의 2층에 거주하는 관계로 피진정인인 아파트 입주자대표회의를 상대로 승강기 이용을 신청하였으나, 피진정인은 진정인에게 맞은편 세대의 승강기 전기료까지 부담하게 하였다.

국가인권위원회는 피진정인이 공동주택의 관리주체로서 진정인 세대의 맞은편 세대에서 승강기를 사용하는지 여부를 직접 확인해야 함에도 진정인 세대에게 맞은편 세대의 승강기 전기료까지 부담토록 함으로써 피진정인이 관리주체로서의 수행해야 할 관리업무 부담을 진정인 세대에 금전적 부담으로 전가시킨 점, 승강기 전기료를 감안할 때 피진정인 또는 승강기 사용 전체 세대가 맞은편 세대의 전기료를 감당하는 것이 불가능할 정도의 과도한 부담이 된다고 볼 수 없는 점, 진정인은 승강기를 사용하지 않고서는 2층에 접근할 수 없으므로 2세대분의 승강기 전기료 부과가 부당하다고 여겨지더라도 승강기 사용을 위해서는 이를 납부하는 것 외에는 다른 대체수단을 선택하는 것이 불가능하다는 점, 아파트 승강기는 휠체어 사용 장애인도 비장애인 거주자 및 방문객들과 동등한 기초 위에서 승강기를 동등하게 접근·이용할 수 있어야 한다는 점 등을 종합적으로 볼 때, 피진정인의 주장은 휠체어를 사용하는 장애인 세대에 대한 승강기 전기료 2배 부과의 정당한 사유가 되지 않는다고 판단하였다.

국가인권위원회 11진정0555300 결정.

5) 장애인 이동권 미확보로 인한 학습권 차별 사례

진정인들은 휠체어를 사용하는 장애학생들로서, 피진정 대학교 건물의 2층 이상으로 이동할 수 없었다. 국가인권위원회는 피진정대학교 총장에게 휠체어 사용 장애학생의 학습권 보장을 위해 교육시설의 재배치 또는 이동편의시설을 마련할 것을 권고하였다.

국가인권위원회 10진정0175100, 10진정0180600, 10진정0181100(병합) 결정.

6) 장애인 전용 주차구역 단속 미비로 인한 차별 사례

진정인은 휠체어를 사용하는 지체 1급 장애인으로, 모 백화점 및 대형마트를 이용할 때 비장애인 차량 및 장애인이 탑승하지 않은 장애인자동차 표지 부착차량의 장애인 전용 주차구역 불법주차로 인해 큰 불편을 겪어 관할시에 단속을 요청하였으나 담당자는 인력 부족을 이유로 단속조치를 취하지 않았다.

국가인권위원회는 피진정인에게, 장애인 전용 주차구역 불법주차 차량에 대한 단속이 지속적, 체계적으로 시행될 수 있도록 단속 전담인력을 운영할 것, 주말과 공휴일, 야간시간 등 단속 취약시간대에도 신고 및 단속이 가능하도록 효율적 단속대책을 수립하여 시행할 것을 권고하였다. 또한 진정 관련 백화점 및 대형마트 관리자에게, 장애인 전용 주차구역에 불법주차하는 사례가 발생하지 않도록 고객들에게 안내 및 계도를 지속적으로 실시할 것과, 장애인 전용 주차구역 불법주차 차량 발견 시 관할 행정기관에 적극 신고할 것을 권고하였다. 또한 보건복지부장관에게 장애인 전용 주차구역 불법주차 차량에 대한 단속이 지속적 · 체계적으로 시행될 수 있도록 각 지방자치단체에 대한 지도 · 감독을 철저히 할 것, 불법주차 차량을 견인 조치할 수 있는 법적 근거를 마련할 것, 그리고 향후 시민 등 민간에 의한 불법주차 차량 신고제도가 실질적 · 효과적으로 운영될 수 있도록 필요한 대책을 수립 · 시행할 것을 권고하였다.

국가인권위원회 10진정0794800 · 11진정0323600(병합) 결정.

7) 대학의 편의시설 제공 배려의무 소홀 사례

대학이 장애인인 학생에게 〈장애인 · 노인 · 임산부 등의 편의증진보장에 관한 법률〉에 정한 편의시설을 제공하지 않는 등 배려 의무를 소홀히 한 경우, 법원은 대학이 장애인인 학생에게 위자료(300만 원)를 지급할 책임이 있다고 판단하였다.　　　　　　　창원지방법원 2008.4.23. 선고 2007가단27413 판결.

8) 장애인 전용 주차구역 월정액주차 이용 거부 사례

피해자가 장애인 전용 주차구역에 월정액으로 주차하려고 하였으나 피진정인이 이를 거부한 사안이다.

피진정인은 일반 주차구역 내 월정액 주차를 피해자에게도 허용했으므로 장애인 차별이 없었다고 주장하나, 피해자는 휠체어를 사용하는 장애인으로 휠체어 승하차 공간이 마련되어 있지 않은 일반 주차구역에는 실질적으로 주차할 수 없다는 점을 감안하면 피진정인이 실질적으로 피해자에게 월정액 주차를 거부했다고 볼 수 있는 점, 피진정회사가 비장애인에게는 일반 주차구역에 장·단기 주차를 허용하면서, 피해자와 같이 장애인 전용 주차구역이 반드시 필요한 장애인에게는 전용구역의 장기 주차를 허용하지 않아 실질적으로 비장애인에게 제공하는 것과 동등한 수준의 주차서비스를 장애인인 피해자에게는 제공하지 않았다는 점 등을 고려하여, 피진정회사의 거부행위에 '정당한 사유'가 될 수 없다고 판단하였다.

국가인권위원회 12-진정-0000000 결정.

제19조: 이동 및 교통수단 등에서의 차별금지 규정

제19조 (이동 및 교통수단 등에서의 차별금지)

① 〈교통약자의 이동편의 증진법〉 제2조 제5호 및 제6호에 따른 교통사업자(이하 "교통사업자"라 한다) 및 교통행정기관(이하 "교통행정기관"이라 한다)은 이동 및 교통수단 등을 접근·이용함에 있어서 장애인을 제한·배제·분리·거부하여서는 아니 된다.

② 교통사업자 및 교통행정기관은 이동 및 교통수단 등의 이용에 있어서 보조견 및 장애인보조기구 등의 동승 또는 반입 및 사용을 거부하여서는 아니 된다.

③ 교통사업자 및 교통행정기관은 이동 및 교통수단 등의 이용에 있어서 장애인 및 장애인 관련자에게 장애 또는 장애인이 동행·동반한 보조견 또는 장애인보조기구 등을 이유로 장애인 아닌 사람보다 불리한 요금 제도를 적용하여서는 아니 된다.

---

④ 교통사업자 및 교통행정기관은 장애인이 이동 및 교통수단 등을 장애인 아닌 사람과 동등하게 이용하여 안전하고 편리하게 보행 및 이동을 할 수 있도록 하는 데 필요한 정당한 편의를 제공하여야 한다.

⑤ 교통행정기관은 교통사업자가 장애인에 대하여 이 법에 정한 차별행위를 행하지 아니하도록 홍보, 교육, 지원, 감독하여야 한다.

⑥ 국가 및 지방자치단체는 운전면허시험의 신청, 응시, 합격의 모든 과정에서 정당한 사유 없이 장애인을 제한·배제·분리·거부하여서는 아니 된다.

⑦ 국가 및 지방자치단체는 장애인이 운전면허시험의 모든 과정을 장애인 아닌 사람과 동등하게 거칠 수 있도록 정당한 편의를 제공하여야 한다.

⑧ 제4항 및 제7항을 적용함에 있어서 그 적용대상의 단계적 범위 및 정당한 편의의 내용 등 필요한 사항은 대통령령으로 정한다.

시행령 제13조 (이동·교통수단 등 정당한 편의제공 적용대상 및 정당한 편의의 내용)

① 법 제19조 제8항에 따라 교통사업자·교통행정기관이 장애인의 이동 및 교통수단 등의 이용에 필요한 정당한 편의를 제공하여야 하는 적용대상은 〈교통약자의 이동편의 증진법〉 시행령 별표 1에 따른다. (개정 2012. 11. 27.)

② 법 제19조 제8항에 따른 정당한 편의의 내용은 〈교통약자의 이동편의 증진법〉 시행령 별표 2에 따른다. (개정 2012. 11. 27.)

③ 〈도로교통법〉 제83조 제1항 및 제2항에 따른 운전면허시험기관의 장은 장애인이 운전면허 기능시험이나 도로주행시험에 출장시험을 요청할 경우 이를 지원할 수 있다.

교통약자의 이동편의 증진법 시행령 별표 1 (이동편의시설을 설치하여야 하는 대상시설)

1. 교통수단

　가. 〈도시철도법〉 제2조 제2호에 따른 도시철도의 운행에 사용되는 차량

　나. 〈여객자동차 운수사업법〉 제3조 제1항 제1호 및 같은 법 시행령 제3조 제1호에 따른 시내버스운송사업·농어촌버스운송사업 및 시외버스운송사업에 사용되는 승합자동차

　다. 〈철도산업발전기본법〉 제3조 제4호에 따른 철도차량 중 여객을 운송하기 위하여 사용되는 철도차량

　라. 〈항공법〉 제2조 제1호에 따른 항공기 중 민간항공에 사용되는 비행기

　마. 〈해운법〉 제2조 제2호에 따른 해상여객운송사업에 사용되는 선박

　바. 광역전철 중 여객을 운송하기 위하여 사용되는 차량

2. 여객시설

　가. 〈도시교통정비 촉진법〉 제2조 제3호에 따른 환승시설

　나. 〈도시철도법〉 제2조 제3호에 따른 도시철도시설 중 역사(驛舍)

　다. 〈여객자동차 운수사업법〉 제2조 제5호에 따른 여객자동차터미널

　라. 〈여객자동차 운수사업법〉 제3조 제1항 제1호에 따른 노선 여객자동차운송사업에 사용되는 정류장

　마. 〈철도산업발전기본법〉 제3조 제2호에 따른 철도시설 중 역사

　바. 〈항공법〉 제2조 제8호에 따른 공항시설(여객이 직접 이용하는 시설에 한정한다)

　사. 〈항만법〉 제2조 제2호에 따른 무역항에 설치되어 있는 항만시설 중

1. 입법취지

제 19조는 장애인이 다른 사람과 동등하고 자유롭게 물리적인 공간을 이동할 수 있어야 함을 규정한다. 또한 장애인이 그렇게 이동하기 위해 정당한 편의를 제공받을 권리를, 구체적 사항 및 이를 명시한 관련 법규와 함께 제시하였다.

2. 조문해설

1) 교통사업자

제 19조에서 말하는 교통사업자란 〈여객자동차 운수사업법〉, 〈도시철도법〉, 〈철도사업법〉, 〈항공법〉, 〈항만법〉, 〈해운법〉 등의 관계 법령에 따라 교통행정기관으로부터 면허 · 허가 · 인가 · 위탁 등을 받거나 교통행정기관에 등록 · 신고 등을 하고 교통수단을 운행 · 운항하거

교통약자의 이동편의 증진법 시행령 별표 2 (대상시설별 이동편의시설의 종류)

1. 교통수단

대상시설 \ 이동편의시설		안내시설			내부시설				그 밖의 시설		
		안내 방송	문자 안내판	목적지 표시	휠체어 승강설비	휠체어 보관함	교통약자용 좌석	장애인 전용 화장실	수직 손잡이	장애인 접근가능 표시	출입구 통로
버스	시내버스 (저상형)	O	O	O	O		O		O	O	
	시내버스 (일반형)	O	O	O	O		O		O	O	
	시내버스 (좌석형)	O	O	O	O		O			O	
	농어촌버스	O	O	O	O		O		O	O	
	마을버스	O	O	O	O		O		O	O	
	시외버스	O	O	O			O			O	
철도차량		O	O	O		O	O	O	O	O	O
도시철도차량		O	O	O			O			O	O
항공기		O	O	O	O	O	O	O		O	O
선박		O	O	O		O	O	O		O	O
광역철도		O	O	O			O		O	O	O

2. 여객시설

이동편의시설 / 대상시설		여객자동차터미널	버스정류장	철도 역사	도시철도 역사	환승시설	공항시설	항만시설	광역철도 역사
매개시설	보행 접근로	○		○	○	○	○	○	○
	주출입구	○		○	○	○	○	○	○
	장애인 전용 주차구역	○		○	○	○	○	○	○
내부시설	복도	○		○	○	○	○	○	○
	장애물	○		○	○	○	○	○	○
	승강기	○		○	○	○	○	○	○
	영상정보단말	○		○	○	○	○	○	○
	객실	○		○	○	○	○	○	○
위생시설 (장애인 전용 화장실)	세면대	○		○	○	○	○	○	○
	소변기	○		○	○	○	○	○	○
	대변기	○		○	○	○	○	○	○
안내시설	점자블록	○	○	○	○	○	○	○	○
	음성 및 청각시설	○	○	○	○	○	○	○	○
	영상 및 표시시설	○		○	○	○	○	○	○
그 밖의 시설	매표소	○		○	○	○	○	○	○
	판매기	○		○	○	○	○	○	○
	음료대	○		○	○	○	○	○	○
	관람석			○	○	○			
	수유실	○		○	○				○
	유아 보호장						○		
	영유아 휴게실						○		
	관리시설		○						
	매점과 휴게시설	○		○	○	○	○	○	○

3. 도로

이동편의시설 / 대상시설	교통약자가 통행할 수 있는 보도	교통약자가 통행할 수 있는 지하도 및 육교	장애인 전용 주차구역	교통약자가 이용할 수 있는 휴게실 및 지하도 상가	교통약자가 이용할 수 있는 지하도 상가	교통약자가 이용할 수 있는 음향신호기
도로	○		○	○	○	○
준용도로	○	○	○	○	○	○

나 여객시설을 설치·운영하는 자를 의미한다.

2) 교통행정기관

교통수단의 운행·운항 또는 여객시설의 설치·운영에 관하여 교통사업자를 지도·감독하는 중앙행정기관의 장, 특별시장·광역시장·특별자치시장·도지사·특별자치도지사 또는 시장·군수·구청장(자치구의 구청장을 말한다. 이하 같다)을 말한다.

3) 교통사업자 및 교통행정기관의 의무

(1) 소극적인 금지 의무

제19조의 제1항, 제2항, 제3항은 소극적인 금지 의무를 규정한다.

① 제19조 제1항: 교통사업자 및 교통행정기관은 장애인이 이동 및 교통수단 등을 접근·이용함에 있어 장애인을 제한·배제·분리·거부하여서는 아니 된다.

② 제19조 제2항, 제3항: 교통사업자 및 교통행정기관은 이동 및 교통수단 등의 이용에 있어서 보조견 및 장애인보조기구 등의 동승 또는 반입 및 사용을 거부하여서는 아니 되며, 장애인 및 장애인 관련자에게 장애 또는 장애인이 동행·동반한 보조견 또는 장애인보조기구 등을 이유로 장애인 아닌 사람보다 불리한 요금을 적용하여서는 안 된다.

③ 제19조 제1항은 이동 및 교통수단 등을 접근·이용하는 주체를 장애인으로 한정하나, 같은 조 제2항에서는 보조견, 장애인보조기구 등을 동승 또는 반입하려는 주체를 장애인으로 한정하지 아니한다. 같

은 조 제 3항에서도 불리한 요금을 적용해서는 아니 되는 대상으로 장애인뿐만 아니라, 장애인 관련자를 규정한다.

(2) 적극적 작위 의무

제 19조의 제 4항과 제 7항은 적극적인 작위 의무를 규정한다.

　① 제 19조 제 4항: 교통사업자 및 교통행정기관은 장애인이 이동 및 교통수단 등을 장애인 아닌 사람과 동등하게 이용하여 안전하고 편리하게 보행 및 이동을 할 수 있도록 하는 데 필요한 정당한 편의를 제공하여야 한다. 정당한 편의 제공이란 앞서 살펴본 바와 같다.

　② 제 19조 제 4항을 적용함에 있어서, 그 적용대상에 관하여는 같은 법 시행령 제 13조 제 1항에서 〈교통약자의 이동편의 증진법 시행령〉 별표 1에 따르도록 규정하고 있고, 정당한 편의의 내용은 〈교통약자의 이동편의 증진법 시행령〉 별표 2를 따르도록 규정한다.

4) 정당한 사유

제 19조 제 1항, 제 2항, 제 3항은 규정 형식상 시설물의 소유관리자에게 정당한 사유 유무에 관계없이 일률적으로 차별행위를 금지한다. 그러나 제 4조 제 3항이 '정당한 사유'가 있다면 장애인에 대하여 장애를 이유로 제한·배제·분리·거부 등을 할 경우에 차별로 보지 않으므로 제 19조 제 1항, 제 2항, 제 3항의 경우에도 제 4조 제 3항 각 호에서 규정하고 있는 ① 금지된 차별행위를 하지 않음에 있어서 과도한 부담이나 현저히 곤란한 사정 등이 있는 경우 ② 금지된 차별행위가 특정 직무나 사업 수행의 성질상 불가피한 경우가 있다면, 본조에 규정된 행위를

하더라도 차별로 평가받지 않을 것이다.

5) 교통행정기관의 교통사업자에 대한 감독 등 의무 (제19조 제5항)

교통행정기관은 교통사업자가 같은 법 제4조 제1항에서 정한 직접차별, 간접차별, 정당한 편의제공 거부에 의한 차별, 광고에 의한 차별 등을 행하지 아니하도록 홍보, 교육, 지원, 감독하여야 한다.

6) 국가 및 지방자치단체의 운전면허 시험에 관한 의무

(1) 소극적인 부작위 의무 (제19조 제6항)

국가 및 지방자치단체는 운전면허의 신청, 응시, 합격의 전 과정에서 정당한 사유 없이 장애인을 제한·배제·분리·거부하여서는 안 된다.

(2) 적극적인 작위 의무 (제19조 제7항, 제8항)

국가 및 지방자치단체는 장애인이 운전면허시험의 전 과정을 장애인 아닌 사람과 동등하게 거칠 수 있도록 정당한 편의를 제공하여야 한다. 시행령 제13조 제3항에서는 〈도로교통법〉 제83조 제1, 2항에 따른 운전면허시험기관의 장은 장애인이 운전면허 기능시험이나 도로주행시험에 출장시험을 요청할 경우 이를 지원할 수 있다고 규정한다.

3. 사례

1) 장애인 대형면허시험장을 하나만 운영함으로써 발생한 차별 사례

국가인권위원회는, 피진정인이 장애인들의 1종 대형·특수면허 시험수요가 적다는 이유로 전국에 있는 운전면허시험장 중 서울 강남운전면허시험장 한 곳만을 장애인 1종 대형·특수면허 기능시험장으로 지정·운영하는 것에 대하여 지방에 거주하는 장애인 운전면허시험 응시자들이 서울까지 와야 하는 불편과 시간적, 경제적 손실을 유발시키는 등 장애인을 차별하는 것이라고 하면서, 피진정인에게 전국의 총 26개 운전면허시험장 중 우선적으로 주요거점이 되는 시험장에 장애인 1종 대형 및 특수면허 기능시험이 가능하도록 할 것을 권고하였다.

국가인권위원회 10진정0245700 결정.

2) 시티투어버스 장애인 탑승편의 미제공 사례

국가인권위원회는, 피진정기관이 운영하는 시티투어버스에 휠체어 리프트를 설치하지 않아서 휠체어 사용 장애인인 진정인이 탑승할 수 없도록 하는 것은 장애인에 대한 차별이라고 판단하면서, ① 휠체어 승강설비가 장착된 저상버스가 일반차량에 비해 엔진성능이 약해 탑승객이 많거나 경사도가 심한 노선에 투입하기 어렵다면 휠체어 승강설비가 장착된 일반버스로 대체할 수 있으며, 일반버스에 휠체어 리프트를 설치하는 데에 드는 통상 2~3천만 원 내외의 소요비용이 광역자치단체인 피진정기관에게는 과도한 부담이라고 보기 어려운 점, ② 피진정기관은 〈장애인차별금지법〉 제8조에 따라 장애인에 대한 차별을 해소하기 위하여 필요한 행정적, 재정적 지원을 할 법적 책임이 있다는 점, ③ 피진정기관이 시티투어버스 위탁 사업자를 선정할 때 휠체어 승강설비 등이 장착된 관광버스를 소유한 사업자에 한정하여 참가조건을 공고함으로써 휠체어 탑승이 가능한 시티투어버스를 운행할 수 있다는 점 등을 종합적으로 고려해 볼 때, 휠체어 승강설비 등이 구비된 시티투어버스를 운영하는 것이 피진정기관이 감내하기 어려울 정도의 과도한 부담이거나 현저히 곤란한 사정이 있다고 보기 어렵다고 판단하였다.　　　　　국가인권위원회 11진정0188500 결정.

3) 휠체어 사용 장애인에 대한 항공기 탑승편의 미제공 사례

피진정항공이 운행하는 항공기에는 휠체어를 탄 상태에서 항공기를 이용할 수 있도록 휠체어 고정 장치를 갖춘 휠체어 사용 장애인을 위한 전용좌석이 별도로 설치되어 있지 않았다. 항공사는 탑승교를 이용할 수 없는 항공기의 경우 보호자가 장애인을 업어서 계단을 올라가야 한다고 안내하기도 하였다.

국가인권위원회는 장애인 탑승편의를 위한 저상버스, 리프트카 등의 편의장비를 김포 및 제주공항에 구비하는 경우 소요되는 비용과 피진정항공의 매출원가를 비교하면 장애인을 위한 편의설비를 구비하더라도 매출원가 증가율이 1% 미만이라는 점, 피진정항공이 편의설비를 구입하는 대신 장비를 렌트하는 방법 등을 통해서 비용절감을 기할 수 있는 점 등을 종합하여 볼 때, 휠체어 탑승설비를 구비하는 데 있어서 피진정인에게 현저히 곤란한 사정이나 과도한 부담 등이 있다고 볼 수 없다고 판단하였다.

국가인권위원회 11진정0527400 결정.

4) 지하철 역사 장애인 화장실 남녀 미구분 사례

지하철 역사 장애인 화장실 중 남녀 구분이 되지 않은 경우가 많아 장애인들이 화장실을 이용하는 데 큰 불편을 겪은 사안에서, 국가인권위원회는 해당 역사의 장애인 화장실을 남녀 구분하여 설치할 것과, 한국철도공사가 관할하는 모든 역사의 장애인 화장실 설치 실태를 점검하여 남녀 구분이 되어 있지 않은 역사의 화장실에 대해서는 남녀 구분 설치를 위한 시행계획을 수립하여 추진할 것을 권고하였다.

국가인권위원회 10진정0370410 등 9건 병합 결정.

5) 시각장애인의 운전면허 취득 제한 사례

헌법재판소는 한쪽 눈이 실명되거나 약시인 시각장애인의 1종 면허 취득을 제한한 것이 장애인의 직업선택의 자유를 침해하는지 여부를 판단한 사례에서 안전하고 원활한 도로교통을 확보하고자 하는 이 사건 조문의 입법목적의 달성을 통한 질서유지 내지 공공복리의 증진이라는 공익은 이 사건 조문에 의하여 제한되는 직업선택의 자유라는 사익보다 더 크다는 취지로 결정하여 시각장애인의 1종 운전면허 취득제한 규정이 직업의 자유를 침해하지 않는다고 결정하였다.

헌법재판소 2003.6.26. 선고 자 2002헌마677 결정.

6) 운동능력측정검사 불합격 처분 사례

운전적성판정을 위하여 장애인을 대상으로 실시하는 운동능력측정검사에서의 불합격 처분을 한 것은 그 자체가 청구인에게 직접 법률상의 불이익을 초래하는 행위로서 행정처분에 해당한다. 청구인은 이에 대한 취소를 구하는 행정소송을 제기할 수 있다. 그러므로 불합격 처분에 대해 헌법재판소에 심판을 청구한 것은 헌법소원의 대상이 되지 않는 공권력 행사에 대한 청구로서 부적법하다.

헌법재판소 2005.3.31. 자 2003헌마746 결정.

제 20조: 정보접근에서의 차별금지 규정

제 20조 (정보접근에서의 차별금지)

① 개인・법인・공공기관(이하 이 조에서 "개인 등"이라 한다)은 장애인이 전자정보와 비전자정보를 이용하고 그에 접근함에 있어서 장애를 이유로 제4조 제1항 제1호 및 제2호에서 금지한 차별행위를 하여서는 아니 된다.

② 장애인 관련자로서 수화통역, 점역, 점자교정, 낭독, 대필, 안내 등을 위하여 장애인을 대리・동행하는 등 장애인의 의사소통을 지원하는 자에 대하여는 누구든지 정당한 사유 없이 이들의 활동을 강제・방해하거나 부당한 처우를 하여서는 아니 된다.

---

1. 입법취지

제20조 제1항은 정보접근에서의 장애인에 대한 차별금지를 선언한 규정으로 장애인이 정보의 접근 및 이용에 있어서 직접적 혹은 간접적으로(제4조 제1항, 제2항) 차별을 받지 않도록 한다. 제20조 제2항은 장애인에게 의사소통을 지원하는 사람(수화통역사, 점역사, 낭독자, 안내인 등)에 대한 차별을 금지하여 장애인의 정보접근과 의사소통권을 보장하도록 한 조항이다.

2. 조문해설

1) 공공기관

국가 및 지방자치단체를 포함하여, 그 밖에 대통령령으로 정하는 공공단체를 말한다.

2) 전자정보 및 비전자정보

전자정보란 〈지능정보화 기본법〉 제2조 제1호에 따른 정보[32]를 말한다. 이 경우 "자연인 및 법인"에는 이 법에 따른 공공기관도 포함되는 것으로 본다.

비전자정보란 〈지능정보화 기본법〉 제2조 제1호에 따른 정보를 제외한 정보로서 음성, 문자, 수화, 점자, 몸짓, 기호 등 언어 및 비언어적

---

32) 자연인, 법인, 공공기관 등이 특정목적을 위하여 광 또는 전자적 방식으로 처리하여 부호, 문자, 음성, 음향 및 영상 등으로 표현한 모든 종류의 자료 또는 지식.

방법을 통하여 처리된 모든 종류의 자료와 지식을 말하며, 그 생산·획득·가공·보유주체의 자연인·법인 또는 공공기관 여부를 불문한다.

3. 사례

1) 항공사 등에 대한 손해배상 청구 사건

2013년, 장애인 10여 명이 항공사 등을 상대로 웹사이트의 접근을 위한 정당한 편의를 제공하지 않았다는 이유로 손해배상 소송을 제기하였다. 이 사건은 조정에 회부되었고 법원은 ○○항공 홈페이지를 2014년 5월까지 웹 접근성 지침에 따라 변경하도록 하는 내용의 화해권고 결정을 내렸다. 당사자들이 이 결정에 이의를 제기하지 않음으로써 사건은 마무리되었다.

위 사건은 국내에서 최초로 제기된 웹 접근성 사건으로서 특별히 의미가 깊다. 판결에 의한 결론이 내려지지 않았기 때문에 웹사이트 관련 정당한 편의제공 여부를 판단하는 법원의 구체적인 기준을 확인할 수는 없었으나, 사건의 결과에 비추어 보면 사건 당사자나 법원 또한 웹 접근성 지침의 준수를 웹 접근성 관련 정당한 편의제공 여부의 판단에서 중대한 기준으로 고려하였음을 알 수 있다. [33]

서울남부지방법원 2013가합102207 사건.

---

33) 법무법인(유한) 태평양·재단법인 동천 공동편집, 2016, 《장애인법연구》, 234면.

2) 방송사 웹사이트 접근성 제한 사건

방송사인 피진정인들이 운영하는 웹사이트의 접근성이 취약하여 시각장애인 등이 접근, 이용하는 데 제약이 크다며, 한국형 웹 콘텐츠 접근성 지침(방송통신위원회 고시 제 2010-59호, 2010. 12. 31.)을 참고하여 해당 기관 웹사이트의 접근성이 보장되도록 시정을 요구한 사건이다.

국가인권위원회는 이 사건에서 위 웹 접근성 지침을 평가기준으로 삼았다고 명시적으로 밝히면서, 위 지침을 기준으로 먼저 정량적 평가를 실시하여 수치로 표현될 수 있는 웹 접근성 준수율을 산출한 뒤, 이를 토대로 실질적으로 장애인의 접근·이용을 저해하는 요소가 있는지 평가하였고, 그 결과를 토대로 정당한 편의제공 여부를 판단하였다.

한편 위 결정은 웹 접근성 지침을 주된 기준으로 접근성을 평가하면서도, '동 지침을 준수하였다고 하더라도 장애인의 웹사이트 접근 및 사용이 어렵다면 이는 장애인을 불리하게 대우하는 차별행위로 판단될 여지가 있다'며, 웹사이트의 동등한 접근·이용과 관련한 정당한 편의제공 여부의 판단기준으로서의 접근성 지침의 한계를 지적한다는 이의가 있다. [34]

국가인권위원회 10진정0569300등 93건(병합) 결정.

3) 모바일 환경에서의 시각장애인에 대한 접근성 제한 사건

1급 시각장애인인 진정인은 자신이 가입한 웹사이트의 아이디와 비밀번

---

[34] 법무법인(유한) 태평양·재단법인 동천 공동편집, 앞의 책, 234~235면.

호를 잊어서 스마트폰을 이용하여 모바일 웹사이트 상에서 아이디와 비밀번호를 찾고자 하였다. 이 과정에서 본인확인 절차를 거치는 중, 자동입력 방지를 위한 보안문자를 입력하는 단계에서 음성지원이 되지 않아 더이상의 진행이 불가능하였다. 진정인은 이러한 서비스 상황이 장애인에 대한 차별에 해당한다고 주장하면서 본인확인서비스를 제공하는 회사를 상대로 국가인권위원회에 진정을 제기하였다.

국가인권위원회는 2014년 사건 당시의 모바일 환경에서 본인확인 보안문자를 음성으로 지원하는 것이 기술적으로 불가능하거나 매우 어렵다고 보기 힘들다고 판단하였다. 따라서 피진정인이 이러한 보안문자를 시각장애인이 접근할 수 있는 음성지원 등의 적절한 수단과 함께 제공하지 아니한 것은 〈장애인차별금지법〉 제20조 제1항을 위반한 것으로 보고 개선을 권고하였다.

국가인권위원회 14진정0887500, 14진정0887600(병합) 결정.

제21조: 정보통신·의사소통 등에서의 정당한 편의제공 의무 규정

제21조 (정보통신·의사소통 등에서의 정당한 편의제공 의무)

① 제3조 제4호·제6호·제7호·제8호 가목 후단 및 나목·제11호·제19호·제20호에 규정된 행위자, 제13호·제15호부터 제17호까지의 규정에 관련된 행위자, 제10조 제1항의 사용자 및 같은

조 제 2항의 노동조합 관계자(행위자가 속한 기관을 포함한다. 이하 이 조에서 "행위자 등"이라 한다)는 당해 행위자 등이 생산·배포하는 전자정보 및 비전자정보에 대하여 장애인이 장애인 아닌 사람과 동등하게 접근·이용할 수 있도록 한국수어, 문자 등 필요한 수단을 제공하여야 한다. 이 경우 제 3조 제 8호 가목 후단 및 나목에서 말하는 자연인은 행위자 등에 포함되지 아니한다.

② 행위자 등은 정보통신망을 통하여 정보나 서비스를 제공할 때 이동통신단말장치(〈전파법〉에 따라 할당받은 주파수를 사용하는 기간통신역무를 이용하기 위하여 필요한 단말장치를 말한다)에 설치되는 응용 소프트웨어 등 대통령령으로 정하는 유·무선 정보통신을 장애인이 장애인 아닌 사람과 동등하게 접근·이용할 수 있도록 하는 데 필요한 정당한 편의를 제공하여야 한다.

③ 공공기관 등은 자신이 주최 또는 주관하는 행사에서 장애인의 참여 및 의사소통을 위하여 필요한 한국수어 통역사·문자통역사·음성통역자·보청기기 등 필요한 지원을 하여야 한다.

④ 〈방송법〉 제 2조 제 3호에 따른 방송사업자와 〈인터넷 멀티미디어 방송사업법〉 제 2조 제 5호에 따른 인터넷 멀티미디어 방송사업자는 장애인이 장애인 아닌 사람과 동등하게 제작물 또는 서비스를 접근·이용할 수 있도록 폐쇄자막, 한국수어 통역, 화면해설 등 장애인 시청 편의 서비스를 제공하여야 한다.

⑤ 〈전기통신사업법〉에 따른 기간통신사업자(전화서비스를 제공하는 사업자만 해당한다)는 장애인이 장애인 아닌 사람과 동등하게 서비

스를 접근·이용할 수 있도록 통신설비를 이용한 중계서비스(영상통화서비스, 문자서비스 또는 그 밖에 과학기술정보통신부장관이 정하여 고시하는 중계서비스를 포함한다)를 확보하여 제공하여야 한다.

⑥ 다음 각 호의 사업자는 장애인이 장애인 아닌 사람과 동등하게 접근·이용할 수 있도록 출판물(전자출판물을 포함한다. 이하 이 항에서 같다) 또는 영상물을 제공하기 위하여 노력하여야 한다. 다만, 〈도서관법〉 제18조에 따른 국립중앙도서관은 새로이 생산·배포하는 도서자료를 점자 및 인쇄물 접근성바코드가 삽입된 자료, 음성 또는 확대문자 등으로 제공하여야 한다.

1. 출판물을 정기적으로 발행하는 사업자
2. 영화, 비디오물 등 영상물의 제작업자 및 배급업자

⑦ 제1항에 따른 필요한 수단을 제공하여야 하는 행위자 등의 단계적 범위 및 필요한 수단의 구체적인 내용, 제2항에 따른 행위자 등의 단계적 범위 및 정당한 편의의 구체적인 내용, 제3항에 따른 필요한 지원의 구체적인 내용 및 범위와 그 이행 등에 필요한 사항, 제4항에 따른 사업자의 단계적 범위와 제공하여야 하는 편의의 구체적 내용 및 그 이행 등에 필요한 사항, 제5항에 따른 사업자의 단계적 범위와 편의의 구체적 내용에 필요한 사항은 대통령령으로 정한다.

시행령 제14조 (정보통신 · 의사소통에서의 정당한 편의 제공의 단계적 범위 및 편의의 내용)

① 법 제21조 제1항 전단에 따라 장애인이 접근 · 이용할 수 있도록 한국수어, 문자 등 필요한 수단을 제공하여야 하는 행위자 등의 단계적 범위는 별표 3과 같다.

② 법 제21조 제1항에 따라 제공하여야 하는 필요한 수단의 구체적인 내용은 다음 각 호와 같다.

   1. 누구든지 신체적 · 기술적 여건과 관계없이 웹사이트를 통하여 원하는 서비스를 이용할 수 있도록 접근성이 보장되는 웹사이트

   2. 한국수어 통역사, 음성통역사, 점자자료, 점자정보단말기, 큰 활자로 확대된 문서, 확대경, 녹음테이프, 표준텍스트파일, 개인형 보청기기, 자막, 한국수어 통역, 인쇄물음성변환출력기, 장애인용복사기, 화상전화기, 통신중계용 전화기 또는 이에 상응하는 수단

③ 제2항 제2호에 따른 필요한 수단은 장애인이 요청하는 경우 요청받은 날부터 7일 이내에 제공하여야 한다.

④ 공공기관 등은 법 제21조 제2항에 따라 장애인이 행사 개최하기 7일 전까지 지원을 요청하는 경우에는 한국수어 통역사, 문자통역사, 음성통역사 또는 보청기기 등 필요한 수단을 제공하여야 한다.

⑤ 법 제21조 제3항에 따른 장애인 시청 편의 서비스의 구체적인 내용은 다음 각 호와 같다.

   1. 청각장애인을 위하여 방송의 음성 및 음향을 화면에 글자로 전달하는 폐쇄자막

   2. 청각장애인을 위하여 방송의 음성 및 음향을 손짓, 몸짓, 표정 등으로 전달하는 한국수어 통역

   3. 시각장애인을 위하여 화면의 장면, 자막 등을 음성으로 전달하는 화면해설

⑥ 제5항에서 규정한 사항 외에 장애인 시청 편의 서비스의 이행에 필요한 기

준, 방법 등은 과학기술정보통신부·방송통신위원회가 각각 소관별로 정하여 고시한다. 이 경우 과학기술정보통신부·방송통신위원회는 각각 미리 국가인권위원회와 협의하여야 한다.

⑦ 법 제21조 제4항에 따라 통신설비를 이용한 중계서비스를 제공하여야 하는 기간통신사업자의 단계적 범위는 별표 3의 2와 같다.

⑧ 법 제21조 제4항에 따른 통신설비를 이용한 중계서비스는 중계자가 통신설비를 이용하여 문자나 한국수어 영상 등을 음성으로 변환하거나 음성을 문자나 한국수어 영상 등으로 변환하여 장애인과 장애인 또는 장애인과 장애인이 아닌 사람 간의 통화를 실시간으로 중계하는 서비스로 한다.

1. 입법취지

제21조는 국가, 지방자치단체 및 공공기관이 생산·배포하는 전자정보와 비전자정보에 장애인의 접근성을 보장하여 정보획득에 있어 장애인의 사회참여 보장하기 위한 구체적 실행방안을 담고 있다.

장애인 혹은 노인 등 저시력인은 보조기기나 부가서비스를 통해 웹사이트를 이용하는 경우가 많다. 특히 전맹 시각장애인은 화면을 읽어주는 화면낭독 프로그램을 사용하여 웹사이트를 이용하는데, 웹사이트를 "웹콘텐츠접근성지침"[35] 국가표준을 지키지 않고 구축하면 이러한 장애인들이 웹사이트에 접근할 수 없다. 시각, 청각, 언어장애인은 비장애인과 정보를 획득하는 방법이 다를 수 있으므로 차별 없이 정보에

---

35) World Wide Web Consortium(W3C)의 WCAG를 한국형으로 연구하여 만든 KWCAG(Korean Web Content Accessibility Guidelines)를 통칭하여 이와 같이 표현하였다.

접근하고 이용할 수 있도록 적절한 편의가 제공되어야 한다.

2. 조문해설

1) 행위자 등이 제공하는 '필요한 수단'

(1) '필요한 수단'의 구체적인 내용 (시행령 제 14조 제 2항)

제 21조 제 1항에 따라 제공하여야 하는 필요한 수단의 구체적인 내용
은 다음과 같다.

① 누구든지 신체적·기술적 여건과 관계없이 웹사이트를 통하여 원
하는 서비스를 이용할 수 있도록 접근성이 보장되는 웹사이트, ② 한국
수어통역사, 음성통역사, 점자자료, 점자정보단말기, 큰 활자로 확대
된 문서, 확대경, 녹음테이프, 표준텍스트파일, 개인형 보청기기, 자
막, 한국수어통역, 인쇄물음성변환출력기, 장애인용 복사기, 화상전
화기, 통신중계용 전화기 또는 이에 상응하는 수단.

(2) 제공의 시기 (시행령 제 14조 제 3항, 제 4항)

위의 수단은 장애인이 요청하는 경우 요청받은 날부터 7일 이내에 제공
하여야 하며, 공공기관 등은 제 21조 제 2항에 따라 장애인이 행사를 개
최하기 7일 전까지 지원을 요청하는 경우에는 한국수어통역사, 문자통
역사 또는 보청기기 등을 제공하여야 한다.

2) 방송사업자 등이 제공하는 시청편의서비스 (시행령 제 14조 제 5항)

제 21조 제 3항에 따른 장애인 시청편의서비스의 구체적인 내용은 다음과 같다.

① 청각장애인을 위하여 방송의 음성 및 음향을 화면에 글자로 전달하는 폐쇄자막, ② 청각장애인을 위하여 방송의 음성 및 음향을 손짓, 몸짓, 표정 등으로 전달하는 한국수어 통역, ③ 시각장애인을 위하여 화면의 장면, 자막 등을 음성으로 전달하는 화면해설.

3) 이동통신단말장치에 설치되는 응용 소프트웨어 등
유 · 무선 정보통신에 대한 정당한 편의 제공의무 신설

기존 〈장애인차별금지법〉은 웹사이트에서 제공하는 정보에 대한 웹 접근성을 다룬 내용만 있었기에 모바일 응용 소프트웨어를 기반으로 한 정보 접근에 대한 규정이 없었다. 〈지능정보화 기본법〉 제 46조에 의한 장애인 · 고령자 등의 지능정보서비스 접근 및 이용 보장에 관한 내용을 〈장애인차별금지법〉에도 명시하여 정당한 편의 제공 의무를 강조하는 규정이 신설되었다.

3. 사례

1) 공직선거법 위헌소원 사건

2006년 5월 31일 시행된 지방선거의 선거권자이자 청각장애인인 청구인들이, 〈공직선거법〉 제 70조 제 6항, 제 72조 제 2항, 제 82조의 2 제 12

항이 청각장애 선거인을 위한 자막 또는 수화통역 방영을 의무사항이 아닌 임의사항으로 규정하여 청구인들의 기본권을 침해한다며 헌법재판소에 위 조항들의 위헌확인을 구하는 헌법소원심판을 청구한 사건.

〔다수의견: 청구기각〕 심판대상조항은 ① 기본적으로 청각장애 선거인들을 위해 마련된 점, ② 청각장애 선거인들은 심판대상조항이 정한 수화방송 등에 의해서만 선거에 관한 정보를 취득하는 것이 아니라 홍보유인물 등 문서도화에 의한 선거운동이나 정보통신망을 이용한 선거운동방식 등에 의해서도 선거에 관한 정보를 얻을 수 있는 점, ③ 심판대상조항에도 불구하고 심판대상조항의 수범자들은 〈장애인복지법〉 등 관련조항에서 정한 청각장애 선거인들을 위한 각종 행위 의무와 차별금지 의무를 부담하고 있는 점, ④ 심판대상조항이 수화방송 등을 의무사항으로 규정하지 아니한 취지는 수화방송 등이 원칙적으로 실시되어야 함을 부정하는 의미가 아니라 방송사업자 등의 시설장비나 기술수준 등에서 비롯되는 불가피한 사유로 말미암아 수화방송 등을 적시에 실시할 수 없는 경우도 있을 수 있다는 사정을 고려하였기 때문이라고 보이는 점, ⑤ 현 단계에서 수화방송 등을 어떠한 예외도 없이 반드시 실시하여야만 하는 의무사항으로 규정할 경우 후보자의 선거운동의 자유와 방송사업자의 보도·편성의 자유를 제한하는 문제가 있을 수 있다는 점 등을 종합하면, 비록 심판대상조항이 수화방송 등을 할 수 없는 예외사유를 더 제한적으로 구체화하여 규정하는 것이 바람직하다고 볼 수는 있겠지만, 이 사건에서 심판대상조항이 입법자 입법형성의 범위를 벗어난 것으로서 청구인들의 참정권, 평등권 등 헌법상 기본권을 침해하는 정도의 것이라고는 볼 수 없다.

〔재판관 김종대의 반대의견〕 선거방송의 수용과정에서 청각장애 선거인

을 원천적인 배제를 유발하는 차별의 효과와 이러한 차별을 방지하기 위해 제한되는 관련법익의 정도 및 부수되는 문제를 고려할 때, 심판대상조항은 차별 정도에 관한 적정한 균형관계를 일탈하여 그 정당성을 발견하기 어렵기 때문에 평등원칙에 위배된다.

헌법재판소 2009.5.28.자 2006헌마285 결정.

4. 입법 과제

장애인의 의사소통을 돕기 위해 "공공기관 등은 자신이 주최 또는 주관하는 행사에서 장애인의 참여 및 의사소통을 위하여 필요한 수화통역사, 문자통역사, 음성통역자, 보청기기 등 필요한 지원을" 해야 한다(제21조 제2항). 그러나 제시된 규정은 시각 및 청각장애인만을 고려한 것이며 지적장애인의 의사소통능력도 함께 고려하였다고 보기는 힘들다. 이는 차별 여부를 판단할 때 장애인의 유형 및 정도, 특성 등을 충분히 고려해야 한다는 규정(제5조 제2항)을 위배한 지적장애인에 대한 차별로도 해석될 수 있다.

지적장애인에 대한 인식은 배제적 및 집단적 판단에 기초하는 것이 아니라 개별적이면서도 전체를 포괄하는 판단에 따라 이루어져야 한다. 우선 지적장애인의 의사소통능력에 대해 긍정적으로 접근하고, 의사소통과정에서 지적장애인의 특성과 정도를 고려하여 이들에게 필요한 의사소통의 양식을 개발, 제시하는 것이 필요하다.

제 22조: 장애인의 개인정보 보호 규정

제 22조 (개인정보보호)

① 장애인의 개인정보는 반드시 본인의 동의하에 수집되어야 하고, 당해 개인정보에 대한 무단접근이나 오·남용으로부터 안전하여야 한다.

② 제 1항을 적용함에 있어서 〈개인정보 보호법〉, 〈정보통신망 이용촉진 및 정보보호 등에 관한 법률〉 등 관련 법률의 규정을 준용한다.

③ 장애아동이나 정신장애인 등 본인의 동의를 얻기 어려운 장애인에 있어서 당해 장애인의 개인정보의 수집·이용·제공 등에 관련된 동의행위를 대리하는 자는 〈민법〉의 규정을 준용한다.

1. 입법취지

제 22조는 개인정보 보호에 대해 규정하면서 장애인의 개인정보에 대한 수집, 이용 등 처리과정에서 장애인의 동의를 필수요건으로 하는 등 장애인의 정보주체로서의 권리를 명시한다.

2. 조문해설

제 22조 제 1항은 장애인의 개인정보는 반드시 본인 동의하에 수집되어야 하고 무단접근이나 오남용으로부터 안전해야 한다는 원칙을 밝힌다.

제 2항은 제 1항을 적용할 개인정보 처리자의 개인정보 처리 방침 및 보호 책무를 명시한 〈개인정보 보호법〉과, 이용자의 개인정보를 이용

하려고 수집하는 경우에는 모든 사항을 이용자에게 알리고 동의를 받도록 한 〈정보통신망 이용촉진 및 정보보호 등에 관한 법률〉을 준용하도록 규정한다.

제3항은 장애아동 등 본인의 동의를 얻기 어려운 장애인의 개인정보를 보호하고 오·남용을 막기 위하여 대리행위에 대한 〈민법〉 제114조 내지 제136조를 준용한다.

3. 사례

1) 시각장애인의 개인정보 무단 수집 및 이용 사건

서울특별시에서는 한국시각장애인연합회 ○○지부에 시각장애인 이동권 보장을 위한 복지콜택시 사업을 위탁하여 수행하였다. 위 연합회 지부는 통계자료로 활용하기 위하여 장애인이 복지콜택시 이용 시 탑승자의 동의 없이 탑승인원, 출발지, 행선지, 소요시간, 방문 목적 등의 정보를 수집하였다.

국가인권위원회는 서울특별시 및 위 연합회 지부가 개인정보의 수집, 이용, 관리 및 폐기 등에 관해 아무런 규정을 정하지 않고 정보주체들의 동의도 받지 않은 채 이용자들의 개인정보를 수집·이용함으로써 〈개인정보 보호법〉 제3조, 제15조 등의 규정을 위반하고 피해자들의 헌법상 기본권인 사생활의 비밀과 자유를 침해하였다고 판단하였다.

국가인권위원회는 이 결정에서, (정보주체들의 동의가 있는 경우라도) 수집한 정보를 통계자료로 활용하는 경우 개인의 신상과 철저히 분리되도

록 유의하여야 하며, 특히 방문 목적에 관한 정보는 헌법 제17조의 '사생
활의 비밀과 자유'와 매우 밀접한 관련이 있는 것으로, 운전원 교육자료나
정책결정의 통계자료로 활용하려는 목적을 위해 수집되는 자료로 적합하
지 아니하다고 판단하였다.　　　　　　　　국가인권위원회 16진정0227100 결정.

제23조: 정보접근·의사소통에서의 국가 및
지방자치단체의 의무 규정

제23조 (정보접근·의사소통에서의 국가 및 지방자치단체의 의무)

① 국가 및 지방자치단체는 장애인의 특성을 고려한 정보통신망 및 정
보통신기기의 접근·이용을 위한 도구의 개발·보급 및 필요한 지
원을 강구하여야 한다.

② 정보통신 관련 제조업자는 정보통신제품을 설계·제작·가공함에
있어서 장애인이 장애인 아닌 사람과 동등하게 접근·이용할 수 있
도록 노력하여야 한다.

③ 국가와 지방자치단체는 장애인이 장애의 유형 및 정도, 특성에 따라
한국수어, 구화, 점자 및 인쇄물 접근성바코드가 삽입된 자료, 큰문
자 등을 습득하고 이를 활용한 학습지원서비스를 제공받을 수 있도
록 필요한 조치를 강구하여야 하며, 위 서비스를 제공하는 자는 장
애인의 의사에 반하여 장애인의 특성을 고려하지 않는 의사소통양
식 등을 강요하여서는 아니 된다.

---

1. 입법취지 및 조문해설

제23조 제1항은 정보통신망 및 정보통신기기의 개발 및 보급 등 장애인의 정보접근성 확대를 위한 국가 및 지방자치단체의 의무를 규정한다. 현재 행정안전부와 방송통신위원회는 장애인의 정보 및 방송접근권 확대를 위한 보조기기 보급사업을 실시하고 있다.

제23조 제2항은 정보통신 관련 제조업자가 제품 개발에 있어 장애인의 접근성을 고려하도록 노력 의무를 부과하고 있다. 제품 개발단계에서부터 장애인이 고려된다면 '정당한 편의를' 제공하기 위한 사회적 비용이 한층 줄어들 수 있으므로 관련 사업자의 자발적 참여가 필요하다.

제23조 제3항은 국가, 지방자치단체가 장애유형별로 고유한 의사소통방식을 학습할 수 있도록 지원할 의무를 규정하고 특정한 의사소통양식을 강요할 수 없도록 금지한다. 이에 따라 국가와 지방자치단체는 장애인이 수화, 구화, 점자 등 의사소통방식을 학습할 수 있도록 보장해야 한다.

한편 2014년 1월 28일에 제3항 규정 중 "점자"를 "점자, 점자·음성변환용 코드가 삽입된 자료"로 개정하였다. 정보접근의 대표적 취약계층인 시각장애인이 인쇄물음성변환출력기 또는 이를 대체할 수 있는 스마트폰 어플리케이션 등을 활용하여 정보에 접근하기 위해서는 각종 민원서류, 공·사문서 및 인쇄물에 시각장애인을 위한 인쇄물음성변환용 2차원 바코드 표준에 따른 점자·음성변환용 코드가 반드시 있어야 한다. 따라서 점자·음성변환용 코드를 보급하기 위한 법적 근거를 마련함으로서 시각장애인의 정보접근성 향상에 기여하려는 목적으로 본 조항이 개정되었다. 2017년 12월 19일에는 점자·음성변환용 코드를 인쇄물 접근성바코드로 변경하는 개정이 이루어졌다.

2. 입법 과제

1) 제 23조 제 2항 관련

정보통신 관련 제조업자의 정의와 그에 따른 범위가 모호하다. 또한 모든 소규모 사업자의 제품설계와 제작·가공에 장애인의 동등한 접근 및 이용 가능성을 의무화하는 것은 현실성이 떨어지므로 이 조항의 빠른 현실화를 위해서는 매출액 일정규모 이상의 회사에게 '노력'이 아닌 '의무'를 부과하여야 할 것이다.

현재 미국은 CVAA(21st Century Communications and Video Accessibility Act, 21세기 커뮤니케이션 및 영상장비법)를 통해, 장애인 접근성을 보장하지 않는 모든 제품에 대해 수입 및 수출을 전면 통제함으로써 기업들의 제품 연구개발 및 생산단계에서부터 장애인을 고려하지 않을 수 없도록 강력한 의무를 부과한다.

2) 제 23조 제 3항 관련

제 23조 제 3항은 시각 및 청각장애인만을 고려했을 뿐, 지적장애인의 어려움에 대한 고려는 없는 조항이다. 이는 차별 여부를 판단할 때 장애인의 유형 및 정도 그리고 특성 등을 충분히 고려해야 한다는 같은 법 제 5조 제 2항을 위배한 지적장애인에 대한 차별로 해석될 수 있기에 개선이 필요하다. 같은 조의 국가 및 지방자치단체의 의무에 '시청각 보조자료', '읽기 쉽고 이해하기 쉬운 보조자료'를 포함하도록 명시하고 차

별행위에 대한 입증이 어려운 지적장애인의 특성을 고려, 차별행위 입증 책임에 대한 전환도 이루어져야 할 것이다. 36)

제24조: 문화·예술활동에서의 차별금지 규정

제24조 (문화·예술활동의 차별금지)

① 국가와 지방자치단체 및 문화·예술사업자는 장애인이 문화·예술활동에 참여함에 있어서 장애인의 의사에 반하여 특정한 행동을 강요하여서는 아니 되며, 제4조 제1항 제1호·제2호 및 제4호에서 정한 행위를 하여서는 아니 된다.

② 국가와 지방자치단체 및 문화·예술사업자는 장애인이 문화·예술활동에 참여할 수 있도록 정당한 편의를 제공하여야 한다.

③ 국가 및 지방자치단체는 장애인이 문화·예술시설을 이용하고 문화·예술활동에 적극적으로 참여할 수 있도록 필요한 시책을 강구하여야 한다.

④ 제2항을 적용함에 있어서 그 적용대상이 되는 문화·예술사업자의 단계적 범위 및 정당한 편의의 구체적인 내용 등 필요한 사항은 대통령령으로 정한다.

---

36) 임성만, 2008, "장애인차별금지법과 지적장애인", 참여연대 복지동향 칼럼 (http://www.peoplepower21.org/Welfare/665407).

시행령 제 15조 (문화 · 예술활동의 차별금지)

① 법 제 24조 제 2항에 따라 장애인이 문화 · 예술활동에 참여할 수 있도록 정당한 편의를 제공하여야 하는 문화 · 예술사업자의 단계적 범위는 별표 4와 같다.

② 법 제 24조 제 2항에 따른 정당한 편의의 구체적 내용은 다음 각 호와 같다.

1. 장애인의 문화 · 예술활동 참여 및 향유를 위한 출입구, 위생시설, 안내시설, 관람석, 열람석, 음료대, 판매대 및 무대단상 등에 접근하기 위한 시설 및 장비의 설치 또는 개조

2. 장애인과 장애인 보조인이 요구하는 경우 문화 · 예술활동 보조인력의 배치

3. 장애인의 문화 · 예술활동을 보조하기 위한 휠체어, 점자안내책자, 보청기 등 장비 및 기기 제공

4. 장애인을 위한 문화 · 예술활동 관련 정보 제공

장애인차별금지법 시행령 별표 4 (문화 · 예술사업자의 단계적 범위)

1. 2010년 4월 11일부터 적용되는 문화 · 예술사업자

    가. 국가 및 지방자치단체와 소속 문화재단, 문화예술 진흥 및 문화예술활동 지원을 위하여 법률에 따라 설립된 기관

    나. 국립중앙도서관, 〈도서관법〉 제 2조 제 4호[37]에 따른 공공도서관(같은 호 각 목의 시설은 제외한다)

    다. 〈박물관 및 미술관 진흥법〉 제 2조에 따른 국 · 공립 박물관, 국 · 공립 대학박물관

    라. 〈박물관 및 미술관 진흥법〉 제 2조에 따른 국 · 공립 미술관, 국 · 공립 대학미술관

2. 2012년 4월 11일부터 적용되는 문화 · 예술사업자

    가. 〈문화예술진흥법 시행령〉 별표 1에 따른 민간 종합공연장

    나. 〈박물관 및 미술관 진흥법〉 제 2조에 따른 사립 대학박물관, 사립 대

학미술관

3. 2015년 4월 11일부터 적용되는 문화·예술사업자

    가. 〈문화예술진흥법 시행령〉 별표에 따른 민간 일반공연장

    나. 〈문화예술진흥법〉 제2조에 따른 스크린 기준 300석 이상 규모의 영
        화상영관

    다. 〈문화예술진흥법〉 제2조에 따른 조각공원, 문화의 집, 복지회관, 문
        화체육센터, 청소년활동시설, 지방문화원

    라. 〈박물관 및 미술관 진흥법〉 제2조에 따른 박물관 중 사립박물관(전시
        실 바닥면적 500제곱미터 이상인 시설만 해당한다)

    마. 〈박물관 및 미술관 진흥법〉 제2조에 따른 미술관 중 사립미술관(전시
        실 바닥면적 500제곱미터 이상인 시설만 해당한다)

박물관 및 미술관 진흥법 제2조 (정의)
이 법에서 사용하는 용어의 뜻은 다음과 같다.

1. "박물관"이란 문화·예술·학문의 발전과 일반 공중의 문화향유 증진에 이
   바지하기 위하여 역사·고고·인류·민속·예술·동물·식물·광물·과
   학·기술·산업 등에 관한 자료를 수집·관리·보존·조사·연구·교육
   하는 시설을 말한다.

2. "미술관"이란 문화·예술의 발전과 일반 공중의 문화향유 증진에 이바지하
   기 위하여 박물관 중에서 특히 서화·조각·공예·건축·사진 등 미술에
   관한 자료를 수집·관리·보존·조사·연구·교육하는 시설을 말한다.

---

37) "공공도서관"이라 함은 공중의 정보이용·독서활동·문화활동 및 평생교육을 위하여
    국가 또는 지방자치단체 및 〈지방교육자치에 관한 법률〉 제32조에 따라 교육감이
    설립·운영하는 도서관(이하 "공립 공공도서관"이라 한다) 또는 법인(〈민법〉이나
    그 밖의 법률에 따라 설립된 법인을 말한다. 이하 같다), 단체 및 개인이 설립·운영
    하는 도서관(이하 "사립 공공도서관"이라 한다)을 말한다.

박물관 및 미술관 진흥법 제 3조 (박물관·미술관의 구분)

① 박물관은 그 설립·운영주체에 따라 다음과 같이 구분한다.

1. 국립 박물관: 국가가 설립·운영하는 박물관

2. 공립 박물관: 지방자치단체가 설립·운영하는 박물관

3. 사립 박물관: 〈민법〉, 〈상법〉 그 밖의 특별법에 따라 설립된 법인·단체 또는 개인이 설립·운영하는 박물관

4. 대학 박물관: 고등교육법에 따라 설립된 학교나 다른 법률에 따라 설립된 대학 교육과정의 교육기관이 설립·운영하는 박물관

② 미술관은 그 설립·운영주체에 따라 국립 미술관, 공립 미술관, 사립 미술관, 대학 미술관으로 구분하되, 그 설립·운영의 주체에 관하여는 제 1항 각 호를 준용한다.

문화예술진흥법 제 2조 (정의)

① 이 법에서 사용하는 용어의 뜻은 다음과 같다.

1. "문화예술"이란 문학, 미술(응용미술을 포함한다), 음악, 무용, 연극, 영화, 연예(演藝), 국악, 사진, 건축, 어문(語文), 출판 및 만화를 말한다.

2. "문화산업"이란 문화예술의 창작물 또는 문화예술 용품을 산업수단에 의하여 기획·제작·공연·전시·판매하는 것을 업(業)으로 하는 것을 말한다.

3. "문화시설"이란 문화예술 활동에 지속적으로 이용되는 다음 각 목의 시설을 말한다.

　　가. 〈공연법〉 제 2조 제 4호에 따른 공연장 등 공연시설

　　나. 〈박물관 및 미술관 진흥법〉 제 2조 제 1호 및 제 2호에 따른 박물관 및 미술관 등 전시시설

　　다. 〈도서관법〉 제 2조 제 1호에 따른 도서관 등 도서시설

　　라. 문화예술회관 등 공연시설과 다른 문화시설이 복합된 종합시설

마. 그 밖에 대통령령으로 정하는 시설

② 문화시설의 종류는 대통령령으로 정하는 바에 따라 세분할 수 있다.

문화예술진흥법 시행령 제2조 (문화시설의 종류)

〈문화예술진흥법〉 제2조 제1항 제3호에 따른 문화시설의 종류는 별표 1과 같다.

문화예술진흥법 시행령 별표 1 (문화예술 문화시설의 종류)

1. 공연시설

　가. 공연장: 〈공연법〉 제2조 제4호에 따른 공연장(영화상영관은 제외한다)

　　1) 종합공연장: 시·도 종합문화예술회관 등 1천 석 이상의 대규모 공연장

　　2) 일반공연장: 시·군·구 문화예술회관 등 1천 석 미만 300석 이상의 중규모 공연장

　　3) 소공연장: 300석 미만의 소규모 공연장

　나. 영화상영관: 〈영화 및 비디오물의 진흥에 관한 법률〉에 따른 영화를 상영하는 공연장

　　1) 〈영화 및 비디오물의 진흥에 관한 법률〉 제36조 제1항에 따른 영화상영관

　　2) 〈영화 및 비디오물의 진흥에 관한 법률〉 제2조 제10호 단서에 따른 비상설상영장

　다. 야외음악당 등: 연주·연극·무용 등을 할 수 있는 야외시설로서 〈공연법〉에 따른 공연장 외의 시설

2. 전시시설

　가. 박물관: 〈박물관 및 미술관 진흥법〉 제2조 제1호에 따른 박물관

　나. 미술관: 〈박물관 및 미술관 진흥법〉 제2조 제2호에 따른 미술관

다. 화랑: 회화·서예·사진·공예 등의 작품을 전시·매매하는 시설

라. 조각공원: 조각작품을 전시하는 공원

(중략)

4. 지역문화복지시설

가. 문화의 집: 지역주민이 생활권역에서 문화예술을 이해하고 체험하며 직접 참여할 수 있도록 하기 위한 것으로서 관련 프로그램과 지식 및 정보를 제공하는 복합문화공간

나. 복지회관: 지역주민의 사회참여 기회를 확대하고 복지를 향상하기 위한 것으로서 지역사회의 발전을 위한 집회 및 강연, 그 밖에 각종 관련 행사 등이 이루어지는 시설

다. 문화체육센터: 지역주민의 문화·체육활동을 향상하기 위하여 건립된 시설

라. 청소년활동시설: 〈청소년기본법〉 제17조에 따른 청소년활동시설

1. 입법취지

제24조 제1항은 국가, 지방자치단체, 문화·예술사업자가 장애인에게 장애인의 의사에 반하는 특정 행동을 강요하거나 문화·예술활동에 있어서 직접차별, 간접차별, 광고에 의한 차별을 해서는 안 된다고 명시하고 있다. 제24조 제2항은 장애인이 문화·예술활동에 참여할 수 있도록 정당한 편의를 제공하도록 하고 있다. 제24조 제3항은 국가와 지방자치단체가 장애인의 문화·예술시설 이용 및 참여를 위해 필요한 시책을 강구하도록 명시한다.

2. 조문해설

1) 장애인의 의사에 반하는 특정한 행동의 강요 (제 24조 제 1항)

장애를 이유로 장애인 본인이 원하는 문화·예술의 창작이나 참여활동이 아닌 다른 형태의 행위를 강요하는 것을 말한다.

2) 국가 및 지방자치단체 소속의 문화재단 (시행령 별표 4)

개별법에 근거를 두고 문화예술진흥 및 문화예술활동지원을 위하여 설립된 기관을 의미하며, 현재 서울문화재단, 부천문화재단, 경기문화재단, 인천문화재단 등이 있다.

3. 사례: 사립 대학박물관의 정당한 편의 미제공 사건

시각장애인인 진정인이 사립 대학박물관을 상대로, 박물관을 소개하는 점자안내책자 및 음성지원이 되는 안내책자를 제공할 것 등을 진정한 사건이다. 국가인권위원회는 사립 대학박물관의 경우 2012년 4월 11일부터 〈장애인차별금지법〉 제 15조 제 2항에서 규정하고 있는 정당한 편의제공의 의무가 있으므로, 피진정인이 점자 등이 있는 안내책자를 시각장애인에게 제공하지 않고 있는 것은 〈장애인차별금지법〉 제 24조 제 2항 및 같은 법 시행령 제 15조 제 2항의 관련 규정을 위반한, 장애를 이유로 한 차별에 해당된다고 판단하고 시정을 권고하였다.

국가인권위원회 12진정0636400 결정.

제 24조의 2: 관광활동에서의 차별금지 규정

제 24조의 2(관광활동의 차별금지)

① 국가와 지방자치단체 및 관광사업자(〈관광진흥법〉 제 2조 제 2호에 따른 관광사업자를 말한다. 이하 이 조에서 같다)는 장애인이 관광활동에 참여함에 있어서 장애인에게 제 4조 제 1항 제 1호·제 2호 및 제 4호부터 제 6호까지에서 정한 행위를 하여서는 아니 된다.

② 국가와 지방자치단체 및 관광사업자는 장애인이 관광활동에 참여할 수 있도록 정당한 편의를 제공하여야 한다.

③ 국가와 지방자치단체는 장애인이 관광활동에 적극적으로 참여할 수 있도록 필요한 시책을 강구하여야 한다.

④ 제 2항을 시행함에 있어서 그 적용대상이 되는 관광사업자의 단계적 범위 및 정당한 편의의 구체적인 내용 등 필요한 사항은 대통령령으로 정한다.

시행령 제 15조의 2(관광활동의 차별금지)

① 법 제 24조의 2 제 2항에 따라 장애인이 관광활동에 참여할 수 있도록 정당한 편의를 제공하여야 하는 관광사업자의 단계적 범위는 별표 4의 2와 같다.

② 법 제 24조의 2 제 2항에 따른 정당한 편의의 구체적인 내용은 다음 각 호와 같다.

  1. 장애인의 관광활동을 위한 관광시설 이용 및 관광지 접근 등에 관한 정보 제공 및 안내

  2. 장애인의 관광활동을 위한 보조인력의 이용 안내

1. 입법취지

제 24조의 2는 장애인의 관광활동에 대한 차별금지 및 정당한 편의 제공을 명확히 하는 규정으로 신설되었다. 관광활동의 특수성을 감안하여 장애인이 비장애인과 마찬가지로 관광활동을 누릴 수 있도록 차별을 금지하고 정당한 편의 제공을 의무화하였다.

2. 조문해설

"관광활동"은 〈관광진흥법〉 제 2조 제 1호에 따른 관광사업의 용역 등을 제공받거나 관광에 딸린 시설을 이용하는 활동을 의미한다. 장애인의 관광활동 참여와 관련하여 국가, 지방자치단체 및 관광사업자에게 차별행위 금지 및 정당한 편의 제공을 의무를 규정했다. 정당한 편의는 장애인의 관광활동을 위한 관광시설 이용 및 관광지 접근 등에 관한 정보 제공 및 안내, 장애인의 관광활동을 위한 보조인력의 이용 안내로 규정하였다. 아울러 장애인이 관광활동에 적극적으로 참여할 수 있도록 국가와 지자체가 필요한 시책을 강구하도록 하였다.

제 25조: 체육활동에서의 차별금지 규정

제 25조 (체육활동의 차별금지)

① 체육활동을 주최 · 주관하는 기관이나 단체, 체육활동을 목적으로 하는 체육시설의 소유 · 관리자는 체육활동의 참여를 원하는 장애인

을 장애를 이유로 제한·배제·분리·거부하여서는 아니 된다.

② 국가 및 지방자치단체는 자신이 운영 또는 지원하는 체육프로그램이 장애인의 성별, 장애의 유형 및 정도, 특성 등을 고려하여 운영될 수 있도록 하고 장애인의 참여를 위하여 필요한 정당한 편의를 제공하여야 한다.

③ 국가 및 지방자치단체는 장애인이 체육활동에 참여할 수 있도록 필요한 시책을 강구하여야 한다.

④ 제2항을 시행하는 데 필요한 사항은 대통령령으로 정한다.

시행령 제16조 (체육활동의 차별금지)

① 법 제25조 제2항에 따라 국가 및 지방자치단체가 제공하여야 하는 정당한 편의의 내용은 다음 각 호와 같다.

1. 장애인의 체육활동에 필요한 시설 설치 및 체육용 기구 배치
2. 장애인이 참여할 수 있는 체육활동 프로그램 운영
3. 장애인이나 장애인의 보조인이 요구하는 경우 체육지도자 및 체육활동 보조인력의 배치
4. 장애인 체육활동의 편의를 위한 장비 등의 사용설명 내용이 포함된 영상물 및 책자의 배치
5. 장애인을 위한 체육활동 관련 정보 제공
6. 장애인의 체육활동을 지도할 수 있는 장애인체육 지도자의 양성
7. 장애인들이 사용할 수 있는 체육용 기구 생산 장려
8. 장애인 체육활동을 위한 의료서비스 제공

② 제1항 제1호의 장애인 체육활동에 필요한 시설의 종류 및 설치의무 적용 시기는 별표 5와 같다.

장애인차별금지법 시행령 별표 5 (장애인 체육활동에 필요한 시설의 종류 및 설치의무 적용 시기)
*241면 수록.

1. 입법취지

오늘날에는 장애인을 치료의 대상으로 보던 과거의 관점에서 벗어나, 사회의 구성원으로서 자주권, 행복추구권, 생활권, 평등권 등의 주체로 장애인을 이해하게 되었다. 이에 발맞추어 장애인의 체육 역시 소극적이고 수동적인 의료적 재활을 넘어 적극적이고 능동적인 활동으로 보게 된 것이다.

이와 같은 변화에 맞추어, 〈장애인차별금지법〉은 특별히 장애인의 체육활동과 관련한 차별을 금지하는 조항을 두어 ① 체육활동을 하고자 하는 장애인을 장애를 이유로 제한, 배제, 분리, 거부하는 것을 금지하고, ② 국가 및 지방자치단체로 하여금 장애인이 체육활동에 참여할 수 있는 정당한 편의를 제공하도록 규정한다. 이를 통해 장애인이 적극적으로 체육활동에 참여할 수 있는 법적, 제도적 기반을 마련하였다.

2. 조문해설

1) 체육활동

〈장애인차별금지법〉상 체육이란 〈국민체육진흥법〉 제 2조의 체육 및 학교체육, 놀이, 게임, 스포츠, 레저, 레크리에이션 등 체육으로 간주

장애인차별금지법 시행령 별표 5 (장애인 체육활동에 필요한 시설의 종류 및 설치의무 적용 시기)

I. 시설의 종류

구분		시설설치 내용
공통필수	편의시설	〈교통약자의 이동편의 증진법〉시행령 별표 2 제 2호에 따른 매개시설, 실내복도, 2층 이상일 경우 경사로 또는 승강기 등 내부시설 장애인용 화장실(대변기 · 소변기 · 세면대), 샤워실 · 탈의실 등 위생시설, 점자블록, 유도 및 안내설비, 경보 및 피난시설 등 안내시설 관람석, 매표소 등 기타시설
실내 시설	수영장	입수 편의를 위한 경사로 · 손잡이 등 입수보조시설, 수영장과 연계된 탈의실 전입보조시설, 탈의 및 사워 보조기구, 보조 휠체어,
	실내체육관	좌식배구지주, 골볼(Goal ball) 골대
실외 시설	야외경기장	경기장 전입시설
	생활체육공원 등	공원 내 체육시설 접근로 등

II. 설치의무 적용 시기

1. 국가 및 인구 50만 명 이상 지방자치단체가 설치한 체육시설: 2010년 4월 11일부터 적용.

2. 인구 30만 명 이상 50만 명 미만 지방자치단체가 설치한 체육시설: 2012년 4월 11일부터 적용.

3. 인구 30만 명 미만 지방자치단체가 설치한 체육시설: 2015년 4월 11일부터 적용.

되는 모든 신체활동을 말한다(〈국민체육진흥법〉 제2조 제12호).

2) 제25조 제1항: 체육시설 등의 이용에 관한 차별의 금지

제25조 제1항은 장애인이 체육활동에 참여할 때 체육시설의 소유, 관리자가 장애를 이유로 장애인을 제한, 배제, 분리, 거부하는 것을 금지한다. 위 규정은 체육활동을 주최, 주관하는 모든 기관과 단체 또는 체육시설의 소유, 관리자를 대상으로 하는 것으로서 국가 및 지방자치단체만을 대상으로는 제25조 제2항과는 구분된다.

3) 제25조 제2항: 장애인이 참여할 수 있는 체육프로그램의 모색

제2항은 국가 및 지방자치단체가 운영 또는 지원하는 체육프로그램에 장애인이 참여하고자 하는 경우, 국가 및 지방자치단체로 하여금 장애인이 참여할 수 있는 운영방안을 모색하도록 하고 있다. 구체적으로 장애인의 성별, 장애의 유형 및 정도, 특성 등을 고려해 관련 프로그램을 운영해야 한다고 규정한다.

4) 제25조 제2항: 정당한 편의의 제공 의무

위 규정은 장애인의 참여를 위하여 필요한 정당한 편의를 제공할 의무를 부과한다. 국가 및 지방자치단체가 제공해야 하는 정당한 편의에는 장애인의 참여를 위한 출입구, 위생시설, 안내시설, 음료대, 판매대, 각종 체육시설 등에 접근하기 위한 시설 및 장비와 기구의 배치, 장애인이나 장애인의 보조인이 요구하는 경우 체육활동 보조인력의 배치 등이 포함된다(같은 법 시행령 제16조 제1항, 제2항 별표5).

5) 제 25조 제 3항 : 장애인의 체육활동 참여를 위한 시책 마련

국가 및 지방자치단체는 장애인이 체육활동에 참여할 수 있도록 필요한 시책을 강구할 의무가 있다.

3. 사례

1) 장애인이 참여할 수 있는 프로그램 및 정당한 편의를 제공하지 않은 사례

지방자치단체에서 운영, 지원하는 문화체육시설을 이용하고자 하였으나 ① 장애인이 이용할 수 있는 체육프로그램이 없고, ② 점자블록, 촉지도 등 시설의 구조를 알 수 있는 정보가 없었으며, ③ 수화통역 등을 제공받지 못하였고, ④ 보호자 동반을 요구받은 사안이다.

국가인권위원회는 지방자치단체에 대하여 ① 문화체육 프로그램 운영에서 장애인의 참여를 보장할 것, ② 보조인력의 배치 및 시각장애인용 안내책자 제공 등 정당한 편의를 제공할 것을 권고하였다.

국가인권위원회 12진정0618000 등 6건(병합) 결정.

2) 장애인에 대한 수영시설 이용 제한 사건

지방자치단체가 사단법인에 위탁운영하고 있는 청소년수련관에서 장애인이 참여할 수 있는 수영프로그램을 운영하거나 운영을 위한 별도의 지원을 하지 아니한 사안이다.

국가인권위원회는 지방자치단체에게 장애인이 참여할 수 있는 체육활동프로그램을 운영할 의무가 있고, 이 의무는 현재 청소년수련관을 직접 운영하고 있지 않아도 감경되지 않는다고 하면서, 위탁운영에도 불구하고 지방자치단체가 제25조 제2항, 시행령 제16조 제1항 제2호를 위반하였다고 결정하였다. 국가인권위원회 09진차1175 결정.

4. 입법 과제

장애인의 체육활동이 제대로 보장되기 위해서는 체육시설을 이용할 수 있도록 정당한 편의가 제공되어야 한다. 단순히 체육시설에 접근할 수 있는 편의까지만 제공하는 데에 그친다면 장애인은 시설에는 접근이 가능하더라도 실질적으로 체육활동에는 참여하기 어려울 것이다. 이러한 점은 체육시설이 다른 시설과 특히 다른 부분이다.

한편 〈장애인차별금지법〉 제25조 제2항은 국가 및 지방자치단체에 대하여만 정당한 편의제공 의무를 부여한다. 정부기관에 의무를 부여하는 것만으로는 장애인이 생활체육에 적극적으로 참여할 수 있는 물적 시설이 확충될 수 없다. 국가 및 지방자치단체에서 운영하는 장애인 생활체육시설은 2010년 기준으로 전국 27곳에 불과하기 때문이다. 실제로 현재 등록된 장애인 약 268만 명 중에서 생활체육에 참여하는 비율은 2013년 기준 12.3%에 불과한 것으로 조사된 바 있다.[38]

이에 더하여, 설문조사 결과 장애인 생활체육과 관련하여 필요 및 개선되어야 할 사항으로 편의시설 및 복지시설에 대한 요구가 가장 높았

---

38) 대한장애인체육회, 〈2013 장애인생활체육실태조사 결과보고서〉, 2013, 문화체육관광부.

으며, 그중 장애인 전용 체육시설의 확충은 29%정도였다.[39] 이와 같은 조사결과를 종합해 볼 때, 장애인들의 체육활동 참여가 제대로 이루어지지 않는 이유는 이들이 사용할 수 있는 체육시설이 부족하기 때문이라 할 수 있다. 문제는 대부분의 생활체육시설을 민간이 운영하고 있다는 것이다. 그러므로 민간에서 운영하더라도 일정 규모 이상의 생활체육시설의 경우에는 장애인이 이용할 수 있는 편의시설 및 복지시설을 설치하도록 하는 등, 정당한 편의제공 의무를 부과할 필요가 있다.

문화, 예술의 향유권에 관한 제24조에서는 극장과 같은 일반적인 상업시설의 경우에도 장애인이 이용할 수 있도록 편의시설을 제공할 의무를 부과하되 규모에 따라 적용시기를 달리한다. 체육시설도 이처럼 유보조항을 두고 편의제공 의무를 부과할 수 있다고 판단된다.

---

39) 앞의 보고서.

제 4 절
사법 · 행정절차 및 서비스와 참정권

제 26조: 사법 및 행정서비스에 있어서의 차별금지 규정

제 26조 (사법 · 행정절차 및 서비스 제공에 있어서의 차별금지)

① 공공기관 등은 장애인이 생명, 신체 또는 재산권 보호를 포함한 자신의 권리를 보호 · 보장받기 위하여 필요한 사법 · 행정절차 및 서비스 제공에 있어 장애인을 차별하여서는 아니 된다.

② 공공기관 및 그 소속원은 사법 · 행정절차 및 서비스의 제공에 있어서 장애인에게 제 4조 제 1항 제 1호 · 제 2호 및 제 4호부터 제 6호까지에서 정한 행위를 하여서는 아니 된다.

③ 공공기관 및 그 소속원은 직무를 수행하거나 권한을 행사함에 있어서 다음 각 호에 해당하는 차별행위를 하여서는 아니 된다.

  1. 허가, 신고, 인가 등에 있어 장애인을 정당한 사유 없이 장애를 이유로 제한 · 배제 · 분리 · 거부하는 경우

  2. 공공사업 수혜자의 선정기준을 정함에 있어서 정당한 사유 없이 장애인을 제한 · 배제 · 분리 · 거부하거나 장애를 고려하지 아니한 기준을 적용함으로써 장애인에게 불리한 결과를 초래하는 경우

④ 공공기관 및 그 소속원은 사법·행정절차 및 서비스를 장애인이 장애인 아닌 사람과 실질적으로 동등한 수준으로 이용할 수 있도록 제공하여야 하며, 이를 위하여 정당한 편의를 제공하여야 한다.

⑤ 공공기관 및 그 소속원은 장애인이 사법·행정절차 및 서비스에 참여하기 위하여 장애인 스스로 인식하고 작성할 수 있는 서식의 제작 및 제공 등 정당한 편의제공을 요구할 경우 이를 거부하거나 임의로 집행함으로써 장애인에게 불이익을 주어서는 아니 된다.

⑥ 사법기관은 사건관계인에 대하여 의사소통이나 의사표현에 어려움을 겪는 장애가 있는지 여부를 확인하고, 그 장애인에게 형사사법절차에서 조력을 받을 수 있음과 그 구체적인 조력의 내용을 알려주어야 한다. 이 경우 사법기관은 해당 장애인이 형사사법절차에서 조력을 받기를 신청하면 정당한 사유 없이 이를 거부하여서는 아니 되며, 그에 필요한 조치를 마련하여야 한다. 〔개정 2010. 5. 11., 2012. 10. 22.〕 〔시행일 2013. 4. 23.〕

⑦ 사법기관은 장애인이 인신구금·구속 상태에 있어서 장애인 아닌 사람과 실질적으로 동등한 수준의 생활을 영위할 수 있도록 정당한 편의 및 적극적인 조치를 제공하여야 한다.

⑧ 제4항부터 제7항까지의 규정에서 필요한 사항은 대통령령으로 정한다.

> **시행령 제 17조 (사법·행정절차 및 서비스에 있어서의 편의제공 등)**
>
> ① 공공기관 및 그 소속원은 법 제 26조 제 8항에 따라 장애인이 사법·행정절
> 차 및 서비스를 이용하거나 그에 참여하기 위하여 요구할 경우 보조인력,
> 점자자료, 인쇄물음성출력기기, 수화통역, 대독(代讀), 음성지원시스템,
> 컴퓨터 등의 필요한 정당한 편의를 제공하여야 하고, 장애인의 장애유형
> 및 상태를 고려하여 교정·구금시설에서 계구(戒具)를 사용하거나 고충상
> 담, 교도작업 또는 직업능력개발훈련을 실시할 수 있다.
> ② 검사나 사법경찰관이 제 1항에 따라 장애인인 피의자를 신문하는 경우에는
> 〈형사소송법〉 제 244조의 5에 따른다.

1. 입법취지

1) 입법취지와 연혁

〈장애인차별금지법〉제 26조는 사법·행정영역의 차별금지를 규정한
다. 신체의 자유, 생명권, 재산권과 같은 국민의 기본권은 사법·행정
절차 및 서비스를 통하여 보장되고 보호된다. 그러므로 장애인의 기본
권을 보장하기 위해서는 사법행정절차 및 서비스 제공 시 장애인 차별
이 없어야 하고, 장애인의 접근권을 포함한 정당한 편의제공이 이루어
져야 한다. 특히 사법절차 및 서비스에의 접근권을 사법접근권이라는
권리로 개념화할 수 있다.[1] 장애인에 대한 각종 영역에서의 차별을 방

---

1) 〈장애인·노인·임산부 등의 편의증진 보장에 관한 법률〉제 4조는 '접근권'이라는
   표현을 사용하는데, 주로 시설과 설비, 정보에 접근할 권리를 뜻한다. '사법서비스
   접근권'은 형사·민사소송 등 사법부를 통하여 제공되는 사법서비스에 장애인이 다른
   사람과 동등하게 접근할 수 있는 권리이다(차성안, 2010, "장애인의 사법(司法) 서비

지하기 위해서도 사법·행정절차 및 서비스에서의 차별은 엄격하게 금지해야 한다. 이러한 점을 고려하여 〈장애인차별금지법〉은 사법·행정절차 및 서비스 영역에서의 차별금지를 명시적으로 규정하며, 특히 형사사법기관이 장애인에게 제공해야 하는 조치를 자세히 정한다.

사법 및 행정영역은 개인이나 사적 단체가 아니라 국가·지방자치단체·공공단체가 상대방이라는 점, 사법절차는 개인의 권리구제를 위한 최후 수단이라는 점, 장애인이 형사절차상의 기본권을 보장받지 못하고 차별을 받을 경우 그 피해는 돌이키기 힘들거나 매우 심각하다는 점 때문에 〈장애인차별금지법〉 제26조는 중요한 의미를 갖는다. 이러한 중요성을 반영하여 제26조는 제정 이후에도 미비점을 개선·보완하기 위하여 꾸준히 개정되어 왔다. 형사사법절차의 차별금지를 규정하는 제26조 제6항의 경우, 처음에는 단순히 '장애인이 형사사법절차에서 보호자, 변호인, 통역인, 진술보조인 등의 조력을 받기 위하여 신청할 경우 정당한 이유 없이 거부할 수 없다'는 등의 내용만을 규정하였다가, 2010월 5월 11일 개정으로 '사법기관은 형사사법절차에 앞서 의사소통이나 의사표현에 어려움을 겪는 장애가 있는지 여부를 우선적으로 확인'하도록 하였다. 이후 2012년 10월 22일 개정에서는 '사법기관으로 하여금 장애인에게 형사사법절차에서 조력을 받을 수 있음과 그 구체적인 조력의 내용을 알리도록' 하는 의무 규정을 명시함으로써 장애인이 조력을 받을 권리를 더 실효성 있게 보장하고 형사사법절차에서 장애로 인한 불리한 처우를 받지 않도록 하였다.

스 접근권과 장애인차별금지법 — 법원을 중심으로", 〈공익과 인권〉 제8권).

2) 장애인권리협약의 관련 규정

장애인권리협약 제12조는 장애인의 '법 앞의 평등'(*equal recognition before the law*)에 관하여 규정한다. 특히 제3항에 따르면 장애인이 법적 능력을 행사하기 위하여 필요로 하는 지원(*support*)에 접근할 수 있도록 국가가 적절한 조치를 취하여야 한다. 장애인이 법적 능력을 행사하기 위해서는 사법절차를 이용하는 것이 불가피하므로, 이에 관한 지원도 당사국의 의무에 포함된다.

〈장애인차별금지법〉제26조는 장애인 사법접근성(*access to justice*)을 규정한 장애인권리협약 제13조[2]와 가장 밀접한 관련이 있다. 이 조항에 따르면 당사국은 ① 모든 법적 절차에, ② 장애인이 다른 사람과 동등한 기초 위에서, ③ 효과적으로 접근할 수 있도록 보장하여야 한다. 따라서 사법부를 포함한 국가는 사법절차에서 장애인을 위한 지원 조치를 취할 의무가 있다.

장애인 사법접근은 우선 '모든 법적 절차'를 대상으로 한다. 또 장애인이 해당 절차의 당사자가 되는 경우뿐 아니라 증인을 포함하여 '직·간접적 참가자로 참여하는 일체의 경우'를 포괄한다. 사법접근의 구체적 내용이 가장 중요한데, 장애인권리협약에서는 '절차와 연령에 적합

---

2) 장애인권리협약 제13조 (사법에 대한 접근)
  1. 당사국은 수사와 기타 예심단계를 포함한 모든 법적 절차에서 장애인이 증인을 포함한 직·간접적인 참가자로서 효과적인 역할을 촉진하기 위하여 절차와 연령에 적합한 편의제공을 포함하여 다른 사람들과 동등한 기초 위에서 효과적으로 사법절차에 접근할 수 있도록 보장한다.
  2. 당사국은 장애인의 효과적인 사법접근권의 보장을 돕기 위하여 경찰과 교도관을 포함한 사법행정 종사자들을 대상으로 적절한 훈련을 시행할 것을 장려한다.

한 편의'(*procedural and age appropriate accommodations*)를 제공할 것을 요구한다. 이는 한국의 〈장애인차별금지법〉이 '정당한 편의'를 제공하도록 규정한 것과 비교된다.

절차와 연령에 적합한 편의란 개별 사법절차와 서비스, 대상 장애인의 상황에 따라 달라질 수 있다. 구체적인 내용은 장애의 유형과 해당 절차의 성격 등에 따라 결정될 것이다. 일반적인 예로 시각장애인에게 점자문서, 큰 활자, 음성안내서비스 등을 제공하는 것, 청각장애인을 위해 수화통역 등을 제공하는 것을 들 수 있다. 나아가 장애아동과 장애노인을 위한 활동보조인이나 조력인 등이 '연령에 따른' 편의제공의 내용이 될 것이다. 이러한 편의제공의 범위와 내용을 판단할 때는 "장애인이 참가자로서 효과적인 역할을 다할 수 있도록 하여야 한다"는 점과 "다른 사람과 동등한 기초 위에서 사법절차에 효과적으로 접근하도록 하여야 한다"(*on an equal basis with others*)는 점이 중요하다.

2. 조문해설

1) 체계

영역별로 차별금지를 구체화하고 있는 제2장 중 네 번째가 사법행정이다(제4절). 제26조는 사법행정영역의 차별금지를, 제27조는 참정권을 규정한다.

제26조 제1항은 국가, 지방자치단체 기타 공공단체가 사법·행정절차 및 서비스를 제공할 때 차별을 금지하는 원칙적 규정이고, 같은 조 제2항, 제3항은 금지되는 차별행위의 내용을 구체화하며, 같은 조

제 4항, 제 5항은 정당한 편의제공 의무를 규정한다. 제 6항, 제 7항에서는 형사사법절차에서 조력을 받을 권리, 정당한 편의제공 의무를 규정한다.

특히 제 6항은 형사사법절차의 어느 단계에서든, 장애인의 절차상 법적 지위를 불문하고, 장애인이 자신의 방어권을 충분히 보장받을 수 있도록 조력을 받을 권리를 보장하며, 제 7항은 장애인의 신체에 직접적인 영향을 미치는 인신구금·구금 상태에서 정당한 편의 및 적극적 조치를 제공해야 한다고 규정한다.

같은 조 제 8항은 불리한 처우 금지 및 정당한 편의제공에 관하여 필요한 사항을 대통령령에 위임하는 조항이다. 이에 따라 같은 법 시행령 제 17조 제 1항은 "보조인력, 점자자료, 인쇄물음성출력기기, 수화통역, 대독(代讀), 음성지원시스템, 컴퓨터 등의 필요한 정당한 편의"가 제공되어야 한다고 규정한다. 또한 〈형사소송법〉제 244조의 5[3] 를 준용하도록 하여 검사 또는 사법경찰관이 장애인인 피의자를 신문하는 경우, 직권 또는 피의자·법정대리인의 신청에 따라 피의자와 신뢰관계에 있는 자를 동석하도록 규정한다. [4]

---

3) 형사소송법 제 244조의 5 (장애인 등 특별히 보호를 요하는 자에 대한 특칙)
　검사 또는 사법경찰관은 피의자를 신문하는 경우 다음 각 호의 어느 하나에 해당하는 때에는 직권 또는 피의자·법정대리인의 신청에 따라 피의자와 신뢰관계에 있는 자를 동석하게 할 수 있다.
　1. 피의자가 신체적 또는 정신적 장애로 사물을 변별하거나 의사를 결정·전달할 능력이 미약한 때
　2. 피의자의 연령·성별·국적 등의 사정을 고려하여 그 심리적 안정의 도모와 원활한 의사소통을 위하여 필요한 경우〔본조신설 2007. 6. 1.〕〔시행일 2008. 1. 1.〕

2) 행위의 유형에 따른 분류

(1) 직접차별금지

공공기관 및 그 소속원은 사법·행정절차 및 서비스를 제공함에 있어서
장애인을 장애를 사유로 정당한 사유 없이 제한·배제·분리·거부 등
에 의하여 불리하게 대하여서는 아니 된다(제26조 제2항, 제4조 제1항
제1호). 사법행정영역의 직접차별을 금지하는 것이다.

특히 제26조 제3항은 공공기관 및 그 소속원은 직무를 수행하거나
권한을 행사함에 있어서 ① 허가, 신고, 인가 등에 있어 장애인을 정당
한 사유 없이 장애를 이유로 제한·배제·분리·거부하거나, ② 공공
사업 수혜자의 선정기준을 정함에 있어서 정당한 사유 없이 장애인을
제한·배제·분리·거부해서는 안 된다는 것을 강조한다.

(2) 간접차별금지

장애인에 대하여 형식상으로는 제한·배제·분리·거부 등으로 불리
하게 대하지 않지만 정당한 사유 없이 장애를 고려하지 않는 기준을 적
용함으로써 장애인에게 불리한 결과를 초래하는 경우를 간접차별이라

---

4) 위 준용규정은 〈장애인차별금지법〉 제26조의 제6항과 충돌하는 면이 있다. 전자는
  임의적 조항인 반면, 〈장애인차별금지법〉은 의무적 조항이기 때문이다. 그러나 뒤
  에서 자세히 살펴보는 바와 같이, 현실적으로 〈형사소송법〉 제244조의 5 규정을 배
  제하는 해석은 타당하지 않다. 대신 두 규정을 상호보완적으로 해석하여 〈형사소송
  법〉 규정이 〈장애인차별금지법〉의 존재로 말미암아 재량 규정이면서 동시에 기속재
  량 규정이라고 보는 것이 타당할 것이다(박찬운, 2010, "수사절차에서의 장애인의
  인권 — 신뢰관계자 동석을 중심으로", 〈법학논총〉 제23권, 제1호).

한다(제4조 제1항 제2호). 공공기관 및 그 소속원은 사법·행정절차 및 서비스의 제공에 있어서 장애인을 간접차별해서는 안 된다(제26조 제2항, 제4조 제1항 제2호). 법률은 공공사업 수혜자의 공공사업 수혜자의 선정기준을 정함에 있어서 정당한 사유 없이 장애를 고려하지 아니한 기준을 적용함으로써 장애인에게 불리한 결과를 초래하는 경우를 간접차별의 사례로 특별히 금지한다(제26조 제3항 제2호 후단).

(3) 정당한 편의제공 의무

공공기관 및 그 소속원은 사법·행정절차 및 서비스를 장애인이 장애인 아닌 사람과 실질적으로 동등한 수준으로 이용할 수 있도록 제공하여야 하며, 이를 위하여 정당한 편의를 제공하여야 한다(제26조 제4항). 정당한 편의는 "장애인이 장애가 없는 사람과 동등하게 같은 활동에 참여할 수 있도록" 장애인의 제반 특성을 고려하여 장애인에게 시설·설비·도구·서비스를 새로 또는 변경하여 제공하거나, 정책·절차·관행 등을 새로 또는 변경하여 적용하는 등의 인적·물적·비물리적 제반 수단과 조치를 의미한다.

공공기관 등은 장애인이 사법·행정절차 및 서비스에 참여하기 위하여 장애인 스스로 인식하고 작성할 수 있는 서식의 제작 및 제공 등 정당한 편의제공을 요구할 경우 이를 거부하거나 임의로 집행함으로써 장애인에게 불이익을 주어서는 아니 된다(제26조 제5항).

시행령에서는 이를 구체화하여 "장애인이 사법·행정절차 및 서비스를 이용하거나 그에 참여하기 위하여 요구할 경우5) 보조인력, 6) 점자자료, 인쇄물음성출력기기, 수화통역, 7)8) 대독(代讀), 음성지원시스템, 컴퓨터 등의 필요한 정당한 편의를 제공하여야 한다"고 규정한다 (제26조 제8항, 같은 법 시행령 제17조 제1항). 위 규정은 예시적인 규정으로 보아야 하고, 장애유형, 정도에 따라 구체적으로 다른 편의제공이 요구될 수도 있다. 9)

---

5) 제26조 제4항, 제7항에 규정된 편의제공 의무는 당사자의 신청을 전제로 하지 않는다(제5항에서는 "서식 제공 등 정당한 편의제공을 요구한 경우", 제6항에서는 "장애인이 형사사법절차에서 조력을 받을 것을 신청하면"이라는 표현을 쓰는 것과 비교된다). 그런데 위 편의제공 의무를 구체화한 것으로 보이는 같은 법 시행령 제17조 제1항은 "장애인이 요구할 경우"라는 표현을 쓰고 있다. 따라서 당사자가 요청한 경우에만 편의제공 의무가 발생하는지 논란이 될 수 있다. 그러나 장애인의 요구를 명시하지 않은 경우에도 〈장애인차별금지법〉 제26조 제8항에 따라 '당사자의 요구'를 편의제공 의무가 발생하는 별도의 요건으로 보는 것은 적절하지 않다. 공공기관은 장애인이 요구하지 않더라도 편의제공이 필요한 장애를 가진 것으로 의심되는 경우, 장애및 편의제공을 원하는지의 여부를 확인하여야 할 것이다.

6) 경찰청 훈령 〈인권보호를 위한 경찰관 직무규칙〉 제75조 제2항에서는 "정신적 장애 또는 언어장애로 인해 의사소통에 어려움이 있는 장애인을 조사할 때에는 의사소통이 가능한 보조인을 참여시켜야 하며, 이해관계가 상충되는 장애인들이 관련된 사건은 각 이해당사자별 1인 이상의 보조인 참여를 원칙으로 한다"고 규정한다.

7) 민사소송법 제143조 (통역)

  ① 변론에 참여하는 사람이 우리말을 하지 못하거나, 듣거나 말하는 데 장애가 있으면 통역인에게 통역하게 하여야 한다. 다만, 위와 같은 장애가 있는 사람에게는 문자로 질문하거나 진술하게 할 수 있다.

  ② 통역인에게는 이 법의 감정인에 관한 규정을 준용한다.

8) 경찰청 훈령 〈인권보호를 위한 경찰관 직무규칙〉 제75조 제3항에서는 장애인 피해자가 동성(同姓) 통역사의 참여를 원할 경우 이에 응하여야 한다고 규정한다.

9) **장애유형별 정당한 편의제공**

  가. 지체·뇌병변 등 보행장애: 휠체어, 보조인력 배치 등 보행상 정당한 편의지원

  나. 뇌병변 등 의사전달이 어려운 장애: 장애특성상 발음의 곤란으로 의사표현이 어려운 경우 휴대폰이나 컴퓨터를 이용한 문자로 의사를 표현해 줄 것을 요청하거나 천천히 말해 줄 것을 요청하는 등 의사소통을 위한 정당한 편의지원

제6항, 제7항은 형사절차에서 사법기관의 편의제공 의무를 규정하는데, 이 부분은 뒤에서 다시 설명하기로 한다.

(4) 장애인 관련자에 대한 차별금지

공공기관 등은 장애인을 돕기 위한 목적에서 장애인을 대리·동행하는 자(장애아동의 보호자 또는 후견인, 그 밖에 장애인을 돕기 위한 자임이 통상적으로 인정되는 자를 포함한다. 이하 "장애인 관련자"라 한다)에 대하여 장애인과 관련되어 있다는 이유로 차별해서는 아니 된다. 차별의 내용으로는 직접차별, 간접차별, 정당한 편의제공 등이 모두 포함된다(제26조 제2항, 제4조 제5호).

(5) 보조견 또는 장애인보조기구의 정당한 사용방해 등

공공기관 등은 보조견 또는 장애인보조기구 등의 정당한 사용을 방해하거나 보조견 및 장애인보조기구 등을 대상으로 제한·배제·분리·거부 등 불리한 대우를 표시·조장하는 광고를 직접 행하거나 그러한 광고를 허용·조장하여서는 아니 된다(제26조 제2항, 제4조 제6호).

다. 시각장애: ① 점자자료, ② 점자정보단말기, ③ 큰 활자로 확대된 문서, ④ 확대경, ⑤ 녹음테이프, ⑥ 표준텍스트파일, ⑦ 인쇄물음성변환출력기기 등 정당한 편의지원

라. 청각장애: ① 수화통역, ② 문자통역, ③ 음성통역, ④ 보청기기, ⑤ 대독(代讀), ⑥ 음성지원시스템 등 정당한 편의지원

(보건복지가족부, 2011, 〈장애인차별금지법 분야별 안내〉)

3) 세부영역별 분류

(1) 행정절차 및 서비스

공공기관 및 그 소속원은 행정절차 및 서비스 제공에서 장애인에게 차별행위를 해서는 안 된다. 여기서 의무자인 공공기관은 국가 및 지방자치단체, 대통령령으로 정하는 공공단체를 말한다(제3조 제4호). 대통령령은 아래의 기관을 공공단체로 열거한다(시행령 제3조).

1. 특별법에 따라 설립된 특수법인
2. 〈초·중등교육법〉, 〈고등교육법〉, 그 밖에 다른 법률에 따라 설치된 각급 학교
3. 〈공공기관의 운영에 관한 법률〉제4조 제1항에 따라 공기업 또는 준정부기관으로 지정된 기관
4. 〈지방공기업법〉에 따른 지방공사 및 지방공단

〈장애인차별금지법〉은 '행정절차 또는 행정서비스'를 정의하는 규정을 두지 않는다. 〈행정절차법〉에서는 "처분, 신고, 행정상 입법예고, 행정예고 및 행정지도의 절차"를 '행정절차'라고 규정하면서 일부 절차를 법의 적용범위에서 제외하고 있지만(제3조) 10) 〈장애인차별금지

---

10) 행정절차법 제3조 (적용범위)
  ② 이 법은 다음 각 호의 어느 하나에 해당하는 사항에 대하여는 적용하지 아니한다.
    1. 국회 또는 지방의회의 의결을 거치거나 동의 또는 승인을 받아 행하는 사항
    2. 법원 또는 군사법원의 재판에 의하거나 그 집행으로 행하는 사항

법〉의 행정절차는 "행정을 위한 각종 절차"를 의미하는 광의의 개념으로 보아야 한다. 행정서비스는 행정청이 국민에게 제공하는 각종 서비스를 말하는 매우 넓은 개념이다. 위 정의를 종합하여 볼 때 특수법인, 각급 학교, 각종 공기업과 준정부기관, 지방공사 등 공공기관이 제공하는 행정절차 또는 각종 서비스가 차별금지의 대상이 된다.

특히 법률은 공공기관이 허가, 신고, 인가와 같은 처분을 할 때 장애인을 정당한 사유 없이 차별하는 것을 금지한다. 이러한 종류의 처분은 국민에게 권리를 부여하거나 이익을 제공하기도 하고, 거꾸로 국민의 권리를 제한하거나 박탈하는 것을 내용으로 할 수도 있기 때문에 특히 장애를 이유로 한 차별이 있어서는 안 된다. 예를 들어서 인근 주민의 장애인 혐오 또는 님비현상을 이유로 장애인 복지시설 또는 교육기관을 설치 또는 공사의 인허가를 내주지 않는 것은 장애인 차별에 해당한다.

---

3. 헌법재판소의 심판을 거쳐 행하는 사항

4. 각급 선거관리위원회의 의결을 거쳐 행하는 사항

5. 감사원이 감사위원회의의 결정을 거쳐 행하는 사항

6. 형사(刑事), 행형(行刑) 및 보안처분 관계 법령에 따라 행하는 사항

7. 국가안전보장·국방·외교 또는 통일에 관한 사항 중 행정절차를 거칠 경우 국가의 중대한 이익을 현저히 해칠 우려가 있는 사항

8. 심사청구, 해양안전심판, 조세심판, 특허심판, 행정심판, 그 밖의 불복절차에 따른 사항

9. 〈병역법〉에 따른 징집·소집, 외국인의 출입국·난민인정·귀화, 공무원 인사 관계 법령에 따른 징계와 그 밖의 처분, 이해 조정을 목적으로 하는 법령에 따른 알선·조정·중재(仲裁)·재정(裁定) 또는 그 밖의 처분 등 해당 행정작용의 성질상 행정절차를 거치기 곤란하거나 거칠 필요가 없다고 인정되는 사항과 행정절차에 준하는 절차를 거친 사항으로서 대통령령으로 정하는 사항〔전문개정 2012. 10. 22.〕

또한 공공사업 수혜자의 선정기준을 정하면서 정당한 사유 없이 장애인을 차별하여서도 안 된다. 차별금지의 내용에는 공공기관이 민원실 등 행정서비스를 제공할 때 해당 시설물에 장애인이 접근하거나 이용할 수 있도록 하는 것을 포함한다. 이러한 의무는 제 18조 시설물 접근·이용의 차별금지 규정과 중첩적으로 적용된다.

공공기관 및 그 소속원은 장애인이 행정절차 및 서비스에 참여하기 위하여 장애인 스스로 인식하고 작성할 수 있는 서식의 제작 및 제공 등 정당한 편의제공을 요구할 경우 이를 거부하거나 임의로 집행함으로써 장애인에게 불이익을 주어서는 아니 된다. 〈장애인차별금지법〉 제 21조는 의사소통에서의 차별금지를 규정하고 있고, 이 조항의 의무자에 공공기관도 포함된다. 따라서 공공기관은 이 조항에 따른 의무를 중첩적으로 부담한다. 11)

---

11) 국가기관 및 공공기관은 자신이 생산·배포한 전자정보 및 비전자정보에 대해 장애인이 장애인 아닌 사람과 동등하게 접근하는 데 필요한 각종 수단을 제공해야 한다. 그 수단은 "수화통역사, 음성통역사, 점자자료, 점자정보단말기, 큰 활자로 확대한 문서, 확대경, 녹음테이프, 표준텍스트파일, 개인형 보청기기, 자막, 수화통역, 인쇄물 음성 변환 출력기, 장애인용 복사기, 화상전화기, 통신중계용 전화기 또는 이에 상응하는 수단이다. 이 수단은 장애인이 요청하는 경우 요청받은 날부터 7일 이내에 제공해야 한다(제 21조 제 1항, 같은 법 시행령 제 14조 제 2항 제 2호, 제 3항 등). 또한, 국가기관 또는 공공기관이 주최하거나 주관하는 행사에 장애인이 행사에서 제공되는 정보에 접근하여 이용하거나 행사에서 이루어지는 의사소통에 참여하거나 그 내용에 접근하기 위해 행사 개최하기 7일 전까지 지원을 요청하는 경우에는 그에 필요한 수화통역사·문자통역사·음성통역자·보청기기 등 필요한 지원을 해야 한다. 이때 장애인이 행사 개최를 인지하고 행사의 내용에 대해 문의하면서 필요한 편의를 요청할 수 있도록 해당기관은 충분한 시간적 여유를 두고 행사 개최를 공지할 필요가 있다(제 21조 제 2항, 같은 법 시행령 제 14조 제 4항 등).

(2) 사법절차 및 서비스

〈장애인차별금지법〉은 '사법절차 또는 서비스'를 정의하는 규정도 두고 있지 않다. 사법절차 및 서비스는 민사소송, 행정소송, 가사소송, 형사소송, 헌법소송 등 사법절차와 법원, 경찰, 교정기관 등이 제공하는 서비스를 모두 포함한다고 해석된다. 제26조 제1항부터 제5항까지는 사법절차 및 서비스에 일반적으로 적용되는 규정이고, 제6항, 제7항은 형사사법절차에 적용되는 규정이다. 따라서 제1항 내지 제3항의 차별금지 관련 규정, 제4항과 제5항의 편의제공 관련 규정은 형사사법절차에 한하지 않고 민사소송, 가사소송, 행정소송 등의 다른 소송절차는 물론 집행절차, 비송절차 및 기타 일체의 서비스에 적용된다고 보아야 할 것이다.

이러한 관점에서 대법원은 〈장애인 사법지원을 위한 가이드라인〉을 발간하였다. 이 가이드라인은 장애유형별 특성에 따라 소송절차의 각 단계에서 법원이 제공할 수 있는 사법지원 방안을 체계적으로 제시한다. 이에 따르면 장애인이 원고나 피고, 형사상 피고인 또는 증인이나 배심원 등으로 소송절차에 참여하게 되는 경우, 법원에 비치된 '장애인 사법지원 신청서' 양식에 내용을 써서 재판부에 제출하거나, 소송절차 등에서 직접 장애유형과 정도 및 필요한 지원 내용을 재판부에 알려주면, 재판부는 지원의 필요성을 결정하여 각 소송단계별 필요한 지원을 제공한다. 지원의 내용에는 휠체어, 보청기, 음성증폭기, 독서확대기, 화면낭독프로그램이 설치된 컴퓨터 사용, 수화통역, 문자통역뿐 아니라 법원공무원 등이 장애인의 신체적 활동이나 의사소통을 보조하는 서비스도 제공한다. 다만 이 가이드라인은 대법원 예규나 법규가 아니며 업무상 가이드라인에 불과하다. 유엔장애인권리위원회는 한국 정부 심의 당시 이를 법규화할 것을 권고하였다.

(3) 형사사법절차

형사사법절차에 대한 항목 중 특히 강조된 장애인 차별금지 내용은 다음과 같다.

① 장애 여부 확인: 〈장애인차별금지법〉은 형사사법절차에 대해서는 사법기관의 의무를 더 강화하고 있다. 사법기관[12]은 우선 사건관계인에 대하여 의사소통이나 의사표현에 어려움을 겪는 장애가 있는지 여부를 먼저 확인하여야 한다. 사건관계인이란 피의자, 참고인, 증인 등 형사사건의 관계인 모두를 포함한다.[13] 장애인의 권리보호를 위하여 수사를 개시하기 전에 먼저 의사소통과 의사표현에 어려움이 있는 청각장애와 언어장애, 발달장애 등이 있는지 우선적으로 확인할 의무를 부여한 것이다.

② 권리의 고지: 장애인으로 확인된 후에는 장애인이 갖는 권리의 고지가 수반되어야 한다. 형사피의자에게 일반적으로 고지하여야 할 미란다원칙, 변호사를 선임할 권리뿐 아니라 '조력을 받을 수 있다는 것'과 '그 구체적 조력의 내용'을 알려 주어야 한다.

---

12) 제6항과 제7항의 사법기관은 형사법절차를 담당하는 주체인 경찰, 검찰, 법원, 교정시설 등을 모두 포함하는 개념으로 보아야 할 것이다.

13) 같은 취지의 규정으로 경찰청 훈령인 〈인권보호를 위한 경찰관 직무규칙〉 제75조 제1항에서 "장애인을 상대로 수사를 할 때에는 수사시작 전에 장애인 본인 또는 관련 전문기관으로부터 장애유무 및 등급 등을 미리 확인하고 장애유형에 적합한 조사방법을 선택·실시하여야 한다"는 내용이 있다.

③ 조력의 제공: 사법기관은 장애인이 형사사법절차에서 조력을 받기를 신청하면 정당한 사유 없이 이를 거부하여서는 안 되며, 그에 필요한 조치를 마련하여야 한다(제26조 제6항). 제26조 제6항에서 규정한 장애인의 조력을 받을 권리는 변호인에 의한 조력, 신뢰관계인뿐만 아니라 통역인에 의한 조력을 포함한다. 검사나 사법경찰관이 장애인인 피의자를 신문하는 경우에는 〈형사소송법〉 제244조의 5[14]에 따라, 피의자와 신뢰관계에 있는 자를 동석하게 할 수 있다.

장애인이기 때문에 생길 수 있는 한계를 극복하여 자신의 방어권을 충분히 보장받을 수 있도록 장애인은 보호자, 변호인, 통역인, 진술보조인 등(이하 보호자 등)의 조력을 받을 수 있다. 이러한 조력을 신청한 경우, 해당 기관은 정당한 사유 없이 거부할 수 없고, 조력 받을 권리가 보장되지 아니한 상황에서의 진술로 형사상 불이익한 처우를 받지 않도록 필요한 조치를 취해야 한다. 이것을 위반하는 경우에는 차별행위에 해당하여 위법한 수사가 될 수 있다.

④ 인신구금·구속 중 정당한 편의제공: 사법기관은 장애인이 인신구금·구속 상태에 있어서 장애인 아닌 사람과 실질적으로 동등한 수준의 생활을 영위할 수 있도록 정당한 편의 및 적극적인 조치를 제공하여야 한다(제26조 제7항). 장애인 피의자나 피고인이 경찰서 유치장, 검찰 구치감, 구치소 등에 수용된 경우, 기본적 생리현상을 원활하게 해결할 수 없는 등의 이유로 인해 심리적 불안이나 위축감, 수치심을 느끼게 되고 결국 이는 장애인 피의자나 피고인의 방어권을 약화시키는

---

14) 보건복지부, 앞의 책.

결과로 이어진다. 이를 고려하여 제26조 제7항은 장애인이 구금·구속되었을 때의 정당한 편의, 더 나아가 적극적인 조치를 제공하여야 함을 규정한 것이다. 이동이 어려운 장애인 수용자가 시설 내의 직업훈련시설, 의료시설, 학과교육시설, 운동시설, 상담시설 등에 접근·이용하고자 할 때, 필요할 경우 이동을 보조하는 인력을 제공해야 한다. 의사소통이 어려운 장애인 수용자가 그러한 시설에서 교육, 의료, 상담서비스 등을 받을 때에는 필요할 경우 과도한 부담 등이 되지 않는 한 의사소통을 보조할 인적 편의를 제공해야 할 것이다.

특히, 교정·구금시설은 장애인의 장애유형 및 상태를 고려하여 계구를 사용함으로써, 계구사용이 도주 방지의 목적을 넘어서 비장애인 수용자에게 부과되지 않는 육체적 고통을 장애인 수용자에게 부과하는 결과가 되지 않도록 사용 정도를 완화하는 등 특별한 주의를 기울여야 할 것이다. 또한 피의자를 유치할 때 신체장애인 등을 유치실이 허용하는 범위 내에서 분리하여 유치하여야 하고 신체장애에 맞는 적정한 처우를 하여야 한다. 그 밖에 고충상담, 교도작업, 직업능력개발훈련 등에 있어 장애를 고려해야 한다.

3. 사례

1) 신뢰관계 있는 자의 동석 없이 피의자신문을 받은 사건

국가인권위원회는 2010년 1월 15일 장애인인 피해자가 3회에 걸친 신문을 받는 과정에서 보호자 등 신뢰관계에 있는 자를 동석하여 조사를 받을 권리가 있음을 피해자에게 알리지 않은 ○○경찰서장과 경찰청장에게 시정권고를 하였다.

국가인권위 2010.1.15.자 09진차664 결정.

2) 시각장애인에게 국선변호인을 선정하지 않은 사건

2급 시각장애인인 피고인은 점자자료가 아닌 경우에는 인쇄물 정보접근에 상당한 곤란을 겪는 수준의 장애였다. 그럼에도 국선변호인 선정절차를 취하지 아니한 채 공판심리를 진행한 사건에서 대법원은 형사소송법 제33조 제3항을 위반한 위법이 있다고 판결하였다.

대법원 2010. 4. 29. 선고 2010도881판결.

3) 청각장애인에게 국선변호인을 선정하지 않은 사건

청각장애인의 국선변호인 선정청구를 받아들이지 않은 잘못을 지적하여 원심 판결을 파기한 사례도 있다. 대법원은 "구두변론에 의한 공판심리절차에서 자력에 의한 방어권 행사가 곤란하다고 인정되는 청각장애인인 경우에는 소송계속 중 공소사실과 관련된 신문내용이나 증거조사의 결과 등을 제대로 확인하지 못한 채 공판심리에 임하게 됨으로써 방어권을 효과적으로 행사하지 못할 가능성이 높다"고 지적했다.

대법원 2010.6.10. 선고 2010도4629판결.

4) 청각장애인의 편의제공 신청을 거부한 사건

청각장애인인 형사피고인이 공판정에서 문자스크린 동시통역구조, 신뢰관계인 동석, 공판정에서의 속기, 녹음, 영상녹화 등을 신청을 하였지만, 담당재판부가 이를 거부한 것을 다툰 사건이 있다. 원고는 위와 같은 편의제공 신청을 거부한 것은 장애인에 대한 차별이라고 주장하며 담당판사와 국가를 상대로 손해배상 및 〈장애인차별금지법〉에 의한 선행구제조치를 청구하였다. 이에 대해 법원은 재판상 직무행위에 대한 면책(*judicial immunity*) 이론[15]에 근거하여 청각장애인의 청구를 기각하였다.

서울중앙지방법원 2010.10.27. 선고 2008가단342442 판결.

4. 입법과제

우선 〈형사소송법〉, 〈민사소송법〉, 〈장애인차별금지법〉과 훈령에서 각기 규정하는 장애인관련 규정들의 상이점을 일관성 있게 정비할 필요가 있다. 법률의 명확성과 체계를 고려하여 각 관련법의 조항을 〈장애인차별금지법〉의 취지를 반영하여 개정하되 해당 내용을 시행규칙 또는 하위규정으로 반영하는 방식이 타당하다.

다음으로 장애인의 장애유형 및 정도, 그에 따른 필요한 편의제공의 내용을 확인하는 절차를 만들거나 해당 장애인 등이 자신의 장애유형

---

15) 재판상 직무행위에 대하여 국가배상책임이 인정되려면 해당 법관이 위법 또는 부당한 목적을 가지고 재판을 하였다거나 법이 법관의 직무수행상 준수할 것을 요구하고 있는 기준을 현저하게 위반하는 등 법관이 그에게 부여된 권한의 취지에 명백히 어긋나게 이를 행사하였다고 인정할 만한 특별한 사정이 있어야 한다는 이론(대법원 2003. 7. 11. 선고 99다24218 판결 등 참조).

및 정도에 맞는 편의제공을 신청할 수 있는 권리를 인정해야 한다. 나아가 장애인의 정당한 편의제공 신청권, 공공기관의 적극적 확인 의무, 정당한 편의제공 예시 내용의 확장 등이 필요하다.

마지막으로, 제6항 사법기관의 특례에서 의무주체를 공공기관으로 확대할 필요가 있다. 본 조항은 장애 여부 확인 및 조력에 대한 고지를 사법기관에게만 의무로 부여한다. 그러나 행정절차상 강제처분(〈출입국관리법〉에 따른 강제퇴거, 보호를 명목으로 한 수용 등)에서도 이러한 절차는 차별을 막기 위해 반드시 필요한 사항이므로 공공기관으로 의무주체를 확대하는 것이 바람직하다. 대상도 형사사법절차에서 사법절차 일반으로 확대해야 할 것이다.

제27조: 장애인의 참정권 보장 규정

제27조 (참정권)

① 국가 및 지방자치단체와 공직선거후보자 및 정당은 장애인이 선거권, 피선거권, 청원권 등을 포함한 참정권을 행사함에 있어서 차별하여서는 아니 된다.

② 국가 및 지방자치단체는 장애인의 참정권을 보장하기 위하여 필요한 시설 및 설비, 참정권 행사에 관한 홍보 및 정보 전달, 장애의 유형 및 정도에 적합한 기표방법 등 선거용 보조기구의 개발 및 보급, 보조원의 배치 등 정당한 편의를 제공하여야 한다.

---

③ 공직선거후보자 및 정당은 장애인에게 후보자 및 정당에 관한 정보
를 장애인 아닌 사람과 동등한 정도의 수준으로 전달하여야 한다.

1. 입법취지

〈장애인차별금지법〉 제27조가 입법화될 때 고려된 것은 장애인권리협
약 제29조이다. 협약 제29조는 "정치 및 공적 생활에 대한 참여 당사
국은 장애인이 다른 사람과 동등하게 정치적 권리와 기회를 향유할 수
있도록 보장하며, 다음의 사항을 약속한다"는 규정 아래, 다음 사항을
명시한다.

장애인이 투표하고 선출될 수 있는 권리와 기회를 포함하여, 다른 사람과
동등하게, 직접 또는 자유롭게 선택한 대표를 통한 정치 및 공적생활에 효
과적이고 완전하게 참여할 수 있도록 특히 다음 사항을 통하여 보장한다.
1) 투표절차, 시설 및 용구가 적절하고, 접근 가능하며, 그 이해와 사용
   이 용이하도록 보장할 것
2) 적절한 경우 보조기술 및 새로운 기술의 사용을 촉진하여, 장애인이 위
   협당하지 아니하고 선거 및 국민투표에서 비밀투표를 할 권리와, 선거
   에 출마하고 효과적으로 취임하여 정부의 모든 단계에서 모든 공적 기
   능을 수행할 장애인의 권리를 보호할 것
3) 유권자로서 장애인의 자유로운 의사 표현을 보장하고, 이를 위하여 필
   요한 경우, 투표에 있어 장애인의 요청에 따라 그가 선택한 사람에 의
   하여 도움을 받도록 인정할 것

2. 조문해설

이 조문은 국가 지방자치단체 공직선거의 후보자 정당이 장애인의 참정권 행사 시 차별하지 아니할 일반적 의무를 규정한다. 이러한 의무를 효과적으로 이행하도록 하기 위하여 선거업무를 담당하는 국가와 지방자치단체에게는 참정권행사에 필요한 정당한 편의제공 의무와 장애유형을 고려한 기표방법 등 선거용 보조기구의 개발 및 보급의무를, 공직선거의 후보자와 정당은 장애인에게 '비장애인이 전달 받는 수준과 동일한 수준의' 선거정보를 제공할 의무를 각각 부여하고 있다.

이 조문은 〈장애인차별금지법〉 원안의 문구에서 변경 없이 입법되었다. 의원입법안이 국회 입법과정에서 대안으로 수렴될 때에도 세부적 변화가 없었다. 이렇게 구문이 수정되지 않고 장애인의 참정권 보장을 위한 각종 적극적 조치를 담은 원안이 대안에서도 수렴되었던 이유는, 선거권은 장애인이 국가의 장애인정책에 영향을 미칠 수 있는 가장 기본적인 권리이기 때문이다. 그 기본적인 권리를 보장하는 방법으로 참정권행사에 관한 정보 전달, 기표방법 및 선거용 보조기구의 개발·보급 등 적극적 조치를 담은 것이다.

3. 사례

1) 시각장애인 점자형 선거공보 관련 헌법소원 사건

시각장애 1급인 청구인은, 시각장애인을 위한 점자형 선거공보의 작성 여부를 후보자의 임의사항으로 하고, 점자형 선거공보의 면수도 비장애인을 위한 책자형 선거공보의 면수 이내에서 작성하도록 규정하는 〈공직선거법〉 제65조 제4항이 청구인의 선거권 등을 침해하고 헌법 제34조 제5항에 따른 국가의 장애인 보호 의무에 위반된다고 주장하며 헌법소원심판을 청구하였다.

헌법재판소는 2014년 5월 29일, 〈공직선거법〉 제65조 제4항 중 대통령선거에 관한 부분이 청구인의 선거권, 평등권을 침해하지 아니한다는 취지의 결정을 선고하였다.

기각을 결정한 다수의견의 주요 이유는 심판대상조항이 규정하는 점자형 선거공보는 시각장애인의 선거권을 보장하고 시각장애로 인한 차별을 해소하기 위한 적극적인 조치로서 도입된 것으로서 〈공직선거법〉은 한국방송공사로 하여금 텔레비전과 라디오 방송시설을 이용하여 후보자에 대한 중요한 정보를 각 8회 이상 방송하도록 의무화하고 있고, 선거방송토론위원회는 후보자를 초청하여 대담·토론회를 개최하여야 하며 공영방송사는 이를 텔레비전 방송을 통해 중계하도록 하고 있어, 시각장애인으로서는 점자형 선거공보가 아니더라도 위와 같이 의무적으로 시행되는 여러 방송을 통하여 선거에 관한 정보를 충분히 얻을 수 있다는 점이었다.

헌법재판소 결정 2012헌마913.

2) 장애인 선거 시 정당한 편의 미제공 사건

장애인 선거권 관련 정당한 편의 미제공이 선거 절차상의 하자로 인정되어 당선무효가 인용된 판례가 있다. 이 사건은 장애인단체 회장선거에서 시각장애인들에게 회장후보 사퇴 사실을 음성형태로 충분히 고지하지 않은 것을 이유로 당선결정 무효를 구하는 원고의 청구를 인용한 판결이다.

이 사건 선거에는 지체장애인 2명과 시각장애인 1명이 입후보하였는데 단일화를 이유로 시각장애인이 사퇴하였다. 이 선거는 대의원선거로 치러진 선거였는데 대의원 65명 중 11명이 시각장애인이었다. 그런데 단일화가 투표 이전에 이루어졌음에도 담당 선거관리위원회는 선거 당일 투표장입구에 후보자 사퇴를 알리는 공고문을 게시하였을 뿐 시각장애인 대의원들이 직접 알 수 있는 음성안내 등을 제공하거나 시각장애인들을 위하여 제공된 투표보조용구에 시각장애인후보의 기표란을 가리는 등의 별도의 조치를 취하지 않았다.

재판부는 이 사건에서 선거관리위원회가 시각장애인 대의원들에게 시각장애인 후보자 사퇴 사실을 전화, 음성 형태의 메시지 전송 내지 안내방송 등의 방법으로 알리지 않았고, 게시한 후보 사퇴 공고문도 문자로만 표시된 것이며, 투표용지 내 사퇴 후보자의 기표란에 사퇴 표시를 하거나 투표용지를 새로 제작하는 등의 무효표 방지조치를 취하지 않은 사실을 인정해 "법령 등 위배사유로 인하여 선거인들의 자유로운 판단에 의한 투표를 방해하여 선거의 기본이념인 선거의 자유와 공정을 현저히 침해하고, 그로 인하여 선거의 결과에 영향을 미쳤다고 인정될 때 그 선거 및 이를 기초로 한 당선인결정은 무효"(대법원 2010. 7. 15. 선고 2009다100258 판결, 대법원 2003. 12. 26. 선고 2003다11837 판결 등)라는 기존의 대법원 판례를 인용, 결국 당선무효판결을 내렸다.

부산지방법원 2013가합2794 회장당선무효확인.

3) 선거권 관련 정당한 편의제공 집단진정 사건

국가인권위원회는 2014년, 선거에 참여하는 장애인들에게 제공되어야 하는 정당한 편의 관련 집단진정 사건에 대한 결정을 하였다. 국가인권위원회는 피진정인 중앙선거관리위원장에게 "가. 장애인 선거인이 혼자서 투표할 수 있도록 장애유형 및 특성에 맞는 투표 방안을 마련할 것, 나. 기표대 내에 투표보조인이 함께 들어가 보조할 수 있도록 기표대의 규격을 개선하고, 이와 관련하여 투표보조의 구체적 방법에 대한 명확한 규정을 마련하여 시행할 것, 다. 시각장애인이 본인의 기표 사실을 확인할 수 있는 방안을 마련할 것"을 각 권고하였다.

이 결정문에서 특히 눈여겨 볼 부분은 투표보조인에 관한 내용인데 이는 헌법상 명시된 비밀선거의 원칙에 위반될 소지도 있어 엄격한 해석이 필요하다. 결정문에는 "〈공직선거법〉 제151조 제7항에 의하여, 시각장애로 인해 혼자 기표를 할 수 없는 선거인을 위하여 필요한 경우에는 〈중앙선거관리위원회규칙〉이 정하는 바에 따라 특수투표용지 또는 투표 보조용구가 제공된다. 그러나 그 밖의 경우에는 〈공직선거법〉 제159조에 따라 'ﾄ'표가 각인된 기표용구를 사용하거나 거소투표의 경우 직접 'O'표를 해야 하는데, 위와 같은 방법으로 기표할 수 없는 장애인의 경우에는 투표보조인의 도움을 받을 수밖에 없다. 이는 헌법 제11조에 보장된 평등권을 침해하는 것은 물론 비밀선거라는 선거의 대원칙에도 반하므로, 장애인이 비장애인과 동등하게 투표보조인의 도움을 받지 않고서도 혼자서 기표할 수 있도록 다양한 기표방법이 마련될 필요가 있다"라고 기술한다.

4진정0160100외 7건 병합 (제6회 지방선거).

4. 입법과제

이 조문에 대한 시행령이 없으므로 법률 규정을 통하여 장애인의 참정권 행사 시 발생하는 차별 및 정당한 편의를 해석하여야 한다. 그러나 조문만으로 구체적인 장애유형(지체장애인, 시각장애인, 발달장애인 등)을 고려한 정당한 편의의 내용을 도출하는 데에는 현실적인 문제가 있다. 가령 발달장애인에게 필요한 선거에서의 정당한 편의는 ① 구체적 선거정보제공, ② 장애인 거주시설에서의 거소투표의 법정절차에 필요한 각종 편의, ③ 발달장애인의 장애 정도 및 특성을 고려한 투표용지, ④ 발달장애인 의사결정 지원, ⑤ 기표소 입장 및 기표행위에 있어서의 인적지원 등이 있을 수 있다. 그러나 현행 조문을 통해서는 이런 구체적인 정당한 편의제공 의무를 바로 요구하기 어려운 것이다.

또한 이 조문에서 도출될 수 있는 정당한 편의의 내용이 〈공직선거법〉 규정에 배치된다는 이유로 실현되기 어렵다는 한계도 존재한다. 예를 들어, 현행 투표용지는 기호번호와 성명만 기재되므로 자폐성 장애인이나 지적장애인이 투표 요령을 이해하는 데에 상당한 어려움이 따를 수 있다. 그러므로 투표용지에 후보자의 사진을 삽입하는 것을 정당한 편의의 내용으로 고려할 수 있지만 〈공직선거법〉은 '투표용지에는 후보자의 기호·정당추천후보자의 소속정당명 및 성명을 표시하여야 한다'고 규정하므로 투표용지에 사진을 넣는 행위가 이를 위반한 것으로 해석될 소지가 있다. 따라서 장애인 참정권 증진을 위하여서는 〈장애인차별금지법〉뿐 아니라 〈공직선거법〉 및 〈공직선거관리규칙〉 등 관련 법규도 함께 정비할 필요가 있다.

모, 부성권, 성 등

제 28조: 모·부성권에서의 장애인 차별금지 규정

제 28조 (모·부성권의 차별금지)

① 누구든지 장애인의 임신, 출산, 양육 등 모·부성권에 있어 장애를 이유로 제한·배제·분리·거부하여서는 아니 된다.

② 입양기관은 장애인이 입양하고자 할 때 장애를 이유로 입양할 수 있는 자격을 제한하여서는 아니 된다.

③ 교육책임자 및 〈영유아보육법〉에 따른 어린이집 및 그 보육교직원과 〈아동복지법〉에 따른 아동복지시설 및 그 종사자 등은 부모가 장애인이라는 이유로 그 자녀를 구분하거나 불이익을 주어서는 아니 된다.

④ 국가 및 지방자치단체에서 직접 운영하거나 그로부터 위탁 혹은 지원을 받아 운영하는 기관은 장애인의 피임 및 임신·출산·양육 등에 있어서의 실질적인 평등을 보장하기 위하여 관계 법령으로 정하는 바에 따라 장애유형 및 정도에 적합한 정보·활동보조 서비스 등의 제공 및 보조기기·도구 등의 개발 등 필요한 지원책을 마련하여

야 한다.

⑤ 국가 및 지방자치단체는 임신·출산·양육 등의 서비스 제공과 관
련하여 이 법에서 정한 차별행위를 하지 아니하도록 홍보·교육·
지원·감독하여야 한다.

1. 입법취지

1) 모·부성권의 의의 및 목적

모·부성권이란 부모가 될 권리와 부모로서의 권리라고 할 것이다. 따
라서 부모가 될 권리인 임신, 출산, 입양에 관한 권리, 부모로서 자녀
를 양육, 교육, 보호할 권리를 포함하는 개념이라고 할 것이므로, 모·
부성권의 차별금지는 장애인이 자녀를 임신, 출산, 입양, 양육, 교육,
보호할 권리 등에 관하여 차별을 금지하는 취지이다. 장애인이 무능력
하다거나 비정상적이라는 등의 편견이 부모로서의 역할을 제대로 수행
하지 못할 것이라는 왜곡된 관념을 낳았고, 이로 인해 장애인이 성년
이후에 가족을 구성할 권리를 침해당하거나 부모가 될 기회를 제한당하
고 박탈되어 왔다. 또한 부모의 장애를 이유로 그 자녀가 차별받거나
동정의 대상이 되어서 장애인인 부모와 그 자녀인 아동의 권리가 동시
에 침해당하기도 하였다. 이러한 문제에 대한 반성으로서 모·부성권
에 관한 규정이 입법되었다.

2) 다른 법과의 비교

〈모자보건법〉 제14조는 제1항 각 호에서 예외적으로 인공임신중절수술을 할 수 있는 경우를 규정하면서 제1호에서 본인이나 배우자가 대통령령으로 정하는 우생학적(優生學的) 또는 유전학적 정신장애나 신체질환[1]이 있는 경우를 명시한다. 즉 유전적인 장애가 있으면 인공임신중절수술을 본인과 배우자 모두의 동의하에 할 수 있는데, 같은 조 제3항에는 본인이나 배우자가 심신장애로 의사표시를 할 수 없을 때에는 그 친권자나 후견인의 동의로, 친권자나 후견인이 없을 때에는 부양의무자의 동의로 각각 그 동의를 갈음할 수 있다고 규정한다. 대부분의 장애인들이 심신장애로, 혹은 그 낙인으로 의사능력을 좀처럼 인정받지 못하는 현실을 감안한다면 실질적으로 이 조항은 〈장애인차별금지법〉 제28조와 충돌할 소지가 다분하다.

2. 조문해설

1) 총론

제28조의 구조는 제1항에서 모·부성권에 관한 내용을 '임신, 출산, 양육 등'으로 예시적으로 규정하고, 금지되는 차별의 방법을 '제한·배제·분리·거부하여서는 안 된다'고 열거한다. 즉 제1항은 모·부성권의 내용과 금지되는 차별을 규정한 일반적 규정이라고 할 수 있다. 반

---

1) 연골무형성증, 낭성섬유증 및 그 밖의 유전성 질환으로서 그 질환이 태아에 미치는 위험성이 높은 질환.

제 28조(모ㆍ부성권의 차별금지)의 성격 및 내용

조항	성격	내용	
제1항	총론적ㆍ일반적 규정	모ㆍ부성권의 예시적 내용 금지되는 차별방법의 열거적 규정	
제2항	차별금지 의무와 그 주체	차별의 소극적 금지	입양기관
제3항			교육ㆍ보육ㆍ양육기관
제4항		차별의 적극적 해소	공공기관ㆍ사법인
제5항			국가ㆍ지방자치단체

면 제2항에서부터 제5항까지는 입양기관, 교육ㆍ보육ㆍ양육기관, 국가 및 지방자치단체가 운영하거나, 위탁을 받은 기관, 국가 및 지방자치단체 등 각 주체별로 준수하여야 할 차별금지 의무의 구체적 내용을 정한다.

2) 차별금지의무의 주체

제2항은 입양기관의 차별금지 의무를 규정한다. 동시에 본 조항은 입양을 하려 할 때에 차별받지 않을 장애인의 권리를 명시한 조항이기도 하다. 즉 입양기관이 입양신청인을 장애 여부에 따라 비교, 차별하여서는 안 된다는 것이다. 현행 〈입양촉진 및 절차에 관한 특례법〉에서는 "현저한 장애"를 양친 부적격으로 규정하는데, 이러한 법규는 정당한 사유 없이 장애만을 이유로 장애인의 입양 자격을 박탈할 소지가 있다고 보인다.

　　제3항은 교육ㆍ보육(어린이집)ㆍ양육기관(아동복지시설)의 차별금지 의무를 규정한다. 동시에 본 조항은 장애인이 부모로서 해당 기관에 자녀를 위탁할 때 차별받지 않을 권리를 명시한 조항이기도 하다.

제4항은 국가 및 지방자치단체가 운영하거나 위탁을 받은 기관의 차별금지 의무를 규정한다. 이 항에서는 '국가 및 지방자치단체가 운영하는 기관'과 '국가 및 지방자치단체의 위탁을 받은 기관'이 어떤 기관인지가 중요하다. ① 국가 및 지방자치단체가 운영하는 기관은 '공공기관'으로서 국가가 설립·운영하는 사회복지 및 장애인 복지와 관련된 업무를 수행하는 기관, 국립병원 등이 포함될 것이다. ② 한편 국가 및 지방자치단체의 위탁을 받은 기관은 국가 및 지방자치단체의 지원이나 위탁을 받은 사법인을 비롯한 기타 기관으로서, 사회복지관, 사립병원, 각종 사회복지법인 등이 해당될 것이다. 제4항의 특징은 적극적 의무를 규정한다는 점이다. 제2항과 제3항이 차별의 소극적 금지를 규정한다면, 제4항은 장애인의 실질적인 평등권 증진을 위하여 장애인이 보통사람과 같이 모·부성권을 행사할 수 있도록 지원해야 할 의무를 정함으로써 적극적인 차별 해소를 규정한 조항이라고 할 것이다.

　제5항은 제4항과 마찬가지로 적극적 의무를 규정하지만 조항의 대상이 되는 의무의 주체와 의무의 구체성에서 차이가 있다. 제4항은 장애인 차별 문제를 해소하기 위한 적극적 의무로서 장애인의 생활에 직접적 영향을 미칠 구체적 의무를 규정한다. 반면 제5항은 〈장애인차별금지〉에서 지정한 적극적 의무와 소극적 금지의 준수를 관리·감독·지원·촉진하는 추상적 의무를 부과한다고 할 수 있다. 이는 제4항과 제5항의 의무를 이행하는 각 주체의 역할 및 기능이 다르다는 데에서 기인하는 것으로 볼 수도 있다.

3. 사례

1) 한센인에 대한 강제 낙태 국가배상 청구 사건

한센병을 앓은 적이 있는 갑 등이 국가가 운영 또는 지휘·감독하는 국립
소록도병원 등에 격리수용되어 정관절제수술 또는 임신중절수술을 받았
음을 이유로 국가를 상대로 손해배상을 청구한 사안이다.

국가 소속의 의사 등이 국가가 주도한 정책에 따라 갑 등에게 정관절제
수술 또는 임신중절수술을 한 행위는 국가가 정당한 법률상의 근거 없이
신체를 훼손당하지 않을 권리, 태아의 생명권, 자손을 낳고 단란한 가정
을 이루어 행복을 추구할 권리, 사생활의 자유, 자기결정권과 인격권을
중대하게 침해하는 것이며 궁극적으로는 인간으로서의 존엄과 가치를 훼
손한 것이므로, 국가는 갑 등이 입은 정신적 고통으로 인한 손해를 배상할
의무가 있다고 법원은 판단하였다.

서울중앙지방법원 2013가합521666 판결 등.

국가인권위원회의 한센인 보호증진방안 권고
단종 및 낙태, 교육권 침해 관련.
1948년부터 정관수술을 전제로 한 부부동거제가 부활하였고, 여성환자에
게 낙태를 시키고 태아를 알코올유리병에 진열하는 일도 있었다. 이와 같
은 정관수술과 낙태수술을 일제시대의 관행을 답습한 것으로 생명권에 대
한 중대한 침해에 해당한다.   2006.5.8. 전원위원회 의결.

4. 입법과제

1) 〈모자보건법〉과의 상충 문제

전술한 〈모자보건법〉 제14조는 장애인의 신체에 관한 자기결정권을 보호하기 위한 조항이지만, 동시에 〈장애인차별금지법〉 제28조를 침해할 소지가 있다. 주된 문제는 〈모자보건법〉 제14조 제3항에 따라 의사능력을 인정받지 못한 장애인이 보호자 및 부양자에 의해 〈장애인차별금지법〉 제28조의 권리를 침해당할 수 있다는 것이다. 따라서 이 경우에 장애인의 의사능력의 유무에 관하여 가능한 완화하여 판단해야 할 것이다. 또한 불완전한 의사라고 할지라도 존중받을 수 있는 여지를 입법화해야 할 것이다.

2) 같은 법의 다른 조항과의 중복

같은 법 제33조 제2항은 장애여성의 임신·출산·양육·가사에 관하여 장애를 이유로 그 역할을 강제 또는 박탈할 수 없다고 규정한다. 그러나 이미 같은 법 제28조 제1항이 임신·출산·양육을 모성권으로 정하며 그에 대한 차별금지를 명시하였기에 법령이 중복되는 비효율성이 발생한다. 다만 제33조 제2항을 구분하여 얻는 실익은 ① 본 조항이 '가사'도 포함시키고 있는 점, ② 도리어 장애인의 사정을 고려하지 않고 악용하여 모성의 역할을 '강제'할 수 없도록 한다는 점에 있다. 그러나 이러한 조항을 따로 구별하여야 할 필요가 있는지 의문이 남는다. 제28조 제1항으로 통합하는 방안이 고려될 수 있다.

3) 제28조 제3항 적용범위의 확대

제28조 제3항은 "교육책임자", 〈영유아보육법〉에 따른 어린이집 및 그 보육교직원, 〈아동복지법〉에 따른 아동복지시설 및 그 종사자 등을 대상으로 한다. 이때 "교육책임자"라 함은 교육기관의 장 또는 운영책임자를 말한다(제3조 제7호). 이에 따르면, 위 조항은 어린이집과 아동복지시설을 제외한 나머지 교육기관에서는 일반 종사자를 제외한 "교육책임자"에게만 적용이 되는 것처럼 보인다.

제3조 제6호에 따르면 교육기관에는 어린이집과 아동복지시설 이외에도 〈유아교육법〉·〈초·중등교육법〉과 〈고등교육법〉에 따른 각급 학교, 〈평생교육법〉에 따른 평생교육시설, 〈학점인정 등에 관한 법률〉에서 정한 교육부장관의 평가인정을 받은 교육훈련기관, 〈직업교육훈련 촉진법〉에 따른 직업교육훈련기관, 그 밖에 대통령령으로 정하는 기관이 포함된다. 따라서 "교육책임자"뿐만 아니라 〈장애인차별금지법〉 제3조 제6호의 교육기관 "종사자"도 제28조 제3항의 적용을 받도록 명시할 필요가 있다.

4) 제28조 제4항 지원책 마련의 주체로서 국가 및 지방자치단체 명시

제28조 제4항은 국가 및 지방자치단체에서 직접 운영하거나 그로부터 위탁 혹은 지원을 받아 운영하는 기관에 대하여 '관계 법령에서 정하는 바에 따라 필요한 지원책'을 마련할 것을 규정한다. 그러나 정작 지원책을 마련할 의무주체에서 국가와 지방자치단체는 빠져 있다. 실질적인 지원책을 마련하기 위하여 의무주체로 국가와 지방자치단체를 추가해 명시할 필요가 있다.

또한 '관계 법령에서 정하는 바에 따라'라는 문언 때문에 지원책이 거의 마련되고 있지 않다. 관계 법령들의 미비점을 보완할 다른 방법을 제시하지 못하기 때문이다. 예를 들어 현재 〈장애인 활동지원에 관한 법률〉에서 자녀양육에서의 활동지원 급여를 규정하지 않으며 장애인 활동지원 급여수급자 또는 그 배우자가 출산을 한 경우에만 6개월 한도로 추가급여를 지원하도록 규정하므로, 관계기관도 이를 따르고 있다. 그러므로 위 문구를 삭제함으로써 〈장애인차별금지법〉이 관계 법령의 뒤에 숨어 실질적인 기능을 하지 못하는 일이 없도록 개정해야 한다.

제 29조: 성에서의 장애인 차별금지 규정

제 29조 (성에서의 차별금지)

① 모든 장애인의 성에 관한 권리는 존중되어야 하며, 장애인은 이를 주체적으로 표현하고 향유할 수 있는 성적 자기결정권을 가진다.

② 가족 · 가정 및 복지시설 등의 구성원은 장애인에 대하여 장애를 이유로 성생활을 향유할 공간 및 기타 도구의 사용을 제한하는 등 장애인이 성생활을 향유할 기회를 제한하거나 박탈하여서는 아니 된다.

③ 국가 및 지방자치단체는 장애인이 성을 향유할 권리를 보장하기 위하여 관계 법령에서 정하는 바에 따라 필요한 지원책을 강구하고, 장애를 이유로 한 성에 대한 편견 · 관습, 그 밖의 모든 차별적 관행을 없애기 위한 홍보 · 교육을 하여야 한다.

---

1. 입법취지

1) 성에 관한 권리의 의미

〈장애인차별금지법〉제 29조 제 1항은 모든 장애인의 성에 관한 권리는 존중되어야 한다고 선언한다. 하지만 구체적으로 성에 관한 권리의 개념과 범위에 대해서는 침묵한다. 본 조문이 실질적으로 장애인의 성(性)에 관한 권리를 보장하는 유효적절한 수단이 되기 위해서는 구체적으로 성에 관한 권리가 무엇인지 논의가 필요하다.

성 관념은 오랫동안 생물학적 기원에 근거한 생식적 개념으로 철저하게 고착화되었다. 그러나 역사적으로 터부시되던 성과 관련한 담론이 점차 보편화되면서 현재는 성이 단순한 성교 이상의 의미를 가지게 되었다. 세계보건기구(WHO)의 정의에 따르면, '성'은 "인간의 전 생애과정에서의 중심축에 해당하는 개념이며 여기에는 성행위(*sex*), 성 정체감과 성 역할(*gender identities & gender roles*), 성적 인식력(*sexual orientations*), 관능성(*erotism*), 쾌락(*pleasure*), 친밀감(*intimacy*), 생식(*reproduction*) 등이 포함된다(1975)". 따라서 성에 대한 권리 역시 생물학적 성(*sex*)이나 성교의 의미에서만 한정할 수 없고, 헌법상 인정되는 모든 인간이 누리는 신체적, 정신적 자유권의 일종으로 보아야 한다.

다만, 〈장애인차별금지법〉은 제 29조에서 포괄적인 의미에서의 성에 관한 권리를 선언하고, 구체적인 성에 관한 권리는 제 7조, 제 28조 내지 제 34조에서 개별적으로 정한다. 특히 제 29조 단서는 장애인의 성적 자기결정권을, 제 28조에서는 성에 관한 권리의 연장선상에서 장애인의 모·부성권을, 제 30조에서는 양육권을, 제 31조와 제 32조는 성별에 의한 차별을 금지하고, 제33조와 제34조는 특별히 장애여성의 권리를 규율한다.

(1) 성적 자기결정권의 의미

헌법재판소 전원재판부는 성적 자기결정권을 '성 행위 여부 및 그 상대방을 결정할 수 있는 권리'라고 설명하고, 이 권리는 개인의 인격권, 행복추구권의 전제인 개인의 자기운명결정권에 포함되어 있다고 설명하고 있다(헌법재판소 전원재판부 1990. 9. 10. 89헌마82). 헌법재판소에 따르면 성적 자기결정권은 헌법 제10조로부터 도출되는 일반적 행동자유권에서 파생되는 권리이므로 인간이라면 누구나 장애 여부를 떠나 소극적 의미에서 인격권으로서의 성적 자기결정권을 향유한다. 다만, 성적 자기결정권이 그 권리의 실현을 국가나 제3자에 대해서 요구할 수 있는 적극적 측면을 가지는지에 대해서는 부정적인 견해가 통설적이다. 성적 자기결정권의 실현은 성 향유권이라는 이름으로 다시 재분류 할 수 있을 것이며, 성 향유권의 근거가 성적 자기결정권으로부터 파생된다는 점에서 의의가 있을 뿐이다.

(2) 성 향유권의 의미

제29조 제1항은 '향유할 수 있는', 제2항은 '가족·가정 및 복지시설 등의 구성원은 장애인에 대하여 장애를 이유로 성생활을 향유할 공간 및 기타 도구의 사용을 제한하는 등 장애인이 성생활을 향유할 기회를 제한하거나 박탈하여서는 아니 된다'라고 하여 명시적으로 장애인의 성 향유권을 선언하고 있다. 성에 대한 권리가 성교를 포함한 친밀감, 유

대감 등 정서적 관계와 본능적인 쾌락까지 포섭하는 포괄적인 권리라 할 때, 성 향유권은 개인의 여성성, 남성성을 확인시켜 주는 타인과의 상호작용이자 정서적 경험, 성에 대한 자유로운 의사소통이나 정보접근을 포괄하는 개념[2]이라고 할 수 있다. 제 29조 제 3항에서 국가 및 지방자치단체에 지원책과 홍보·교육 의무를 부과하고 있기 때문에 성 향유권의 의미를 가능한 구체적으로 정립하는 것이 효과적일 수는 있으나, 다음과 같은 이유로 적절치 않을 것이다.

① 장애인의 성 향유권이 실현되기 힘든 까닭에는 장애로 인한 불편함도 있지만, 장애인을 무성적 존재로 보고 이들의 성 향유권에 대한 담론 자체를 거부하던 주류 사회의 시선 탓이 크다. 실제로 장애아동의 부모들은 아이들이 성에 눈 뜨는 것을 두려워하여 관련 정보를 차단한다. 따라서 성 향유가 어려운 요인에는 장애로 인해 이성과의 접촉 정도가 낮은 점, 사생활이 보장되기 힘든 점, 성에 대한 대화가 부족한 점 등과 교육의 문제, 성 정보에 대한 접근 차단 등뿐만 아니라 부모의 반대, 사회적 고립, 여가장애 등의 사회적 요인도 큰 부분을 차지한다.

② 그렇기 때문에 장애인의 성 향유권을 단순히 개인적 차원의 문제로 환원시켜 장애인 개인의 문제로 치부할 경우 평범하게 연애와 사랑, 결혼할 기회조차 주어지지 않는 장애인을 성 담론 전체에서 배제하는 결과가 된다. 장애인 중에서 이성과의 접촉이 많을수록, 사생활이 잘

---

2) 조정옥, 1999, 《감정과 에로스의 철학 — 막스 셸러의 철학》 서울: 철학과 현실사; 이익섭·이영미, 2003, "장애인의 성 향유에 영향을 미치는 요인 연구: 20대 미혼 장애인을 중심으로", 〈연세사회복지연구〉 제 9권; 이은경, 2005, "20대 미혼 장애인의 성 태도에 영향을 미치는 변인에 관한 연구", 석사학위논문, 연세대학교대학원.

보장될수록, 성에 대한 공개적 대화를 많이 할수록, 교육 수준이 높을 수록 성을 더 많이 향유하며, 시각장애인과 남성 장애인이 지체장애인이나 여성 장애인에 비해 성 향유 수준이 높았다는 조사결과가 있다.[3] 이를 바탕으로, 체계적인 성교육 강화와 장애인의 성에 대한 부정적 선입견을 해소할 다양한 방법 모색이 필요하다는 주장이 제기된다. 더 나아가 돈을 주지 않고서는 도저히 성관계를 할 수 없는 장애인들을 위한 '장애인 성생활 보조인' 제도 도입을 주장하는 견해도 있다.[4][5] 하지만 현실적으로 우리나라에서는 성매매가 불법이므로[6] 정부든 민간이든 대가를 받는 '장애인 성생활 보조인'을 두는 것은 불가능하다.

③ 성이 가진 사회적 의미를 간과한 채 성 향유권을 성교 내지 성적 쾌락을 추구할 권리로 내용을 한정한다면 단순히 성교의 기회를 확장해주려는 방향의 논의만 가능할 것이다. 극단적으로는 현실적으로 성욕을 해소하기 어려운 장애인을 상대로 불임시술이나 호르몬 치료를 하는 근거가 마련될 수도 있다. 성의 향유는 육체적·정신적 상호교감을 포함하여 정의해야 할 것이며, 장애인의 성에 관한 일반적 규정인 제29조 제1항에서 '향유할 수 있는 권리'를 선언한 것도 이를 뒷받침한다.

---

3) 이익섭·이영미, 앞의 책.

4) 한영광, '장애인의 성(性) 향유권과 사회적 매춘' 한국사회학회 2010 후기 사회학대회, 2010, 905~914면.

5) 일본의 경우는 민간 차원에서 성생활 보조인 제도가 운영되고 있으며, 암묵적으로 장애인 전문 윤락업소의 영업을 허용한다. 네덜란드에서는 SAR(선택적 인간관계 재단)라는 정부재단에서 장애인에게 섹스 파트너를 일부 파견해 주고 일부 자치단체에서는 섹스지원금까지 주고 있다.

6) 관련한 조항으로 〈형법〉 제288조 제2항, 〈형법〉 제289조, 〈성매매알선 등 행위의 처벌에 관한 법률〉.

2. 조문해설

1) 제29조 제1항

제1항 전단에서는 포괄적인 자유권으로서 장애인의 성에 관한 권리를 보장하고, 후단에서 성에 관한 권리를 주체적으로 표현하고 향유할 수 있는 성적 자기결정권을 규정한다. 앞서 논의한 바와 같이 제1항은 인간이라면 누구나 가지는 자유권으로서의 성에 관한 권리를 선언한 것이고, 헌법 제10조의 행복추구권으로부터 도출되는 일반적 행동의 자유, 자기결정권이 이미 보장하던 자유권을 장애인에 대해서 재차 규정하면서 강조한 것이다. 따라서 제29조 제1항은 장애인의 성에 관한 권리를 명시한 일반적 규정이며, 이하 규정의 근거가 된다. 다만 성 향유권에 대해서는 개념과 권리보장의 방향성에 대해서 논의가 있음을 앞서 검토하였다.

2) 제29조 제2항

제2항은 제1항에서 선언된 권리에 대한 가족·가정, 복지시설의 구성원에 의한 구체적 침해금지 조항이다. 가족·가정, 복지시설의 구성원

제29조(성에서의 차별금지)의 성격 및 내용

조항	성격	내용	
제1항	총론적·일반적 규정	헌법 제10조에서 이미 보장하고 있는 자유권·인격권으로서의 성에 관한 일반적 권리 선언	
제2항	구체적 규정	성 향유권 침해금지	가족·가정, 복지시설
제3항		차별의 적극적 해소 및 권리의 실질적 보장	국가·지방자치단체

은 장애인이 속한 가장 가까운 사회단위로서 실질적으로 장애인의 삶전 영역을 뜻한다고 해석해야 한다. 특히 일상생활, 이동, 가사에서 타인의 도움을 필요로 하는 장애인은 가족이나 복지시설의 구성원으로부터 도움을 받음과 동시에 그들에 의해 사생활 및 자기결정권이 침해당할 소지가 다분하다. 특히 부모들은 장애아동을 집 안에 격리시키거나모든 결정에 있어서 영향력을 행사하는 경우가 많다. 장애인이 실질적으로 성을 향유하기 위해서는 ① 성적욕구 해소의 방법을 선택할 자유, ② 성적 자기결정권의 실질적 보장, ③ 사생활 침해를 당하지 않을 공간이 필요하다. 따라서 제2항의 내용은 가족 및 복지시설 관계자들에게 위 ① 내지 ③의 권리를 보장하고 침해하지 않을 것을 정하고 있다.

3) 제29조 제3항

같은 조 제3항에서는 '국가 및 지방자치단체는 장애인이 성을 향유할 권리를 보장하기 위하여 관계 법령에서 정하는 바에 따라 필요한 지원책을 강구하고, 장애를 이유로 한 성에 대한 편견·관습, 그 밖의 모든 차별적 관행을 없애기 위한 홍보·교육을 하여야 한다'고 의무를 부과한다. 〈장애인복지법〉 제33조(장애인복지상담원), 제56조(장애동료간 상담), 제59조(장애인복지시설 설치), 제71조(장애인복지 전문인력 양성 등)에서 지원책을 강구할 것을 이미 규정하고 있으므로 〈장애인차별금지법〉 제29조의 내용은 특별히 성에 관한 권리에 있어서도 지원책을 마련할 의무를 부과한 것이다. 따라서 국가 및 지방자치단체는 제29조에 의해 장애인의 성 관련 상담, 성교육, 그 분야의 전문인력 양성과 연구지원을 통해 장애인의 성 향유권의 실질적 보장을 모색해야 한다. 다만, 앞서 언급한 '장애인 성생활 보조인' 제도는 사회적 합의를 요하는 것으로 논의가 필요한 분야이다.

3. 제 29조의 의의

제 29조는 터부시되던 장애인의 성(性)에 관한 권리를 명문화함으로써 장애인의 성에 관한 권리를 법률상 권리로서 구체적으로 보장한 데 의의가 있다. 다만 성에 관한 권리를 소극적으로 해석할 경우 헌법 제 10조에서 도출되는 성적 자기결정권을 단순히 재확인한 것에 불과하여 본 규정이 실질적으로 어떤 의미가 있는 것인지 의문이 생긴다. 또한 국가 및 보호자 등(제 29조 제 2항의 가족·가정·복지시설 등의 구성원)에게 구체적 의무를 도출시키는 적극적 권리로 해석하는 경우에도 실질적으로 헌법 제 17조의 사생활의 비밀과 자유, 〈장애인차별금지법〉제 7조의 자기결정권 규정과 차별화하기 어렵다는 의문이 제기될 수 있다.

하지만 앞서 논의한 바와 같이 장애인의 성에 관한 권리가 존중되려면 소극적으로 자유를 침해당하지 않을 권리뿐만 아니라 가족·가정·복지시설 및 국가·지방자치단체의 적극적 도움이 필요하다. 따라서 그러한 도움을 의무로서 명시적으로 규정한 점에 의의가 크다.

4. 입법과제

〈장애인차별금지법〉제 29조 제 3항은 국가 및 지방자치단체에 대하여 '관계 법령에서 정하는 바에 따라 필요한 지원책'을 마련할 것을 규정한다. 그런데 현재 우리나라에 장애인이 성을 향유할 권리를 보장하기 위한 관계 법령이 있는지 의문이다. 결과적으로 '관계 법령에서 정하는 바

에 따라'라는 문언 때문에 지원책이 거의 마련되고 있지 않다. 이 구절
을 삭제하고 필요한 지원책의 내용을 명확하게 구체적으로 규정할 필요
가 있다.

제 6 절
가족 · 가정 · 복지시설, 건강권 등

제 30조: 가족 · 가정 · 복지시설 등에서의 장애인
차별금지 규정

제 30조 (가족 · 가정 · 복지시설 등에서의 차별금지)

① 가족 · 가정 및 복지시설 등의 구성원은 장애인의 의사에 반하여 과
중한 역할을 강요하거나 장애를 이유로 정당한 사유 없이 의사결정
과정에서 장애인을 배제하여서는 아니 된다.

② 가족 · 가정 및 복지시설 등의 구성원은 정당한 사유 없이 장애인의
의사에 반하여 장애인의 외모 또는 신체를 공개하여서는 아니 된다.

③ 가족 · 가정 및 복지시설 등의 구성원은 장애를 이유로 장애인의 취
학 또는 진학 등 교육을 받을 권리와 재산권 행사, 사회활동 참여,
이동 및 거주의 자유(이하 이 항에서 "권리 등"이라 한다)를 제한 · 박
탈 · 구속하거나 권리 등의 행사로부터 배제하여서는 아니 된다.

④ 가족 · 가정의 구성원인 자 또는 구성원이었던 자는 자녀양육권과
친권의 지정 및 면접교섭권에 있어 장애인에게 장애를 이유로 불리

한 합의를 강요하거나 그 권리를 제한·박탈하여서는 아니 된다.

⑤ 복지시설 등의 장은 장애인의 시설 입소를 조건으로 친권포기각서
를 요구하거나 시설에서의 생활 중 가족 등의 면접권 및 외부와의 소
통권을 제한하여서는 아니 된다.

1. 입법취지

1) 가족·가정·복지시설의 의미

장애인의 가족은 혼인·혈인·입양으로 이루어진 사회의 기본단위를
의미하고 가정은 가족구성원이 생계 또는 주거를 함께 하는 생활공동체
로서 구성원의 일상적인 부양·양육·보호·교육 등이 이루어지는 생
활단위이다. 복지시설은 장애인이 장기간 생활하는 시설로써, 〈사회
복지사업법〉제34조에 의한 사회복지시설, 〈장애인복지법〉제58조
에 따른 장애인복지시설 및 신고를 하지 아니하고 장애인 1인 이상을
보호하고 있는 시설을 말한다.[1][2] 즉, 가족·가정·복지시설은 장애
인이 속한 가장 가까운 생활단위의 예시로서, 장애인의 삶에 가장 큰
영향을 미치는 사회조직이다. 따라서 삶의 근접성을 고려할 때, 장애

---

1) 보건복지부, 2011, 〈장애인차별금지법 분야별 안내〉.
2) 사회복지시설은 사회복지사업을 목적으로 설치된 시설로 국가 및 지방자치단체 이외
의 자가 설치 운영하고자 할 경우 시군구에 신고하여야 한다. 장애인복지시설은 장애
인생활시설, 장애인지역사회재활시설, 장애인직업재활시설, 장애인유료복지시설,
장애인생산품판매시설을 말한다.

인의 삶의 질 향상을 위해 가족·가정·복지시설에 대한 지원을 하는 것과 함께 장애인에게 가장 가까운 이들로부터 행해지는 장애인에 대한 차별과 폭력으로부터 장애인을 보호해야 할 필요성이 있다.

2) 가족·가정·복지시설에 의한 차별 및 폭력실태

장애인에 대한 실태조사 연구결과에서 가족 내 차별은 언어폭력, 정신적 폭력, 방임·유기, 신체적 폭력 순서로 많이 일어난다고 조사되었다. 장애인이 경험하는 차별이나 폭력의 유형은 주로 형법상 범죄로 인정되기에는 어렵지만 실제 삶의 질에 큰 영향을 주는 언어폭력, 정신적 폭력 등임을 수 있다. 따라서 〈장애인차별금지법〉 제30조는 가족 등을 수범자로 하여 그 안에서 일어날 수 있는 차별과 배제·분리를 금지하고 있다.

3) 다른 조문과의 관계

제30조의 제1항 후단, 제3조 내지 제5조는 장애를 이유로 한 가족·가정·복지시설 내에서의 직접적·간접적 차별을 금지하고 있다. 이는 차별금지에 대한 일반적 조항인 제4조와의 관계에 있어서 특별규정이라 할 것이다. 제4조의 존재 때문에 제30조의 필요성에 의문이 들 수 있으나 ① 직접적으로 가족·가정·복지시설의 구성원을 수범자로 규정하여 장애인에 대한 국가의 보호를 천명한 점, ② 그 밖에 제1항 전단과 제2항에서 금지한 행위는 성질상 직·간접적 차별행위에 해당하지 않아 제38조에 의한 보호를 받기 어려운 차별행위인 점[3] 등에 비추어 볼 때, 제30조 자체의 의의가 있다고 할 것이다.

2. 조문해설

1) 의사결정권 존중 (제30조 제1항)

가족·가정·복지시설 등의 구성원은 장애인의 의사에 반하여 과중한 역할을 강요하여서는 안 되고(제1항 전단), 장애를 이유로 정당한 사유 없이 의사결정과정에서 장애인을 배제하여서는 안 된다(제1항 후단). 제1항 전단은 평등권 위반을 의미하는 차별행위라 보기 어렵고, 성질상 제32조의 괴롭힘과 유사하다.

2) 외모 또는 신체 공개 금지 (제30조 제2항)

가족·가정·복지시설 등의 구성원은 장애인의 의사에 반하여 장애인의 외모 또는 신체를 공개하여서는 안 된다. 제2항 역시 제1항과 마찬가지로 평등권 위반행위인 차별행위로 보기 어렵다. 따라서 이 규정 역시 제32조의 괴롭힘과 그 성격이 유사하다고 볼 수 있다.

3) 교육, 재산, 사회활동 참여 및 이동·거주권 존중 (제30조 제3항)

가족·가정·복지시설 등의 구성원은 장애를 이유로 장애인의 취학 또는 진학 등 교육을 받을 권리를 제한, 박탈, 구속하거나 권리 등의 행사

---

3) 제30조 제1항 전단과 제2항에서 금지한 행위는 성질상 장애를 이유로 한 차별행위로 보기 어렵다. 〈국가인권위원회법〉제30조 제1항은 '인권침해'와 '차별행위'를 '헌법 제10조 내지 제22조에 보장된 인권을 침해당하거나 차별행위를 당한 경우'로 정의하고, 이 가운데 평등권을 침해한 행위만을 '차별행위'로, 나머지는 '인권침해'로 규정한다. 〈장애인차별금지법〉역시 제4조 등에서 규정하는 차별행위와 제32조의 괴롭힘을 다르게 보아 따로 규정한다.

로부터 배제하여서는 안 되고, 장애인의 재산권 행사를 제한, 박탈, 구속하거나 권리 등의 행사로부터 배제하여서는 안 되며, 장애인의 사회활동 참여를 제한, 박탈, 구속하거나 권리 등의 행사로부터 배제하여서는 안 된다. 또한 장애인의 이동 및 거주의 자유를 제한, 박탈, 구속하거나 권리 등의 행사로부터 배제하여서는 안 된다.

4) 자녀양육권, 친권 및 면접교섭권 보장 (제 30조 제 4항)

가족·가정·복지시설 등의 구성원은 또는 구성원이었던 자는 자녀양육권과 친권의 지정 및 면접교섭권에 있어 장애인에게 장애를 이유로 불합리한 합의를 강요하여서는 안 된다. 또한 자녀양육권과 친권의 지정 및 면접교섭권에 있어 장애인에게 장애를 이유로 그 권리를 제한·박탈하여서는 안 된다.

5) 외부와의 소통권 등 보장 (제 30조 제 5항)

복지시설 등의 장은 장애인의 시설 입소를 조건으로 친권포기각서를 요구하여서는 안 된다. 또한 장애인의 시설 입소를 조건으로 시설에서의 생활 중 가족 등의 면접권이나 그 외 외부와의 소통권을 제한해서도 안 된다.

6) 성적 자기결정권 보장 (제 29조 제 2항)

가족·가정 및 복지시설 등의 구성원은 장애인에 대하여 장애를 이유로 성생활을 향유할 공간 및 기타 도구의 사용을 제한하는 등 장애인이 성생활을 향유할 기회를 제한하거나 박탈하여서는 안 된다. 본 규정 역시 가족·가정·복지시설의 구성원을 수범자로 하기 때문에 제30조의 권리와 그 성질이 동일하다 할 것이다.

7) 모·부성권의 차별금지 (제28조 제3항)

〈아동복지법〉에 따른 아동복지시설 및 그 종사자 등은 부모가 장애인이란 이유로 그 자녀를 구분하거나 불이익을 주어서는 안 된다(제28조 제3항). 제30조 제5항과 마찬가지로 복지시설 및 그 종사자 등에게 장애를 이유로 차별행위를 하지 않을 것을 규정한 것이다.

3. 입법과제

제30조는 제4조의 일반적 차별금지를 구체화한 조항으로서 의미가 있지만, ① 차별행위와 괴롭힘을 구별하지 않고 같은 조문 속에 혼재시킨 점, ② 제28조 제3항과 제29조 제2항의 경우 역시 가족·가정 및 복지시설 종사자를 수범자로 함에도 불구하고 같은 조에서 규율하지 않는 점, ③ 제30조 제4항과 제5항의 경우 제28조에서 정한 권리의 연장선이거나 유사한 규정임에도 불구하고 양 조문이 연결되지 않는 점 등, 조문의 체계가 다소 산만한 것이 아쉽다.

　본 규정을 제5절에 포함시키거나, 제28조 제3항, 제29조 제2항 역시 제30조 이하에 규정하는 것이 규범의 체계성 측면에서 바람직하다고 할 수 있다.

제 31조: 장애인의 건강권 차별금지 규정

제 31조 (건강권에서의 차별금지)

① 의료기관 등 및 의료인 등은 장애인에 대한 의료행위에 있어서 장애인을 제한·배제·분리·거부하여서는 아니 된다.

② 의료기관 등 및 의료인 등은 장애인의 의료행위와 의학연구 등에 있어 장애인의 성별, 장애의 유형 및 정도, 특성 등을 적극적으로 고려하여야 하며, 의료행위에 있어서는 장애인의 성별 등에 적합한 의료정보 등의 필요한 사항을 장애인 등에게 제공하여야 한다.

③ 공공기관은 건강과 관련한 교육과정을 시행함에 있어서 필요하다고 판단될 경우 장애인의 성별 등을 반영하는 내용을 포함하여야 한다.

④ 국가 및 지방자치단체는 선천적·후천적 장애발생의 예방 및 치료 등을 위하여 필요한 시책을 추진하여야 하며, 보건·의료 시책의 결정과 집행과정에서 장애인의 성별 등을 고려하여야 한다.

---

1. 입법취지

건강권에서의 장애인 차별금지는 장애인의 특성으로 말미암아 건강권의 실현이 제한되어서도 안 되며(소극적 차별금지), 그 특성으로 인하여 통상의 보장으로는 불충분할 수 있으므로 장애인에게 적합한 의료서비스와 정책이 시행될 수 있도록 고려하고 실행해야 한다(적극적 보장)는 취지로 이해할 수 있다. 건강한 삶은 모든 사람의 보편적 욕구임에도 불구하고, 의료서비스 공급자인 의료기관과 의료인, 의료 소비자인 장애인이 동등하지 않은 경우가 많았다. 진료상담주체인 장애인은 배제하고 활동보조인 또는 보호자와만 이야기를 하거나, 장애에 대한 올바른 지식을 갖추지 못하여 진료를 거부, 혹은 과도한 의료행위를 하는 경우도 많았다. 이러한 현실을 반영하여 제31조는 건강권에서 장애인이 차별받지 않도록 명시적으로 규정한 것이다.

2. 조문해설

1) 총론

제31조 제1항과 제2항은 '의료기관 등 및 의료인 등'의 의무를 규정하고 제3항은 공공기관, 제4항은 국가 및 지방자치단체의 의무를 규정한다. 제1항과 제2항은 같은 의무주체에 관한 규정이지만, 제1항은 소극적 차별금지, 제2항은 적극적 보장을 위한 규정이다.

2) 관련 개념

(1) 건강권

건강권이란 보건교육, 장애로 인한 후유장애와 질병 예방 및 치료, 영양개선 및 건강생활의 실천 등에 관한 제반 여건의 조성을 통하여 건강한 생활을 할 권리를 말하며, 의료를 받을 권리를 포함한다고 규정된다.[4] 다시 말해 심신의 형태와 기능에 관하여 ① 그 악화를 예방·유지

---

4) 보건복지부, 앞의 책, 75면.

하며 나아가 심신을 증진토록 하고, ② 악화된 경우에는 적절한 치료를 받아 회복되도록 하며, ③ 치료 후에는 적절한 재활을 통해 사회로 복귀할 수 있도록 모든 사회적 기반을 활용할 수 있는 권리를 건강권이라 할 것이다.

(2) 의료인 등

제31조에서 언급하는 '의료인 등'은 〈의료법〉 제2조 제1항에 따른 의료인(보건복지가족부장관의 면허를 받은 의사, 치과의사, 한의사, 조산사, 간호사)과 물리치료사, 작업치료사, 언어치료사, 심리치료사, 의지·보조기 기사 등 장애인의 건강에 개입되는 사람이라고 규정한다. 〈의료법〉상 의료인이라고 하면 본래 의사, 치과의사, 한의사, 조산사, 간호사만을 포함한다.5) 그런데 그러한 의료인만 이 법의 수범자가 되면 실제로 장애인의 재활치료를 주로 돕는 다른 직군을 고려하지 못하게

---

5) **의료법 제2조 (의료인)**
　① 이 법에서 "의료인"이란 보건복지부장관의 면허를 받은 의사·치과의사·한의사·조산사 및 간호사를 말한다. 〔개정 2008. 2. 29., 2010. 1. 18.〕
　② 의료인은 종별에 따라 다음 각 호의 임무를 수행하여 국민보건 향상을 이루고 국민의 건강한 생활 확보에 이바지할 사명을 가진다.
　1. 의사는 의료와 보건지도를 임무로 한다.
　2. 치과의사는 치과 의료와 구강 보건지도를 임무로 한다.
　3. 한의사는 한방 의료와 한방 보건지도를 임무로 한다.
　4. 조산사는 조산(助産)과 임부(妊婦)·해산부(解産婦)·산욕부(産褥婦) 및 신생아에 대한 보건과 양호지도를 임무로 한다.
　5. 간호사는 상병자(傷病者)나 해산부의 요양을 위한 간호 또는 진료 보조 및 대통령령으로 정하는 보건활동을 임무로 한다.

된다. 따라서 물리치료사, 작업치료사, 언어치료사, 심리치료사, 의지 · 보조기 기사와 같이 장애인의 의료에 특화된 직군을 포함시키는 해석이 타당하다. 따라서 본 조항이 '의료인 등'의 개념을 사용하면서, 보건의료인의 다양한 직군을 예시하며 해설한 것은 조항의 수범자를 가능한 넓게 포함시킨 것으로 해석된다.

다만 본 조항에서 약사, 영양사와 같이 일반적으로 의료와 관계를 맺으며 활동하는 직군이 열거되지 않은 점은 의외라고 할 수 있다. 또한 〈의료법〉상 개념인 의료인보다 〈보건의료기본법〉상 보건의료인6)의 개념을 사용하면 본 조항의 의미를 좀더 분명히 할 수 있음에도 〈의료법〉을 기준으로 입법한 것은 다소 의문이다.

---

6) 보건의료기본법 제3조 (정의)

이 법에서 사용하는 용어의 뜻은 다음과 같다.

1. "보건의료"란 국민의 건강을 보호 · 증진하기 위하여 국가 · 지방자치단체 · 보건의료기관 또는 보건의료인 등이 행하는 모든 활동을 말한다.

2. "보건의료서비스"란 국민의 건강을 보호 · 증진하기 위하여 보건의료인이 행하는 모든 활동을 말한다.

3. "보건의료인"이란 보건의료 관계 법령에서 정하는 바에 따라 자격 · 면허 등을 취득하거나 보건의료서비스에 종사하는 것이 허용된 자를 말한다.

4. "보건의료기관"이란 보건의료인이 공중(公衆) 또는 특정 다수인을 위하여 보건의료서비스를 행하는 보건기관, 의료기관, 약국, 그 밖에 대통령령으로 정하는 기관을 말한다.

5. "공공보건의료기관"이란 국가 · 지방자치단체, 그 밖의 공공단체가 설립 · 운영하는 보건의료기관을 말한다.

6. "보건의료정보"란 보건의료와 관련한 지식 또는 부호 · 숫자 · 문자 · 음성 · 음향 · 영상 등으로 표현된 모든 종류의 자료를 말한다.

〔전문개정 2010. 3. 17.〕

(3) 의료기관 등

'의료기관 등'이라는 개념 역시 〈의료법〉 제3조의 의료기관(종합병원, 병원, 치과병원, 한방병원, 요양병원, 의원, 치과병원, 한의원, 조산원), 의료인이 장애인의 건강을 위하여 서비스를 행하는 보건기관, 치료기관, 약국 등이 포함된다.[7] 이 개념이 '약국'을 포함하면서 의료인 등의 개념에서는 약사를 누락하고 있기 때문에, 이러한 측면은 개념상 조화로운 입법으로 보이지 않는다.

3) 의무주체별 차별금지 의무

제1항은 그 의무주체를 의료기관 등 및 의료인 등으로 정하고, 그 대상 행위를 장애인에 대한 의료행위로, 그리고 금지되는 차별의 방법을 제한, 배제, 분리, 거부라고 예시하여 정한다.

제2항은 그 의무주체에 있어서는 제1항과 차이가 없다. 그러나 대상행위를 장애인의 의료행위와 의학연구를 구분하였다는 점이 다르고, 단순히 차별을 소극적으로 금지하는 것이 아니라 결과적으로 차별이 되지 않도록 그 권리를 적극적으로 보장하기 위하여 장애인의 특성과 성별 등을 고려하여 행위를 하도록 그 내용을 정한다. ① 의학연구의 경우에는 장애인의 성별, 장애의 유형 및 정도, 특성 등을 적극적으로 고려하여야 한다고 정하며, ② 의료행위의 경우에는 이러한 고려를 포함하면서 나아가 장애인의 성별 등에 적합한 의료정보 등의 필요한 사항을 장애인 등에게 제공해야 한다고 정한다.

---

7) 보건복지부, 위의 책, 75면.

한편 보건복지부의 해설은 제2항에 관하여 좀더 구체적인 수범사항을 정하여 설명한다. 수범사항의 규정 방식은 각 의료행위의 단계별로 수범사항을 나누고, 다시 각 장애인의 특성을 고려하여 접근방법을 달리 하도록 정하고 있다. 그러나 그 내용적 타당성은 별론으로 하더라도, 시행령이나 시행규칙과 같은 법적 근거 없이 보건복지부의 단순한 해설을 수범의 근거로 볼 수는 없을 것이므로 실효성이 문제될 것이다. 아래는 보건복지부 해설의 주요 내용이다.

1. 접수·안내

   〔시각장애〕시각장애인이 이해할 수 있도록 접수·안내 내용을 상세히 설명하고, 보조견, 지팡이 등을 보조기구를 사용하는 경우, 진료실 등까지 동반할 수 있도록 안내합니다.

   〔청각장애〕청각장애인이 이해할 수 있는 의사소통 수단(수화, 필담 등)을 적극 활용합니다.

   (뇌병변 등 의사전달이 어려운 장애) 장애특성상 발음의 곤란으로 의사표현이 어려운 경우 휴대폰이나 컴퓨터를 이용한 문자로 의사를 표현해 줄 것을 요청하거나 천천히 말해 줄 것을 요청합니다. 대화 시에는 보조인이 아닌 당사자의 의사를 살피면서 대화합니다.

   〔기타장애〕기타 장애유형을 고려한 접수안내가 이루어질 수 있도록 설명합니다.

2. 진료·처방

   〔시각장애〕진료·처방 등 의료행위과정에서 관련 내용을 구체적으로 설명하며, 의료기기 등을 이용시, 의료기기 등의 위치와 안전을 위협

할 수 있는 것 등을 상세히 설명합니다.

〔청각장애〕진료·처방 등 의료행위과정에서 청각장애인이 이해할 수 있는 의사소통 수단(수화, 필담 등)을 적극 활용합니다. 다만, 수화통역을 통해 의사소통을 하는 경우, 수화통역사가 아닌 대화하는 장애인을 바라보며 이야기합니다(필요 시 지역 내 수화통역센터 이용 가능).

〔기타장애〕기타 장애유형을 고려한 의료 진료·처방이 이루어질 수 있도록 설명합니다.

3. 복약지도 등 의료정보 제공

〔시각장애〕의료정보를 제공할 경우, 요청 시 ① 점자자료, ② 점자정보단말기, ③ 큰 활자로 확대된 문서, ④ 확대경, ⑤ 녹음테이프, ⑥ 표준텍스트파일, ⑦ 인쇄물음성변환출력기기 또는 ⑧ 이에 상응하는 수단 중 하나를 제공하도록 합니다.

〔청각장애〕복약처방 등 의료정보를 제공할 경우, 요청 시 ① 개인형 보청기기, ② 자막, ③ 수화통역, ④ 장애인용 복사기, ⑤ 화상전화기, ⑥ 통신중계용 전화기 또는 ⑦ 이에 상응하는 수단 중 하나를 제공하도록 합니다.

〔기타 장애〕장애유형별 의료행위 관련 정보접근권을 보장할 수 있도록 이에 상응하는 수단을 제공하도록 합니다.

제3항은 의무주체를 공공기관으로 정한다. 그리고 그 대상 행위는 건강과 관련한 교육과정이며, 그 의무는 '필요하다고 판단될 경우' 장애인들의 성별 등을 반영하는 내용을 포함하여야 한다고 규정한다.

제4항은 의무주체를 국가 및 지방자치단체로 정한다. 그 대상 행위

는 선천적·후천적 장애발생의 예방 및 치료 등을 위하여 필요한 시책이다. 그리고 그 의무는 그 시책의 추진과 더불어 보건·의료시책의 결정과 집행과정에서 장애인의 성별 등을 고려하여야 한다는 것이다.

3. 사례: 메르스 사태 당시 장애인에 대한 활동보조서비스의 중단 사건

장애인 이 모(뇌병변 1급) 씨는 메르스가 확산되던 2015년 5월, 신장투석 치료 중인 병원에서 메르스 환자가 발생하자 자가(自家) 격리대상자 통보를 받았다. 자신의 집에서 메르스 최장 잠복기인 14일 동안 격리된 생활을 하며 외부와의 접촉을 삼가야 한다는 보건당국의 지침에 따라 활동보조지원마저 끊겨 치료에 어려움을 겪었다. 또 다른 장애인 이 모(지체 2급) 씨도 신장투석 병원에서 메르스 환자가 발생하여 자가격리자가 되자 활동보조인의 지원이 중단됐다. 홀로 지내는 그는 도움 없이 생활이 불가능해 결국 입원을 택했다. 이들은 "2015년 메르스 발병 당시 장애의 특성을 전혀 고려하지 않은 대응지침으로 인해 장애인들이 극심한 고통과 어려움을 겪었다"면서 "장애인의 안전과 생명권을 보장하지 못한 국가에 책임을 묻는 동시에 감염병을 포함한 재난상황에서조차 배제되고 차별받는 장애인에 대한 국가 차원의 대책을 촉구"하기 위해 〈장애인차별금지법〉에 의한 차별구제청구 소송을 제기하였다.

〈뉴시스〉, " '메르스 사태 때 격리 생활 큰 고통' 장애인들 소송제기" (2016.10.18.).

4. 입법과제

1) '의료인 등'의 내포적 정의의 한계

전술한 바와 같이 '의료인'의 개념이 〈의료법〉상의 의미로 한정되어 있다. 반면 보건복지부의 해설에서 '의료인'은 그 이상의 범위를 대상으로 하므로, 제31조에서 규정하는 '의료인 등'의 규정은 개념의 외연을 충분히 내포하지 못한다. 따라서 〈보건의료기본법〉상의 개념인 보건의료인으로 개념을 규정하는 것이 본 조의 원래 취지에 옳다고 볼 것이다.

2) 의료인의 구체적 의무에 관한 법적 근거 부족

보건복지부는 의료행위의 각 단계에 있어 각 장애인별로 의료인이 어떻게 행동해야 하는지 구체적 해설을 제시하지만 규범력이 없는 권고사항에 그칠 뿐이다. 따라서 하위 법령을 정비하여 좀더 명확한 가이드라인을 정해야 할 것이다.

제32조: 장애인 대상 괴롭힘 등의 금지 규정

제32조 (괴롭힘 등의 금지)

① 장애인은 성별, 연령, 장애의 유형 및 정도, 특성 등에 상관없이 모든 폭력으로부터 자유로울 권리를 가진다.

② 괴롭힘 등의 피해를 당한 장애인은 상담 및 치료, 법률구조, 그 밖에

적절한 조치를 받을 권리를 가지며, 괴롭힘 등의 피해를 신고하였다
는 이유로 불이익한 처우를 받아서는 아니 된다.

③ 누구든지 장애를 이유로 학교, 시설, 직장, 지역사회 등에서 장애인
또는 장애인 관련자에게 집단따돌림을 가하거나 모욕감을 주거나
비하를 유발하는 언어적 표현이나 행동을 하여서는 아니 된다.

④ 누구든지 장애를 이유로 사적인 공간, 가정, 시설, 직장, 지역사회
등에서 장애인 또는 장애인 관련자에게 유기, 학대, 금전적 착취를
하여서는 아니 된다.

⑤ 누구든지 장애인의 성적 자기결정권을 침해하거나 수치심을 자극하
는 언어표현, 희롱, 장애 상태를 이용한 추행 및 강간 등을 행하여
서는 아니 된다.

⑥ 국가 및 지방자치단체는 장애인에 대한 괴롭힘 등을 근절하기 위한
인식개선 및 괴롭힘 등 방지 교육을 실시하고 적절한 시책을 강구하
여야 한다.

1. 입법취지

〈장애인차별금지법〉제38조는 차별행위로 인하여 피해를 입은 사람
이나 단체는 국가인권위원회에 진정하도록 정한다. 따라서 문리적으로
해석한다면 〈장애인차별금지법〉에서 정의한 '금지되는 차별행위'(제4
조 등)로 인해 피해를 당한 경우에만 인권위원회에 진정이 가능하다.
그런데 〈국가인권위원회법〉제30조에서는 차별행위와 인권침해행위
를 구분하여 차별행위를 평등권에 위반된 행위만으로 한정한다. 엄격

하게 본다면 괴롭힘은 평등권 침해행위가 아니므로 차별행위와는 구별해야 한다는 견해가 있다. 그러나 괴롭힘 자체만으로는 차별이 성립하기 어렵더라도 괴롭힘이 장애를 이유로 한 차별적 고려에 의하여 이루어지는 경우라면 일반적으로 차별행위의 일종으로 해석할 수 있다고 보아야 타당할 것이다.[8] 이렇게 이해할 경우, 괴롭힘 등의 경우에도 국가인권위원회에 진정이 가능하고, 제43조 등을 통한 시정명령이 가능해진다.

〈국가인권위원회법〉 제30조는 차별행위와 인권침해행위를 구별하지만 양자 모두 조사 및 진정의 대상으로 규정한다. 그러므로 괴롭힘 또한 국가인권위원회에 의해 제재를 받는 대상으로 보아야 한다. 따라서 괴롭힘을 차별행위의 일종으로 파악하는 것이 더 합리적이다. 더욱이 차별행위보다 폭력 등에 의한 괴롭힘의 행위반가치가 더 크다고 전제한다면, 괴롭힘을 제재대상에서 제외하는 것은 옳지 않다.

제32조는 괴롭힘을 명시적으로 금지한다. 괴롭힘 자체는 본질적으로 장애를 이유로 하여 평등권을 침해한 행위로 볼 수는 없더라도 근원적 원인에 장애를 이유로 한 차별과 억압이 있을 가능성이 높다는 점에서도 괴롭힘은 차별행위의 특수한 유형 중 하나로 보는 것이 타당하다. 그러므로 논란의 여지가 있는 괴롭힘을 〈장애인차별금지법〉 제재대상에 명쾌하게 포함시킨 점에서 본 조의 의의가 깊다.

---

8) 최윤희, 2010, "차별금지법제의 현황", 〈저스티스〉 통권 121호, 592~611면.

2. 조문해설

제32조 제1항은 '장애인은 성별, 연령, 장애의 유형 및 정도, 특성 등에 상관없이 모든 폭력으로부터 자유로울 권리를 가진다'고 선언한다. 이 규정은 어떠한 이유로든 괴롭힘과 폭력으로부터 자유로울 장애인의 권리를 일반적 조항으로 규정한 것이다. 제4조의 차별금지 일반조항과의 관계가 문제되나, 앞서 설명한 바와 같이 괴롭힘은 차별금지의 특수한 행위유형 중 하나로서 제38조의 차별행위에 포섭된다고 해석하여야 한다.

제2항에서는 괴롭힘 등의 피해를 당한 장애인은 상담과 치료, 법률구조, 그 밖에 적절한 조치를 받을 권리를 가지며, 괴롭힘 등의 피해를 신고하였다는 이유로 불이익한 처우를 받아서는 안 된다고 규정한다. 이 역시 〈형사소송법〉상 피해자 구조에 관한 규정의 특별규정 성격을 가지며, 장애인을 특별히 더 보호한다는 의의가 있다.

제3항에서는 누구든지 장애를 이유로 학교, 시설, 직장, 지역사회 등에서 장애인 또는 장애인 관련자에게 집단따돌림을 가하거나 모욕감을 주거나 비하를 유발하는 언어적 표현이나 행동을 하여서는 안 된다고 규정한다. 제4항에서는 누구든지 장애를 이유로 사적인 공간, 가정, 시설, 직장, 지역사회 등에서 장애인 또는 장애인 관련자에게 유기, 학대, 금전적 착취를 하여서는 안 된다고 규정한다. 양 조문은 각각 수범자와 행위유형을 달리하지만 제1항의 구체적 표현이라는 점에서 동일하다.

제5항에서는 누구든지 장애인의 성적 자기결정권을 침해하거나 수치심을 자극하는 언어표현, 희롱, 장애 상태를 이용한 추행 및 강간 등

을 행하여서는 안 된다고 규정한다. 이는 제29조의 성에 관한 권리의 침해금지를 의미한다고 해석된다.

제6항에서는 국가 및 지방자치단체에 장애인에 대한 괴롭힘 등을 근절하기 위한 인식개선과 방지교육을 실시하고 적절한 시책을 강구할 의무를 부과한다. 〈장애인복지법〉등의 관련 법령을 통해 상담사, 복지시설, 전문인력과 연구지원 등이 이루어질 수 있을 것이다.

3. 사례: 장애인 보호작업장 내에서 발생한 괴롭힘을 인정한 결정례

국가인권위원회는 2011년 1월 6일, 장애인 보호작업장에서 지속적으로 발생했던 장애인 괴롭힘(장애인에게 욕설을 하고 쇠갈고리를 들어 위협, 짧은 휴식시간과 긴 근로시간, 적은 임금)을 조사하였다. 그 결과, 이러한 행위를 괴롭힘으로 인정하고 해당 시설을 관리 감독하는 지방자치단체의 장에게 해당 시설 관장을 엄중 경고조치 할 것을 권고하였다.

10진정0568000.

4. 입법과제

앞서 논의한 바와 같이 〈국가인권위원회법〉과 〈장애인차별금지법〉 모두 차별행위와 괴롭힘 혹은 인권침해행위를 구별한다는 점이 문제가 있다. 특히 〈장애인차별금지법〉제38조와 제49조의 경우 국가인권위원회에의 진정하거나 형벌을 부과하는 대상을 '차별행위'라고만 규정하여 해석상 혼란을 가져다준다. 입법론적 해결방법으로 차별행위와 인권침해행위 모두를 제재대상으로 삼은 〈국가인권위원회법〉처럼 〈장애인차

별금지법〉 역시 차별행위뿐만 아니라 괴롭힘을 명시적으로 제재대상에
포함시켜야 한다. 다만, 해석론상 차별행위의 특수유형으로 괴롭힘을
포함시킬 수 있다는 것은 앞서 살펴보았다.

장애여성, 장애아동 등

장애인 중에서도 여성이나 아동, 정신적 장애인 등은 특히 사회적 편견 및 차별에 희생되기 쉽다. 〈장애인차별금지법〉 제 3장은 이들을 특별히 보호하여 권리를 지킬 수 있도록 하고자 제정되었다.

제 3장(장애여성, 장애아동 등)의 성격 및 내용

조항	성격	내용
제 33조	총론적 규정	장애여성에 대한 차별금지
제 34조	의무부과 조항	장애여성에 대한 차별금지를 위한 국가, 지방자치단체의 의무
제 35조	총론적 규정	장애아동에 대한 차별금지
제 36조	의무부과 조항	장애아동에 대한 차별금지를 위한 국가, 지방자치단체의 의무
제 37조	총론적 규정	정신적 장애를 가진 사람에 대한 차별금지 등

제33조: 장애여성에 대한 차별금지 규정

제33조 (장애여성에 대한 차별금지)

① 국가 및 지방자치단체는 장애를 가진 여성임을 이유로 모든 생활영역에서 차별을 하여서는 아니 된다.

② 누구든지 장애여성에 대하여 임신·출산·양육·가사 등에 있어서 장애를 이유로 그 역할을 강제 또는 박탈하여서는 아니 된다.

③ 사용자는 남성 근로자 또는 장애인이 아닌 여성 근로자에 비하여 장애여성 근로자를 불리하게 대우해서는 아니 되며, 직장보육서비스 이용 등에 있어서 다음 각 호의 정당한 편의제공을 거부하여서는 아니 된다.

1. 장애의 유형 및 정도에 따른 원활한 수유 지원
2. 자녀상태를 확인할 수 있도록 하는 소통방식의 지원
3. 그 밖에 직장보육서비스 이용 등에 필요한 사항

④ 교육기관, 사업장, 복지시설 등의 성폭력 예방교육 책임자는 성폭력 예방교육을 실시함에 있어서 장애여성에 대한 성인식 및 성폭력 예방에 관한 내용을 포함시켜야 하며, 그 내용이 장애여성을 왜곡하여서는 아니 된다.

⑤ 교육기관 및 직업훈련을 주관하는 기관은 장애여성에 대하여 다음 각 호의 차별을 하여서는 아니 된다. 다만, 다음 각 호의 행위가 장애여성의 특성을 고려하여 적절한 교육 및 훈련을 제공함을 목적으로 함이 명백한 경우에는 이를 차별로 보지 아니한다.

1. 학습활동의 기회 제한 및 활동의 내용을 구분하는 경우

2. 취업교육 및 진로선택의 범위 등을 제한하는 경우

3. 교육과 관련한 계획 및 정보제공 범위를 제한하는 경우

4. 그 밖에 교육에 있어서 정당한 사유 없이 장애여성을 불리하게 대우하는 경우

⑥ 제3항을 적용함에 있어서 그 적용대상 사업장의 단계적 범위와 제3항 제3호에 필요한 사항의 구체적 내용 등은 대통령령으로 정한다.

1. 입법취지

여성 장애인은 남성과 여성, 장애인과 비장애인의 관계에서 이중적으로 차별을 받을 가능성이 높다. 그러므로 제33조는 여성 장애인의 출산, 양육과 근로를 비롯한 모든 일반 생활영역에서 이들의 권리를 보호·보장하며 차별을 막기 위하여 필요한 구체적 내용을 규정한다.

조문을 구체적으로 살펴보면, 제1항은 모든 생활영역에 있어서 국가 및 지방자치단체의 여성 장애인 차별금지 원칙을 일반적으로 규정한다. 같은 조 제2항부터 제6항까지는 국가 및 지방자치단체를 제외한 주체들의 여성 장애인에 대한 차별금지를 규정하고 있다.

전국 장애인 실태조사(한국보건사회연구원, 2001년)에 따르면 장애남성 취업률은 43.5%인 반면 장애여성 취업률은 19.5%에 불과하다. 2013년을 기준으로 한 통계자료에서는 상황이 악화되어 장애남성과 장애여성의 취업률 격차는 오히려 더 커졌음을 확인할 수 있다. 이에 비추어 볼 때 근로 및 취업영역에 있어서 여성 장애인은 타 영역에서보다

더 심한 차별을 받는 경향이 있음을 알 수 있다. 그러므로 근로 기회의 제공 및 교육영역에서 차별예방에 더 신중을 기하여야 한다. 이에 제3항과 제4항에서는 사업장에서의 여성 근로자에 대한 차별대우 금지 및 성폭력 예방교육 등을 규정하며 제5항은 근로 및 취업의 기반이 되는 교육과 직업훈련기관에서의 장애여성에 대한 차별을 금지한다.

2. 조문해설

1) 일반 생활영역에서의 차별행위 금지 (제33조 제1항, 제2항)

국가 및 지방자치단체는 모든 생활영역에서 장애를 가진 여성임을 이유로 차별을 하여서는 아니 된다(제1항). 이는 국가 및 지방자치단체의 여성 장애인에 대한 일반적, 포괄적 차별금지의 원칙이다. 국가 및 지방자치단체를 제외한 그 외의 자들에 대해서도 어느 누구든지 장애여성을 임신·출산·양육·가사 등에 있어 장애를 이유로 그 역할을 강제 또는 박탈할 수 없다고 명시함으로써 사적영역에서의 차별을 금지한다(제2항). 임신·출산·양육·가사는 예시적 규정으로 이뿐만 아니라 생활 전반의 영역에 있어서 비장애인 또는 장애인의 타 장애인에 대한 차별이 금지된다.

2) 사업장에서의 차별행위 금지 (제33조 제3항, 제4항)

(1) 사용자의 차별행위 금지 (제33조 제3항)

근로의 영역에 관하여 〈장애인차별금지법〉에서는 사용자는 남성 근로자 또는 장애인이 아닌 여성 근로자에 비하여 장애여성 근로자를 불리하게 대우하여서는 아니 되며, 직장보육서비스 이용 등에서 정당한 편의제공을 하여야 한다(제3항)고 규정한다. "사용자"라 함은 사업주 또는 사업경영 담당자, 그 밖의 근로자에 관한 사항에 대하여 사업주를 위하여 행위하는 자를 말한다(제3조 제5호, 〈근로기준법〉 제2조 제1항 제2호).

이 조항에 따라 상시 여성 근로자 300명 이상 또는 상시 근로자 500명 이상을 고용한 사업장의 사업주는 직장보육서비스의 제공을 위해 직장어린이집을 설치하여야 한다(시행령 제18조, 〈영유아보육법〉 시행령 제20조 제1항).

사용자는 제33조 제3항에 의거, 장애여성 근로자의 직장보육서비스 이용에 대한 정당한 편의제공을 하여야 하며 그 내용은 시행령에 다음처럼 규정한다(〈장애인차별금지법〉 시행령 제19조).

① 장애여성 근로자 자녀의 직장어린이집 우선 입소 지원
② 직장어린이집에 접근하거나 이를 이용하는 데에 위험이 없도록 장애물 제거
③ 소속 장애여성 근로자의 장애유형 등을 고려한 안내책자 비치
④ 장애여성 근로자의 장애 상태에 따라 자녀와 원활하게 소통할 수 있도록 편의 제공
⑤ 상담을 통한 직장보육서비스 이용 편의 제공

(2) 성폭력 예방교육 책임자의 의무 (제 33조 제 4항)

성폭력 예방교육 책임자는 성폭력 예방교육을 실시함에 있어서 장애여성에 대한 성인식 및 성폭력 예방에 관한 내용을 포함시켜야 하며, 그 내용이 장애여성을 왜곡하여서는 아니 된다(제 4항). 교육에 이상의 내용이 포함되지 않은 경우는 차별행위로 볼 수 있다.

사업장에서 장애여성들이 겪는 문제는 사업주의 소극적 행위(부작위)에 의한 불편함 등과 같은 차별뿐만 아니라 사업주 및 근로자들의 성추행, 성희롱 등을 포함한 성폭행 관련 문제들도 포함된다. 이에 따라 〈성폭력범죄의 처벌 등에 관한 특례법〉 제 6조 제 5항, 제 6항, 제 7항에서는 위계, 위력에 의한 장애인 간음, 추행이나 장애인의 보호, 교육 등을 목적으로 하는 시설의 장 또는 종사자의 보호, 감독 대상 장애인에 대한 간음, 추행 등을 처벌하는 법률을 마련하고 있으며 〈장애인차별금지법〉 또한 제 33조 제 4항으로 장애여성에 대한 성폭력을 방지하고자 한 것이다.

(3) 교육기관 및 직업훈련 주관 기관에서의 차별금지 (제 33조 제 5항)

교육기관 및 직업훈련을 주관하는 기관은 장애여성이 근로 및 사회활동의 기회를 얻도록 도움을 주는 곳으로, 장애여성의 사회진출을 위한 발판이 된다는 점에서도 차별행위가 엄격하게 금지되어야 한다. 이에 따라 제 33조는 장애여성에 대한 교육기관 및 직업훈련기관의 차별을 명시적으로 금지한다. 구체적으로는 학습활동의 기회 제한 및 활동의 내용, 취업교육 및 진로 선택의 범위, 교육에 관한 계획 및 정보제공의 범위 및 그 밖에 교육에 있어서 정당한 사유 없이 장애여성을 불리하게 대우하는 것이 금지된다. 다만 장애여성의 특성을 고려한 교육활동 등 정당한 목적과 사유가 있는 경우는 금지하지 않는다.

3. 입법과제

1) 제1항의 수범자 개념을 국가 및 지방자치단체 이외의 사인으로 확대

제33조의 수범자는 국가 및 지방자치단체와 고용영역에서의 사용자, 교육영역에서의 교육기관이고 그 밖의 재화·용역 제공자, 공공기관 등은 수범자로 규정하지 않는다. 입법의 흠결을 보완하기 위하여 장애여성 관련 조항의 수범자를 재화·용역 제공자, 공공기관 등을 포함하여 확대할 필요가 있다.

2) 장애여성과 장애남성에게 공통된 주제는 일반조항으로 규정

임신, 출산, 양육, 가사, 보육 등은 장애여성만의 문제가 아니다. 그러나 이상의 내용이 장애여성 조항에 규정됨으로써 이 문제가 마치 장애여성만의 문제인 것처럼 여겨질 수 있으며 이는 성평등에 반하는 것이다. 그러므로 제33조 제2항의 내용은 모·부성권을 규정한 제28조에서 규정할 필요가 있다. 그리고 직장보육에 관한 정당한 편의에 대하여 규정한 제33조 제3항 각 호는 제11조에서 규정해야 할 것이다.

3) 다중차별, 장애여성 역량강화에 관한 내용을 추가

장애여성은 장애와 여성이라는 두 가지 사유로 인하여 차별을 겪는다. 장애여성은 비장애여성, 장애남성에 비하여 불리한 대우를 받아서는 아니 된다. 또한 장애여성의 사회적 지위 향상을 위하여 역량강화도 필요하다. 장애인권리협약 제6조의 내용을 반영해 장애여성이 마주하는 다중차별, 장애여성 역량강화에 대한 내용을 규정할 필요가 있다.

제34조: 장애여성 차별을 막기 위한 국가 및 지방자치단체의 의무 규정

제34조 (장애여성에 대한 차별금지를 위한 국가 및 지방자치단체의 의무)

① 국가 및 지방자치단체는 장애여성에 대한 차별요인이 제거될 수 있도록 인식개선 및 지원책 등 정책 및 제도를 마련하는 등 적극적 조치를 강구하여야 하고, 통계 및 조사연구 등에 있어서도 장애여성을 고려하여야 한다.

② 국가 및 지방자치단체는 정책의 결정과 집행과정에 있어서 장애여성임을 이유로 참여의 기회를 제한하거나 배제하여서는 아니 된다.

---

1. 입법취지

국가 및 지방자치단체의 직접적인 차별대우를 금지할 뿐만 아니라 여성 장애인 차별을 예방하고 제거하기 위한 활동을 규정하여 적극적인 차별예방조치 의무를 규정한다.

2. 조문해설

제33조 제1항은 일반적·포괄적인 영역에서 국가 및 지방자치단체에 의한 장애여성에 대한 차별금지가 명시한다. 이에 더하여 국가 및 지방자치단체는 정책의 결정과 집행, 즉 입법과 행정의 영역에서 장애여성임을 이유로 참여의 기회를 제한하거나 배제하여서는 아니 된다(제34조 제2항).

또한 제34조 제1항은 국가 및 공공기관에게 적극적 의무를 부과한다. 장애여성에 대한 차별요인이 제거될 수 있도록 비장애인 및 장애남성의 인식개선을 위한 지원책과 같은 정책 및 제도를 마련하는 등의 조치를 강구할 것과 통계 및 조사연구 등에 있어서도 장애여성을 고려할 것 등을 요구한다. 생활영역별, 생애주기별로 장애인 혹은 여성 관련 실태조사를 시행하거나 특정 목적을 가지고 국민에 대한 실태조사를 실시할 경우에 장애여성에 관한 항목을 별도로 설정해야 한다. 또한 장애여성만을 대상으로 한 실태 및 차별조사를 시행함으로써 구체적 실태와 욕구를 파악하여 차별해소방안 및 적극적 조치 등의 지원책을 실질적으로 마련하여야 한다.

제 35조 및 제 36조: 장애아동에 대한 차별금지 관련 규정

제 35조 (장애아동에 대한 차별금지)

① 누구든지 장애를 가진 아동임을 이유로 모든 생활영역에서 차별을 하여서는 아니 된다.

② 누구든지 장애아동에 대하여 교육, 훈련, 건강보호서비스, 재활서비스, 취업준비, 레크리에이션 등을 제공받을 기회를 박탈하여서는 아니 된다.

③ 누구든지 장애아동을 의무교육으로부터 배제하여서는 아니 된다.

④ 누구든지 장애를 이유로 장애아동에 대한 유기, 학대, 착취, 감금, 폭행 등 부당한 대우를 하여서는 아니 되며, 장애아동의 인권을 무시하고 강제로 시설 수용 및 무리한 재활치료 또는 훈련을 시켜서는 아니 된다.

제 36조 (장애아동에 대한 차별금지를 위한 국가 및 지방자치단체의 의무)

① 국가 및 지방자치단체는 장애아동이 장애를 이유로 한 어떠한 종류의 차별도 없이 다른 아동과 동등한 권리와 자유를 누릴 수 있도록 필요한 조치를 다하여야 한다.

② 국가 및 지방자치단체는 장애아동의 성별, 장애의 유형 및 정도, 특성에 알맞은 서비스를 조기에 제공할 수 있도록 조치하여야 하고, 이를 위하여 장애아동을 보호하는 친권자 및 양육책임자에 대한 지원책을 마련하여야 한다.

1. 입법취지

제35조 및 제36조는 장애아동에 대한 차별금지 및 이를 위한 국가 및 지방자치단체의 의무를 규정한다. 장애를 가지고 있다는 이유로 장애아동에게 가해지는 어떠한 차별도 금지된다. 특히 〈장애인차별금지법〉은 장애아동에게 교육, 건강서비스 등에 참여할 기회를 보장하여야 한다고 명시한다. 장애아동은 일반적으로 아동이 누리는 교육을 받을 권리에 있어서도 일체의 차별을 받아서는 안 된다. 우리 헌법은 명시적으로 교육권을 보장하며 따로 조항을 두어 일체의 불합리한 차별을 금지한다.

장애아동은 장애인이라는 특성과 아동이라는 특성을 모두 가지고 있으므로 장애인과 아동 각각에 있어서 필요한 보호를 모두 받아야 하며, 이 둘의 결합에서 오는 불편함과 어려움을 시정하기 위한 많은 제도와 지원을 필요로 한다. 이는 더 이상 장애아동의 부모가 혼자 책임져야 하는 개인의 문제가 아닌 사회가 적극적으로 나서서 해결하여야 하는 문제로 이해하여야 하며, 이러한 관점에서 본 조항은 국가와 지방자치단체에 일정한 의무를 부과한다.

2. 조문해설

1) 모든 생활영역에서의 장애아동 차별금지 (제35조 제1항)

제35조 제1항은 모든 생활영역에서 장애아동 차별을 금지한다. 이는 장애아동 보호를 규정한 일반적이고 포괄적인 조문이다. 우리 헌법은 제11조에서 합리적 근거 없는 일체의 차별을 금지하며 장애아동 또한

예외는 아니다.

제2항부터 각 영역과 보호범위를 규정함으로써 구체화되는 차별금지 의무는 제1항에 근거하여 도출되는 것이다.

2) 생활영역에서의 장애아동에 대한 기회박탈 금지 (제35조 제2항)

제35조 제2항은 누구든지 장애아동이 교육, 훈련, 건강보호서비스, 재활서비스, 취업준비, 레크리에이션 등을 제공받을 기회를 박탈해서는 안 된다고 규정한다. 교육, 훈련, 건강보호서비스, 재활서비스, 취업준비, 레크리에이션 등은 모두 장애아동이 살아가는 데에 필수불가결한 요소를 예시한 것이다. 장애아동이 사회에서 정상적으로 삶을 영위해 나가기 위해서는 이 영역들에서의 참여 및 활동이 반드시 보장되어야 한다. 이 중에서 특히 문제가 되는 분야는 장애아동에 대한 교육권과 건강보호서비스, 재활서비스 분야이다. 최근 통합교육 시스템의 도입으로 교육영역의 차별이 일정부분 줄어든 것은 사실이나 전면적인 통합교육을 시행하고 있는 교육시설은 많지 않다. 또한 통합교육이 이루어지더라도 장애아동의 유의미한 참여가 보장되기 쉽지 않으므로 제35조 제2항의 교육기회박탈금지 조항을 더욱 적극적으로 해석하여 적용해야 한다.

건강보호서비스 및 재활서비스는 의료복지영역의 대표적 예시로서 장애아동이 의료를 제공받을 기회를 박탈하지 못하도록 금지한 것이라 이해할 수 있다. 또한 장애아동이 취업준비 및 레크리에이션을 제공받을 기회를 보호한 것은 이들의 문화권, 즉 문화생활을 향유할 수 있는 권리를 도출하기 위한 예시로서 의미를 가진다.

3) 장애아동의 의무교육으로부터의 배제 금지 (제35조 제3항)

제35조 제3항은 의무교육을 받을 수 있는 장애아동의 권리를 명시한다. 우리나라의 모든 아동은 의무교육대상자이고 장애아동도 예외가 아니다. 제35조 제3항은 이를 재확인하고 의무교육을 받을 수 있는 권리를 직접적으로 도출하는 규정이다.

4) 장애아동에 대한 부당한 대우 금지 (제35조 제4항)

제35조 제4항은 "누구든지 장애를 이유로 장애아동에 대한 유기, 학대, 착취, 감금, 폭행 등의 부당한 대우를 하여서는 아니 되며, 장애아동의 인권을 무시하고 강제로 시설 수용 및 무리한 재활치료 또는 훈련을 시켜서는 아니 된다"고 규정한다. 장애아동에 대한 유기, 학대, 착취, 감금, 폭행행위 등은 〈장애인차별금지법〉 위반임과 동시에 〈형법〉 및 〈아동복지법〉에도 저촉되는 것으로 각 법률에서 정한 처벌을 받는다. 또한 이러한 행위가 있는 경우, 제4항에 의하여 손해배상청구권이 도출된다.

장애아동을 강제로 시설에 수용하거나 무리하게 재활치료 또는 훈련을 시키는 행위 또한 〈장애인차별금지법〉 이외에 〈형법〉 및 〈아동복지법〉에 따른 제재를 받게 되며, 이러한 불법행위에 대해 장애아동은 손해배상청구권을 갖게 된다.

제4항에서 규정하는 유기, 학대, 착취, 감금, 폭행 등은 예시이며, 이에 명시되지 않은 행위라도 장애아동에 대한 어떠한 형태의 부당한 대우도 금지된다. 또한 장애아동의 의사에 반하는 재활치료 및 훈련의 강요도 금지된다.

5) 장애아동에 대한 차별금지를 위한 국가 및 지방자치단체의 의무

(1) 국가 및 지방자치단체의 조치 의무 (제36조 제1항)

제36조 제1항은 장애아동이 장애를 이유로 한 어떠한 종류의 차별도 없이 다른 아동과 동등한 권리와 자유를 누릴 수 있도록 국가 및 지방자치단체가 필요한 조치를 다하여야 한다고 규정한다. 장애아동이 다른 아동에 비해 열악한 지위에 놓이지 않기 위해서는 국가 및 지방자치단체의 보조와 복지시스템 구축이 필수적이다. 제36조 제1항은 이를 국가 및 지방자치단체의 의무로 규정하며, 〈장애인차별금지법〉의 각 규정들이 보장하는 장애인의 권리를 국가 및 지방자치단체가 보호하도록 명시적으로 의무를 부과한다.

(2) 서비스 조기제공 및 보호자 지원책 마련 의무 (제36조 제2항)

제36조 제2항은 국가 및 지방자치단체가 장애아동의 성별, 장애의 유형 및 정도, 특성에 알맞은 서비스를 조기에 제공할 수 있도록 조치하여야 한다고 규정한다. 이는 장애아동을 다양한 기준에 따라 분류하고 각각에 적합한 지원서비스를 제공해야 함을 뜻한다. 장애아동은 장애의 유형 및 정도에 따라 매우 상이한 지원 및 보호책이 필요하므로, 본 조항은 다양한 장애아동 각각에게 맞는 서비스를 제공하도록 요구하는 탄력적 규정으로 이해할 수 있다.

본 조항은 더 나아가 이를 위하여 장애아동을 보호하는 친권자 및 양육책임자에 대한 지원책을 국가 및 지방자치단체가 마련하여야 한다고 정한다. 장애아동의 보호는 일차적으로 그 친권자에 의하여 이루어지는 경우가 대부분이므로 친권자 및 양육책임자를 아울러 보호하도록 규정함으로써 장애아동에 대한 실질적인 보호가 이루어지도록 하였다. 친권자 및 양육책임자에 대한 지원책으로는 각종 상담서비스, 경제적 지원, 의료혜택지원 등이 가능할 것이다.

제 37조: 정신적 장애를 가진 사람에 대한 보호 규정

제 37조 (정신적 장애를 가진 사람에 대한 차별금지 등)

① 누구든지 정신적 장애를 가진 사람의 특정 정서나 인지적 장애 특성을 부당하게 이용하여 불이익을 주어서는 아니 된다.

② 국가와 지방자치단체는 정신적 장애를 가진 사람의 인권침해를 예방하기 위하여 교육, 홍보 등 필요한 법적·정책적 조치를 강구해야 한다.

---

1. 입법취지

〈장애인차별금지법〉은 제 37조를 통해 정신적 장애를 가진 사람에 대한 차별금지를 특별히 규정한다. 정신적 장애는 장애 중에서도 그 심각성이 크지만 보호를 받지 못하는 경우가 많아 별도의 규정을 둔 것이다.

2. 조문해설

제 37조 제 1항은 정신적 장애를 가진 사람에 대한 차별을 금지한다. 정

신적 장애인은 장애인 중에서 가장 심각하고 지속적인 차별과 인권침해를 당하면서도 보호의 사각지대에 놓여 있다. 〈장애인복지법〉에 따르면 정신적 장애인은 지적장애인, 자폐성장애인, 정신장애인으로 분류된다.

'인지적 특성을 부당하게 이용하는 행위'는 타인에 대한 높은 의존도, 자기를 보호하는 대처능력의 취약함, 불안한 심리 등을 이용하여 대상을 불리하게 하는 행위, 대상에게 강제 투약을 하거나, 조건부 행위를 강요하거나, 누명을 씌우는 등의 행위를 말한다.

제37조 제2항은 정신적 장애인의 인권침해예방을 위한 국가와 지방자치단체의 의무를 규정한다. 따라서 국가와 지방자치단체는 정신적 장애인의 인권교육과 지침, 전문종사자의 육성, 가족 및 조력자 지원 방안 등을 마련하여야 한다.

3. 사례

1) 정신병원 강제입원 등 인권침해 사건

○○시 정신보건센터가 2011년 12월 19일에 ○○동 사회복지사의 상담전화를 받고 피진정병원에 전화로 진정인의 입원의뢰를 하였다. 피진정병원은 사회복지사의 안내를 받아 진정인의 주거지에서 진정인을 차량에 태워 병원으로 후송하였고, 그 이후 ○○시에 ○○시장을 보호의무자로 하는 입원동의서를 요청하였다. ○○시장은 진정인 입원 후 7일이 경과한 시점에서 년, 월, 일이 표기되지 않은 입원동의서에 ○○시장의 직인만

찍어 발송하였다. 이렇듯 진정인에 대한 입원의뢰, 후송, 입원동의 통보 절차까지의 일련의 흐름은 〈정신보건법〉의 기본이념인 자발적 입원의 권장, 〈정신보건법〉의 응급입원절차, 보호의무자 입원요건 등을 무시한 것으로 볼 수 있다. 그리고 본 사안은 사후에 ○○시장의 입원동의서를 받았다 하더라도 후송과정 및 입원과정의 적법절차 위반에 대한 명백한 흠결이 치유되는 것은 아닌 것인바, 비록 진정인이 조사 중 사망하였다 하더라도 개인의 권리구제와는 별개로 이러한 정신장애인의 입원형태는 반드시 시정되어야 할 것으로 판단하였다.

국가인권위원회 2015.5.25. 장애인차별소위 의결.

2) 도로교통법 개정안 중 정신미약자 규정에 관한 사건

국가인권위원회의 〈도로교통법중개정법률안〉에 대한 의견 표명

도로교통 안전의 공익적 차원에서 '정신병자·정신미약자 또는 간질병자, 마약·대마·향정신성의약품 또는 알콜중독자'의 운전면허 결격을 규정하고 있는 〈도로교통법중개정법률안〉은 운전면허 결격대상자의 범위를 지나치게 광범위하게 규정하고 있고 기본권 제한 법률의 명확성 원칙, 특히 형사처벌과 관련하여 죄형법정주의의 구성요건 명확성 원칙에 반하고 안전운전에 지장 없는 정신장애인들의 평등권을 침해하므로 동 규정의 개정을 권고하였다.

2003.4.15. 정책위원회 의결.

4. 입법과제: 정신적 장애인에 대한 특수한 차별금지 규정

〈장애인차별금지법〉에서 정신적 장애인에 대한 차별금지를 별도로 규

정하는 이유는 정신적 장애인에 대한 심각한 차별상황을 반영한 것이라 할 수 있다. 하지만 그 내용은 많이 부족하다. 정신적 장애인의 성장한 권리 의식을 반영하여 정신적 장애인이 겪는 특수한 차별과 그 금지에 대하여 규정할 필요가 있다.

권리구제, 손해배상 및 벌칙 등

우리 사회의 심각한 장애인 차별 현실에 대처하기 위한 국가인권위원회의 노력에도 불구하고 피해 회복과 권리구제 없이는 개선이 쉽지 않았다. 〈장애인차별금지법〉은 무엇보다 실효성 있는 권리구제에 역점을 두었으며, 이는 제 4장에서 제 6장까지의 내용에서 잘 드러난다.

제 4장(장애인차별시정기구 및 권리구제 등)의 성격 및 내용

조항	성격	내용
제 38조	국가인권위원회 진정 관련 구체적 규정	차별행위에 대한 국가인권위원회에의 진정
제 39조		직권조사
제 40조		차별행위에 대한 조사와 구제 업무를 전담하는 장애인차별시정소위원회
제 41조		진정의 절차, 방법, 처리, 진정 및 직권에 따른 조사의 방법에 대한 국가인권위원회법 준용
제 42조	권고의 통보 관련 구체적 규정	법무부장관을 상대로 한 권고의 통보
제 43조	법무부장관 시정명령 관련 구체적 규정	법무부장관의 시정명령
제 43조의 2		의견진술의 기회 부여
제 44조		시정명령에 대한 불복방식 및 확정
제 45조		시정명령 이행상황의 제출요구

제 5장(손해배상, 입증책임 등)의 성격 및 내용

조항	성격	내용
제 46조	구체적 규정	장애인차별금지법 위반행위로 인한 손해배상책임
제 47조		장애인차별금지법 위반행위로 인한 손해배상책임의 입증책임 배분
제 48조		법원의 차별행위의 중지 및 차별시정을 위한 적극적 조치

제 6장(벌칙)의 성격 및 내용

조항	성격	내용
제 49조	구체적 규정	장애인차별금지법 위반행위에 대한 형사처벌
제 50조		장애인차별금지법 위반행위에 대한 과태료

〈장애인차별금지법〉 제정 운동의 가장 큰 배경은 우리 사회의 심각한 장애인 차별이라는 현실이다. 국가인권위원회에서는 장애인 차별을 금지하고 침해받은 장애인의 권리를 구제하기 위하여 꾸준히 노력하였다. 그럼에도 불구하고 여전히 장애인 차별행위가 일상적·반복적으로 지속되었고, 차별로 인정된 경우에도 실질적인 피해 회복·권리구제는 이루어지지 못하였다. '제천시 보건소장 장애인 차별' 사례에서 보듯이, 인권위원회가 장애인 차별로 결정하고 시정권고를 한 사안에서도 실질적인 구제는 이루어지지 못했다. 장애인 관련법이 권리구제에 있어 실효성을 발휘하지 못했던 것이다. 최후의 권리구제기구라 할 사법부가 재판을 통해 장애인의 손을 들어 준 경우도 있었지만, 차별행위는 시정되지 않고 250만 원 정도의 위자료가 부과되었을 뿐이었다. 실정법과 제도의 한계가 드러난 것이다.

이러한 현실로 인해 장애인 차별에 대한 실효성 있는 권리구제의 필요성이 제기되었고, 〈장애인차별금지법〉에서는 무엇보다도 실효성 있는 권리구제 수단에 역점을 두었다. 〈장애인차별금지법〉은 ① 제4장 (장애인차별시정기구 및 권리구제 등)에서 인권위에 장애인차별시정소위원회를 두고 장애인 차별 진정에 대한 조사 및 구제를 할 수 있도록 하였고(제38조 내지 제41조), ② 법무부장관에 의한 시정명령제도를 두었으며(제42조 내지 제45조), ③ 제5장(손해배상, 입증책임 등)에서 법원을 통한 권리구제절차(제46조 내지 제48조)를, ④ 제6장(벌칙)에서 형사재판을 통한 형사처벌(제49조)과 법무부장관의 시정명령 불이행자에 대한 과태료 부과(제50조)를 각각 규정한다.

제 38조: 장애인 차별행위와 관련한 진정

제 38조 (진정)

이 법에서 금지하는 차별행위로 인하여 피해를 입은 사람(이하 "피해자"라 한다) 또는 그 사실을 알고 있는 사람이나 단체는 국가인권위원회(이하 "위원회"라 한다)에 그 내용을 진정할 수 있다.

---

1. 입법취지

〈장애인차별금지법〉이 제정되기 전까지는 〈국가인권위원회법〉에 따라 국가인권위원회가 차별행위에 대한 시정권고를 할 수 있었다. 그러나 장애로 인한 차별이라는 특수한 차별이 일반적인 차별과 구분 없이 다루어져, 차별행위로 인정되지 않거나 시정권고가 이루어지지 않는 사례가 많았다. 장애와 관련된 다른 법령들도 차별금지 및 권리구제에 있어서는 선언적인 규정으로만 기능하여 실효성을 발휘하지 못했다. 한편, 장애로 인한 차별행위에 대한 최후의 권리구제는 사법부에서 이루어졌으나, 장기간의 민사 손해배상청구 등 소송을 통해 구제받을 수 있는 것은 소액의 손해배상금 정도에 그쳤으므로 이를 통해 차별행위를 근본적으로 시정하는 데에는 한계가 있었다.

2007년 제정된 〈장애인차별금지법〉은 차별로 피해를 입은 장애인에 대한 구제수단으로 국가인권위원회에 대한 진정과 법원을 통한 권리구제를 모두 규정한다. 국가인권위원회를 통한 권리구제는 법원을 통한 권리구제에 비해 신속하고 그 절차가 간편하다는 장점이 있다. 또한 국가인권위원회에 차별행위에 관한 진정을 제기할 수 있는 사람이 피해자 또는 이해관계인으로 한정되어 있지 않으므로(제 38조), 사법절차에 비해 권리구제 범위가 확대될 것도 기대할 수 있다.

2. 조문해석

〈장애인차별금지법〉에서 금지하는 차별행위는 제 4조(차별행위) 내지 제 2장(차별금지) 등에서 규정하는 것과 같이 장애를 이유로 한 차별행위를 의미한다. 또한 진정을 할 수 있는 주체는 ① 차별행위로 인하여 피해를 입은 사람, 즉 피해자, ② 그 사실을 알고 있는 사람, ③ 그 사실을 알고 있는 단체이다.

진정을 할 수 있는 대상의 범위는 〈국가인권위원회법〉 제 30조 제 1항에 따른 국가인권위원회 진정 대상의 범위와 동일하다. ① 국가기관, 지방자치단체, 〈초·중등교육법〉 제 2조, 〈고등교육법〉 제 2조와 그 밖의 다른 법률에 따라 설치된 각급 학교, 〈공직자윤리법〉 제 3조의 2 제 1항에 따른 공직유관단체 또는 구금·보호시설의 업무수행(국회의 입법 및 법원·헌법재판소의 재판은 제외한다)과 관련하여 〈대한민국헌법〉 제 10조부터 제 22조까지의 규정에서 보장된 인권을 침해당하거나 차별행위를 당한 경우(〈국가인권위원회법〉 제 30조 제 1항 제 1호), ② 법인, 단체 또는 사인(私人)으로부터 차별행위를 당한 경우(〈국가인권위원회법〉 제 30조 제 1항 제 2호)가 있다.

3. 입법과제

1) 진정시효의 개정

〈국가인권위원회법〉제32조 제1항 제4호 본문은 '진정의 원인이 발생한 날부터 1년 이상 지나서 진정한 경우'에는 진정을 각하하도록 규정한다. 그런데 장애인 차별의 경우 차별행위를 당한 피해자 본인이나 관련자들이 피해 사실 자체를 장기간 인지하지 못하거나 진정구제절차 자체를 알지 못할 가능성이 다른 차별영역에 비해 매우 높다. 장애로 인한 차별에 한해서라도 위의 진정시효기간을 늘리거나, 진정의 원인이 된 사실의 '발생일' 이외에 피해자 또는 관련 종사자 등이 진정의 원인이 된 사실을 '인지한 때'로부터 시효를 기산하도록 규정을 보완할 필요가 있다.

2) 진정 기각에 대한 불복이 가능함을 고지하는 규정의 마련

국가인권위원회가 진정을 기각하는 경우, 국가인권위원회 산하 행정심판위원회에 행정심판을 청구하여 진정기각 결정에 대해 불복할 수 있다. 하지만 현재 국가인권위원회는 진정기각 결정 시 진정인에게 행정심판을 통한 불복이 가능함을 고지하지 않는다. 국가인권위원회가 진정기각 결정을 한 때에는 청구인에게 행정심판 또는 행정소송을 제기할 수 있다고 통지하도록 규정을 마련할 필요가 있다.

제39조: 차별사건에 대한 직권조사 규정

제39조 (직권조사)

위원회는 제38조의 진정이 없는 경우에도 이 법에서 금지하는 차별행
위가 있다고 믿을 만한 상당한 근거가 있고 그 내용이 중대하다고 인정
할 때에는 이를 직권으로 조사할 수 있다.

---

1. 입법취지

제39조는 피해자 및 그 사실을 아는 사람·단체의 진정이 없어도 장애
인 차별행위가 있다고 믿을 상당한 근거가 있고 내용이 중대하다고 인
정이 될 때 국가인권위원회가 직권으로 조사형 합의권고, 조정, 결정
등의 시정권고를 할 수 있도록 함으로써 권리구제 확대를 꾀하고 있다.

2. 조문해석

국가인권위원회는 진정이 없는 경우에라도 직권으로 조사를 할 수 있
다. 직권조사의 요건은 ① 차별행위가 있다고 믿을 만한 상당한 근거,
② 그 내용의 중대성이다. 이는 〈국가인권위원회법〉 제30조 제3항에
서 규정한 국가인권위원회 직권조사 요건과 동일하다. 믿을 만한 상당
한 근거는 객관성을 인정할 만한 자료로 판단되어야 하며, 내용의 중대
성은 피해 및 피해자의 수, 유형, 내용, 정도와 반복 가능성, 사회적 파
장, 장래 및 현재 미치는 영향 등을 종합적으로 고려하여야 한다.

4. 입법과제: 상설 감시인 제도 운영 관련 규정의 마련

국가인권위원회위원은 11인에 불과하다. 그러므로 직권조사의 실효성을 더욱 확보하여 〈장애인차별금지법〉 제39조가 존재의의를 다하도록 하기 위해서는 지역 및 권역별로 상설 감시위원을 두어서 국가인권위원회위원이 아닌 이 감시위원들이 차별사항을 감시하도록 해야 한다. 이와 관련하여 현재 서울특별시 등에서 시행되는 인권옴부즈맨(시민인권보호관) 제도[1]를 참고할 수 있을 것이다.

제 40조: 장애인차별시정소위원회 설치 및 운영 규정

제 40조 (장애인차별시정소위원회)

① 위원회는 이 법에서 금지하는 차별행위에 대한 조사와 구제업무를
전담하는 장애인차별시정소위원회(이하 "소위원회"라 한다)를 둔다.
② 소위원회의 구성·업무 및 운영 등에 관하여 필요한 사항은 위원회
의 규칙으로 정한다.

---

1. 입법취지

〈장애인차별금지법〉은 장애인차별 시정기구로서 국가인권위원회 내에 '장애인차별시정소위원회'를 구성하도록 하여, 피해자의 진정 또는

---

1) 서울특별시 〈기본인권조례〉 제4장 참조.

직권으로 장애인의 인권침해 사례를 조사하고 합의권고, 조정, 결정 등의 시정권고를 통해 차별받은 장애인의 권리를 구제하고 있다.

2. 조문해석

〈장애인차별금지법〉 시행 이후 국가인권위원회는 상임위원 3명으로 구성된 '장애인차별시정소위원회'를 운영한다. 장애인차별시정소위원회는 헌법, 〈국가인권위원회법〉, 〈장애인차별금지법〉 등에 규정된 내용을 기준으로 하여 피해자 내지 그 사실을 알고 있는 사람·단체의 진정 또는 직권으로 장애인 차별행위를 조사하고 합의권고, 조정, 결정 등의 시정권고를 통해 차별받은 장애인의 권리를 구제한다. 장애인차별시정소위원회 구성·업무 및 운영 등에 관해 필요한 사항은 〈국가인권위원회법〉 제 12조와 마찬가지로 국가인권위원회 규칙으로 정한다.

장애인차별시정소위원회의 심의 및 의결사항으로는 ① 〈국가인권위원회법〉 제 24조의 규정에 의한 구금·보호시설에 대한 방문조사 및 조사결과 처리에 관한 사항, ② 〈장애인차별금지법〉에서 금지하는 행위와 〈국가인권위원회법〉 제 19조 제 3호의 업무 중 장애를 사유로 하는 차별행위의 조사와 구제 및 〈국가인권위원회법〉 제 30조 제 3항에 의한 직권조사에 관한 사항, ③ 조사사건에 대한 합의권고 및 조정위원회에의 회부, 법률구조의 결정 및 그 시행에 관한 사항, ④ 전원위원회 또는 위원장이 장애인차별시정위원회에 회부한 사항, ⑤ 진정사건과 관련하여 필요한 경우 〈국가인권위원회법〉 제 19조 제 1호의 규정에 의한 권고 또는 의견표명에 관한 사항이 있다(〈국가인권위원회 운영규칙〉 제 14조의 2).

제41조: 진정, 조사, 소위원회 등에 대한 준용규정

제41조 (준용규정)

① 제38조 및 제39조에 따른 진정의 절차·방법·처리, 진정 및 직권에 따른 조사의 방법에 관하여 이 법에 특별한 규정이 없는 사항에 관하여는 〈국가인권위원회법〉의 규정을 준용한다.

② 〈국가인권위원회법〉 제40조부터 제50조까지의 규정은 이 법에 따른 진정 및 직권조사의 경우에 준용한다.

---

1. 입법취지

제41조는 〈장애인차별금지법〉에서 규정되지 않은 진정의 절차, 처리, 조사방법 등을 〈국가인권위원회법〉을 준용하도록 규정한다.

2. 조문해석

장애인 차별사건에 대한 합의·조정·구제조치 등의 시정권고, 조정위원회의 운영, 처리결과의 공개 등, 〈장애인차별금지법〉에서 구체적으로 명시되지 않은 내용과 관련된 〈국가인권위원회법〉의 규정이 장애인차별시정소위원회의 조사과정에 그대로 준용된다. 한편 국가인권위원회는 〈국가인권위원회법〉 및 〈국가인권위원회법〉 시행령에 따라 국가인권위원회가 수행할 인권침해 및 차별행위에 대한 조사와 구제업무에 관하여 〈인권침해 및 차별행위에 관한 조사 구제규칙〉을 제정하여 시행하고 있다.[2]

제 42조: 차별행위 관련 권고 내용의 통보 규정

제 42조 (권고의 통보)

위원회는 이 법이 금지하는 차별행위로 〈국가인권위원회법〉 제 44조의 권고를 하거나 권고를 받은 자가 권고를 이행하지 아니하는 경우 그 내용을 법무부장관에게 통보하여야 한다.

---

1. 입법취지

법무부장관의 시정명령권을 통해 국가인권위원회의 시정권고를 제도적으로 지원하고 실효성을 확보하려는 취지의 조문이다.

2. 조문해석

국가인권위원회는 시정권고를 함과 동시에 법무부장관에게 권고를 한 내용 및 권고를 받은 자가 권고를 이행하지 아니한다는 사실까지 통보하여야 한다. 이와 같은 시정권고 및 권고 불이행에 대한 통보 기능을

---

2) 진정제도의 절차 등은 국가인권위원회의 홈페이지(www. humanrigts. go. kr)에 자세히 소개되었다. 한편 〈장애인차별금지법〉과 관련 있는 국가인권위원회 진정제도의 의의와 절차, 방법 및 장애인 차별로 인한 진정 접수 후 국가인권위원회의 진정처리 방법인 권고, 조정, 권고 이외의 사항(기각, 각하) 등에 대한 개략적인 내용에 대해서는 나요환, 2013, "장애인차별금지법 시행에 따른 장애인인권향상에 관한 연구-국가인권위원회 진정사건 처리를 중심으로", 전남대학교 행정대학원 석사학위논문 중 '제 4절 국가인권위원회의 목적과 기능' 부분 참조.

통하여 시정권고를 받은 자가 권고를 이행하지 않는 경우 법무부장관으로 하여금 직권으로 시정명령권을 발동할 수 있도록 함으로써, 시정명령의 실효성을 담보하고 결과적으로 장애인 차별을 시정하는 실질적 구제수단으로 이어지도록 할 수 있다. 기존에 국가인권위원회의 시정권고 이후 법무부장관이 시정명령을 내린 경우가 극히 일부에 불과하여 사실상 시정명령권이 사문화되는 것이 아니냐는 비판을 반영하여 권고 내용뿐 아니라 권고 불이행에 대한 내용까지도 통보하도록 입법적 보완을 한 것이다.

제 43조: 장애인 차별 시정명령 규정

제 43조 (시정명령)

① 법무부장관은 이 법이 금지하는 차별행위로 〈국가인권위원회법〉 제 44조의 권고를 받은 자가 정당한 사유 없이 권고를 이행하지 아니하고 다음 각 호의 어느 하나에 해당하는 경우 피해자의 신청에 의하여 또는 직권으로 시정명령을 할 수 있다.

1. 피해자가 다수인인 차별행위에 대한 권고 불이행
2. 반복적 차별행위에 대한 권고 불이행
3. 피해자에게 불이익을 주기 위한 고의적 불이행
4. 그 밖에 시정명령이 필요한 경우

② 법무부장관은 제 1항에 따른 시정명령으로서 이 법에서 금지되는 차

별행위를 한 자(이하 "차별행위자"라 한다)에게 다음 각 호의 조치를 명할 수 있다.

1. 차별행위의 중지
2. 피해의 원상회복
3. 차별행위의 재발방지를 위한 조치
4. 그 밖에 차별시정을 위하여 필요한 조치

③ 법무부장관은 제1항 및 제2항에 따른 시정명령을 서면으로 하되, 그 이유를 구체적으로 명시하여 차별행위자와 피해자에게 각각 교부하여야 한다.

④ 법무부장관은 제1항 및 제2항에 따른 시정명령을 위하여 위원회에 시정명령에 필요한 자료의 제공을 요청할 수 있다.

⑤ 법무부장관은 제1항 및 제2항에 따른 시정명령을 하는 경우 그 내용을 위원회에 통보하여야 한다.

⑥ 법무부장관이 차별시정에 필요한 조치를 명하는 기간, 절차, 방법 등에 필요한 사항은 대통령령으로 정한다.

시행령 제20조 (시정명령의 신청방법)
법 제43조 제1항에 따른 시정명령을 신청하려는 자는 다음 각 호의 사항을 적은 서면을 법무부장관에게 제출하여야 한다.
1. 신청인의 성명 · 주소
2. 피신청인의 성명 및 주소(법인인 경우에는 명칭과 주된 사무소의 소재지를 말한다)

3. 시정명령이 필요한 사유

시행령 제 21조 (시정명령 기간)
법무부장관은 법 제43조 제1항에 따라 피해자의 신청에 의하여 시정명령을 하는 경우에는 신청을 받은 날부터 3개월 이내에, 직권으로 시정명령을 하는 경우에는 권고 불이행을 확인한 날부터 3개월 이내에 시정명령을 해야 한다.

시행령 제 22조 (시정명령 서면)
법 제43조 제3항에 따른 시정명령의 서면에는 다음 각 호의 사항을 명시하여야 한다.
1. 시정명령의 이유
2. 시정명령의 내용
3. 시정기한
4. 시정명령에 대한 불복절차

1. 입법취지

국가인권위원회에 대한 진정은 그 시정조치가 구속력이 없는 권고에 한정되어 있기 때문에 차별에 대한 실질적 구제가 곤란하므로, 구속력 있는 시정명령권 도입이 필수적이다. 이에 절차의 신속성과 입증의 용이, 차별행위의 실질적 구제를 위하여 구속력 있는 시정명령권이 도입되었다(제43조). 시정명령은 차별행위의 중지, 피해의 원상회복 등 강제집행력을 갖는 처분으로서, 이를 불이행할 경우 과태료를 부과하여 차별행위의 신속한 시정을 담보할 수 있다.

다만 국가인권위원회가 스스로 시정명령권을 갖는 경우 국가인권위원회를 권고 권한만을 갖는 독립적 국가기관으로 설립한 당초의 취지에 부합하지 않게 된다. 이에 장애인 차별을 실효적으로 시정할 수 있도록 하면서도 국가인권위원회의 권고 기능을 유지하기 위해 정부 부처인 법무부에 시정명령권을 부여함으로써 시정권고와 시정명령을 이원화하였다. 결국 시정명령기관이 시정권고기관의 차별판단을 전제로 하나의 연속된 절차의 일부를 담당하면서 종국적으로 구속력 있는 시정명령을 발하도록 규정한다.

초기 입법에는 피해의 정도가 심각하며 공익에 중대한 영향이 있는 때에만 시정명령을 할 수 있도록 하였으나, 이 요건이 실무상 지나치게 엄격한 요건으로 작동한다는 지적에 따라 법 개정을 통해 삭제하였다.

기존에는 국가인권위원회의 시정권고 절차와 법무부의 시정명령 절차가 각각 이루어짐에 따라 조사의 중복, 행정의 비효율 등의 문제가 야기되었다. 이에 이를 개선하고자 법무부의 국가인권위원회에 대한 자료제공요청권을 신설하였고, 시정명령의 내용을 국가인권위원회에도 통보할 의무를 부과하였다. 두 기관 간 효율적 업무 협조와 모니터링 강화를 주된 취지로 한다.

2. 조문해석

1) 시정명령의 요건

법무부장관은 국가인권위원회로부터 권고를 받고도 정당한 사유 없이 권고를 이행하지 아니하는 자에게 시정명령을 할 수 있는데, 시정명령의 요건으로는 차별행위의 존재, 국가인권위원회의 권고, 권고의 불이행, 시정명령의 필요성, 정당한 사유의 부존재, 피해의 심각성과 공익의 중대성이 있다.

(1) 차별행위의 존재

〈장애인차별금지법〉에서 금지하는 차별행위가 존재하여야 한다. 즉, ① 장애인을 장애를 사유로 정당한 사유 없이 제한·배제·분리·거부 등에 의하여 불리하게 대하는 경우, ② 장애인에 대하여 형식상으로는 제한·배제·분리·거부 등에 의하여 불리하게 대하지 아니하지만 정당한 사유 없이 장애를 고려하지 아니하는 기준을 적용함으로써 장애인에게 불리한 결과를 초래하는 경우, ③ 정당한 사유 없이 장애인에 대하여 정당한 편의제공을 거부하는 경우, ④ 정당한 사유 없이 장애인에 대한 제한·배제·분리·거부 등 불리한 대우를 표시·조장하는 광고를 직접 행하거나 그러한 광고를 허용·조장하는 경우, ⑤ 장애인을 돕기 위한 목적에서 장애인을 대리·동행하는 자에 대하여 위(①부터 ④)의 행위를 하는 경우, ⑥ 보조견 또는 장애인보조기구 등의 정당한 사용을 방해하거나 보조견 및 장애인보조기구 등을 대상으로 위 ④에서 금지된 행위를 하는 경우(제4조 제1항)를 말한다.

(2) 국가인권위원회의 권고

국가인권위원회의 권고가 존재하여야 한다. 국가인권위원회가 진정을 조사한 결과 차별행위가 발생하였다고 판단하면 피진정인 등에게 권고를 할 수 있는데, 권고의 내용으로는 ① 차별행위의 중지, ② 원상회복, 손해배상, 그 밖에 필요한 구제조치, ③ 동일하거나 유사한 차별행위의 재발을 방지하기 위하여 필요한 조치, ④ 법령·제도·정책·관

행의 시정 또는 개선(〈국가인권위원회법〉 제44조 제1항, 제42조 제4항)
이 있다.

(3) 권고의 불이행
권고의 불이행이 있어야 한다. 피진정인 등이 국가인권위원회로부터
차별행위에 대한 권고를 받고도 이를 불이행한 경우에 해당해야 한다.

(4) 시정명령의 필요성
시정명령의 필요성이 있어야 한다. ① 피해자가 다수인인 차별행위에
대한 권고 불이행, ② 반복적 차별행위에 대한 권고 불이행, ③ 피해자
에게 불이익을 주기 위한 고의적 불이행, ④ 그 밖에 시정명령이 필요
한 경우에 시정명령의 필요성이 인정된다(제43조 제1항). 이때 제43
조 제1항 제4호 소정의 '그 밖에 시정명령이 필요한 경우'란 ①~③에
준하는 경우로써 그 피해의 정도가 심각하고 공익에 미치는 영향이 중
대하여 시정명령의 필요성이 인정되는 경우를 의미한다.

(5) 정당한 사유의 부재
권고의 불이행에 정당한 사유가 없어야 한다. 〈장애인차별금지법〉 제
4조 제3항에서는 차별행위에 대한 정당한 사유로 ① 과도한 부담이나
현저히 곤란한 사정 등이 있는 경우, ② 특정 직무나 사업 수행의 성질
상 불가피한 경우를 들고 있다. 법률의 체계적인 해석상 권고의 불이행
에 대한 정당한 사유 역시 위 조문과 동일하다 볼 수 있다.

(6) 피해의 심각성과 공익의 중대성

피해의 정도가 심각하고 공익에 미치는 영향이 중대하여야 한다. 피해자가 다수인인 차별행위에 대한 권고 불이행, 반복적 차별행위에 대한 권고 불이행, 피해자에게 불이익을 주기 위한 고의적 불이행 등과 같이 시정명령의 필요성이 인정되는 경우에는 대체로 이 요건을 만족한다고 볼 수 있다.

2) 시정명령의 내용

법무부장관은 시정명령으로서 ① 차별행위의 중지, ② 피해의 원상회복, ③ 차별행위의 재발방지를 위한 조치, ④ 그 밖에 차별시정을 위하여 필요한 조치를 명할 수 있다(제43조 제2항). 차별행위가 계속되고 있는 경우에는 차별행위의 중지를, 차별행위가 이미 종료하였으나 회복 가능한 경우에는 피해의 원상회복을, 차별행위의 반복 우려가 있는 경우에는 재발방지를 위한 조치를 명할 수 있다. 그 밖에 차별시정을 위하여 필요한 조치에는 차별시정을 위하여 법무부장관이 필요하다고 인정하는 기타의 조치가 포함된다.

3) 시정명령의 절차

법무부에 시정명령권이 있으며 법무부장관이 시정명령을 내린다. 시정명령은 신청에 의한 경우와 직권에 의한 경우로 나뉜다. 신청에 의한 경우에는 신청인이 필요한 사항을 적어 서면을 법무부장관에게 제출하여야 한다. 이 경우 법무부장관은 신청을 받은 날부터 3개월 이내에 시정명령을 해야 한다(시행령 제21조). 법무부장관은 직권으로 시정명령을 할 수도 있는데 이를 위해서 장애인차별시정소위원회가 차별행위로 권고를 한 경우 그 내용을 법무부장관에 통보하도록 하고 있다(제42조). 법무부장관이 직권으로 시정명령을 할 때에는 권고 불이행을 확인한 날부터 3개월 이내에 해야 한다(시행령 제21조). 신청에 의한 경우와 직권에 의한 경우 모두 3개월 기간은 훈시규정으로 해석된다.

법무부장관은 서면으로 시정명령을 하여야 하며, 시명명령의 이유, 시정명령의 내용, 시정기한, 시정명령에 대한 불복절차(시행령 제22조)를 명시한 서면을 차별행위자와 피해자에게 각각 교부하여야 한다(시행령 제43조 제4항).

3. 사례

1) 지체장애로 인한 직권면직에 대한 복직 시정명령 사례

진정인은 구미시설관리공단에 근무하던 중 2004년 4월 8일 발병한 대뇌출혈로 인한 좌반신불수의 지체장애 2급 장애인으로, 2007년 8월 1일 휴직을 한 후 이듬해 8월 1일에 복직하였다. 복직 당시 진정인은 일반 사무행정 업무를 수행할 수 있다는 주치의 소견서를 피진정인에게 제출하였다. 그러나 피진정인은 진정인이 장애 때문에 업무를 감당할 수 없다는 주장 이외에 다른 정당한 근거 없이 그달 25일에 진정인을 직권면직시켰다. 국가인권위원회는 2009년 8월 28일 공단이사장에게 진정인을 복직시키고, 재발방지 대책을 마련하고 인권교육을 받을 것을 권고하였다.

권고를 받은 구미시설공단이 정당한 사유 없이 권고를 이행하지 않자

진정인은 2010년 1월 4일에 법무부장관에게 시정명령을 신청하였다. 이에 대해 법무부는 구미시시설관리공단이 장애를 이유로 손 씨를 직권면직하기로 결정함에 있어 업무적합성에 대한 객관적인 검토 및 담당 업무 조정 등의 충분한 조치를 하지 않은 것은 〈장애인차별금지법〉 제10조 제1항의 차별행위에 해당하고, 구미시시설관리공단이 국가인권위원회의 권고를 불이행할 정당한 사유가 있다고도 보기 어려우며, 손 씨가 직권면직되어 약 1년 8개월간 실직상태에 있게 됨에 따른 피해의 정도가 심각하다고 판단하여, 2010년 4월 28일에 구미시설관리공단 이사장에게 피해자를 복직시키고 인권교육을 받도록 시정명령을 하였다.

국가인권위원회 08진차945 결정.

2) 장애인 이동편의를 위한 승강기 설치 등을 명하는 시정명령 사례

진정인은 휠체어를 이용하는 장애인으로 수원역 앞 지하도 및 지하상가 출입구에 이동편의시설을 설치되어 있지 않아 지하도 상가에 접근하거나 이용할 수 없어서 진정을 제기하였다. 국가인권위원회는 2010년 8월 9일, 수원시장에게 지하도 1번 출구에 승강기를 설치할 것을 권고하였다.

이에 대하여 수원시장은 2010년 7월 16일, 인권위원회 권고 결정에 앞서 수원역 앞 지하도 1번 출구에 승강기를 설치하겠다는 의견을 제출하다. 그러나 이후 여러 차례 계획을 변경하여 권고 이행을 지연하였으며, 구체적인 계획을 제출하지 못하는 등 권고 확정 후 2년이 경과하도록 아무런 조치를 취하지 않았다. 이에 법무부장관은 2012년 9월 27일 수원시장의 권고 불이행에 정당한 이유가 없다고 판단하고 수원시장에게 장애인이동편의를 위한 승강기 설치를 명하는 시정명령을 하였다.

국가인권위원회 09진차231, 09진차238(병합) 결정.

4. 입법과제

〈장애인차별금지법〉 제8조에 따라 국가 및 지방자치단체는 장애인 차별을 실질적으로 해소하기 위하여 이 법에서 규정한 차별시정에 대하여 적극적으로 조치하여야 하고, 장애인 등에게 정당한 편의가 제공될 수 있도록 필요한 기술적·행정적·재정적 지원을 하여야 한다. 그러나 이를 담당할 기관이 없어 실효적인 집행은 이루어지지 않고 있다. 따라서 국가 및 지자체 산하에 장애인 차별 담당관을 두어 〈장애인차별금지법〉 관련 업무를 총괄하고 지원할 필요가 있다.

제43조의 2: 의견진술의 기회 부여 규정

제43조의 2(의견진술의 기회 부여)

① 법무부장관은 제43조에 따른 시정명령을 하기 전에 차별행위자에게 의견을 진술할 기회를 주어야 한다.

② 제1항의 경우 피해자, 진정인 또는 이해관계인은 법무부장관에게 의견을 진술하거나 필요한 자료를 제출할 수 있다.

---

1. 입법취지

시정명령은 불이행시 과태료가 부과되는 강제력을 가지고 있는 권리구제 제도이다. 강력한 권한임에도 불구하고 실무상 잘 활용되기 어려운 구조적 문제를 걷어내고 시정명령 제도를 활성화하기 위한 취지로 신설된 규정이다.

2. 조문해설

법무부장관이 시정명령을 하기 전에 차별행위자에게 의견진술의 기회를 부여해야 할 의무가 있다. 시정명령을 위한 조사와 그 결과를 바탕으로 내리는 시정명령 사이에 사정변화가 있을 경우 구체적 타당성을 고려하여야 하기 때문이다. 차별행위자의 의견진술에 대하여 피해자, 진정인 또는 이해관계인 역시 법무부장관에게 의견을 진술하거나 필요한 자료를 제출할 수 있도록 하였다. 시정명령을 하기 전에 대립되는 양측의 의견을 공평하게 수렴하여 그 의견을 시정명령에 반영하기 위한 제도적 보완이다.

제 44조: 시정명령의 확정 규정

제 44조 (시정명령의 확정)

① 법무부장관의 시정명령에 대하여 불복하는 관계 당사자는 그 명령서를 송달받은 날부터 30일 이내에 행정소송을 제기할 수 있다.

② 제 1항의 기간 이내에 행정소송을 제기하지 아니한 때에는 그 시정명령은 확정된다.

---

1. 입법취지

법무부장관의 시정명령에 대하여 불복이 있는 관계 당사자는 그 명령서를 송달받은 날로부터 30일 이내에 행정소송을 제기할 수 있고, 행정소송의 미제기 시 시정명령이 확정된다.

2. 조문해석

관계 당사자에는 시정명령을 받은 차별행위자뿐만 아니라 시정명령을 신청한 장애인도 포함된다고 해석된다. 제 43조 제 3항은 피해자에게도 시정명령을 교부하도록 하고 있으며 시정명령은 피해자의 권리구제와도 밀접한 관련이 있으므로 당해 시정명령을 신청한 장애인에게도 시정명령에 대한 행정소송을 제기할 원고적격이 인정된다고 보아야 한다. 즉 시정명령이 불충분하거나 잘못 내려져 피해자의 권리가 구제되기 힘든 경우에는 피해자에 의한 취소 소송 등 행정소송이 가능하다.[3]

제 45조: 시정명령 이행상황의 제출요구 등에 관한 규정

제 45조 (시정명령 이행상황의 제출요구 등)

① 법무부장관은 확정된 시정명령에 대하여 차별행위자에게 그 이행상
황을 제출할 것을 요구하여야 한다.

② 피해자는 차별행위자가 확정된 시정명령을 이행하지 아니하는 경우
에 이를 법무부장관에게 신고할 수 있다.

---

1. 입법취지

시정명령을 통해 더 실효성 있게 권리구제가 이루어지도록 하기 위해서
법무부장관이 시정명령의 이행상황을 확인하여야 한다. 이를 위하여
법무부장관이 차별행위자에게서 시정명령 이행상황을 확인할 의무를
부여하고 차별행위자가 확정된 시정명령을 이행하지 않는 경우 피해자
가 이를 법무부장관에게 신고할 수 있도록 함으로써 차별행위자의 이행
을 강제할 수 있도록 하였다.

2. 조문해석

법무부장관은 확정된 시정명령에 대하여 차별행위자에게 그 이행상황
의 제출을 요구하여야 하는데(제45조), 확정된 시정명령을 정당한 이

---

3) 차성안, 2012, "소송을 통한 장애인 권리구제의 쟁점", 〈사회보장법연구〉 제1호,
   87 ~88면.

356

유 없이 이행하지 아니한 자는 3천만 원 이하의 과태료에 처하게 된다
(제50조).

제46조: 장애인 차별 관련 손해배상 규정

제46조 (손해배상)

① 누구든지 이 법의 규정을 위반하여 타인에게 손해를 가한 자는 그로
  인하여 피해를 입은 사람에 대하여 손해배상책임을 진다. 다만, 차
  별행위를 한 자가 고의 또는 과실이 없음을 증명한 경우에는 그러하
  지 아니하다.

② 이 법의 규정을 위반한 행위로 인하여 손해가 발생한 것은 인정되나
  차별행위의 피해자가 재산상 손해를 입증할 수 없을 경우에는 차별
  행위를 한 자가 그로 인하여 얻은 재산상 이익을 피해자가 입은 재산
  상 손해로 추정한다.

③ 법원은 제2항에도 불구하고 차별행위의 피해자가 입은 재산상 손해
  액을 입증하기 위하여 필요한 사실을 입증하는 것이 해당 사실의 성
  질상 곤란한 경우에는 변론 전체의 취지와 증거조사의 결과에 기초
  하여 상당한 손해액을 인정할 수 있다.

---

1. 입법취지

제 46조에 따르면, 장애인 차별 피해자는 〈민법〉상 불법행위책임과 달리 ① 가해자의 책임능력, ② 법 규정을 위반한 행위, ③ 가해행위에 의한 손해발생만을 주장·입증하면 된다. 가해자는 손해배상책임을 면하려면 법 위반행위와 관련하여 자신에게 책임을 지울 만한 귀책사유(고의 또는 과실)가 없었음을 주장·입증하여야 한다. 이와 같이 피해자의 입증에 관한 부담을 경감한 것은 이 법의 규정을 위반한 행위로 손해를 입은 피해자를 좀더 두텁게 보호하려는 의도이다.

법의 규정을 위반한 차별행위로 손해가 발생한 것은 인정되나 피해자가 그로 인한 재산상 손해를 입증할 수 없을 경우에는 차별행위를 한 자가 얻은 재산상 이익을 피해자가 입은 재산상 손해로 추정하거나(제 46조 제 2항), 피해자가 재산상 손해액을 입증하기가 그 성질상 곤란한 경우, 법원의 재량에 따라 변론 전체의 취지와 증거조사의 결과에 기초하여 상당한 손해액을 인정할 수 있다고 규정함으로써, 손해액의 입증과 관련한 피해자의 입증책임을 한층 경감·완화하였다(제 46조 제 3항). 이는 〈민법〉상 불법행위로 인한 손해배상에 관한 특칙으로서, 차별행위로 인한 손해액의 입증이 매우 어렵다는 점을 고려하여 입증의 곤란을 덜어 주려는 데 입법취지가 있다.

2. 조문해석

1) 제 1항

제 1항의 수범자(受範者)란 이 법조의 적용을 받아 그에 구속되는 사람

을 의미한다. 행위란 이 법의 규정을 위반하여 타인에게 손해를 가한 행위이다. 사건의 인과관계 및 고의·과실의 입증책임에서, 피해자는 이 법의 규정을 위반한 행위로 인하여 피해를 입은 사실만 입증하면 족하고, 책임을 면하려는 가해자가 본인에게 고의나 과실이 없었음을 입증하여야 한다. 이와 같은 견지에서 본다면, 전통적 의미의 불법행위 책임과 달리, 고의·과실에 대한 입증책임이 가해자에게 전환된 형태라 볼 수 있을 것이다. 4)

2) 제2항

위와 같이 불법행위로 피해자에게 재산상 손해가 발생한 사실 자체는 인정되나, 5) 그 손해액이 구체적으로 얼마인지를 입증할 수 없는 경우이어야 한다. 통상 불법행위로 인한 손해배상이 인정되려면, ① 손해의 발생, ② 가해행위와 손해발생 사이의 인과관계 및 ③ 구체적 손해액이 입증되어야 한다. 그러나 〈장애인차별금지법〉의 이 조항에 따라 장애인 차별행위 피해자는 위의 ① 사실과 ② 사실 중 책임성립의 인과관계 (가해행위로 인하여 피해자에게 재산상 손해가 발생한 사실) 만 입증하면 족하고, ② 사실 중 손해배상범위 결정의 인과관계 (피해자에게 발생한 재산상 손해 가운데 어떠한 범위 내에서 가해자의 책임을 인정할 것인지의 관계)

---

4) 이와 유사한 입법례로는 〈남녀고용평등법〉 제30조, 〈독점규제 및 공정거래에 관한 법률〉 제56조 제1항 등을 들 수 있다.

5) 법 문언은 "이 법의 규정을 위반한 행위로 인하여 손해가 발생한 것"으로 표현되어 있지만, 문맥상 재산상의 손해가 발생한 것이 인정되어야 하는 것으로 해석하여야 할 것이다.

및 ③ 사실에 관한 입증은 면하게 되는 것이다.

추정이란 전제가 되는 어느 사실(간접사실)에서 본래 증명의 대상이었던 다른 사실(주요사실)을 미루어 인정(추인)하는 것을 말한다. 본 조항과 같이 법에 가해자가 얻은 재산상 이익(간접사실)을 피해자가 입은 재산상 손해(주요사실)로 추인한다는 규정을 두는 방식을 특히 법률상 추정이라 한다. 장애인 차별행위로 발생한 손해를 금전적으로 산정하는 것이 어려운 경우가 있기 때문에, 〈장애인차별금지법〉은 그 손해발생은 인정되나 장애인이 입은 재산상 손해를 입증하는 것이 불가능하거나, 그 피해의 성질상 곤란한 경우 가해자가 얻은 재산상 이익을 피해자가 입은 재산상 손해로 추정하는 규정을 두고 있는 것이다.

예를 들어, 제2절의 교육영역에서의 장애인에 대한 차별금지에서, 만약 교육책임자가 휠체어를 사용하는 장애학생의 통학이나 이동을 위한 경사로를 설치하지 않음으로써 제13조 제3항, 제14조 제1항 제6호, 같은 법 시행령 제8조 제3호를 위반한 차별행위를 하였고, 이에 따라 그 장애학생의 가족이 매일 장애학생을 동반하여 통학·이동 등을 보조하여 온 경우, 그 장애학생이 차별행위로 인하여 입은 재산상 손해액은 동반 가족이 장애학생의 통학·이동 등을 위하여 투입한 비용 및 해당 시간에 준하는 일실소득 상당이라고 할 것이다. 그런데, 만약 그 동반 가족이 근로연령을 초과한 고령이거나 〈근로기준법〉 제64조 제1항에 따른 근로 최저연령(15세 미만)에 이르지 못한 사람일 경우에는 일실소득을 계산하기 어렵다. 이때에 장애학생은 본 조항을 원용하여 교육책임자가 경사로 등을 설치하는 데 소요되는 비용의 지출을 면함으로써 얻은 재산상 이익을 자기가 입은 재산상 손해로 추정하여 주장할

수 있다. 6)

3) 제 3항

(1) 제 2항과의 관계

앞서 살펴본 제 2항의 법률상 추정 규정에도 불구하고 피해자가 입은 재산상 손해액을 입증하기 위하여 필요한 사실을 입증하는 것이 곤란한 경우이어야 한다. 즉 피해자가 입은 재산상 손해액을 〈민법〉의 일반 원칙이나 위의 제 2항에 의하여 얼마든지 산정할 수 있음에도 만연히 이 규정을 적용할 수는 없을 것이다.

(2) 상당한 손해액의 인정

무엇이 '상당한 손해액'인지는 법원이 변론 전체의 취지와 증거조사의 결과에 기초하여 법원이 재량으로 손해액을 산정할 수 있도록 했다. 7)

---

6) 한편, 본 조항의 추정 규정과 관련하여, 교육책임자가 해당 교육기관에 재학 중인 (휠체어 등을 이용하는) 장애인이 복수이므로, 경사로 설치에 소요되는 비용의 지출을 면한 재산상 이익을 원고 한 사람이 입은 재산상 손해액과 동일시할 수 없다는 사실을 주장·입증함으로써 법률상 추정의 효과를 뒤집을 수 있는지가 문제된다. 이때 위와 같은 법률상 추정 규정을 두어 피해자를 두텁게 보호하려는 법의 취지에 비추어 볼 때 단순히 복수의 장애인이 있으므로 다수 피해자가 존재할 수 있다는 가능성만으로 만연히 법률상 추정의 효과를 뒤집는 것은 적절하지 않을 것으로 생각된다. 다만, 손해액에 관한 원·피고 쌍방의 주장·입증에도 불구하고 피해자가 입은 재산상 손해액을 입증하는 것이 해당 사실의 성질상 곤란하다고 판단되는 경우 법원이 다음의 제 3항에 의하여 상당한 손해액을 인정하는 것은 별론으로 한다.

7) 이 규정은 〈표시·광고의 공정화에 관한 법률〉 제 11조, 〈부정경쟁방지 및 영업비밀

이는 종래 대법원이 민사상 불법행위의 손해액 산정과 관련해 여러 차례 판시해온 내용[8]을 법문에 명시한 것이다. [9]

제 47조: 장애인 차별 관련 분쟁에서 입증책임 배분 규정

제 47조 (입증책임의 배분)

① 이 법률과 관련한 분쟁해결에 있어서 차별행위가 있었다는 사실은 차별행위를 당하였다고 주장하는 자가 입증하여야 한다.

② 제 1항에 따른 차별행위가 장애를 이유로 한 차별이 아니라거나 정당한 사유가 있었다는 점은 차별행위를 당하였다고 주장하는 자의 상대방이 입증하여야 한다..

보호에 관한 법률〉 제 14조의 2 제 5항, 〈독점규제 및 공정거래에 관한 법률〉 제 57조, 〈저작권법〉 제 126조의 입법례와 같이, 재산상 손해배상 청구에 있어서도 정신적 손해에 관한 위자료 산정의 경우처럼 법원이 재량으로 손해액을 산정할 수 있도록 함으로써 손해액의 입증이 곤란한 경우 피해자를 보호하기 위하여 둔 것이다. 이 경우에도 법원이 아무런 근거도 없이 순수한 자유재량으로 손해액을 인정할 수는 없을 것이며, 관련성이 있는 증거나 정황자료 등을 수집하여 가급적 실손해에 가깝다고 인정될 수 있는 합리적 손해액을 산정하여야 할 것이다.

8) 대법원 2009. 8. 20. 선고 2008다19355판결 등.

9) 김재원, 2013, "장애차별에 대한 구제조치: 법원을 통한 구제 중심으로", 〈법과사회〉 제 45호, 268면 참조.

1. 입법취지

제 47조 제 1항은, 차별행위로 인한 손해배상 청구를 하는 피해자로 하여금 차별행위가 있었다는 사실을 입증하도록 한 것으로서, 권리자가 그 권리발생의 근거가 되는 사실을 증명하도록 한 민사법상의 일반 원칙을 재확인한 것이라 할 수 있다.

제 47조의 주된 의미는 제 2항에서 찾을 수 있다. 피해자가 이 법의 규정에 위반하는 차별행위가 있었다는 사실을 입증하기만 하면, 그것이 장애를 이유로 한 차별이 아니라거나 정당한 사유가 있었다는 사실 등을 그 상대방이 입증하도록 하였다. 이는 차별적 행위와 관련한 원인이나 동기 등이 복잡·다양한 경우 피해자가 그 차별행위가 장애를 이유로 한 것에 해당하고 정당한 사유 또한 없었다는 사실을 입증하기가 곤란하다는 점을 고려하여 그에 관한 입증책임을 가해자에게 부담시킨 것이다.

2. 조문해석

1) 입증책임의 배분

앞에서 본 바와 같이, 변론 종결 시에 이르러서도 요건사실의 존재 여부가 불분명한 경우에도 법원이 재판을 거부할 수는 없다. 그러므로 이 때 그 존재 여부가 불분명한 사실을 어떻게 취급하고 당사자 중 누구에게 그 사실관계의 불분명으로 인한 불이익을 귀속시킬 것인가의 문제가 제기되며, 이것을 입증책임의 배분이라 한다.

2) 차별행위의 존재

이 법의 규정에 위반하는 차별행위가 있었다는 사실은 피해자가 입증하여야 한다. 차별행위는 제2장 및 제3장의 각칙 내용과 같이 다양한 생활영역에서 여러 형태로 나타날 수 있을 것이다.

3) 장애에 근거한 차별이 아니거나 정당한 사유의 존재

(1) 입증책임

피해자가 차별행위가 있었다는 입증에 성공한 경우, 10) 그러한 행위가 장애에 근거한 것이 아니라거나 정당한 사유가 있었다는 사실을 입증할 책임은 가해자로 지목된 자(차별행위를 주장하는 자의 상대방)에게 있다.

(2) 장애에 근거한 차별행위의 간주

장애에 근거한 차별행위인지 여부를 판단할 때 차별의 원인이 2가지 이상이고, 그 주된 원인이 장애라고 인정되는 경우 그 행위는 이 법에 따른 차별로 간주한다(제5조 제1항). 따라서 실제로는 장애에 근거한 차별행위이면서도 그 밖의 다른 표면적인 사유들을 표방하는 경우 문제가 되는 차별행위가 발생한 경위, 당사자들의 관계, 차별행위 전후의 객관적 정황 등을 살펴 차별행위의 주된 원인이 장애라고 인정된다면 이 법에 따른 차별로 보아야 할 것이다.

---

10) 만약 차별행위의 존재 자체에 관한 입증조차 이루어지지 않은 경우라면 그것이 장애에 근거한 것이 아니라거나 정당한 사유가 있었다는 사실을 주장하거나 입증할 필요가 없을 것이다.

3. 사례

1) 청각장애로 인한 면접 차별행위에 대한 위자료 지급 결정 판례

원고는 청각장애 2급의 장애인으로서, 2014년 1월 23일에 서울특별시가 설립한 중부기술교육원의 조리외식과(야간) 교육훈련생으로서 지원하였다. 이후 같은 해 2월경에 면접시험까지 치렀으나 훈련생 선발에 불합격하였다.

이에 원고는 피고가 〈장애인차별금지법〉에 따라 ① 정당한 사유 없이 장애인에 대하여 정당한 편의 제공을 거부하지 않을 의무가 있음에도 불구하고, 이 사건 면접 시 청각 장애인인 원고에게 아무런 편의를 제공하지 않았고, ② 장애인을 장애를 사유로 정당한 사유 없이 제한·배제·분리·거부 등에 의하여 불리하게 대하지 않을 의무가 있음에도 불구하고, 장애를 이유로 원고를 이 사건 선발과정에서 불합격시킴으로써 차별행위를 하였고 원고가 이로 인해 정신적 고통을 받았으므로, 피고는 〈장애인차별금지법〉 제46조에 따라 원고에게 위자료 500만 원을 지급하여야 한다고 주장하였다.

법원은 입증책임의 분배에 대하여 "법원은 〈장애인차별금지법〉 제4조 제1항 제1호에 따른 차별행위에 있어서 '장애인을 제한·배제·분리·거부 등에 의하여 불리하게 대한 사실'에 관하여 입증할 책임은 차별행위를 당하였다고 주장하는 자가 부담하여야 하고, 그와 같은 제한·배제·분리·거부 등에 의하여 불리하게 대하는 경우가 '장애로 인한 차별'이 아니라거나 '정당한 사유가 있다'는 점에 관하여는 차별행위를 당하였다고

주장하는 자의 상대방이 입증하여야 하는 것으로 봄이 타당하다"고 판시
며 원고의 청구 내용을 전부 인용하였다.

서울중앙지방법원 2015가합519728 판결.

제 48조: 법원의 장애인 차별 구제조치 규정

제 48조 (법원의 구제조치)

① 법원은 이 법에 따라 금지된 차별행위에 관한 소송 제기 전 또는 소
송 제기 중에 피해자의 신청으로 피해자에 대한 차별이 소명되는 경
우 본안 판결 전까지 차별행위의 중지 등 그 밖의 적절한 임시조치를
명할 수 있다.

② 법원은 피해자의 청구에 따라 차별적 행위의 중지, 임금 등 근로조
건의 개선, 그 시정을 위한 적극적 조치 등의 판결을 할 수 있다.

③ 법원은 차별행위의 중지 및 차별시정을 위한 적극적 조치가 필요하
다고 판단하는 경우에 그 이행 기간을 밝히고, 이를 이행하지 아니
하는 때에는 늦어진 기간에 따라 일정한 배상을 하도록 명할 수 있
다. 이 경우 〈민사집행법〉 제261조를 준용한다.

---

1. 입법취지

장애인차별금지추진연대는 논의 초기에 각종 권리구제수단을 차별시
정기구에 의한 것, 법원에 의한 것으로 크게 구분한 후, 법원에 의한 것

중 중요한 수단으로 징벌적 손해배상 제도, 입증책임의 전환, 집단(혹은 단체) 소송 제도 등과 더불어 법원의 임시구제조치 제도의 도입을 시도하였다. 그러나 차별시정기구에 시정명령권과 이행강제금 부과권한을 부여하는 것에 중점을 두기로 결정한 결과, 법원의 임시구제조치는 지속적으로 고민되지 못하여 (당시) 민주노동당이 제시한 법률안에서도 누락되었다. 그러나 민관공동기획단 협의과정에서, 가까운 시일 내에 법을 제정하려면 독립적인 차별시정기구를 설치·운영하는 것, 차별시정기구에 시정명령권과 이행강제금 부과권을 부여하는 것, 징벌적 손해배상 제도의 도입, 입증책임의 전환 등은 사실상 도입 불가능하다는 사실을 인식하게 되었다. 이러한 공백을 대체할 만한 제도에 대해 고민한 결과, 인권위원회가 주도했던 차별금지법안 작업에서도 핵심 사안으로 등장하였던 법원의 임시구제조치 제도를 전격적으로 도입하게 된 것이다. 11)

이와 같은 법원의 임시구제조치 제도 도입은 〈장애인차별금지법〉 최대의 추가적 성과라고 할 수 있다. 위의 제도가 도입됨에 따라 피해자는 증명보다는 입증의 정도가 낮은 소명만으로도 제소 전, 제소 후에 차별행위의 중지 등 적절한 임시조치를 통해 보호받을 수 있게 되었다. 예컨대, 장애를 이유로 장애학생이 본인에게 불리한 학교로 전학 조치된 경우, 본안의 소송을 통해 그 타당성을 다투기 이전이라도 그러한 차별적 행위를 중지시키고 현재의 학교에서 학업을 계속할 수 있게 되었다. 또

---

11) 박종운, 2008, "장애인차별금지법의 영향 및 전망: 권리구제", 〈국가인권위원회 주최 장애인 차별금지 및 권리구제 등에 관한 법률 설명회 자료집〉, 102면.

한 장애를 이유로 임금에 있어 차별을 당한 장애인 근로자는 본안의 판결 이전이라도 시정을 위한 적극적인 조치를 통해 침해된 권리를 임시적이나마 구제받을 수 있게 되었다.

2. 조문해석

1) 제1항: 법원의 임시조치명령권

(1) 법원의 임시조치명령권의 해석

제48조 제1항에서는 '법원은 이 법에 따라 금지된 차별행위에 관한 소송 제기 전 또는 소송 제기 중에 피해자의 신청으로 피해자에 대한 차별이 소명되는 경우 본안 판결 전까지 차별행위의 중지 등 그 밖의 적절한 임시조치를 명할 수 있다'고 하여 법원의 임시조치명령권을 규정한다.

이러한 법원의 구제조치 조항은 기존의 법에는 사후적인 손해배상 외에 차별행위를 실효성 있게 예방하고 구제할 수 있는 수단이 존재하지 않는다는 문제의식에서 도입되었다. 일례로 기존의 통상적인 가구제 제도로는 국가·지방자치단체·국공립학교·교육행정기관 등에 의한 차별행위가 특히 거부나 부작위 형태로 발생하는 경우에 실효성 있게 구제받을 수 있는 방법이 존재하지 않았다. 그러나 〈장애인차별금지법〉 제48조 제1항의 도입으로 기존의 집행정지나 가처분에 의한 가구제가 곤란했던 위와 같은 경우에도 구제받을 수 있는 길이 열리게 된 것이다. 이처럼 제48조 제1항의 입법취지가 특히 '처분' 등에 의한 차별행위가 일어난 경우와 같이 가구제가 곤란했던 상황들을 해결하기 위

한 것이었음은 이 규정을 해석함에 있어 충분히 고려되어야 한다. 12)

이는 〈민사집행법〉상 가처분과 유사한 제도이다. 차별구제에 대한 실질적인 권리구제로 소송절차를 거치는 경우, 많은 시간이 소요되고 그 사이 권리관계에 관한 사실적 변경 또는 법률적 변경이 생기게 되면 차별피해자는 승소판결을 받더라도 실질적으로 그 권리는 실현할 수 없는 경우가 발생한다. 임시조치 명령권은 이러한 경우에 대비하여 다툼의 대상이 되는 물건이나 지위에 대하여 임시로 잠정적인 법률관계를 형성시켜 피해자가 입게 될 손해를 사전에 예방할 수 있다. 차별행위자가 사인인지 국가 또는 지방자치단체인지를 가리지 않고 인정된다는 점에서 가처분이 인정되지 않는 국가나 지자체를 상대로 한 소송의 경우에 그 활용가치가 클 것으로 보인다.

이러한 임시조치 신청에는 권리관계에 변경이 생기면 당사자의 권리를 실행하지 못하거나 이를 실행하는 것이 매우 곤란할 염려가 있어야 한다는 임시조치의 필요성이 소명되어야 한다. 임시조치명령을 필요로 하는지 여부는 인용 여부에 따른 당사자 쌍방의 이해득실 관계, 본안소송에 있어서의 장래의 승패의 예상, 기타의 제반 사정을 고려하여 법원의 재량에 따라 합목적적으로 결정된다(대법원 1993. 2. 12. 선고 92다40563 판결).

임시조치명령 신청의 경우에 임시의 지위를 정하기 위한 가처분과 유사하게 변론기일 또는 채무자가 참석할 수 있는 심문기일을 열어야

---

12) 차성안, 2008, "장애인의 교육을 받을 권리: 구제절차를 중심으로", 서울대학교 법학과 대학원 석사논문, 175면.

한다. 다만, 그 기일을 열어 심리하면 임시조치명령의 목적을 달성할 수 없는 사정이 있는 때에는 그러하지 않다(〈민사집행법〉 제304조). 임시조치명령 신청에서의 신청 이유 등은 증명 대신 소명(疏明)으로 한다. 소명(疏明)은 증명보다 낮은 정도의 개연성으로 법관으로 하여금 확실할 것이라는 추측을 얻게 한 상태 또는 그와 같은 상태에 이르도록 증거를 제출하는 것을 말한다. 소명의 방법에는 제한이 없으나, 즉시 조사할 수 있는 증거에 의해야 한다(〈민사소송법〉 제299조 제1항). 소명이 없거나 부족할 때에 법원은 당사자 또는 법정대리인으로 하여금 보증금을 공탁하게 하거나 그 주장이 진실하다는 것을 선서하게 하여 소명을 대신할 수 있다(〈민사소송법〉 제299조 제2항).

〈장애인차별금지법〉에서 규정하고 있는 법원의 임시조치명령권은 미국 〈민권법〉 제7편(Title VII of Civil Rights Act)에 규정된 법원의 임시조치명령권을 차용한 것으로 보인다. 더 구체적으로 〈장애인차별금지법〉 제48조 제1항의 임시조치는 〈민권법〉에서 제7편 집행규정(42 USC § 2000e-5)의 (f) (2)을 그 모델로 하여 도입된 것이다.[13] 이 법에

---

13) 민권법(Civil Rights Act of 1964)의 Title XII 집행규정 (42 USC § 2000e-5 — Enforcement provisions)

  (f) 위원회, 법무부장관 혹은 차별을 주장하는 개인에 의한 민사소송; 전제조건; 절차; 변호사의 선임; 변호사 비용, 경비 혹은 담보의 지불; 개입; 연방 절차의 보강; 침해에 대한 최종 결정이 있을 때까지 적절한 임시 또는 예비구제조치; 미국 법원의 관할권과 재판지; 사건을 심리하고 결정할 판사의 지정; 심리를 할 사건의 지정; 사건의 조사; 담당의 임명

  (2) 위원회에 사건이 제기되고 위원회가 그에 대한 예비적인 조사에 기반하여 이 법의 목적을 달성하기 위해서는 즉각적인 사법적인 조치가 필요하다고 판단하였을 때, 위원회, 정부/정부기관/정치적 하위기관이 연관된 사건의 경우

따르면 고용기회평등위원회(EEOC)에 차별에 관한 진정이 제기되고, 고용기회평등위원회가 예비조사를 한 결과 법원의 조치가 필요하다고 판단한 경우에 고용기회평등위원회 또는 법무부장관은 법원에 "적절한 임시적·예비적 구제"(*appropriate temporary or preliminary relief*)를 구하는 소송을 제기할 수 있다(같은 법 제706조; 42 U. S. C. 20000e-5 (f)(2)). 이 규정은 ADA에 준용된다(ADA 제107조; 42 U. S. C. 12117(a)). 14)

(2) 임시조치의 관할

제48조 제1항은 임시조치의 관할에 대해 별도로 규정하지 않는다. 사인을 채무자로 한 임시조치명령 신청의 경우에 민사법원의 관할임은 명백하지만, 국가나 지방자치단체 등을 채무자로 한 임시조치명령 신청의 경우에 현행 〈행정소송법〉상 국가나 지방자치단체를 상대로 한 가처분제도가 인정되지 않으므로 그 관할이 문제된다.

　〈장애인차별금지법〉은 공공기관과 사인(私人)을 불문하고 차별금지의 대상으로 상정하며, 그 구제수단도 일원적으로 규정한다. 앞서 보았

　　법무부장관은 적절한 임시 또는 예비구제조치를 위한 소송을 제기할 수 있다. 어떤 임시 접근금지명령이나 다른 예비 또는 임시조치는 〈연방민사절차법〉 규칙 65에 따라 내려져야 한다. 사건에 대한 심리를 가능한 빠른 일자에 지정하고 이런 사건이 모든 방향에서 조사되도록 하는 것이 이 섹션에 의하여 관할을 가지는 법원의 의무다.

14) 이준일, 앞의 책, 132면 재인용. 이준일 교수는 위 논문에서 법원이 명하는 임시조치는 법무부의 시정명령과 비교할 때 그 주체와 절차만 다를 뿐 그 내용이 동일하다는 점에서 피해자의 권리구제에는 도움이 될지 모르지만 불필요하게 중복일 수 있다는 지적이 가능하고, 법원의 임시조치와 법무부의 시정명령 가운데 하나는 입법정책적으로 볼 때 폐지되는 것이 바람직하다고 평가한다.

듯 〈장애인차별금지법〉 제48조는 미국법의 금지명령 제도(*injunc-tions*)에서 그 연혁을 찾을 수 있는바, 미국의 금지명령 제도에 따른 금지명령은 사법적 법률관계뿐만 아니라 주정부, 연방정부, 공공기관 등의 공법적 법률관계에서도 내려진다. 15) 제48조는 이러한 금지명령 제도를 도입한 것으로 공법적 법률관계와 사법적 법률관계를 구분하지 않고 일원적으로 규율하고 있음이 그 문언상 명확하다.

이러한 제48조의 문언, 연혁 및 입법취지를 종합하여 볼 때 제48조 제1항에 따른 임시조치 명령이 가능한 '같은 법에 따라 금지된 차별행위에 관한 소송'에는 공적 주체에 대한 소송이 당연히 포함된다고 보아야 한다. 이와 달리 명시적인 규정도 없이 임시조치 제도가 국가 및 지방자치단체 등에는 적용되지 않는다고 보는 것은 문언의 범위를 벗어나는 위법한 해석이며, 기존의 집행정지나 가처분과 같은 가구제의 한계를 보완하기 위하여 별도로 임시조치 명령을 도입한 〈장애인차별금지법〉의 입법취지에 정면으로 반하는 것이다. 16) 따라서 국가나 지방자치단체를 상대로 한 임시조치신청의 경우에 그 관할은 행정법원으로 보는 것이 타당하다. 17)

---

15) 심민석, 2011, "미국 행정법상 금지명령의 요건", 〈청주법학〉 제33권, 80면.

16) 차성안, 앞의 글, 36~37면.

17) 지난 2012년 12월 제18대 대통령 선거와 관련하여 시각장애인들이 대한민국을 상대로 시각장애의 다양성을 고려한 다양한 형식의 선거공보를 제공하라는 임시조치명령 신청을 한 사건에서 그 관할법원이 문제가 되었다. 이 신청을 처음에 서울중앙지방법원에 제기하였으나, 서울중앙지방법원에서는 위 신청사건의 관할이 행정법원이라 하여 서울행정법원으로 이송결정을 하였다(서울행정법원 2012아4209 임시조치신청 사건). 이 사건 신청의 본안 소송은 제기되지 않았으나, 본안 소송의 내용은 대한민국을 상대로 선거와 관련하여 시각장애의 다양성을 고려한 다양한 형식의 선거공보

2) 제 2항: 법원의 차별시정조치

한국의 〈민법〉은 불법행위를 한 자의 금전배상을 원칙으로 하여 차별시정에 있어서 효과적인 구제책이 되기에는 한계가 있다. 차별행위가 있을 때에 가장 효과적인 구제책은 그러한 차별을 직접 시정하도록 하는 것이다. 따라서 〈민법〉상의 금전배상의 한계를 넘어 차별행위에 대한 적극적 시정조치를 사법적으로 명할 필요가 있다. 〈장애인차별금지법〉 제48조 제2항은 '법원은 피해자의 청구에 따라 차별적 행위의 중지, 임금 등 근로조건의 개선, 그 시정을 위한 적극적 조치 등의 판결을 할 수 있다'고 하여 법원의 적극적 차별시정조치권을 규정한다. 〈장애인차별금지법〉 제48조 제2항의 적극적 조치는 미국의 〈민권법〉 제7편 집행규정(42 USC § 2000e-5)의 (g) (1)의 금지명령 제도를 그 모델로 하여 도입된 것이다. 18)

를 제공하라는 것이고, 이러한 소송은 의무이행적인 성격을 띠는 것으로 〈행정소송법〉상 항고소송인 취소 소송·무효 등 확인 소송·부작위위법확인 소송 중 어느 것에도 해당하지 않는다. 이 사건 본안 소송은 결국 대한민국의 비권력적 사실행위에 관한 것으로서 '공법상의 법률관계에 관한 소송으로서 그 법률관계의 한쪽 당사자를 피고로 하는 소송'인 당사자소송에 해당한다고 할 것이다(〈행정소송법〉 제3항 제4호). 이러한 당사자소송의 경우 국가에게 피고적격이 인정된다(같은 법 제39조).

18) 민권법(Civil Rights Act of 1964)의 Title XII 집행규정 (42 USC § 2000e-5 — Enforcement provisions)

   (g) 금지명령 (injunctions); 적절한 적극적 조치; 형평법상 구제; 소급임금의 축적; 소급임금의 삭감; 사법적 명령의 한계

   (1) 피고가 의도적으로 진정에 제기된 불법적인 고용 관행에 관련되어 있거나 관련한 것으로 판단된 경우, 법원은 그러한 불법적인 고용 관행에 가담하는 것을 막고 적절한 적극적 조치를 명할 수 있는데, 그 조치는 소급임금(사건에 따라 불법적인 고용관행에 책임이 있다고 여겨지는 고용주, 고용중개기관

미국법상 금지명령이 인정되기 위해서는 ① 원고의 실체적 청구권이 인정되고, ② 불법행위에 따른 손해의 발생이 구체적으로 예상되고 (impending) 그 손해가 회복할 수 없고(irreparable harm), ③ 금지명령에 따른 피고의 부담이 원고의 이익과 비교하여 현저하게 불균형하지 않아야 한다. 또한 많은 주에서 ④ 금지명령의 발령이 공익에 부합할 것을 요건으로 삼고 있다. 19)

장애를 이유로 한 부당한 차별이 법원에 의해 확인되면 이에 따라 피해자가 손해배상을 받을 수 있지만, 금전적 배상은 피해자가 진정으로 원하는 것이 아니고 궁극적인 해결방안이 아닌 경우도 있다. 가령 집 근처에 있는 학교에 장애아동을 위한 편의시설이나 보조교사가 없는 경우를 예로 보자. 이 경우에 장애아동이나 학부형이 원하는 것은 관련 법규에 맞게 학교가 필요한 시설을 보완하고 보조교사를 배치하여 장애 학생이 그 학교에 다니는 것일 수 있다. 즉, 당사자는 손해배상금을 받아서 멀리 있는 다른 학교나 특수학교에 가는 것을 원하지 않는 것이다. 바로 이러한 경우를 위해 〈장애인차별금지법〉은 법원에게 강제이행을 명하는 조치를 내리도록 하고 있다. 다음은 강제이행 관련 판례이다.

혹은 노동단체에 의해 지불될 수 있다)의 지급을 포함하거나 또는 포함하지 않는 피고용인의 복직 또는 재고용, 기타 법원이 적절하다고 여기는 형평적 구제를 내리는 명령을 포함하거나 혹은 그에 제한되지만은 않는다. 소급임금 책임의 축적은 사건을 위원회에 제기하기 2년 이전의 기간에는 발생하지 않는다. 차별받은 사람의 중간 수입 혹은 합리적인 근면에 의하여 받을 수 있었던 금액은 다른 방식으로는 허용가능했던 소급임금을 줄이기 위해 작동한다.

19) 김태선, 2012, "미국법상 금지명령제도", 〈민사법학〉 제61호, 473~504면.

법원 판결주문례

1. 피고는 원고를 법인 정관에서 규정한 4급 이상의 자격을 요하는 직책의 후임자 심사대상에 포함하라. (전주지방법원 군산지원 2013가합2599 판결)

2. 원고 갑, 을, 병에게
   가. 피고 A 주식회사는 시외버스에 관하여,
   나. 피고 B 주식회사는 시내버스 중 광역급행형, 직행좌석형, 좌석형 버스에 관하여,
   원고 갑, 을, 병이 위 각 유형의 버스를 이용 시 이용할 수 있도록 위 원고들에게 휠체어 승강설비 등 승하차 편의를 제공하라. (서울중앙지방법원 2014가합 11791 판결)

3. 피고는 '어트렉션 안전 가이드북' 12면 '우주전투기' 항목의 "우주전투기는 탑승 중 보호자의 통제가 어렵고 안전확보가 필요한 시설로 정신적 장애가 있으신 분은 탑승 전 근무자에게 먼저 문의해 주시기 바랍니다"라는 기재 중 '정신적 장애가 있으신 분은' 부분을 '신체적으로 또는 정신적으로 불안정하여 탑승 시 자신의 안전을 저해할 우려가 있는 분은'으로 수정하라. (서울중앙지방법원 2014가합593279 판결)

4. 피고는 스포츠 경기장 일부 좌석을 휠체어 이용자가 사용할 수 있도록 바꾸고, 다른 자리가 모두 매진되지 않는 한 휠체어 이용석을 (휠체어 비이용자에게) 팔지 않도록 하라. (Indep. Living Res. v. Or. Arena Crop., 1 F. Supp2d 1159, 1165, 1170-71 D. Or. 1998)

5. 피고는 영화관에서 휠체어 이용객이 다른 좌석을 이용하는 이용객들과 비슷한 시야각을 확보할 수 있도록 휠체어 좌석을 설치하라. (Or.

Paralyzed Veterans of Am. v. Regal Cinemas, Inc., 339 F. 3d 1126
9th Cir. 2003)

3) 제 3항: 간접강제

제 48조 제 3항에서는 "법원은 차별행위의 중지 및 차별시정을 위한 적극적 조치가 필요하다고 판단하는 경우에 그 이행 기간을 밝히고, 이를 이행하지 아니하는 때에는 늦어진 기간에 따라 일정한 배상을 하도록 명할 수 있다. 이 경우 〈민사집행법〉 제 261조[20]를 준용한다"고 하여 간접강제를 규정한다. 채무의 성질상 간접강제를 할 수 있는 경우에 법원은 당사자의 신청에 따라 차별시정을 위한 적극적 조치를 명하는 동시에 이를 이행하지 않을 경우를 대비하여 간접강제도 명할 수 있다. 그 결정에는 차별시정을 위한 이행의무 및 그 이행을 위한 상당한 이행 기간을 밝히고, 채무자가 그 기간 이내에 이행을 하지 아니하는 때에는 늦어진 기간에 따라 일정한 배상을 하도록 명하는 것이다.

---

20) 민사집행법 제 261조 (간접강제)
① 채무의 성질이 간접강제를 할 수 있는 경우에 제 1심 법원은 채권자의 신청에 따라 간접강제를 명하는 결정을 한다. 그 결정에는 채무의 이행의무 및 상당한 이행 기간을 밝히고, 채무자가 그 기간 이내에 이행을 하지 아니하는 때에는 늦어진 기간에 따라 일정한 배상을 하도록 명하거나 즉시 손해배상을 하도록 명할 수 있다.
② 제 1항의 신청에 관한 재판에 대하여는 즉시항고를 할 수 있다.

3. 사례

1) 남녀 구분 없는 장애인 화장실에 대한 차별구제 소송 사건

원고는 지체 1급의 여성 장애인이다. 원고는 평소 지하철 역사 내 남녀 구분이 없는 장애인 화장실을 이용하면서 수치심과 불쾌감을 느껴왔고, 지하철 이동편의시설이 미비하여 큰 불편을 겪어 온 데 대하여 피고인 지하철공사를 상대로 지하철역의 장애인 화장실을 남녀 구분하여 설치하고, 지하철 승강장과 환승 통로 사이에 엘리베이터를 설치할 것을 청구하고 그동안 원고가 받은 정신적 피해에 대한 위자료 청구를 하였다.

법원은 양천구청 역사 내 화장실을 남성용과 여성용으로 구분·분리하여 설치할 것, 신도림역사 내 순환선 탑승장에서 개찰구까지 오르내릴 수 있는 전동승강기를 설치할 것을 내용으로 하는 화해권고결정을 내렸고, 원·피고 모두 불복하지 않아 확정되었다.

서울남부지방법원 2012가합13003 사건.

2) 정신장애인 보험가입거부에 대한 손해배상 청구 및 차별구제 소송 사건

원고는 양극성 정동장애(조울증)로 정신장애 3급 판정을 받은 장애인이다. 원고는 2009년 피고 보험회사에 보험상품 가입에 대하여 문의하였으나 신경계통 약물을 복용하면 보험 가입이 안 된다는 안내를 받았고, 이 사건 보험상품은 장해율이 50~80%로 진단되면 보험료 납입이 면제되는 상품으로 정신장애 3급 장애인인 원고는 피고의 내부 보험인수 기준상 보험 가입이 불가능하다는 회신을 받았다. 이에 원고는 피고 보험회사를 상대로 소송을 제기하였고 〈장애인차별금지법〉상의 적극적 구제조치로서 피고에게 원고에 대한 보험청약유인행위를 중단하지 않을 것, 보험계약 체결에 필요한 사항을 안내하고 청약서 양식을 교부할 것과 동시에 500만 원의 손해배상을 청구하였다.

1심 법원(서울중앙지방법원)은 지속적인 약물 복용이 요구되는 정신장애 보유자의 경우 이 사건과 같은 납입면제 상품의 인수가 일률적으로 거절된다는 점 등을 들어 피고의 행위를 장애인 차별행위로 보고 피고에게 원고에 대하여 100만 원의 손해배상을 할 것을 명하였다. 그러나 차별행위의 중지 및 시정을 위한 적극적 구제조치가 필요하지는 않다고 하여 이 부분의 청구를 기각하였다.

항소심 법원(서울고등법원)은 문제가 된 보험상품이 판매 중단되었다는 이유로 원고의 적극적 구제조치를 권리보호의 이익이 없다는 이유로 각하하고, 차별행위로 인한 손해의 배상만을 인정하였는데 손해배상액은 1심과 달리 500만 원으로 정하였다.

서울중앙지방법원 2011가합34092 판결, 서울고등법원 2013나61901 판결.

3) 시외이동권 소송 사건

원고들은 뇌병변장애를 앓는 김 씨 등 5명으로 시외이동의 수단에는 저상버스나 그 밖에 교통약자가 이용할 수 있는 버스가 전혀 없어 시외이동에 불편을 겪어 왔다. 이에 원고 3인은 국토교통부장관에게 '교통약자 이동편의 증진계획'에 저상버스 등을 도입하는 사항을 포함하게 하고, 피고 서울특별시장 및 경기도지사에게 '지방교통약자 이동편의 증진계획'에 저상버스 등을 도입하는 계획을 반영하고, 국토교통부장관 등 교통행정기관에게는 휠체어 승강설비를 설치되도록 시책을 추진할 것 등을 청구하고, 교통사업자에게는 저상버스 등을 도입할 것을 청구하였다. 그중 원고 2인은 피고 대한민국, 서울특별시, 경기도, 교통사업자를 상대로 손해배상을 구하는 소송을 제기하였다. 원고들은 본안 전 항변으로 민사소송이 아닌 행정소송으로 진행되어야 한다는 항변을 하였으나 법원은 〈장애인차별금지법〉에 따른 구제 청구는 민사법원에 구할 수 있다며 이를 배척하였고, 소의 이익이 없다는 교통사업자들의 항변 역시 받아들이지 않았다.

법원은 교통행정기관은 휠체어 승강설비의 설치 토대를 마련해야 하며 교통행정기관인 국토부장관, 서울특별시장, 경기도지사가 휠체어 승강설비 관련 계획 내지 방안을 마련하지 않은 것은 〈장애인차별금지법〉상 차별(정당한 편의제공 의무 위반)에 해당한다고 판단하였다. 그러나 적극적 조치명령은 법원의 구제조치의 영역을 넘어서고 시정을 위한 적합한 방법이 아니라고 하여 적극적 조치를 명하지는 않았다.

교통사업자인 버스회사들에 대하여는 〈교통약자의 이동편의 증진법〉상 저상버스도입 의무가 있다고 할 수는 없으므로 〈장애인차별금지법〉상 차별이 아니라고 보았다. 그러나 승하차 편의제공과 관련하여 휠체어 승강설비가 없는 것은 〈장애인차별금지법〉상 정당한 편의제공 의무 위반으로 차별에 정당한 사유가 없다고 판시하였다. 이에 법원은 버스회사들을 상대로 주식회사에 휠체어 승강설비 등 승하차 편의를 제공할 것을 명하였으나 원고들의 나머지 청구를 모두 기각하였다.

서울서부지방법원 2015가단228013 판결.

4) 방송 3사 상대 선거방송에서의 수화 및 자막 방영 임시조치 신청 사건

원고들은 청각장애인으로, 현행 선거방송의 수화통역 화면의 크기가 작아 수화의 의미를 파악하기 어렵고, 후보자 대담·토론회는 수화통역인 1명으로 진행해 통역의 누락이 발생하는 데 대하여 MBC, KBS, SBS를 상대로 원고들은 선거정보에 접근할 수 있도록 지상파 방송 3개사의 선거방송에서 수화통역방송과 폐쇄자막방송 개선을 요구하는 임시조치를 신청하였다.

법원은 수화통역방송 관련 신청에 대하여는, 관련 법령 및 고시에 수화통역화면의 구체적인 기준에 대하여 규정을 두지 않았기 때문에 피신청인들이 아무런 기준이 없는 상태에서 나름대로 판단을 거쳐 제공하는 현재의 수화통역화면이 청각장애인들의 권리를 침해하고 있다고 쉽게 평가할수는 없고, 이 문제는 다양한 이해관계인들 사이에서 좀더 신중한 논의를 거쳐서 결정해야 할 문제로 보이며, 청각장애인들의 대다수는 수화를 모르는 것(5.6%)으로 알려져 있으므로 수화통역화면을 크게 하더라도 수화를 모르는 대다수의 청각장애인들에게는 아무런 도움이 되지 않고, 청각장애인들은 이 사건 선거방송 외에도 다양한 경로를 통해 선거정보를 접할 기회가 있다는 것을 이유로 신청을 기각하였다.

법원은 폐쇄자막방송 개선 신청에 대하여도, 생방송의 경우 자막을 입력하는 데 드는 약간의 시간차는 불가피한 것으로 보이고, 녹화방송의 경우 편집의 자유가 제한되는 측면에서 받아들이기 어렵다는 것을 근거로 신청을 기각하여, 원고들의 신청을 모두 기각하였다.

서울남부지방법원 2012카기2448 판결.

5) 대한민국 상대 시각장애인을 위한 선거공보 개선 임시조치 신청 사건

원고들은 시각장애인으로, 대한민국을 상대로 시각장애인은 장애인의 개별적 특성에도 불구하고 일률적으로 점자형 선거공보만을 제공받고 있으며, 그마저도 점자형 선거공보와 동일한 면수제한(16면 이내)으로 규정되어 있어 비장애인과 동일한 정보를 제공받지 못하는 차별적 상황에 대하여 개선을 요구하는 임시조치를 신청하였다.

법원은 별다른 이유를 설시하지 않고 원고들의 청구를 기각하였다.

서울행정법원 2012아4209 판결.

4. 입법과제

1) 단체소송 제도 도입

차별로 피해를 당한 장애인이 개별적으로 자신이 받은 피해에 대해 구제를 받기가 어려운 실정이다. 이에 장애인 권익증진을 위한 단체가 대신하여 법원에 개별 피해를 당한 장애인의 권리구제를 청구할 수 있도록 근거를 마련할 필요가 있다.

2) 법원의 관할

국가나 지자체를 상대로 장애인 차별구제 소송을 제기하는 경우에 그 관할을 행정법원으로 보아야 할 것이며 이를 명시할 필요가 있다.

제 49조: 차별행위에 대한 형사처벌 규정

제 49조 (차별행위)

① 이 법에서 금지한 차별행위를 행하고 그 행위가 악의적인 것으로 인정되는 경우 법원은 차별을 한 자에 대하여 3년 이하의 징역 또는 3천만 원 이하의 벌금에 처할 수 있다.

② 제 1항에서 악의적이라 함은 다음 각 호의 사항을 고려하여 판단하여야 한다.

1. 차별의 고의성
2. 차별의 지속성 및 반복성
3. 차별 피해자에 대한 보복성
4. 차별 피해의 내용 및 규모

③ 법인의 대표자나 법인 또는 개인의 대리인 · 사용인, 그 밖의 종업원이 그 법인 또는 개인의 업무에 관하여 악의적인 차별행위를 한 때에는 행위자를 벌하는 외에 그 법인 또는 개인에 대하여도 제 1항의 벌금형을 과한다. 다만, 법인 또는 개인이 그 위반행위를 방지하기 위하여 해당 업무에 관하여 상당한 주의와 감독을 게을리 하지 아니한 경우에는 그러하지 아니하다.

④ 이 조에서 정하지 아니한 벌칙은 〈국가인권위원회법〉의 규정을 준용한다.

1. 입법취지

〈장애인차별금지법〉 제49조의 벌칙 내용이 장애인에 대한 '악의적 차별'을 처벌하는 방향으로 이루어지게 된 구체적인 입법취지나 배경은 입법 자료에 잘 드러나지 않는다. 다만 법의 제정과정에서 차별에 대해 형사적 제재까지 가하는 것에 대한 일부 반론이 있었으나 사안의 경중에 따라 제한적이나마 형사처벌을 받도록 하자는 공감대가 형성되었고,[21] 한편 장애인차별금지추진연대에서 장애인 차별에 대한 구제제도의 하나로서 요구한 '징벌적 손해배상 제도'의 도입이 사실상 무산되면서 그 대안으로 징벌적 손해배상책임의 특유요건인 '악의적 또는 의도적 고의'와 유사한 '악의적 차별'이라는 구성요건을 도입하여 형사처벌하도록 한 것이 아닌가 하는 추측이 가능하다. 그러나 이러한 전제에서 살펴보면, 영미법상 민사적 손해배상책임의 영역에서 논의되는 징벌적 손해배상의 요건을 형사처벌의 구성요건으로 삼은 것은 민사와 형사라는 서로 다른 이질적인 법체계상의 개념을 교차적으로 엮은 것으로서 앞으로 장애인 차별에 대한 형사처벌의 사법적 판단을 담당하는 법원이 어떠한 기준을 가지고 형사처벌이 되는 '악의적 차별'을 구성할 것인가가 남겨진 숙제라고 할 것이다.

---

21) 박종운, 앞의 글, 92면.

2. 조문해석

1) 악의적 차별행위 (제 1항 및 제 2항)

〈장애인차별금지법〉에서 금지한 행위를 행하고 그 행위가 악의적인 것으로 인정되는 경우 그 차별을 한 자는 3년 이하의 징역 또는 3천만 원 이하의 벌금형에 처해질 수 있다(제 1항). 여기서 말하는 '악의적'이라 함은 아래의 네 가지 사항을 고려하여 판단하여야 한다(제 2항). 다만, 후술하는 바와 같이 〈장애인차별금지법〉 제 49조는 원래 법의 제정과정에서 장애계가 장애인 차별의 권리구제수단 중 하나로 요구하였던 영미법상(특히 ADA에 규정된)의 '징벌적 손해배상제도'22)의 도입이 국회논의과정에서 여의치 않게 되자23) 그 대신 '악의적 차별행위'를 형사처벌하는 방향으로 입법추진을 선회한 것으로 추측된다. 따라서 '악의적'을 판단하는 아래 사항에 대해서는 징벌적 손해배상의 요건인 '악의적 또는 의도적 고의' 개념을 참조하여 서술하였다. 24)

---

22) ADA는 가해자의 행위가 단순한 고의를 넘어 "악의적"(*with malice*) 이거나 법이 보호하는 권리에 대해 "극도로 냉담한"(*with reckless indifference*) 태도를 가지고 일회성 침해가 아니라 관행적으로 그러한 침해를 해왔음을 피해자가 입증하는 경우에 징벌적 손해배상(*punitive damages*) 를 인정하고 있다. 입법론으로는 미국처럼 징벌적 손해배상까지 허용하는 것이 장애차별의 예방 및 금지에 더 효과적일 것으로 본다. 김재원, 앞의 논문, 267~268면 참조.

23) 박종운, "장애인차별금지법과 권익옹호", 89~90면 참조.

24) 원래 영미법상의 징벌적 손해배상은 민사적 영역에서 문제되는 것으로, 가해자가 악의적이거나 의도적으로 불법행위를 행하여 결과발생이 일어난 경우 피해자에게 현실적으로 발생한 손해 이외에 부가적으로 인정되는 배상을 의미한다.

징벌적 손해배상제도 개관 (미국 중심)[25]

1. 의의 : 징벌적 손해배상은 영미법에서 발전된 제도로서 가해자가 악의
   적이거나 의도적으로 불법행위를 행하여 손해가 발생한 경우 피해자에
   게 현실적인 손해뿐만 아니라 부가적(징벌적)인 배상을 인정하는 제도
   이다. 제도적으로는 불법행위자가 장래의 피해자 또는 다른 자에 대하
   여 가할 수 있는 유일한 불법행위를 억제하기 위한 목적으로 인정하는
   배상으로 이해한다.

2. 인정요건 : 미국에서 징벌적 손해배상이 부과되는 요건으로는 ① 일반
   적인 불법행위 요건, ② 악의적이거나 의도적으로 결과발생을 용인하
   는 고의,[26] ③ 계약위반의 경우에는 예외적으로 징벌적 손해배상을 인
   정한다.[27] 다만 징벌적 손해배상 액수가 지나치게 고액화되는 점에 대
   하여 비판이 일어나자 법원은 고어 가이드포스츠(Gore Guideposts)
   기준[28]을 제시하여 이 원칙에 위반하여 지나치게 많은 징벌적 손해배

---

25) 이하의 내용은 박종렬, "징벌적 손해배상에 관한 연구", 〈법학연구〉 제 26집, 2007,
    137면 이하를 요약·인용.
26) 미국연방대법원은 2003년 4월 캠벨(Campbell) 사건에서 피고행위의 악성을 심사할
    때 고려해야 할 요소로서 ① 손해가 신체적인 것인지 경제적인 것인지, ② 불법행위
    가 타인의 건강 및 안전에 대한 무관심이나 무분별한 무시를 포함한 것인지, ③ 피해
    자가 경제적 약자인지, ④ 불법행위가 반복되는 것인지 아니면 일회성인지, ⑤ 손해
    가 의도적인 악의, 기망, 사기 등에 의해 발생한 것인지 아니면 단순한 사고에서 발
    생한 것인지 등 다섯 가지를 판시하였다(Campbell. 123 S Ct. at 1519-1520).
27) 계약에서 예외적으로 징벌적 손해배상이 인정되는 경우는 ① 고용기간 만료 전에 갑
    자기 강압적으로 피고용자를 해고하는 경우, ② 계약 위반 자체가 위반자의 악의로
    이루어진 경우, ③ 피해자가 계약책임과 불법책임을 선택적으로 주장할 수 있는 경우
    등이 있다.
28) ① 피고의 행위에 대한 비난가능성 정도, ② 실제 또는 잠재적인 피해규모와 징벌적

상액을 정하는 것은 수정헌법 제14조의 위반으로 규제된다고 한다.

3. 징벌적 손해배상의 현황: 미국의 일부 주대법원에서는 징벌적 배상액
   이 지나치게 과다하다 하여 위헌 판결을 내린 바도 있으나, 루이지애
   나, 매사추세츠, 네브래스카, 워싱턴주 등 4개 주는 징벌적 손해배상
   을 다른 법률에서 명문으로 규정하는 경우를 제외하고는 미국의 반 이
   상의 주가 징벌적 손해배상을 전면 금지 또는 상한을 정하거나, 12개
   주는 징벌적 손해배상에 명백하고 확신을 주는 증거를 요구하고, 7개
   주는 징벌적 손해배상액의 일부를 공익적 용도로 주 정부에 기증하도
   록 하는 등 엄격한 요건 하에서 징벌적 손해배상제도를 운용하고 있다.

(1) 차별의 고의성

차별의 고의성이 인정되면 장애인에 대한 차별행위가 악의적인 것으로
인정될 수 있다. 그런데 여기서 말하는 차별의 고의성이란 '가해자의 상
대방이 장애인이라고 분명히 인식하였는지' 그리고 '장애인을 차별할
분명한 의사가 있었는지', 마지막으로 '그러한 인식과 의사에 대하여 비
난가능성이 있는지' 등을 종합적으로 염두에 두고 판단하여야 할 것이
다. 특히 가해자의 장애인에 대한 인식 및 차별 의사에 대한 비난가능
성은 형사처벌에 있어서는 반드시 엄격하게 적용되어야 한다. 왜냐하
면 기본적으로 장애인에 대한 대부분의 차별행위는 어느 정도의 고의성
을 가질 수밖에 없으며, 다만 그것이 민사적·행정적인 제제로 끝나지

손해배상액과의 격차, ③ 징벌적 손해배상과 유사사례에서 허용 또는 부과된 민사벌
금액과의 차이 등을 고려하여 신중히 결정해야 한다고 한다(BMW of North
America v. Gore, 517 U. S. 599).

아니하고 나아가 형사적 제제까지 가하는 경우에는 이에 상응하는 책임이 인정되어야 할 것이기 때문이다.[29] 그렇다면 차별의 고의성 외에 악의성을 판단하는 아래 사항들은 차별의 고의성을 비난할 수 있는지 여부를 판단하는데 중요한 요소로 작용한다고 할 것이다. 고의의 정도에서 형법에서 처벌되는 '미필적 고의'도 포함됨은 물론이다.

(2) 차별의 지속성 및 반복성

차별의 지속성과 반복성이 어느 정도에 이르러야 형사처벌을 할 것인지는 분명한 기준이 없다. 따라서 이를 판단하는 법원이 구체적 상황, 차별의 기간과 반복의 정도, 피해자 장애인이 겪는 정신적·육체적 고통의 정도 등을 종합하여 사안마다 달리 판단할 수밖에 없다. 다만, 1~2회성으로 단기간에 걸친 차별보다는 장기간 지속적으로 반복해서 이루어진 차별인 경우 악의성을 추정하기에 용이하다고 할 것이다.

(3) 차별 피해자에 대한 보복성

가해자의 차별행위가 차별 피해자에 대한 보복의 의사가 인정되면, 비난가능성을 인정하기가 한층 용이할 것이다. 어느 경우에나 가해자가 보복의 의사를 가지고 장애인에 대해 차별행위를 했다는 사실은 사회적으로 비난받아 마땅한 일이기 때문이다. 다만, 가해자의 차별행위가 명시적인 혹은 미필적인 보복의 의사로써 이루어진 것인지 여부를 현실

---

29) 징벌적 손해배상에 있어서도 일반적인 불법행위의 고의·과실이외에 가해자의 '악의 또는 불법한 동기' 등을 요구하는 것도 사회적 비난가능성을 고려하기 때문이다. 정우식, 2013, "징벌적 손해배상", 경북대학교 대학원 석사학위논문, 14~20면 참조.

적으로 밝히기가 매우 어렵다고 본다면, 차별행위가 이루어진 동기와 상황, 차별행위의 구체적 형태와 정도, 차별행위 이후의 상황 등을 보다 융통성 있게 고려하여 판단할 수밖에 없다.

(4) 차별 피해의 내용 및 규모

차별피해의 내용과 규모를 파악함에 있어 단순한 물리적·양적 정도로만 파악하기보다는 차별과 장애와의 상관관계, 차별이 피해자와 그 가족에게 주는 영향 등을 함께 고려하여 판단하여야 한다. 따라서 객관적인 피해의 내용과 규모(신체상해 정도, 재산상의 손해 정도 등)가 경미하다고 하더라도 장애인에 대한 차별행위가 장애인의 장애 상태를 직접 겨냥한 것으로써 장애인과 그 가족으로 하여금 극심한 수치심과 모멸감 등의 정신적 고통을 야기하였다면 차별 피해의 내용이나 규모의 관점에서 악의성을 인정할 수 있을 것이다.

2) 양벌조항 (제3항)

장애인에 대한 악의적 차별에 대한 폭넓은 구제를 위해 양벌조항을 두었다. 즉 법인의 대표자나 법인 또는 개인의 대리인·사용인, 그 밖의 종업원이 그 법인 또는 개인의 업무에 관하여 악의적인 차별행위를 한 때에는 행위자를 벌하는 외에 그 법인 또는 개인에 대하여도 3천만 원 이하의 벌금형을 과하여야 한다. 다만, 〈장애인차별금지법〉이 2007년 4월 10일 법률 제8341호로 제정될 당시에는 제49조 제3항 본문 규정만 있었으나, 다른 법 소정의 양벌규정에 대하여 헌법재판소가 법치주의와 죄형법정주의로부터 도출되는 책임주의에 위배된다는 취지로 여러 차례 위헌 결정을 내리자,[30] 2010년 5월 11일 법률 제 10280호로 개정하면서 단서 조항을 신설하여 해당 조문의 위헌성을 제거하였다. 따라서 법인, 법인의 대표자, 또는 사용자, 종업원 등이 이 법에서 금지한 장애인에 대한 악의적 차별행위를 방지하기 위하여 해당 업무에 관하여 상당한 주의와 감독을 게을리 하지 아니하였다는 것을 입증하면 법인이나 개인은 면책된다.

3) 〈국가인권위원회법〉 준용 (제 4항)

이 조에서 정하지 아니한 벌칙은 〈국가인권위원회법〉의 규정을 준용한다. 그런데 이 규정이 무엇을 의미하는지 분명치 않다. 아마도 국가인권위원회의 내의 장애인차별시정소위원회가 행하는 이 법에 따른 장애인 차별에 대한 조사활동을 방해하거나 조사위원이 비밀을 누설하거나 뇌물을 받는 등의 경우에 〈국가인권위원회법〉에 따라 형사적 처벌하기

---

30) 헌법재판소는 양벌규정을 규정한 구 〈도로법〉 제86조에 대하여 "종업원 등의 범죄행위에 대하여 비난할 근거가 되는 개인 영업주의 의사결정 및 행위구조, 즉 종업원이 저지른 행위의 결과에 대한 영업주 개인의 독자적인 책임에 대하여 전혀 규정하지 않은 채, 단순히 개인 영업주가 고용한 종업원 등이 업무에 관하여 범죄행위를 하였다는 이유만으로 영업주 개인에 대하여 형사처벌을 과하는 것은 다른 사람의 범죄를 이유로 처벌하는 것으로서 법치국가의 원리 및 죄형법정주의로부터 도출되는 책임주의 원칙에 반한다"고 판시한 바 있다(헌재 2013. 11. 28. 2013헌가25). 또한 그 외에도 선박소유자가 고용한 선장이 선박소유자의 업무에 관하여 범죄행위를 하면 그 선박소유자에게도 동일한 벌금형을 과하도록 양벌주의를 규정한 구 〈선박안전법〉 제84조 제 2항에 대해서도 위헌 선언을 하였고(헌재 2013. 9. 26. 2013헌가15), 영업주가 고용한 종업원 등의 업무에 관한 범법행위에 대하여 영업주도 함께 처벌하도록 양벌조항을 규정한 〈청소년보호법〉 제 54조에 대해서도 위헌 선언을 한 바 있다(헌재 2009. 7. 30. 2008헌가10).

위해 규정된 것으로 추측된다. 그러나 이 법에서 금지한 장애인 차별에 대한 조사 및 시정을 국가인권위원회가 담당하고 있고, 〈국가인권위원회법〉에 처벌 조항이 구체적으로 명시된 이상[31] 제4항은 불필요한 중복조항이라고 할 것이다.

4) 형법과의 관계

형사처벌의 경우에 가해자의 장애인을 악의적으로 차별하면서 이와 함께 〈형법〉 및 형사특별법에 따른 별도의 죄를 짓는 경우(폭행, 상해, 모욕 등) 경합적으로 처벌할 수 있다.

제50조: 차별행위자에 대한 과태료 규정

제50조 (과태료)

① 제44조에 따라 확정된 시정명령을 정당한 사유 없이 이행하지 아니한 자는 3천만 원 이하의 과태료에 처한다.

② 제1항에 따른 과태료는 법무부장관이 부과 · 징수한다.

---

31) 제6장 벌칙 조항을 보면 제56조(인권옹호업무방해), 제57조(진정서 작성 등의 방해), 제58조(자격 사칭), 제59조(비밀누설), 제60조(긴급구제조치 방해), 제61조(비밀침해), 제62조(벌칙 적용 시의 공무원 의제) 등으로 이루어져 있다.

1. 입법취지

법무부장관의 시정명령을 정당한 사유 없이 이행하지 아니하면 법무부
장관은 3천만 원 이하의 과태료를 부과할 수 있도록 하여 시정명령의
이행을 강제하고자 하였다.

2. 조문해석

법무부장관의 시정명령을 정당한 사유 없이 이행하지 아니하면 법무부
장관은 3천만 원 이하의 과태료를 부과할 수 있다. 〈장애인차별금지
법〉 제정과정에서 장애계는 시정명령을 불이행하는 경우 이행강제금을
부과할 것을 주장하였으나, 결국 국회의 법 제정 당시 차별시정기구는
국가인권위원회로 일원화하되, 법무부장관에게 시정명령권을 부여하
고 불이행 시 과태료를 부과하는 것으로 결론이 났다. 그리고 〈장애인
차별금지법〉이 2010년 5월 11일 법률 제 10280호로 개정되면서 과태료
에 대한 이의신청을 규정한 제 50조 제 3항부터 제 5항까지 삭제되었다.

장애인차별금지 및 권리구제 등에 관한 법률

약칭 〈장애인차별금지법〉

2007년 4월 10일 제정

2017년 7월 26일 타법개정 및 시행

2017년 9월 19일 일부개정

2017년 12월 19일 일부개정

2019년 12월 3일 일부개정

2020년 6월 9일 타법개정

2020년 12월 29일 일부개정

2021년 7월 27일 일부개정 및

2023년 1월 28일 시행

제1장 총칙

제1조 목적

이 법은 모든 생활영역에서 장애를 이유로 한 차별을 금지하고 장애를 이유로 차별받은 사람의 권익을 효과적으로 구제함으로써 장애인의 완전한 사회참여와 평등권 실현을 통하여 인간으로서의 존엄과 가치를 구현함을 목적으로 한다.

제2조 장애와 장애인

① 이 법에서 금지하는 차별행위의 사유가 되는 장애라 함은 신체적·정신적 손상 또는 기능상실이 장기간에 걸쳐 개인의 일상 또는 사회생활에 상당한 제약을 초래하는 상태를 말한다.

② 장애인이라 함은 제1항에 따른 장애가 있는 사람을 말한다.

제3조 정의

이 법에서 사용하는 용어의 정의는 다음과 같다. [개정 2008.3.21., 2009.5.22., 2010.5.11., 2011.3.29., 2011.6.7., 2013.3.23., 2016.2.3., 2017.9.19., 2020.6.9.]

1. "광고"라 함은 〈표시·광고의 공정화에 관한 법률〉 제2조 제1호 및 제2호에 따른 표시 및 광고를 말한다.

2. "보조견"이라 함은 〈장애인복지법〉 제40조에 따른 장애인 보조견을 말한다.

3. "장애인보조기구 등"이란 〈장애인복지법〉 제65조에 따른 장애인 보조기구, 그 밖에 장애인의 활동을 돕기 위한 자동차 기타 기구를 말한다. 그 밖에 장애인의 활동을 돕기 위한 자동차 기타 기구의 구체적인 범위는 대통령령으로 정하되, 〈장애인고용촉진 및 직업재활법〉 제21조 제1항 제2호에 따른 작업보조공학기기 및 〈정보격차해소에 관한 법률〉 제9조에 따른 정보통신기기, 그 밖에 관계 법령에서 정하는 내용과의 관계 및 이 법에서 정하는 관련 조항과의 관계 등을 고려하여 정한다.

4. "공공기관"이라 함은 국가 및 지방자치단체, 그 밖에 대통령령으로 정하는 공공단체를 말한다.

5. "사용자"라 함은 〈근로기준법〉 제 2조 제 1항 제 2호에 따른 사업주 또는 사업경영 담당자, 그 밖의 근로자에 관한 사항에 대하여 사업 주를 위하여 행위하는 자를 말한다.

6. "교육기관"이란 〈영유아보육법〉에 따른 어린이집, 〈유아교육법〉 ·〈초·중등교육법〉 및 〈고등교육법〉에 따른 각급 학교, 〈평생교 육법〉에 따른 평생교육시설, 〈학점인정 등에 관한 법률〉에서 정한 교육부장관의 평가인정을 받은 교육훈련기관, 〈직업교육훈련 촉진 법〉에 따른 직업교육훈련기관, 그 밖에 대통령령으로 정하는 기관 을 말한다.

7. "교육책임자"라 함은 교육기관의 장 또는 운영책임자를 말한다.

8. "정보"라 함은 다음 각 목의 사항으로 구분한다.

　　가. "전자정보"라 함은 〈지능정보화 기본법〉 제 2조 제 1호에 따른 정보를 말한다. 이 경우 "자연인 및 법인"에는 이 법의 규정에 따른 공공기관도 포함되는 것으로 본다.

　　나. "비전자정보"라 함은 〈지능정보화 기본법〉 제 2조 제 1호에 따 른 정보를 제외한 정보로서 음성, 문자, 한국수어, 점자, 몸 짓, 기호 등 언어 및 비언어적 방법을 통하여 처리된 모든 종류 의 자료와 지식을 말하며, 그 생산·획득·가공·보유 주체가 자연인·법인 또는 공공기관 여부를 불문한다.

　　다. "개인정보"라 함은 〈개인정보 보호법〉 제 2조 제 1호에 따른 개 인정보를 말한다.

9. "정보통신"이라 함은 〈지능정보화 기본법〉 제 2조 제 3호에 따른 정 보통신을 말하며, 그 주체가 자연인·법인 또는 공공기관 여부를

불문한다.

10. "문화·예술활동"이라 함은 〈문화예술진흥법〉 제2조 제1항 제1호의 문학, 미술(응용미술을 포함한다), 음악, 무용, 연극, 영화, 연예, 국악, 사진, 건축, 어문 및 출판에 관한 활동을 말한다.

11. "문화·예술사업자"라 함은 문화·예술의 요소를 담고 있는 분야에서 기획·개발·제작·생산·전시·유통·판매를 포함하는 일체의 행위를 하는 자를 말한다.

12. "관광활동"이란 〈관광진흥법〉 제2조 제1호에 따른 관광사업의 용역 등을 제공받거나 관광에 딸린 시설을 이용하는 활동을 말한다.

13. "체육"이라 함은 〈국민체육진흥법〉 제2조의 체육 및 학교체육, 놀이, 게임, 스포츠, 레저, 레크리에이션 등 체육으로 간주되는 모든 신체활동을 말한다.

14. "가정 및 가족"이라 함은 〈건강가정기본법〉 제3조 제1호 및 제2호의 가정 및 가족을 말한다.

15. "복지시설 등"이라 함은 장애인이 장·단기간 생활하고 있는 시설로서, 〈사회복지사업법〉 제34조에 의한 사회복지시설, 〈장애인복지법〉 제58조에 따른 장애인복지시설 및 신고를 하지 아니하고 장애인 1인 이상을 보호하고 있는 시설을 말한다.

16. "시설물"이라 함은 〈건축법〉 제2조 제1항 제2호·제6호 및 제7호에 따른 건축물, 거실 및 주요구조부를 말한다.

17. "이동 및 교통수단 등"이라 함은 사람이 일상적으로 이용하는 도로 및 보도와 〈교통약자의 이동편의 증진법〉 제2조 제2호 및 제3호에 따른 교통수단 및 여객시설을 말한다.

18. "건강권"이라 함은 보건교육, 장애로 인한 후유장애와 질병 예방 및 치료, 영양개선 및 건강생활의 실천 등에 관한 제반 여건의 조성을 통하여 건강한 생활을 할 권리를 말하며, 의료 받을 권리를 포함한다.

19. "의료인 등"이라 함은 〈의료법〉 제 2조 제 1항 따른 의료인과 국가 및 관련 협회 등에서 정한 자격·면허 등을 취득한 물리치료사, 작업치료사, 언어치료사, 심리치료사, 의지·보조기 기사 등 장애인의 건강에 개입되는 사람을 말한다.

20. "의료기관 등"이라 함은 〈의료법〉 제 3조의 의료기관 및 의료인이 장애인의 건강을 위하여 서비스를 행하는 보건기관, 치료기관, 약국, 그 밖에 관계 법령에 정하고 있는 기관을 말한다.

21. "괴롭힘 등"이라 함은 집단따돌림, 방치, 유기, 괴롭힘, 희롱, 학대, 금전적 착취, 성적 자기결정권 침해 등의 방법으로 장애인에게 가해지는 신체적·정신적·정서적·언어적 행위를 말한다.

제 4조 차별행위

① 이 법에서 금지하는 차별이라 함은 다음 각 호의 어느 하나에 해당하는 경우를 말한다.

1. 장애인을 장애를 사유로 정당한 사유 없이 제한·배제·분리·거부 등에 의하여 불리하게 대하는 경우

2. 장애인에 대하여 형식상으로는 제한·배제·분리·거부 등에 의하여 불리하게 대하지 아니하지만 정당한 사유 없이 장애를 고려하지 아니하는 기준을 적용함으로써 장애인에게 불리한 결과를

초래하는 경우

3. 정당한 사유 없이 장애인에 대하여 정당한 편의제공을 거부하는 경우

4. 정당한 사유 없이 장애인에 대한 제한·배제·분리·거부 등 불리한 대우를 표시·조장하는 광고를 직접 행하거나 그러한 광고를 허용·조장하는 경우. 이 경우 광고는 통상적으로 불리한 대우를 조장하는 광고효과가 있는 것으로 인정되는 행위를 포함한다.

5. 장애인을 돕기 위한 목적에서 장애인을 대리·동행하는 자(장애아동의 보호자 또는 후견인 그 밖에 장애인을 돕기 위한 자임이 통상적으로 인정되는 자를 포함한다. 이하 "장애인 관련자"라 한다)에 대하여 제1호부터 제4호까지의 행위를 하는 경우. 이 경우 장애인 관련자의 장애인에 대한 행위 또한 이 법에서 금지하는 차별행위 여부의 판단대상이 된다.

6. 보조견 또는 장애인보조기구 등의 정당한 사용을 방해하거나 보조견 및 장애인보조기구 등을 대상으로 제4호에 따라 금지된 행위를 하는 경우

② 제1항 제3호의 "정당한 편의"라 함은 장애인이 장애가 없는 사람과 동등하게 같은 활동에 참여할 수 있도록 장애인의 성별, 장애의 유형 및 정도, 특성 등을 고려한 편의시설·설비·도구·서비스 등 인적·물적 제반 수단과 조치를 말한다.

③ 제1항에도 불구하고 다음 각 호의 어느 하나에 해당하는 정당한 사유가 있는 경우에는 이를 차별로 보지 아니한다.

1. 제1항에 따라 금지된 차별행위를 하지 않음에 있어서 과도한 부

담이나 현저히 곤란한 사정 등이 있는 경우

2. 제 1항에 따라 금지된 차별행위가 특정 직무나 사업 수행의 성질
상 불가피한 경우. 이 경우 특정 직무나 사업 수행의 성질은 교육
등의 서비스에도 적용되는 것으로 본다.

④ 장애인의 실질적 평등권을 실현하고 장애인에 대한 차별을 시정하기
위하여 이 법 또는 다른 법령 등에서 취하는 적극적 조치는 이 법에
따른 차별로 보지 아니한다.

제 5조 차별판단

① 차별의 원인이 2가지 이상이고, 그 주된 원인이 장애라고 인정되는
경우 그 행위는 이 법에 따른 차별로 본다.

② 이 법을 적용함에 있어서 차별 여부를 판단할 때에는 장애인 당사자
의 성별, 장애의 유형 및 정도, 특성 등을 충분히 고려하여야 한다.

제 6조 차별금지

누구든지 장애 또는 과거의 장애경력 또는 장애가 있다고 추측됨을 이
유로 차별을 하여서는 아니 된다.

제 7조 자기결정권 및 선택권

① 장애인은 자신의 생활 전반에 관하여 자신의 의사에 따라 스스로 선
택하고 결정할 권리를 가진다.

② 장애인은 장애인 아닌 사람과 동등한 선택권을 보장받기 위하여 필
요한 서비스와 정보를 제공받을 권리를 가진다.

제8조 국가 및 지방자치단체의 의무

① 국가 및 지방자치단체는 장애인 및 장애인 관련자에 대한 모든 차별을 방지하고 차별받은 장애인 등의 권리를 구제할 책임이 있으며, 장애인 차별을 실질적으로 해소하기 위하여 이 법에서 규정한 차별시정에 대하여 적극적인 조치를 하여야 한다.

② 국가 및 지방자치단체는 장애인 등에게 정당한 편의가 제공될 수 있도록 필요한 기술적·행정적·재정적 지원을 하여야 한다.

제8조의 2 실태조사

① 보건복지부장관은 장애인 차별 해소 정책의 수립·시행에 필요한 기초자료를 확보하기 위하여 3년마다 이 법의 이행에 대한 실태조사를 실시하고 그 결과를 공표하여야 한다.

② 보건복지부장관은 제1항에 따른 실태조사를 위하여 필요한 경우 공공기관 및 관련 기관·시설·법인 등에 자료의 제출 또는 의견의 진술을 요청할 수 있다. 이 경우 자료의 제출이나 의견의 진술을 요청받은 공공기관의 장 등은 정당한 사유가 없으면 그 요청에 따라야 한다.

③ 제1항에 따른 실태조사의 내용, 방법 및 공표 등에 필요한 사항은 대통령령으로 정한다.

[본조신설 2019.12.3.]

제9조 다른 법률과의 관계

장애를 사유로 한 차별의 금지 및 권리구제에 관하여 이 법에서 규정한 것 외에는 〈국가인권위원회법〉으로 정하는 바에 따른다.

제2장 차별금지

제1절 고용

제10조 차별금지

① 사용자는 모집·채용, 임금 및 복리후생, 교육·배치·승진·전보, 정년·퇴직·해고에 있어 장애인을 차별하여서는 아니 된다.

② 〈노동조합 및 노동관계조정법〉 제2조 제4호에 따른 노동조합은 장애인 근로자의 조합 가입을 거부하거나 조합원의 권리 및 활동에 차별을 두어서는 아니 된다.

제11조 정당한 편의제공 의무

① 사용자는 장애인이 해당 직무를 수행함에 있어서 장애인 아닌 사람과 동등한 근로조건에서 일할 수 있도록 다음 각 호의 정당한 편의를 제공하여야 한다. [개정 2016.2.3.]

  1. 시설·장비의 설치 또는 개조

  2. 재활, 기능평가, 치료 등을 위한 근무시간의 변경 또는 조정

  3. 훈련제공 또는 훈련에 있어 편의제공

  4. 지도 매뉴얼 또는 참고자료의 변경

  5. 시험 또는 평가과정의 개선

  6. 화면낭독·확대 프로그램, 무지점자단말기, 확대 독서기, 인쇄물음성변환출력기 등 장애인보조기구의 설치·운영과 낭독자, 한국수어 통역자 등의 보조인 배치

② 사용자는 정당한 사유 없이 장애를 이유로 장애인의 의사에 반하여 다른 직무에 배치하여서는 아니 된다.

③ 사용자가 제1항에 따라 제공하여야 할 정당한 편의의 구체적 내용 및 적용대상 사업장의 단계적 범위 등에 관하여는 대통령령으로 정한다.

제12조 의학적 검사의 금지

① 사용자는 채용 이전에 장애인 여부를 조사하기 위한 의학적 검사를 실시하여서는 아니 된다. 다만, 채용 이후에 직무의 본질상 요구되거나 직무배치 등을 위하여 필요한 경우에는 그러하지 아니하다.

② 제1항 단서에 따라 의학적 검사를 실시할 경우 그 비용은 원칙적으로 사용자가 부담한다. 사용자의 비용부담 방식 및 그 지원 등에 필요한 사항은 대통령령으로 정한다.

③ 사용자는 제1항 단서에 따라 취득한 장애인의 건강상태나 장애 또는 과거 장애경력 등에 관한 개인정보를 누설하여서는 아니 된다.

제2절 교육

제13조 차별금지

① 교육책임자는 장애인의 입학 지원 및 입학을 거부할 수 없고, 전학을 강요할 수 없으며, 〈영유아보육법〉에 따른 어린이집, 〈유아교육법〉 및 〈초·중등교육법〉에 따른 각급 학교는 장애인이 당해 교육기관으로 전학하는 것을 거절하여서는 아니 된다. [개정 2011.6.7.]

② 제1항에 따른 교육기관의 장은 〈장애인 등에 대한 특수교육법〉 제 17조를 준수하여야 한다. [개정 2010.5.11.]

③ 교육책임자는 당해 교육기관에 재학 중인 장애인 및 그 보호자가 제 14조 제1항 각 호의 편의제공을 요청할 때 정당한 사유 없이 이를 거절하여서는 아니 된다.

④ 교육책임자는 특정 수업이나 실험·실습, 현장견학, 수학여행 등 학습을 포함한 모든 교내외 활동에서 장애를 이유로 장애인의 참여 를 제한, 배제, 거부하여서는 아니 된다.

⑤ 교육책임자는 취업 및 진로교육, 정보제공에 있어서 장애인의 능력 과 특성에 맞는 진로교육 및 정보를 제공하여야 한다.

⑥ 교육책임자 및 교직원은 교육기관에 재학 중인 장애인 및 장애인 관 련자, 특수교육 교원, 특수교육보조원, 장애인 관련 업무 담당자를 모욕하거나 비하하여서는 아니 된다.

⑦ 교육책임자는 장애인의 입학 지원 시 장애인 아닌 지원자와 달리 추 가 서류, 별도의 양식에 의한 지원 서류 등을 요구하거나, 장애인만 을 대상으로 한 별도의 면접이나 신체검사, 추가시험 등(이하 "추가 서류 등"이라 한다)을 요구하여서는 아니 된다. 다만, 추가서류 등의 요구가 장애인의 특성을 고려한 교육시행을 목적으로 함이 명백한 경우에는 그러하지 아니하다.

⑧ 국가 및 지방자치단체는 장애인에게 〈장애인 등에 대한 특수교육 법〉 제3조 제1항에 따른 교육을 실시하는 경우, 정당한 사유 없이 해당 교육과정에 정한 학업시수를 위반하여서는 아니 된다. [개정 2010.5.11.]

제 14조 정당한 편의제공 의무

① 교육책임자는 당해 교육기관에 재학 중인 장애인의 교육활동에 불이익이 없도록 다음 각 호의 수단을 적극적으로 강구하고 제공하여야 한다. [개정 2014.1.28., 2016.2.3.]

1. 장애인의 통학 및 교육기관 내에서의 이동 및 접근에 불이익이 없도록 하기 위한 각종 이동용 보장구의 대여 및 수리

2. 장애인 및 장애인 관련자가 필요로 하는 경우 교육보조인력의 배치

3. 장애로 인한 학습 참여의 불이익을 해소하기 위한 확대 독서기, 보청기기, 높낮이 조절용 책상, 각종 보완·대체 의사소통 도구 등의 대여 및 보조견의 배치나 휠체어의 접근을 위한 여유 공간 확보

4. 시·청각 장애인의 교육에 필요한 한국수어 통역, 문자통역(속기), 점자자료 및 인쇄물 접근성바코드(음성변환용 코드 등 대통령령으로 정하는 전자적 표시를 말한다. 이하 같다)가 삽입된 자료, 자막, 큰 문자자료, 화면낭독·확대프로그램, 보청기기, 무지점자단말기, 인쇄물음성변환출력기를 포함한 각종 장애인 보조기구 등 의사소통 수단

5. 교육과정을 적용함에 있어서 학습진단을 통한 적절한 교육 및 평가방법의 제공

6. 그 밖에 장애인의 교육활동에 불이익이 없도록 하는 데 필요한 사항으로서 대통령령으로 정하는 사항

② 교육책임자는 제1항 각 호의 수단을 제공하는 데 필요한 업무를 수

행하기 위하여 장애학생지원부서 또는 담당자를 두어야 한다.

③ 제1항을 적용함에 있어서 그 적용대상 교육기관의 단계적 범위와 제2항에 따른 장애학생지원부서 및 담당자의 설치 및 배치, 관리·감독 등에 필요한 사항은 대통령령으로 정한다.

제3절 재화와 용역의 제공 및 이용

제15조 재화·용역 등의 제공에 있어서의 차별금지

① 재화·용역 등의 제공자는 장애인에 대하여 장애를 이유로 장애인 아닌 사람에게 제공하는 것과 실질적으로 동등하지 않은 수준의 편익을 가져다주는 물건, 서비스, 이익, 편의 등을 제공하여서는 아니 된다.

② 재화·용역 등의 제공자는 장애인이 해당 재화·용역 등을 이용함으로써 이익을 얻을 기회를 박탈하여서는 아니 된다.

③ 재화·용역 등의 제공자는 무인정보단말기(터치스크린 등 전자적 방식으로 정보를 화면에 표시하여 제공하거나 서류발급, 주문·결제 등을 처리하는 기기를 말한다)를 설치·운영하는 경우 장애인이 장애인 아닌 사람과 동등하게 접근·이용할 수 있도록 하는 데 필요한 정당한 편의를 제공하여야 한다. [신설 2021. 7. 27.]

④ 제3항에 따른 재화·용역 등의 제공자의 단계적 범위 및 정당한 편의의 구체적인 내용 등 필요한 사항은 대통령령으로 정한다. [신설 2021. 7. 27.]

[시행일 2023. 1. 28.]

제16조 토지 및 건물의 매매 · 임대 등에 있어서의 차별금지

토지 및 건물의 소유 · 관리자는 당해 토지 및 건물의 매매, 임대, 입주, 사용 등에 있어서 정당한 사유 없이 장애인을 제한 · 분리 · 배제 · 거부하여서는 아니 된다.

제17조 금융상품 및 서비스제공에 있어서의 차별금지

금융상품 및 서비스의 제공자는 금전대출, 신용카드 발급, 보험가입 등 각종 금융상품과 서비스의 제공에 있어서 정당한 사유 없이 장애인을 제한 · 배제 · 분리 · 거부하여서는 아니 된다.

제18조 시설물 접근 · 이용의 차별금지

① 시설물의 소유 · 관리자는 장애인이 당해 시설물을 접근 · 이용하거나 비상시 대피함에 있어서 장애인을 제한 · 배제 · 분리 · 거부하여서는 아니 된다.

② 시설물의 소유 · 관리자는 보조견 및 장애인보조기구 등을 시설물에 들여오거나 시설물에서 사용하는 것을 제한 · 배제 · 분리 · 거부하여서는 아니 된다.

③ 시설물의 소유 · 관리자는 장애인이 당해 시설물을 접근 · 이용하거나 비상시 대피함에 있어서 피난 및 대피시설의 설치 등 정당한 편의의 제공을 정당한 사유 없이 거부하여서는 아니 된다.

④ 제3항을 적용함에 있어서 그 적용을 받는 시설물의 단계적 범위 및 정당한 편의의 내용 등 필요한 사항은 관계 법령 등에 규정한 내용을 고려하여 대통령령으로 정한다.

제19조 이동 및 교통수단 등에서의 차별금지

① 〈교통약자의 이동편의 증진법〉 제2조 제5호 및 제6호에 따른 교통사업자(이하 "교통사업자"라 한다) 및 교통행정기관(이하 "교통행정기관"이라 한다)은 이동 및 교통수단 등을 접근·이용함에 있어서 장애인을 제한·배제·분리·거부하여서는 아니 된다. [개정 2010.5.11.]

② 교통사업자 및 교통행정기관은 이동 및 교통수단 등의 이용에 있어서 보조견 및 장애인보조기구 등의 동승 또는 반입 및 사용을 거부하여서는 아니 된다.

③ 교통사업자 및 교통행정기관은 이동 및 교통수단 등의 이용에 있어서 장애인 및 장애인 관련자에게 장애 또는 장애인이 동행·동반한 보조견 또는 장애인보조기구 등을 이유로 장애인 아닌 사람보다 불리한 요금 제도를 적용하여서는 아니 된다.

④ 교통사업자 및 교통행정기관은 장애인이 이동 및 교통수단 등을 장애인 아닌 사람과 동등하게 이용하여 안전하고 편리하게 보행 및 이동을 할 수 있도록 하는 데 필요한 정당한 편의를 제공하여야 한다.

⑤ 교통행정기관은 교통사업자가 장애인에 대하여 이 법에 정한 차별행위를 행하지 아니하도록 홍보, 교육, 지원, 감독하여야 한다.

⑥ 국가 및 지방자치단체는 운전면허시험의 신청, 응시, 합격의 모든 과정에서 정당한 사유 없이 장애인을 제한·배제·분리·거부하여서는 아니 된다.

⑦ 국가 및 지방자치단체는 장애인이 운전면허시험의 모든 과정을 장애인 아닌 사람과 동등하게 거칠 수 있도록 정당한 편의를 제공하여야 한다.

⑧ 제4항 및 제7항을 적용함에 있어서 그 적용대상의 단계적 범위 및

정당한 편의의 내용 등 필요한 사항은 대통령령으로 정한다.

제 20조 정보접근에서의 차별금지

① 개인·법인·공공기관(이하 이 조에서 "개인 등"이라 한다)은 장애인이 전자정보와 비전자정보를 이용하고 그에 접근함에 있어서 장애를 이유로 제 4조 제 1항 제 1호 및 제 2호에서 금지한 차별행위를 하여서는 아니 된다.

② 장애인 관련자로서 한국수어 통역, 점역, 점자교정, 낭독, 대필, 안내 등을 위하여 장애인을 대리·동행하는 등 장애인의 의사소통을 지원하는 자에 대하여는 누구든지 정당한 사유 없이 이들의 활동을 강제·방해하거나 부당한 처우를 하여서는 아니 된다. [개정 2016.2.3.]

제 21조 정보통신·의사소통 등에서의 정당한 편의제공의무

① 제 3조 제 4호·제 6호·제 7호·제 8호 가목 후단 및 나목·제 11호·제 19호·제 20호에 규정된 행위자, 제 13호·제 15호부터 제 17호까지의 규정에 관련된 행위자, 제 10조 제 1항의 사용자 및 같은 조 제 2항의 노동조합 관계자(행위자가 속한 기관을 포함한다. 이하 이 조에서 "행위자 등"이라 한다)는 당해 행위자 등이 생산·배포하는 전자정보 및 비전자정보에 대하여 장애인이 장애인 아닌 사람과 동등하게 접근·이용할 수 있도록 한국수어, 문자 등 필요한 수단을 제공하여야 한다. 이 경우 제 3조 제 8호 가목 후단 및 나목에서 말하는 자연인은 행위자 등에 포함되지 아니한다. [개정 2016.2.3., 2017.9.19.]

② 행위자 등은 정보통신망을 통하여 정보나 서비스를 제공할 때 이동

통신단말장치(〈전파법〉에 따라 할당받은 주파수를 사용하는 기간통신역무를 이용하기 위하여 필요한 단말장치를 말한다)에 설치되는 응용 소프트웨어 등 대통령령으로 정하는 유·무선 정보통신을 장애인이 장애인 아닌 사람과 동등하게 접근·이용할 수 있도록 하는 데 필요한 정당한 편의를 제공하여야 한다. [신설 2021.7.27.]

③ 공공기관 등은 자신이 주최 또는 주관하는 행사에서 장애인의 참여 및 의사소통을 위하여 필요한 한국수어 통역사·문자통역사·음성통역자·보청기기 등 필요한 지원을 하여야 한다. [개정 2016.2.3., 2021. 7.27.]

④ 〈방송법〉 제2조 제3호에 따른 방송사업자와 〈인터넷 멀티미디어 방송사업법〉 제2조 제5호에 따른 인터넷 멀티미디어 방송사업자는 장애인이 장애인 아닌 사람과 동등하게 제작물 또는 서비스를 접근·이용할 수 있도록 폐쇄자막, 한국수어 통역, 화면해설 등 장애인 시청 편의 서비스를 제공하여야 한다. [개정 2010.5.11, 2016.2.3., 2021.7.27.]

⑤ 〈전기통신사업법〉에 따른 기간통신사업자(전화서비스를 제공하는 사업자만 해당한다)는 장애인이 장애인 아닌 사람과 동등하게 서비스를 접근·이용할 수 있도록 통신설비를 이용한 중계서비스(영상통화서비스, 문자서비스 또는 그 밖에 과학기술정보통신부장관이 정하여 고시하는 중계서비스를 포함한다)를 확보하여 제공하여야 한다. [개정 2010.5. 11., 2013.3.23., 2017.7.26., 2021.7.27.]

⑥ 다음 각 호의 사업자는 장애인이 장애인 아닌 사람과 동등하게 접근·이용할 수 있도록 출판물(전자출판물을 포함한다. 이하 이 항에서 같다) 또는 영상물을 제공하기 위하여 노력하여야 한다. 다만, 〈도서

관법〉제 18조에 따른 국립중앙도서관은 새로이 생산·배포하는 도
서자료를 점자 및 인쇄물 접근성바코드가 삽입된 자료, 음성 또는
확대문자 등으로 제공하여야 한다. [신설 2010.5.11., 2014.1.28., 2017.12.19.,
2021.7.27.]

1. 출판물을 정기적으로 발행하는 사업자

2. 영화, 비디오물 등 영상물의 제작업자 및 배급업자

⑦ 제 1항에 따른 필요한 수단을 제공하여야 하는 행위자 등의 단계적
범위 및 필요한 수단의 구체적인 내용, 제 2항에 따른 행위자 등의
단계적 범위 및 정당한 편의의 구체적인 내용, 제 3항에 따른 필요한
지원의 구체적인 내용 및 범위와 그 이행 등에 필요한 사항, 제 4항
에 따른 사업자의 단계적 범위와 제공하여야 하는 편의의 구체적 내
용 및 그 이행 등에 필요한 사항, 제 5항에 따른 사업자의 단계적 범
위와 편의의 구체적 내용에 필요한 사항은 대통령령으로 정한다.

[신설 2010.5.11., 2013.8.13., 2021.7.27.]

[제목개정 2010.5.11.]

[시행일 2023.1.28.] 제 21조

제 22조 개인정보보호

① 장애인의 개인정보는 반드시 본인의 동의하에 수집되어야 하고, 당해
개인정보에 대한 무단접근이나 오·남용으로부터 안전하여야 한다.

② 제 1항을 적용함에 있어서 〈개인정보 보호법〉, 〈정보통신망 이용촉
진 및 정보보호 등에 관한 법률〉 등 관련 법률의 규정을 준용한다.

[개정 2011.3.29.]

③ 장애아동이나 정신장애인 등 본인의 동의를 얻기 어려운 장애인에 있어서 당해 장애인의 개인정보의 수집·이용·제공 등에 관련된 동의행위를 대리하는 자는 〈민법〉의 규정을 준용한다.

제23조 정보접근·의사소통에서의 국가 및 지방자치단체의 의무

① 국가 및 지방자치단체는 장애인의 특성을 고려한 정보통신망 및 정보통신기기의 접근·이용을 위한 도구의 개발·보급 및 필요한 지원을 강구하여야 한다.

② 정보통신 관련 제조업자는 정보통신제품을 설계·제작·가공함에 있어서 장애인이 장애인 아닌 사람과 동등하게 접근·이용할 수 있도록 노력하여야 한다.

③ 국가와 지방자치단체는 장애인이 장애의 유형 및 정도, 특성에 따라 한국수어, 구화, 점자 및 인쇄물 접근성바코드가 삽입된 자료, 큰문자 등을 습득하고 이를 활용한 학습지원 서비스를 제공받을 수 있도록 필요한 조치를 강구하여야 하며, 위 서비스를 제공하는 자는 장애인의 의사에 반하여 장애인의 특성을 고려하지 않는 의사소통양식 등을 강요하여서는 아니 된다. [개정 2014.1.28., 2016.2.3., 2017.12.19.]

제24조 문화·예술활동의 차별금지

① 국가와 지방자치단체 및 문화·예술사업자는 장애인이 문화·예술활동에 참여함에 있어서 장애인의 의사에 반하여 특정한 행동을 강요하여서는 아니 되며, 제4조 제1항 제1호·제2호 및 제4호에서 정한 행위를 하여서는 아니 된다.

② 국가와 지방자치단체 및 문화·예술사업자는 장애인이 문화·예술 활동에 참여할 수 있도록 정당한 편의를 제공하여야 한다.

③ 국가 및 지방자치단체는 장애인이 문화·예술시설을 이용하고 문화·예술활동에 적극적으로 참여할 수 있도록 필요한 시책을 강구하여야 한다.

④ 제2항을 적용함에 있어서 그 적용대상이 되는 문화·예술사업자의 단계적 범위 및 정당한 편의의 구체적인 내용 등 필요한 사항은 대통령령으로 정한다.

제24조의 2 관광활동의 차별금지

① 국가와 지방자치단체 및 관광사업자(〈관광진흥법〉 제2조 제2호에 따른 관광사업자를 말한다. 이하 이 조에서 같다)는 장애인이 관광활동에 참여함에 있어서 장애인에게 제4조 제1항 제1호·제2호 및 제4호부터 제6호까지에서 정한 행위를 하여서는 아니 된다.

② 국가와 지방자치단체 및 관광사업자는 장애인이 관광활동에 참여할 수 있도록 정당한 편의를 제공하여야 한다.

③ 국가와 지방자치단체는 장애인이 관광활동에 적극적으로 참여할 수 있도록 필요한 시책을 강구하여야 한다.

④ 제2항을 시행함에 있어서 그 적용대상이 되는 관광사업자의 단계적 범위 및 정당한 편의의 구체적인 내용 등 필요한 사항은 대통령령으로 정한다.

[본조신설 2017.9.19.]

제25조 체육활동의 차별금지

① 체육활동을 주최·주관하는 기관이나 단체, 체육활동을 목적으로 하는 체육시설의 소유·관리자는 체육활동의 참여를 원하는 장애인을 장애를 이유로 제한·배제·분리·거부하여서는 아니 된다.

② 국가 및 지방자치단체는 자신이 운영 또는 지원하는 체육프로그램이 장애인의 성별, 장애의 유형 및 정도, 특성 등을 고려하여 운영될 수 있도록 하고 장애인의 참여를 위하여 필요한 정당한 편의를 제공하여야 한다.

③ 국가 및 지방자치단체는 장애인이 체육활동에 참여할 수 있도록 필요한 시책을 강구하여야 한다.

④ 제2항을 시행하는 데 필요한 사항은 대통령령으로 정한다.

제4절 사법·행정절차 및 서비스와 참정권

제26조 사법·행정절차 및 서비스제공에 있어서의 차별금지

① 공공기관 등은 장애인이 생명, 신체 또는 재산권 보호를 포함한 자신의 권리를 보호·보장받기 위하여 필요한 사법·행정절차 및 서비스제공에 있어 장애인을 차별하여서는 아니 된다.

② 공공기관 및 그 소속원은 사법·행정절차 및 서비스의 제공에 있어서 장애인에게 제4조 제1항 제1호·제2호 및 제4호부터 제6호까지에서 정한 행위를 하여서는 아니 된다.

③ 공공기관 및 그 소속원은 직무를 수행하거나 권한을 행사함에 있어서 다음 각 호에 해당하는 차별행위를 하여서는 아니 된다.

1. 허가, 신고, 인가 등에 있어 장애인을 정당한 사유 없이 장애를 이유로 제한·배제·분리·거부하는 경우
2. 공공사업 수혜자의 선정기준을 정함에 있어서 정당한 사유 없이 장애인을 제한·배제·분리·거부하거나 장애를 고려하지 아니한 기준을 적용함으로써 장애인에게 불리한 결과를 초래하는 경우

④ 공공기관 및 그 소속원은 사법·행정절차 및 서비스를 장애인이 장애인 아닌 사람과 실질적으로 동등한 수준으로 이용할 수 있도록 제공하여야 하며, 이를 위하여 정당한 편의를 제공하여야 한다.

⑤ 공공기관 및 그 소속원은 장애인이 사법·행정절차 및 서비스에 참여하기 위하여 장애인 스스로 인식하고 작성할 수 있는 서식의 제작 및 제공 등 정당한 편의제공을 요구할 경우 이를 거부하거나 임의로 집행함으로써 장애인에게 불이익을 주어서는 아니 된다.

⑥ 사법기관은 사건관계인에 대하여 의사소통이나 의사표현에 어려움을 겪는 장애가 있는지 여부를 확인하고, 그 장애인에게 형사사법 절차에서 조력을 받을 수 있음과 그 구체적인 조력의 내용을 알려주어야 한다. 이 경우 사법기관은 해당 장애인이 형사사법 절차에서 조력을 받기를 신청하면 정당한 사유 없이 이를 거부하여서는 아니 되며, 그에 필요한 조치를 마련하여야 한다. [개정 2010.5.11., 2012.10. 22.]

⑦ 사법기관은 장애인이 인신구금·구속 상태에 있어서 장애인 아닌 사람과 실질적으로 동등한 수준의 생활을 영위할 수 있도록 정당한 편의 및 적극적인 조치를 제공하여야 한다.

⑧ 제4항부터 제7항까지의 규정에 필요한 사항은 대통령령으로 정한다.

제 27조 참정권

① 국가 및 지방자치단체와 공직선거후보자 및 정당은 장애인이 선거권, 피선거권, 청원권 등을 포함한 참정권을 행사함에 있어서 차별하여서는 아니 된다.

② 국가 및 지방자치단체는 장애인의 참정권을 보장하기 위하여 필요한 시설 및 설비, 참정권 행사에 관한 홍보 및 정보 전달, 장애의 유형 및 정도에 적합한 기표방법 등 선거용 보조기구의 개발 및 보급, 보조원의 배치 등 정당한 편의를 제공하여야 한다.

③ 공직선거후보자 및 정당은 장애인에게 후보자 및 정당에 관한 정보를 장애인 아닌 사람과 동등한 정도의 수준으로 전달하여야 한다.

제 5절 모·부성권, 성 등

제 28조 모·부성권의 차별금지

① 누구든지 장애인의 임신, 출산, 양육 등 모·부성권에 있어 장애를 이유로 제한·배제·분리·거부하여서는 아니 된다.

② 입양기관은 장애인이 입양하고자 할 때 장애를 이유로 입양할 수 있는 자격을 제한하여서는 아니 된다.

③ 교육책임자 및 〈영유아보육법〉에 따른 어린이집 및 그 보육교직원와 〈아동복지법〉에 따른 아동복지시설 및 그 종사자 등은 부모가 장애인이라는 이유로 그 자녀를 구분하거나 불이익을 주어서는 아니 된다. [개정 2011.6.7.]

④ 국가 및 지방자치단체에서 직접 운영하거나 그로부터 위탁 혹은 지

원을 받아 운영하는 기관은 장애인의 피임 및 임신·출산·양육 등
에 있어서의 실질적인 평등을 보장하기 위하여 관계 법령으로 정하
는 바에 따라 장애유형 및 정도에 적합한 정보·활동보조 서비스 등
의 제공 및 보조기기·도구 등의 개발 등 필요한 지원책을 마련하여
야 한다.

⑤ 국가 및 지방자치단체는 임신·출산·양육 등의 서비스제공과 관련
하여 이 법에서 정한 차별행위를 하지 아니하도록 홍보·교육·지원
·감독하여야 한다.

제 29조 성에서의 차별금지

① 모든 장애인의 성에 관한 권리는 존중되어야 하며, 장애인은 이를
주체적으로 표현하고 향유할 수 있는 성적 자기결정권을 가진다.

② 가족·가정 및 복지시설 등의 구성원은 장애인에 대하여 장애를 이
유로 성생활을 향유할 공간 및 기타 도구의 사용을 제한하는 등 장애
인이 성생활을 향유할 기회를 제한하거나 박탈하여서는 아니 된다.

③ 국가 및 지방자치단체는 장애인이 성을 향유할 권리를 보장하기 위
하여 관계 법령에서 정하는 바에 따라 필요한 지원책을 강구하고,
장애를 이유로 한 성에 대한 편견·관습, 그 밖의 모든 차별적 관행
을 없애기 위한 홍보·교육을 하여야 한다.

제6절 가족·가정·복지시설, 건강권 등

제30조 가족·가정·복지시설 등에서의 차별금지

① 가족·가정 및 복지시설 등의 구성원은 장애인의 의사에 반하여 과중한 역할을 강요하거나 장애를 이유로 정당한 사유 없이 의사결정 과정에서 장애인을 배제하여서는 아니 된다.

② 가족·가정 및 복지시설 등의 구성원은 정당한 사유 없이 장애인의 의사에 반하여 장애인의 외모 또는 신체를 공개하여서는 아니 된다.

③ 가족·가정 및 복지시설 등의 구성원은 장애를 이유로 장애인의 취학 또는 진학 등 교육을 받을 권리와 재산권 행사, 사회활동 참여, 이동 및 거주의 자유(이하 이 항에서 "권리 등"이라 한다)를 제한·박탈·구속하거나 권리 등의 행사로부터 배제하여서는 아니 된다.

④ 가족·가정의 구성원인 자 또는 구성원이었던 자는 자녀 양육권과 친권의 지정 및 면접교섭권에 있어 장애인에게 장애를 이유로 불리한 합의를 강요하거나 그 권리를 제한·박탈하여서는 아니 된다.

⑤ 복지시설 등의 장은 장애인의 시설 입소를 조건으로 친권포기각서를 요구하거나 시설에서의 생활 중 가족 등의 면접권 및 외부와의 소통권을 제한하여서는 아니 된다.

제31조 건강권에서의 차별금지

① 의료기관 등 및 의료인 등은 장애인에 대한 의료행위에 있어서 장애인을 제한·배제·분리·거부하여서는 아니 된다.

② 의료기관 등 및 의료인 등은 장애인의 의료행위와 의학연구 등에 있

어 장애인의 성별, 장애의 유형 및 정도, 특성 등을 적극적으로 고려
하여야 하며, 의료행위에 있어서는 장애인의 성별 등에 적합한 의료
정보 등의 필요한 사항을 장애인 등에게 제공하여야 한다.

③ 공공기관은 건강과 관련한 교육 과정을 시행함에 있어서 필요하다고
판단될 경우 장애인의 성별 등을 반영하는 내용을 포함하여야 한다.

④ 국가 및 지방자치단체는 선천적·후천적 장애 발생의 예방 및 치료
등을 위하여 필요한 시책을 추진하여야 하며, 보건·의료 시책의 결
정과 집행과정에서 장애인의 성별 등을 고려하여야 한다.

제 32조 괴롭힘 등의 금지

① 장애인은 성별, 연령, 장애의 유형 및 정도, 특성 등에 상관없이 모
든 폭력으로부터 자유로울 권리를 가진다.

② 괴롭힘 등의 피해를 당한 장애인은 상담 및 치료, 법률구조, 그 밖에
적절한 조치를 받을 권리를 가지며, 괴롭힘 등의 피해를 신고하였다
는 이유로 불이익한 처우를 받아서는 아니 된다.

③ 누구든지 장애를 이유로 학교, 시설, 직장, 지역사회 등에서 장애인
또는 장애인 관련자에게 집단따돌림을 가하거나 모욕감을 주거나 비
하를 유발하는 언어적 표현이나 행동을 하여서는 아니 된다.

④ 누구든지 장애를 이유로 사적인 공간, 가정, 시설, 직장, 지역사회
등에서 장애인 또는 장애인 관련자에게 유기, 학대, 금전적 착취를
하여서는 아니 된다.

⑤ 누구든지 장애인의 성적 자기결정권을 침해하거나 수치심을 자극하
는 언어표현, 희롱, 장애 상태를 이용한 추행 및 강간 등을 행하여서

는 아니 된다.

⑥ 국가 및 지방자치단체는 장애인에 대한 괴롭힘 등을 근절하기 위한 인식개선 및 괴롭힘 등 방지 교육을 실시하고 적절한 시책을 강구하여야 한다.

제3장 장애여성 및 장애아동 등

제 33조 장애여성에 대한 차별금지

① 국가 및 지방자치단체는 장애를 가진 여성임을 이유로 모든 생활 영역에서 차별을 하여서는 아니 된다.

② 누구든지 장애여성에 대하여 임신·출산·양육·가사 등에 있어서 장애를 이유로 그 역할을 강제 또는 박탈하여서는 아니 된다.

③ 사용자는 남성근로자 또는 장애인이 아닌 여성근로자에 비하여 장애여성 근로자를 불리하게 대우하여서는 아니 되며, 직장보육서비스 이용 등에 있어서 다음 각 호의 정당한 편의제공을 거부하여서는 아니 된다.

  1. 장애의 유형 및 정도에 따른 원활한 수유 지원

  2. 자녀상태를 확인할 수 있도록 하는 소통방식의 지원

  3. 그 밖에 직장보육서비스 이용 등에 필요한 사항

④ 교육기관, 사업장, 복지시설 등의 성폭력 예방교육 책임자는 성폭력 예방교육을 실시함에 있어서 장애여성에 대한 성인식 및 성폭력 예방에 관한 내용을 포함시켜야 하며, 그 내용이 장애여성을 왜곡하여

서는 아니 된다.

⑤ 교육기관 및 직업훈련을 주관하는 기관은 장애여성에 대하여 다음 각 호의 차별을 하여서는 아니 된다. 다만, 다음 각 호의 행위가 장애여성의 특성을 고려하여 적절한 교육 및 훈련을 제공함을 목적으로 함이 명백한 경우에는 이를 차별로 보지 아니한다.

1. 학습활동의 기회 제한 및 활동의 내용을 구분하는 경우
2. 취업교육 및 진로선택의 범위 등을 제한하는 경우
3. 교육과 관련한 계획 및 정보제공 범위를 제한하는 경우
4. 그 밖에 교육에 있어서 정당한 사유 없이 장애여성을 불리하게 대우하는 경우

⑥ 제3항을 적용함에 있어서 그 적용대상 사업장의 단계적 범위와 제3항 제3호에 필요한 사항의 구체적 내용 등은 대통령령으로 정한다.

제34조 장애여성에 대한 차별금지를 위한 국가 및 지방자치단체의 의무

① 국가 및 지방자치단체는 장애여성에 대한 차별요인이 제거될 수 있도록 인식개선 및 지원책 등 정책 및 제도를 마련하는 등 적극적 조치를 강구하여야 하고, 통계 및 조사연구 등에 있어서도 장애여성을 고려하여야 한다.

② 국가 및 지방자치단체는 정책의 결정과 집행과정에 있어서 장애여성임을 이유로 참여의 기회를 제한하거나 배제하여서는 아니 된다.

제35조 장애아동에 대한 차별금지

① 누구든지 장애를 가진 아동임을 이유로 모든 생활 영역에서 차별을

하여서는 아니 된다.

② 누구든지 장애아동에 대하여 교육, 훈련, 건강보호서비스, 재활서비스, 취업준비, 레크리에이션 등을 제공받을 기회를 박탈하여서는 아니 된다.

③ 누구든지 장애아동을 의무교육으로부터 배제하여서는 아니 된다.

④ 누구든지 장애를 이유로 장애아동에 대한 유기, 학대, 착취, 감금, 폭행 등의 부당한 대우를 하여서는 아니 되며, 장애아동의 인권을 무시하고 강제로 시설 수용 및 무리한 재활 치료 또는 훈련을 시켜서는 아니 된다.

제36조 장애아동에 대한 차별금지를 위한 국가 및 지방자치단체의 의무

① 국가 및 지방자치단체는 장애아동이 장애를 이유로 한 어떠한 종류의 차별도 없이 다른 아동과 동등한 권리와 자유를 누릴 수 있도록 필요한 조치를 다하여야 한다.

② 국가 및 지방자치단체는 장애아동의 성별, 장애의 유형 및 정도, 특성에 알맞은 서비스를 조기에 제공할 수 있도록 조치하여야 하고, 이를 위하여 장애아동을 보호하는 친권자 및 양육책임자에 대한 지원책을 마련하여야 한다.

제37조 정신적 장애를 가진 사람에 대한 차별금지 등

① 누구든지 정신적 장애를 가진 사람의 특정 정서나 인지적 장애 특성을 부당하게 이용하여 불이익을 주어서는 아니 된다.

② 국가와 지방자치단체는 정신적 장애를 가진 사람의 인권침해를 예방

하기 위하여 교육, 홍보 등 필요한 법적·정책적 조치를 강구하여야
한다.

제4장 장애인차별시정기구 및 권리구제 등

제38조 진정
이 법에서 금지하는 차별행위로 인하여 피해를 입은 사람(이하 "피해자"
라 한다) 또는 그 사실을 알고 있는 사람이나 단체는 국가인권위원회(이
하 "위원회"라 한다)에 그 내용을 진정할 수 있다.

제39조 직권조사
위원회는 제38조의 진정이 없는 경우에도 이 법에서 금지하는 차별행
위가 있다고 믿을 만한 상당한 근거가 있고 그 내용이 중대하다고 인정
할 때에는 이를 직권으로 조사할 수 있다.

제40조 장애인차별시정소위원회
① 위원회는 이 법에서 금지하는 차별행위에 대한 조사와 구제 업무를
　　전담하는 장애인차별시정소위원회(이하 "소위원회"라 한다)를 둔다.
② 소위원회의 구성·업무 및 운영 등에 관하여 필요한 사항은 위원회
　　의 규칙으로 정한다.

제 41조 준용규정

① 제 38조 및 제 39조에 따른 진정의 절차·방법·처리, 진정 및 직권
에 따른 조사의 방법에 관하여 이 법에 특별한 규정이 없는 사항에
관하여는 〈국가인권위원회법〉의 규정을 준용한다.

② 〈국가인권위원회법〉 제 40조부터 제 50조까지의 규정은 이 법에 따
른 진정 및 직권조사의 경우에 준용한다.

제 42조 권고의 통보

위원회는 이 법이 금지하는 차별행위로 〈국가인권위원회법〉 제 44조
의 권고를 하거나 권고를 받은 자가 권고를 이행하지 아니하는 경우 그
내용을 법무부장관에게 통보하여야 한다. [개정 2020.12.29.]

제 43조 시정명령

① 법무부장관은 이 법이 금지하는 차별행위로 〈국가인권위원회법〉 제
44조의 권고를 받은 자가 정당한 사유 없이 권고를 이행하지 아니하
고 다음 각 호의 어느 하나에 해당하는 경우 피해자의 신청에 의하여
또는 직권으로 시정명령을 할 수 있다. [개정 2020.12.29.]

1. 피해자가 다수인인 차별행위에 대한 권고 불이행

2. 반복적 차별행위에 대한 권고 불이행

3. 피해자에게 불이익을 주기 위한 고의적 불이행

4. 그 밖에 시정명령이 필요한 경우

② 법무부장관은 제 1항에 따른 시정명령으로서 이 법에서 금지되는 차
별행위를 한 자(이하 "차별행위자"라 한다)에게 다음 각 호의 조치를

명할 수 있다.

1. 차별행위의 중지

2. 피해의 원상회복

3. 차별행위의 재발방지를 위한 조치

4. 그 밖에 차별시정을 위하여 필요한 조치

③ 법무부장관은 제1항 및 제2항에 따른 시정명령을 서면으로 하되, 그 이유를 구체적으로 명시하여 차별행위자와 피해자에게 각각 교부하여야 한다.

④ 법무부장관은 제1항 및 제2항에 따른 시정명령을 위하여 위원회에 시정명령에 필요한 자료의 제공을 요청할 수 있다. [신설 2020.12.29.]

⑤ 법무부장관은 제1항 및 제2항에 따른 시정명령을 하는 경우 그 내용을 위원회에 통보하여야 한다. [신설 2020.12.29.]

⑥ 법무부장관이 차별시정에 필요한 조치를 명하는 기간, 절차, 방법 등에 필요한 사항은 대통령령으로 정한다. [개정 2020.12.29.]

제43조의 2 의견진술의 기회 부여

① 법무부장관은 제43조에 따른 시정명령을 하기 전에 차별행위자에게 의견을 진술할 기회를 주어야 한다.

② 제1항의 경우 피해자, 진정인 또는 이해관계인은 법무부장관에게 의견을 진술하거나 필요한 자료를 제출할 수 있다.

[본조신설 2020.12.29.]

제 44조 시정명령의 확정

① 법무부장관의 시정명령에 대하여 불복하는 관계 당사자는 그 명령서를 송달받은 날부터 30일 이내에 행정소송을 제기할 수 있다.

② 제1항의 기간 이내에 행정소송을 제기하지 아니한 때에는 그 시정명령은 확정된다.

제 45조 시정명령 이행상황의 제출요구 등

① 법무부장관은 확정된 시정명령에 대하여 차별행위자에게 그 이행상황을 제출할 것을 요구하여야 한다. [개정 2020.12.29.]

② 피해자는 차별행위자가 확정된 시정명령을 이행하지 아니하는 경우에 이를 법무부장관에게 신고할 수 있다.

제 5 장 손해배상, 입증책임 등

제 46조 손해배상

① 누구든지 이 법의 규정을 위반하여 타인에게 손해를 가한 자는 그로 인하여 피해를 입은 사람에 대하여 손해배상책임을 진다. 다만, 차별행위를 한 자가 고의 또는 과실이 없음을 증명한 경우에는 그러하지 아니하다.

② 이 법의 규정을 위반한 행위로 인하여 손해가 발생한 것은 인정되나 차별행위의 피해자가 재산상 손해를 입증할 수 없을 경우에는 차별행위를 한 자가 그로 인하여 얻은 재산상 이익을 피해자가 입은 재산

상 손해로 추정한다.

③ 법원은 제 2항에도 불구하고 차별행위의 피해자가 입은 재산상 손해
액을 입증하기 위하여 필요한 사실을 입증하는 것이 해당 사실의 성
질상 곤란한 경우에는 변론 전체의 취지와 증거조사의 결과에 기초
하여 상당한 손해액을 인정할 수 있다.

제 47조 입증책임의 배분

① 이 법률과 관련한 분쟁해결에 있어서 차별행위가 있었다는 사실은
차별행위를 당하였다고 주장하는 자가 입증하여야 한다.

② 제 1항에 따른 차별행위가 장애를 이유로 한 차별이 아니라거나 정
당한 사유가 있었다는 점은 차별행위를 당하였다고 주장하는 자의
상대방이 입증하여야 한다.

제 48조 법원의 구제조치

① 법원은 이 법에 따라 금지된 차별행위에 관한 소송 제기 전 또는 소
송 제기 중에 피해자의 신청으로 피해자에 대한 차별이 소명되는 경
우 본안 판결 전까지 차별행위의 중지 등 그 밖의 적절한 임시조치를
명할 수 있다.

② 법원은 피해자의 청구에 따라 차별적 행위의 중지, 임금 등 근로조
건의 개선, 그 시정을 위한 적극적 조치 등의 판결을 할 수 있다.

③ 법원은 차별행위의 중지 및 차별시정을 위한 적극적 조치가 필요하
다고 판단하는 경우에 그 이행 기간을 밝히고, 이를 이행하지 아니
하는 때에는 늦어진 기간에 따라 일정한 배상을 하도록 명할 수 있

다. 이 경우 〈민사집행법〉 제261조를 준용한다.

제6장 벌칙

제49조 차별행위

① 이 법에서 금지한 차별행위를 행하고 그 행위가 악의적인 것으로 인정되는 경우 법원은 차별을 한 자에 대하여 3년 이하의 징역 또는 3천만 원 이하의 벌금에 처할 수 있다.

② 제1항에서 악의적이라 함은 다음 각 호의 사항을 고려하여 판단하여야 한다. [개정 2017.12.19.]

  1. 차별의 고의성

  2. 차별의 지속성 및 반복성

  3. 차별 피해자에 대한 보복성

  4. 차별 피해의 내용 및 규모

③ 법인의 대표자나 법인 또는 개인의 대리인·사용인, 그 밖의 종업원이 그 법인 또는 개인의 업무에 관하여 악의적인 차별행위를 한 때에는 행위자를 벌하는 외에 그 법인 또는 개인에 대하여도 제1항의 벌금형을 과한다. 다만, 법인 또는 개인이 그 위반행위를 방지하기 위하여 해당 업무에 관하여 상당한 주의와 감독을 게을리하지 아니한 경우에는 그러하지 아니하다. [개정 2010.5.11.]

④ 이 조에서 정하지 아니한 벌칙은 〈국가인권위원회법〉의 규정을 준용한다.

제 50조 과태료

① 제 44조에 따라 확정된 시정명령을 정당한 사유 없이 이행하지 아니한 자는 3천만 원 이하의 과태료에 처한다.

② 제 1항에 따른 과태료는 법무부장관이 부과·징수한다. [개정 2010. 5.11.]

③ 삭제 [2010.5.11.]

④ 삭제 [2010.5.11.]

⑤ 삭제 [2010.5.11.]

찾아보기

저자소개 (장애인법연구회)

구현주 변호사 (변호사시험 4회)
법무법인 한누리

김동현 판사 (변호사시험 4회)
(전) 서울특별시 장애인권익옹호기관 변호사
수원지방법원 판사

김예원 변호사 (사법연수원 41기)
(전) 재단법인 동천, 서울특별시 장애인인권센터
장애인권법센터 대표
사단법인 장애인법연구회 교육국장

김재왕 변호사 (변호사시험 1회)
공익인권변호사모임 희망을만드는법
사단법인 장애인법연구회 이사

김재원 교수 (코넬대 법학박사)
성균관대 법학전문대학원 교수
미국 워싱턴 D. C. 변호사
사단법인 장애인법연구회 이사

김현아 변호사 (미국 미네소타주)
주식회사 마크로젠

박설아 변호사 (사법연수원 42기)
(전) 법무법인 (유한) 태평양, 태평양 공익활동위원회 장애인분과위원
주식회사 삼성SDS 선임변호사

염형국 변호사 (사법연수원 33기)
공익인권법재단 공감
사단법인 장애인법연구회 이사

윤정노 변호사 (사법연수원 36기)
법무법인(유한) 태평양, 태평양 공익활동위원회 장애인분과위원
사단법인 장애인법연구회 이사

이주언 변호사 (사법연수원 41기)
(전) 법무법인 제이피
사단법인 두루 장애인권 전담 변호사
사단법인 장애인법연구회 사무국장

임성택 변호사 (사법연수원 27기)
법무법인(유한) 지평
사단법인 장애인법연구회 회장

최현정 변호사 (변호사시험 5회)
공익인권변호사모임 희망을만드는법

홍석표 변호사 (사법연수원 36기)
법무법인(유한) 광장, 광장 공익활동위원회 장애인법률지원팀장
사단법인 장애인법연구회 이사

박은수 변호사의 고령사회 법제 안내

박은수 지음

일반 시민을 위한 실용적 고령사회 법률 가이드
노인과 장애인까지 전 국민이 행복한
선진 복지사회로 가는 길

우리나라는 2017년 고령사회에 진입한 이래 2021년 8월 현재 고령인구가 800만 명을 넘어섰다. 고령사회 준비가 국민적 과제로 떠오른 만큼 일반 시민도 쉽게 접근하고 활용할 수 있는 고령사회 법률 가이드가 절실하게 필요한 상황이다.

이 책은 시민의 눈높이에서 성년후견제도, 신탁제도, 연명의료결정법, 치매국가책임제, 유언 및 상속제도 등 고령사회 법제를 소개한다. 입법가와 행정가로서 고령사회 법제를 만들고 집행했으며 변호사로서 이를 적용하는 일을 했던 저자 박은수가 일반 시민이 법제를 이해하고 실천할 수 있도록 풍부한 사례를 곁들여 쉽게 풀어 썼다.

신국판 변형 · 양장본 | 260쪽 | 18,000원

알고 이용하자! 성년후견제도

마지막 순간까지 인간답게

박은수 지음

모두의 보편적 인권을 위한 성년후견제도
박은수 변호사가 소개하는
성년후견제도의 현재와 미래

2011년 3월 개정된 민법에 도입된 성년후견제도는 보편적 인권을 위해 필수적인 제도이다. 그러나 그 중요도에 비해 국민적 관심과 이해는 부족한 실정이다.

이 책은 당시 민법개정안 발의자로서 성년후견제도 입법에 힘쓴 저자 박은수가 제도의 활성화와 안정적인 정착을 위해 쓴 성년후견제도 안내서다. 무엇보다도 제도의 이용자인 장애인과 치매노인뿐만 아니라 그들의 후견인이 될 사람들이 꼭 알아야 할 복지서비스 현황을 쉽게 정리했다. 우리보다 10년 앞서 이 제도를 도입한 일본의 다양한 시행착오 사례를 소개하고 우리가 마주한 과제와 이를 극복할 해결방안을 함께 제시했다.

신국판 | 352쪽 | 18,000원

인권과 사회복지

국가인권위원회 기획
배화옥·심창학
김미옥·양영자 지음

사회복지야, 인권을 부탁해!
국가인권위원회 기획
사회복지대학 인권교육을 위한 최초의 강의 교과서

기본적으로 사회복지는 인권존중에 바탕을 두며, 사회복지직은 곧 인권직이다. 인권의 보호와 증진이 시대적 명제로 자리하는 오늘날, 사회복지현장에서의 인권 구현은 특히 더 중요하다.
현장에서 다양한 인권 문제를 겪을 예비 사회복지사들은 학교를 떠나기 전 인권과 사회복지에 대해 충분히 학습해야 하지만 교육과정과 기본 교재도 없는 실정이다. 《인권과 사회복지》는 그러한 문제의식의 연장선상에서 사회복지대학의 인권교육 강의 교재로 활용되도록 집필된 책이다.
이 책의 발간이 사회복지를 전공하는 학생과 연구자, 예비 사회복지전문인들의 인권 역량을 키우는 좋은 계기가 되기를 기대한다.
신국판 | 432쪽 | 20,000원

아동 청소년과 인권

국가인권위원회 기획
황옥경·구은미
이은주·김형욱 지음

아동·청소년 인권의 역사와 법제,
그리고 실제 교육방법의 모든 것

우리나라는 유엔 아동권리협약의 적용을 받는 국가로서 이행을 위해 노력해 왔다. 그러나 여전히 아동권리는 충분히 보호받지 못하고 있고, 법과 정책의 실효성 역시 의문시되고 있다. 아동권리가 우리 사회에 안착하기 위해서는 아동·청소년 인권에 대한 분명한 이해가 필요하다. 그럼에도 변화하는 아동·청소년 인권 이슈에 대응할 만한 현장 중심의 인권교재가 부족한 실정이다.
이 책은 교사, 아동·청소년 관련 기관 종사자, 인권교육자 등이 인권교육현장에서 실제적으로 활용하는 것을 목표로 하였다. 따라서 아동·청소년에 대한 전반적 지식을 획득하고 사안에 따라 인권에 대한 전문적 식견을 갖출 수 있도록 각각의 이슈와 사례 등을 일목요연하게 정리하여 보여 준다.
신국판 | 450쪽 | 25,000원

장애인
복지정책과 실천

이준우 지음

변화하는 장애 패러다임을 위한
체계적이고 실천적인 최고의 가이드북

장애 패러다임이 변화하고 있다. 이에 따라 장애인 복지 정책의 목표, 사회복지실천 서비스의 역할도 당연히 변화한다. 이 책은 이러한 변화된 장애인복지 현장에서 사회복지사들은 어떠한 일들을 해야 하며, 무엇을 유념해야 하는지에 대한 매우 구체적인 가이드북이다.

무엇보다 이 책이 가진 가장 큰 미덕은 현장과 이론의 조화에 있다. 저자 이준우 교수 자신이 누구보다 많은 경험을 가진 사회복지 활동가로서 매 장마다 구체적인 주의사항들, 실제 장애인 상담 및 지원 사례들을 제시하는데, 이는 대부분의 사회복지 관련서에서 찾기 힘든 이 책의 강점이다.

신국판·양장본 | 472쪽 | 28,000원

장애인
소득보장론
장애인연금법
제정과정을
중심으로

박은수 지음

박은수 의원이 전하는 생생한 '장애인연금법' 입법 현장
입법 현장에서 바라본 장애인 복지의 역사와 미래

2010년 3월 '장애인연금법'이 국회 본회의를 통과했다. 장애인 당사자로서, 장애인 운동 활동가로서, 그리고 무엇보다도 이 법의 대표발의 의원으로서 민주당 박은수 의원은 '장애인연금법'의 의의와 제정과정을 구체적이고 생생히 다룬 이 책을 세상에 내놓았다.

저자의 말처럼 복지의 근본은 인권과 민주주의다. 독자들은 이 책을 통해 장애인 복지뿐만 아니라 근본적으로 복지란 어떠한 의미인지, 그리고 복지를 달성하기 위한 현실적인 법제화 과정에서 어떠한 활동이 필요한지 발견할 수 있을 것이다.

신국판·양장본 | 248쪽 | 14,000원